Vorwort - Warum wir dieses Buch schreiben   3

1. Epochenumbruch: Die wirtschaftlichen Globalisierung und ihre Folgen   12

2. Wie die neoliberalen Kapitalisten die soziale Marktwirtschaft abschafften   26

    Der neoliberale Kapitalismus als Ideologie und (Pseudo)Religion   36
    Die Machtverteilung im heutigen globalisierten Klassenkampf (oder Wirtschaftskrieg)   41

3. Natur und Kultur - ihre Bedeutung für unser Wahrnehmen, Denken und Handeln   45

    Ideologisches Denken in den Naturwissenschaften   45
    Ein systemtheoretisches Bewusstseins-, Kultur- und Religionskonzept   61

4. Die Entwicklungsstufen des menschlichen Bewusstseins   75

    Die Kehrseite unseres rationalen Bewusstseins   94
    Präpersonale, personale und transpersonale Bewusstseinsstufen   95

5. Die kulturellen Grundlagen für den Umgang mit Privateigentum, sowie für den westlichen Individualismus, den Liberalismus und die Demokratie   113

    Das alttestamentliche Erbe und seine Wirkungsgeschichte   113
    Das neutestamentliches Erbe und seine Wirkungsgeschichte   151
    Die Entstehung des Individuums und des Liberalismus   168
    Religion ist keine Privatsache - Zwinglis Gerechtigkeitskonzeption   188
    Von den Gerechtigkeitsproblemen des reformierten Zürich zu jenen der heutigen globalisierten Welt   194
    Amerikas Christentum und die Demokratie   201

6. Was können wir tun?   213

    Uns von der neoliberal-kapitalistischen Pseudoreligion distanzieren   213
    Systemisch und strukturell denken und handeln   216
    Kurzfristig-pragmatisch, sowie langfristig denken und handeln   218
    Uns von Thomas Pikettys Geschichte der Gerechtigkeitskonzeptionen und von seiner Gerechtigkeitsvision inspirieren lassen   222
    Uns von Marc Chesneys Diagnose einer permanenten Krise und der Initiative einer Mikrosteuer auf Banktransaktionen anregen lassen   258
    Impulse anderer Wissenschafter und Journalisten beachten   258

Zusammenfassung und Schlussbemerkungen   270

Vorwort - Warum wir dieses Buch schreiben

In den letzten Jahren beunruhigten uns in zunehmendem Masse die Themen Klimakrise, Globalisierung der Wirtschaft und deren Folgen, sowie die Krisen der westlichen Demokratien. Seit anfangs 2020 macht darüber hinaus die Coronapandemie gesellschaftliche Probleme (z.B. Schwächen des Gesundheitssystems) sichtbarer. Durch die neoliberale Globalisierung verursachte Ungerechtigkeiten (z.B. bezüglich Entlöhnung und Vermögensbildung) werden grösser.

Thomas Pikettys Buch „Kapital und Ideologie"[1], bestätigte unseren Verdacht, dass die demokratische Ratlosigkeit gegenüber wirtschaftlichen Problemen nicht nur von der Komplexität der Fragestellungen herrührt, sondern auch von der Tendenz mancher Oekonomen, sich Kompetenzen anzumassen, die sie gar nicht besitzen. Piketty ermutigt die BürgerInnen, sich die ihnen abgesprochene ökonomische Kompetenz zurück zu erobern[2].

In den westlichen Ländern gibt es mehr und mehr GlobalisierungsverlierInnen. Für sie treffen die von den Anhängern der Globalisierung propagierten optimistischen Zukunftsvisionen nicht zu. Dies bewirkte bei ihnen ein generelles Misstrauen gegen die wirtschaftlichen und politischen Eliten und machte sie anfällig für die populistischen Botschaften der AfD (Aktion für Deutschland), Donald Trumps und anderer.

Der US-Präsident Joe Biden und seine Regierung versuchen nun, eine Politik durchzusetzen, die auch die Sorgen und Aengste der Globalisierungverlierer berücksichtigt[3].

> Um uns in dieser verwirrenden Situation zu orientieren, erarbeiten wir in diesem Buch - im Dialog mit Oekonomen und Journalisten, die dem dominierenden neoliberalen Mainstream ebenfalls kritisch gegenüber stehen - eine eigene Sicht der wirtschaftlichen Globalisierung und ihrer Folgen.
> Dabei sind wir uns bewusst, dass unser Wissen bruchstückhaft ist. In Anbetracht des offensichtlichen Versagens der neoliberalen Oekonomie, ziehen wir es trotzdem vor, im Sinne der Aufklärung Immanuel Kants unserem eigenen Verstand mehr zu trauen, als den die öffentliche Meinung und die Politik dominierenden neoliberalen oekonomischen Dogmen.
> Indem wir den Weg und die wichtigsten Ergebnisse unserer Suche in diesem Buch festhalten, möchten wir auch andere anregen und ermutigen, sich eine eigene ökonomische Kompetenz anzueignen und sich gegen die Exzesse der Globalisierung zur Wehr zu setzen.

Wir konzentrieren uns auf die grossen Linien der Entwicklung von Wirtschaft und Gesellschaft und verzichten darauf, konkrete wirtschaftspolitische Massnahmen für einzelne Länder zu formulieren. Diese müssen im Rahmen von Parteien, Kantonen, Ländern, Nationen, bzw. der Europäischen Union, ausgearbeitet und ausgehandelt oder erkämpft werden. Mit diesem Buch möchten wir dazu beitragen, entsprechende Analysen, Strategievorschläge und Kontroversen in grössere Zusammenhänge einordnen zu können.

Wie *Marc Chesney*, Oekonomieprofessor für Quantitative Finance an der Universität Zürich, in seinem Buch „Die permanente Krise" betont, gehen die aktuellen Krisen weit über eine finanzielle Krise hinaus.

Die aktuellen Krisen sind auch eine Krise der grundlegenden Werte unserer Gesellschaft.

Marc Chesney beschreibt diese Situation folgendermassen:
„Wenn die finanzdominierte Wirtschaft zur irregeleiteten Religion geworden ist, wenn der finanzielle Bankrott nur eine Folge des moralischen Bankrotts ist, dann ist eine neue «Reformation» vonnöten, eine Reformation der besonderen Art, da es sich nicht darum handelt, eine neue Religion zu schaffen, sondern darum, den Menschen erneut in das Zentrum der Wirtschaft zu stellen. Diese Reform müsste sich vor allem mit der Frage nach den Werten unserer Gesellschaft und ihrer Individuen befassen und aufzeigen, dass diese nicht rein finanzieller Natur sein dürfen, dass die wahren Werte anderer Natur sind und dass das Sein nicht zu verwechseln ist mit dem Haben. Diese Frage reicht über den rein wirtschaftlichen Bereich hinaus, sie ist zugleich philosophisch, religiös und politisch. Hierdurch könnte man die Finanzsphäre auf den ihr zustehenden Platz verweisen, als Dienerin der Wirtschaft, und sie in den Dienst der Gesellschaft stellen (a.a.O.S.104)."

Die Newtonsch'sche Physik, die Darwinistische Biologie, die Eugenik (d.h. die Darwinistische Erbgesundheitslehre) und die neurobiologisch-deterministische Hirnforschung unterminierten in den letzten Jahrhunderten den Glauben an den freien Willen und an die Verantwortungsfähigkeit des Menschen.

Diese deterministischen, naturwissenschaftlichen *Ideologien*** prägen, entzogen den westlichen Grundwerten, d.h.
- der Menschenwürde
- dem aufgeklärten Liberalismus
- der liberalen Demokratie

die letztlich auf jüdisch-christliche Wurzeln zurückgehen, zunehmend der Boden (vgl. dazu Kapitel 3).

Sie prägen zusammen mit dem (seit den 1980er Jahren dominierenden) neoliberalen Kapitalismus, weitgehend das gegenwärtige geistige Klima der westlichen Gesellschaften.

Unter *Ideologie*** verstehen wir ein System von Ueberzeugungungen und Begriffen, das der Durchsetzung von Machtinteressen in der Gesellschaft dient und, um dieser Funktion zu genügen, die soziale Realität teilweise verzerrt wiedergibt.

Vgl. Lexikon der Soziologie 5.Auflage, Artikel Ideologie

Zusätzlich spielt noch die historische Entwicklung eine Rolle, die Larry Siedentop in seinem Buch „Die Erfindung des Indivdiduums" als *eine Art kulturellen Bürgerkrieg zwischen der Religion und dem laizistischen Staat* bezeichnet, der in Europa (am stärksten in Frankreich) seit der französischen Revolution im Gange ist. Diese Entwicklung bewirkt, dass Europa über keine von der Mehrheit seiner Bürger geteilte Erzählung zur Begründung seiner Grundwerte mehr existiert (vgl. dazu Kapitel 5). Europas gemeinsame Werte werden deshalb in zunehmendem Masse auf Konsumsteigerung und kurfristige Gewinnorientierung reduziert.

Die Summe der oben erwähnten Faktoren gefährdet das westliche Konzept der Würde und der Freiheit des Individuums – sowie die diese beiden schützende liberale Demokratie – und unsere natürlichen Lebensgrundlagen.

Die westlichen Grundwerte sind zwar in den Verfassungen noch festgeschrieben, werden aber im wirtschaftlichen und politischen Alltag der Staaten und in der Europäischen Union immer häufiger verletzt.

Die Anfänge unserer westlichen Grundwerte reichen weit in die Geschichte zurück

Wie Larry Siedentop nachweist, hatten die westlichen Konzepte des Individuums und der liberalen Demokratie ihre Wurzeln weder in der griechischen Antike noch in der europäischen Aufklärung sondern schon in früheren (noch mythisch-religiösen) Stufen der Entwicklung des menschlichen Bewusstseins (Vgl. dazu Kapitel 4).

Spuren dieser frühen Stufen der Bewusstseinsentwicklung sind in der Entwicklung von Kindern heute noch zu beobachten. Auch bei Erwachsenen können sie während aussergewöhnlichen Bewusstseinszuständen, z.B. Träumen, Visionen oder Nahtoderlebnissen wieder zum Vorschein kommen.

> Historisch betrachtet, gehen die westlichen Konzepte der Würde und Freiheit des Individuums und der liberalen Demokratie letztlich auf jüdisch-christliche Wurzeln zurück.

Diese Grundwerte wurden zunächst von den Kirchen und später von den Liberalen der Aufklärung sowie von den liberalen Parteien gefördert, leider aber auch oft verraten.

Angesichts der bedeutenden historischen Verdienste der Kirchen zur Entstehung unserer westlichen Grundwerte, nimmt sich allerdings ihr gegenwärtiger Beitrag zur Bewältigung der aktuellen Krisen sehr bescheiden aus. Denn sie schaffen es nicht, ihre Botschaft für den Umgang mit dem heutigen rationalen Denken und den brennendsten Problemen unserer Zeit zu aktualisieren.

Als aktive Mitglieder evangelisch-reformierter Kirchen der Schweiz haben wir uns jahrelang beruflich und/oder politisch im Sinne einer weltoffenen und sozial engagierten Kirche eingesetzt. Parallel dazu haben wir Ausbildungen auf der Basis des heutigen erfahrungswissenschaftlichen Denkens absolviert. Die Spannung zwischen diesen beiden Anteilen unser Biographie hat uns angeregt und bereichert.

Für die gegenwärtige Unfähigkeit der Kirchen ihre Botschaft zu aktualisieren, sehen wir drei Ursachen:

1. Ein fundamentalistisch-erstarrtes Bibelverständnis

    Wie die Fundamentalisten aller Religionen, behaupten (v.a. in den USA) viele Mitglieder christlicher Gemeinden, dass die Aussagen ihrer heiligen Schriften für alle Zeiten unveränderlich gültig seien.

    So beispielsweise, dass Gott die Welt gemäss dem 1. Kapitel des ersten Buches Mose in sieben Tagen geschaffen habe.

    In Europa ist die Zahl dieser *Kreationisten* sehr viel kleiner, aber auch hier ist der Graben zwischen dem mythischen Denken der Bibel und dem heute dominierenden erfahrungswissenschaftlichen Denken tief.

    Zentrale Glaubensaussagen, - z.B diejenige von der Auferstehung Jesu - werden oft als objektiv geschehene Ereignisse verstanden und gelehrt. Für rational denkende Menschen unserer Zeit werden sie dadurch unverständlich und absurd.

    Den Sinn solcher Aussagen verständlich zu machen, würde erfordern im kirchlichen Unterricht, sowie in Erwachsenenbildung und Gottesdiensten zu lehren, welche Bewusstseinsstufen die Menschheit während ihrer Entwicklung durchlaufen hat (und unsere Kinder heute noch durchlaufen), und wie diese Bewusstseinsstufen das religiöse Erleben und dessen Deutung prägten und prägen.

2. Mangelnder Dialog mit den Erfahrungswissenschaften

Die Bewegung „Fridays for Future" und die politischen Bemühungen die Coronapandemie zu bewältigen, zeigen auf, dass für die heutigen, gut ausgebildeten Generationen der Dialog mit den Naturwissenschaften immer stärker zu einer Selbstverständlichkeit wird. Im Vergleich dazu hinken heute die kirchlichen Angebote hinter dem Wissen unserer Zeit her.
Theologen und Theologinnen haben zwar in der zweiten Hälfte des letzten Jahrhunderts mutig den Dialog mit den Geschichts- und Sozialwissenschaften gewagt und wertvolle Grundlagen erarbeitet, die genutzt werden könnten um die strukturellen Aspekte der Botschaft Jesu für den Umgang mit den heutigen globalen Struktur- und Machtproblemen zu aktualisieren.

> Viele Kirchenmitglieder und Repräsentanten kirchlicher Behörden scheinen jedoch Angst vor dem Wagnis zu haben, ihre religiösen Traditionen - gestützt auf diese Grundlagen - neu zu verstehen. Dies hat zur Folge, dass ihre Mitglieder über eine gespaltene Identität verfügen.

Während ihr Privatleben noch teilweise durch traditionelle religiöse oder klassisch-liberale Werte beeinflusst wird, ist ihr privater und beruflicher Alltag von Wissenschaft und Technik (und von den Verführungen durch die kapitalistische Pseudoreligion) geprägt.

3. Personalisierende Deutung von Strukturproblemen

> Die grossen Probleme unserer Zeit sind Probleme fehlender, gestörter oder ausbeuterischer Systemstrukturen.

Die Kirchen interpretieren derartige Probleme aber immer noch überwiegend mit Hilfe von Deutungsmustern aus dem Erfahrungsbereich von Familien oder von Kleingruppen.
Ihre Mitglieder laufen deshalb immer wieder Gefahr, Probleme zu personalisieren. Sie überschätzen den Einfluss von einzelnen Personen auf die Ursache oder die

Lösungsmöglichkeiten von Problemen und machen diese entweder zu Sündenböcken oder zu heilsbringenden Rettern. Letzteres haben viele evangelikale Christen in den USA mit Donald Trump getan.

> Uebersehen wird dabei, dass die von Jesus von Nazareth ins Leben gerufene jüdische Erneuerungs- und Befreiungsbewegung nicht nur Nächstenliebe erhoffte und anstrebte, sondern auch das *Reich Gottes*, d.h. eine von Unterdrückung freie Gesellschaft mit gerechten Strukturen.

Angesichts der Flüchtlingskrise von 2015 haben in Deutschland zunächst viele Kirchenmitglieder Nächstenliebe im Sinne des Gleichnisses vom barmherzigen Samariter (Lk 10,25ff.) geübt. Die Vernachlässigung der strukturellen Aspekte beim Umgang mit den Flüchtlingsproblemen, führte dann - nach sexuellen Uebergriffen muslimischer Männer gegen Frauen in Köln - zu heftiger Kritik an der „Willkommenskultur", stärkte rechts-populistische Parteien und zwang die grossen politischen Parteien zu einer Verschärfung ihrer Flüchtlingspolitik.

Da die Folgen der Klimakrise heute schon in vielen Staaten von der Bevölkerung hautnah erlebt werden, dürfte es wohl einfacher sein, sich inbezug auf gemeinsame Massnahmen zum Klimaschutz zu einigen als bezüglich der Anerkennung von Demokratie und Menschenrechte.

Denn die Letzteren sind durch die neoliberal-kapitalistische Pseudoreligion, deren wichtigste Werte kurzfristiger Gewinn und Konsumsteigerung und sind, sowie durch den „kulturellen Bürgerkrieg" im Rahmen der westlichen Kultur geschwächt.
Deshalb sind unsere westlichen Grundwerte durch China, Russland und sogar durch EU-Staaten wie Polen und Ungarn bedroht.

Wir werden die westlichen Grundwerte nur erfolgreich bewahren und aktualisieren können, wenn die Konfliktparteien im europäischen „kulturellen Bürgerkrieg" ihren Anteil an der Entstehung und Gefährdung unserer Grundwerte selbstkritisch überprüfen und überholte oder falsche Denkweisen korrigieren und die aktualisierten Positionen gemeinsam gegen China und Russland und die Ekzesse der kapitalistischen Pseudoreligion verteidigen.

> Unsere Grundwerte müssen im Hinblick auf die heutigen Probleme sowohl bewahrt, wie aktualisiert werden:
>
> | **Aktualisierung** | **unserer Werte** |
> |---|---|
> | Woher kommen wir ? | Wohin gehen wir ? |
>
> Dazu gehört
>
> - Rückbesinnung auf die Entstehung der grundlegenden Werte
> - Feststellen, wo wir uns heute befinden und warum
> - Suchen nach sinnvollen Zukunftsvisionen und erfolgversprechenden Handlungsmöglichkeiten
>
> All dies hilft uns, unsere Identität zu klären, für unser privates und gesellschaftlich-politisches Leben sinnvolle Ziele zu setzen und wirkungsvoll zu handeln.

Die Geschichtsforschung belegt, dass innovative (religiöse und politische) Aufbrüche oft während und nach Krisen- und Umbruchszeiten erfolgen. Wir halten es für möglich, dass dies auch in der Gegenwart wieder geschehen könnte.

Historische Beispiele derartiger Aufbrüche sind die Jesusbewegung im Judentum, die Reformation im Christentum, und die liberale Aufklärung.

Heute ist die Gefahr allerdings gross, dass anstelle des erforderlichen Dialogs mit den empirischen Wissenschaften ein fundamentalistischer Rückzug in traditionelle Glaubensvorstellungen oder populistische Ideologien unter autoritärer Führung erfolgt.

Ein Beispiel für einen derartigen Rückzug sind die 80% der Evangelikalen in den USA, die 2016 Donald Trump als Präsidenten wählten[4].

Ein derartiger Rückzug kann zwar verunsicherten Individuen helfen ihre Aengste zu bewältigen. Zur Lösung der bedrohlichsten Probleme unserer Zeit trägt er aber kaum etwas bei.

> Deshalb entscheiden wir uns gegen einen derartigen Rückzug und wagen, trotz unseres begrenzten Wissens, das interdisziplinäre Gespräch mit verschiedenen Erfahrungswissenschaften.

In seinem Buch „Kapital und Ideologie"[5] betont Thomas Piketty, dass unmöglich scheinende, gesellschaftliche Veränderungen in Krisenzeiten erstaunlich schnell möglich werden können.

> Piketty betont jedoch auch, dass in Umbruchsituationen jene, die über eine Zukunftsvision und durchdachte Strategien zu deren Verwirklichung verfügen, grössere Chancen haben, die Zukunft erfolgreich mitzugestalten als diejenigen, die in ihren gewohnten Denkmustern verharren.

Aus diesem Grund gehört für uns zur Aktualisierung der westlichen Werte, uns sowohl mit den in den westlichen religiösen Tradition enthaltenen Visionen zu befassen, wie auch - im Dialog mit den Erfahrungswissenschaften und entsprechenden Experten - uns an der politischen Auseinandersetzungen um erfolgversprechende Möglichkeiten der Konkretisierung dieser Visionen zu beteiligen.

Für den Bereich des individuellen Verhaltens ist Jesu Gleichnis vom barmherzigen Samariter (Lk 10,25-37) immer noch ein eindrückliches Beispiel.
Für die Konkretisierung des Wertes „Menschenwürde" durch einen schützenden strukturellen Rahmen von Gesetzen, liefert die Geschichte des Liberalismus vorbildliche Beispiele.

Wir halten grundsätzlich innovative Aufbrüche auch in der heutigen Umbruchszeit für möglich, sind aber nach unsern Erfahrungen mit kirchlichen und politischen Strukturen auch skeptisch, ob die dafür erforderliche Lern- und Reformbereitschaft in den Kirchen und in den politischen Parteien in genügendem Masse vorhanden ist.

> Trotz dieser Skepsis möchten wir dazu beitragen, dass der Planet Erde für unsere Kinder und Grosskinder bewohnbar bleibt, und dass die Konzeption des westlichen Individuums, die wir dem frühen Christentum und dem aufklärerischen Liberalismus verdanken, erhalten und aktualisiert werden.

Es handelt sich dabei um Aufgaben, die einen langen Atem erfordern, denn Klimaexperten erwarten, dass es (sogar wenn die Menschheit sofort alle CO_2-Immissionen stoppen würde) etwa 80 Jahre dauern würde, bis sich das Klima verbessert.

Wir stützten uns bei unserem Versuch auf die positiven Impulse und Erfahrungen, sowie das interdisziplinäre Wissen (in Theologie und Soziologe bzw. Pädagogik und Psychotherapie), das wir während der Jahre unseres kirchlichen

Engagements und unseren säkularen Berufstätigkeiten erwerben konnten.

> Wie der aktuelle Kampf um den Schutz des Klimas und um den Weiterbestand westlichen Demokratien ausgehen wird, dürfte sich in den nächsten Jahrzehnten entscheiden.
> Sein Ausgang dürfte davon abhängen,
> - ob die gut ausgebildeten, sozial aufgestiegenen Mittelschichten sich weiterhin mehrheitlich für eine Allianz mit den neoliberalen Globalisierungsgewinnern entscheiden,
> - oder ob sie sich, wie der US-Präsident Joe Biden, für eine Politik einsetzen, die auch auf die Sorgen und Zukunftsängste der GlobalisierungsverliererInnen eingeht.

Unser Buch wendet sich an LeserInnen, die - wie auch wir - den gängigen Interpretationen der aktuellen Probleme durch die dominierende neoliberale Oekonomie und Politik nicht mehr trauen, sich aber auch nicht fundamentalistischen religiösen oder populistischen politischen Bewegungen anschliessen wollen. Wir möchten sie zu eigenständiger Suche nach Orientierung ermutigen und unterstützen.

Dieses Buch hat einen von Kurt Staub verfassten Vorläufer, sein Buch „Religionswerkstatt". Darin schlägt er eine Brücke von den (in mythischer Sprache formulierten) religiösen Erkenntnissen unserer westlichen Tradition bezüglich der Würde des Individuums zur Denkweise unseres rational/technischen Zeitalters.

Die Psychotherapeutin und Mitautorin des vorliegenden Buches, Gertrud Tanner, war mit ihren Fachkenntnissen und mit ihrer langjährigen therapeutischen und pädagogischen Erfahrung schon in sämtlichen Phasen der Entstehung des Buches „Religionswerkstatt" Partnerin. Das vorliegende, überarbeitete Buch geben wir gemeinsam heraus.

Gertrud Tanner trägt die fachliche Verantwortung für das vierte Kapitel, d.h für die überwiegend psychologischen Teile, und Kurt Staub für die religionsgeschichtlichen, soziologischen und ökonomischen Kapitel.

Das Grundkonzept des Buches ist im Laufe vieler gemeinsamer Gespräche entstanden.

Büsingen, den 27.6.2020 Dr. K.Staub Theologe und Soziologe
G.Tanner, Psychotherapeutin

> Wir würden uns freuen mit Ihnen ins Gespräch zu kommen.
> Unsere mailadressen:
> kurt.staub@religionswerkstatt.ch
> gertrud.tanner@bluewin.ch

1. Der Epochenumbruch der Globalisierung und seine Folgen

Individuelle Lebensziele in Freiheit anzustreben, ist für die meisten Angehörigen westlicher Länder eine Selbstverständlichkeit.

Beispiele für individuelle Lebensziele

- das Leben geniessen
- mich selber verwirklichen
- gut und modisch aussehen
- kreativ und schöpferisch sein
- gesund bleiben und sportlich sein
- alternativ und einfacher leben
- demokratische Werte verteidigen
- eine gute Ausbildung erwerben
- vorwärts kommen im Beruf
- mich dauernd beruflich weiterbilden
- innovativ beruflich tätig sein
- kosmopolitischen Werten zum Durchbruch verhelfen
- gut verdienen
- eine glückliche Beziehung haben
- gesunde und glückliche Kinder haben
- ein eigenes Haus erwerben
- zu einer gesünderen Umwelt beitragen
- mich für mehr Gerechtigkeit in der Welt einsetzen
- politisch Karriere machen
- meinem eigenen Gewissen folgen
- Freude an der Arbeit haben
- meinem Leben einen Sinn geben

Die Coronapandemie stellte jedoch seit anfangs 2020 unsere Gewohnheiten, Fähigkeiten, Persönlichkeitsmerkmale und Ueberzeugungen, d.h. wesentliche Teile unserer Identität, in Frage.

Und sie macht uns bewusst, dass der von uns als selbstverständlich empfundene freiheitliche Lebensstil einer ausreichenden materiellen Basis bedarf.

Die durch die Coronapandemie bewirkten Blockierungen erleben wir zunächst als individuelle Herausforderungen:

Wie geht es für mich weiter ?
Welche Chancen verliere ich ?
Welche Chancen entstehen neu ?
Was ist mir in Zukunft wichtig ?

Corona der Ungleichmacher

Fabian Urech hat in einem Artikel in der Neuen Zürcher Zeitung mit dem Titel „Corona der Ungleichmacher[6]" auf den Zusammenhang zwischen Corona und Gesellschaftsstruktur aufmerksam gemacht:

> Die Pandemie zeigt wie durch ein Brennglas die Ungleichheit in der Welt und trifft die Armen am stärksten. Das vertieft die Krise für alle. Es ist höchste Zeit, die Bekämpfung dieser Diskrepanz zu einer politischen Priorität zu machen.

....Studien aus den USA und Grossbritannien haben bereits früh nachgewiesen, dass gewisse Bevölkerungsgruppen — etwa Geringverdiener, Schwarze oder Latinos — ein deutlich höheres Corona-Ansteckungsrisiko ausweisen als die weisse Mehrheit. Die Pandemie schafft also auch hier eine Hierarchie der Not: Wer unten steht, leidet mehr...

In der EU hat im ersten Halbjahr 2020 fast jeder zehnte Angestellte ohne Fachqualifikation seinen Job verloren, während unter Angestellten mit einer tertiären Ausbildung die Arbeitslosenquote sogar sank. Selbiges gilt für die USA: Hier verloren während der Krise im Niedriglohnsektor fast viermal so viele Menschen ihre Arbeit wie in Branchen mit hohen Löhnen. Seit Mai letzten Jahres sind deshalb rund acht Millionen Amerikanerinnen und Amerikaner unter die Armutsgrenze abgerutscht....

Mit Blick auf die Verteilung der Impfstoffe wäre eine Kurskorrektur, die das globale Ungleichgewicht zumindest minderte, noch möglich — und relativ simpel: Die in den Industrienationen überschüssigen Impfdosen müssten rasch freigegeben werden. Und jene Länder, die nicht über das Geld oder die logistischen Mittel für eine flächendeckende Impfaktion verfügen, müssten grosszügige und unkomplizierte Unterstützung erhalten.

Längerfristig ist es mit einer politischen Notfallübung nicht getan. Aus dieser Krise zu lernen — und sich auf die nächste besser vorzubereiten —, heisst über den Tag hinaus, die soziale Ungleichheit endlich als eine zentrale politische Herausforderung unserer Zeit anzuerkennen und entsprechend zu handeln.

Wem die Moral dafür nicht Antrieb genug ist, der sollte sich von der Vernunft leiten lassen — und er wird zu denselben Schlüssen kommen: Diese Pandemie und ihre Folgen sind erst vorbei, wenn sie überall vorbei sind. Und die nächste Krise wird weniger rasch kommen und weniger weitreichend sein, wenn der Graben zwischen Arm und Reich nicht grösser wird, sondern kleiner.

> Wenn Menschen Auswirkungen der Pandemie persönlich erleiden oder mit ihnen nahestehenden Menschen miterleben, werden ihnen verdrängte strukturelle Probleme der kapitalistischen Globalisierung bewusst.

Ein Beispiel für verdrängte strukturelle Probleme sind die im Rahmen der Tierzucht aufgetretenen Coronaansteckungen in Grossmetzgereien, u.a. mindestens 1400 Erkrankte unter den Angestellten der Schlachterei

Tönnies in Gütersloh (und den Firmen, denen diese Teile des Schlachtgeschäftes zwecks Lohndumpings durch Subkontrakte übertrug).

An dieser grossen Zahl von Ansteckungen war nicht allein das Covid-19 Virus schuld. Sie war die Folge des Auftretens dieses Virus in einem naturzerstörenden, tierfeindlichen und menschenfeindlichen Aufzucht- und Vermarktungsystem.

Strukturelle Probleme wurden auch im teilweise kaputt gesparten Gesundheitssystem sichtbar. Zu Beginn der ersten Welle der Pandemie fehlten Gesichtsmasken, Schutzanzüge, Desinfektionsmittel und Beatmungsgeräte. Und bis heute fehlen genügend Pflegepersonal, Impfungen und Tests.

Viele Handwerksbetriebe, Läden, Hotels, Kulturschaffende, Bars und Restaurants kämpften und kämpfen ums wirtschaftliche Ueberleben. Leider erhielten viele kleine Betriebe nicht schnell genug ausreichende staatliche Ueberbrückungshilfen.

Die bedrohlichsten *strukturellen* Gegenwartsprobleme verstärken sich gegenseitig:

Dabei ist *die gefährliche Coronapandemie* - dank der nun verfügbaren Impfungen - *das kleinste der zu bewältigenden strukturellen Probleme.*

Das mit der Globalisierung verbundene Problem der gerechten Verteilung der erwirtschafteten Güter ist das mittelgrosse der zu bewältigenden strukturellen Probleme.

Falls es die westlichen Staaten nicht schaffen, die dank der neoliberalen Globalisierung erwirtschafteten Güter gerechter zu verteilen, riskieren sie die Zerstörung unsere westlichen Demokratien - und die durch diese ermöglichte Freiheit der Individuen.

Die Erfolge der Politik Donald Trumps und anderer Populisten haben der Welt die entsprechenden Gefahren deutlich gemacht.

Das grösste und gefährlichste strukturelle Problem ist das Klimaproblem.

Unsere Erde ist ein hochkomplexes, physikalisches, biologisches und soziales System und wir Menschen sind hochentwickelte Teilsysteme davon. Wenn wir uns nicht achtsamer in dieses komplexe System integrieren, könnte unser Planet in wenigen Jahrzehnten weitgehend unbewohnbar werden.

Die katastrophalen Ueberschwemmungen vom 13. Juli 2021 in Deutschland, Belgien und Holland mit vielen Toten und riesigen materiellen Schäden haben der europäischen Oeffentlichkeit bewusst gemacht, das das Klimaproblem nicht nur ein Problem von Entwicklungsländern ist sondern auch unsere eigenen Lebensgrundlagen gefährdet.

Da diese Strukturprobleme - entgegen dem Rat vieler Wissenschafter - jahrzehntelang verdrängt wurden, müssen sie nun alle gleichzeitig gelöst werden.

Anomie als Folge der Krisen

Die eben erwähnten Probleme, lösten bei vielen Betroffenen ein Gefühl aus, *das von den Soziologen als Anomie (griechisch = Gesetzlosigkeit)* bezeichnet wird, d.h. sie spüren, dass grundlegende gesellschaftliche Werte, Normen und Regeln ihre Geltung verlieren[7].
Die, durch die kapitalistische Globalisierung ausgelöste Verunsicherung wird durch die Coronakrise noch verstärkt, und die Klimakrise gefährdet das Leben auf unserem Planeten ganz grundsätzlich und macht vertraute Strategien des Umgangs mit der Natur wirkungslos.

Das Konzept der Anomie wurde im 19. Jahrhundert durch Émile Durckheim zur Erklärung der durch die Industrieealisierung bewirkten Umbrüche geschaffen.
Zur Messung von Gefühlen der Anomie als Folge gesellschaftlicher Umbrüche sind im letzten Jahrhundert verschiedene Einstellungsskalen entwickelt worden.

Als Beispiel zitieren wir die Anomieskala von L.Srole 1956[8]:

> Was würden Sie zu folgenden Ansichten sagen:
> Stimmen Sie mit ihnen überein oder finden Sie sie falsch?
>
> - Alles ist heute so unsicher und wechselt so schnell, daß man oft nicht mehr weiß, wonach man sich richten soll.
>
> - Das Schlimme an der heutigen Zeit ist, daß den Leuten die alten Traditionen und Gewohnheiten gar nichts mehr bedeuten.
>
> - Der Durchschnittsmensch wird eigentlich immer schlechter
>
> - Es hat keinen Sinn, mit den Behörden Kontakt aufzunehmen, denn diese interessieren sich doch nicht für die Probleme des Durchschnittsbürgers.
>
> - Manchmal scheint es mir, andere Leute wüßten besser als ich, was in bestimmten Situationen zu tun ist.

Anomie erzwingt Neuorientierung. Falls die psychischen Kräfte, sowie Einkommen und Ausbildungsstand nicht ausreichen um die damit verbundenen Aengste zu bewältigen, suchen viele Betroffene in einer Gruppierung Halt. Sie schliessen sich oft einer fundamentalistisch-religiösen Gruppierung oder einer rückwärts gerichteten, politisch-populistischen Bewegung (oder Partei) unter autoritärer Führung an.

Solche Gruppierungen können für die liberalen Demokratien zu einer Bedrohung werden.

Beispiele derartiger Bewegungen sind in Frankreich die rechtsextreme Sammlungsbewegung „Rassemblement National" von Marine Le Pen, in Deutschland die Bewegung „Aktion für Deutschland (AFD)", sowie in den USA die Anhängerschaft des abgewählten Präsidenten Donald Trump.

Die Soziologin *Cornelia Koppetsch* weist in ihrer Untersuchung des Rechtspopulismus[9] nach, dass zur Anhängerschaft der Rechtspopulisten nicht nur von wirtschaftlichem und gesellschaftlichem Abstieg bedrohte Angehörige der unteren Mittelschicht, der Arbeiterschaft und den prekären Schichten gehören, *sondern* auch Akademiker und beruflich Hochqualifizierte.

AfD-Anhänger finden sich auch in den gebildeten Milieus und selbst in den kosmopolitischen Hochburgen, etwa bei Gewerkschaftsfunktionären oder bei Lehrern, Dozenten und Wissenschaftlern (a.a.O.S.104-106).

> Für Cornelia Koppetsch ist die Ursache des Rechtspopulismus ein bisher unbewältigter Epochenbruch, den die neoliberale wirtschaftliche Globalisierung bewirkte (S.14/15).

Die wirtschaftliche Globalisierung und deren Folgen beschreibt sie folgendermassen:

„Durch den Aufbau globaler Produktions- und Lieferketten wurden die alten Produktionssysteme in Einzelteile zerlegt und rund um den Erdball jeweils dort (immer wieder) neu aufgebaut, wo sich Produkte am besten entwickeln oder am billigsten fertigen lassen. So können Designer in einem Land Prototypen für ein neues Produkt entwerfen und Ingenieure in einem zweiten Land die erforderlichen Maschinen und Produktionsstätten entwickeln, wodurch das Produkt schliesslich in einem dritten Land, etwa in Taiwan oder Indonesien, gefertigt wird. Unternehmen sind global vernetzte Einheiten. Ihre Zuordnung zu nur einer Nation ist problematisch geworden"(S.15).

Eines von vielen Beispielen für ein derartiges globales Produktionssystem ist die Herstellung von Computern und I-Phones durch Apple.

> Diese Veränderung der Produktionsverhältnisse hat auch eine Globalisierung sozialer Ungleichheitsverhältnisse zur Folge.
> Vor allem am oberen und am unteren Rand des globalisierten Wirtschaftssystems kommt es zur Herausbildung von *transnationalen Klassenlagen* (S.18).

Am Pol der Mächtigen befinden sich **die Globalisierungsgewinner.** Dazu gehört zum einen die kleine Elite der Superreichen, die überproportionale Gewinne erzielen. Mit diesen verbunden und von ihnen abhängig ist die relativ breite Schicht der Kosmopoliten in den grössten und wirtschaftlich mächtigsten Städten der Welt (den global cities), die über eine global einsetzbare Bildung und weltweit anerkannte Qualifikationen verfügen. Sie ist weder emotional noch ökonomisch an einen spezifischen Nationalstaat gebunden.

Am Pol der Ohnächtigen sind **unterschiedliche unterprivilegierte Gruppen** zu finden, die ebenfalls eine transnationale Klasse bilden. Dazu gehören Geringverdiener aus unterschiedlichen Weltregionen die ein globales Dienstleistungsproletariat bilden. Für dieses existiert die „soziale Rolltreppe" in die Mittelschicht zumeist nicht mehr, weil sich unter dem Druck des internationalen Wettbewerbs auch die Löhne in den Ländern des globalen Nordens an die niedrigeren internationalen Massstäbe angeglichen haben (S.18/19).

Die Angehörigen des Pols der Mächtigen identifizieren sich mit wettbewerbsorientierten globalen Arbeits- und Lebensformen. Und sie neigen dazu, ihre Bindung an einen spezifischen Nationalstaat aufzugeben. Für sie gibt es keinen Grund Objekte und Praktiken der eigenen Kultur solchen aus anderen Kulturen vorzuziehen.
Sie fordern und fördern die Abkehr von einem humanistischen Konzept der Bildung zugunsten von marktorientierten Kompetenzen.

> Die früheren, kollektiven Modelle des Arbeitens und Lebens in festen Organisationen und lokalen Gemeinschaften werden durch diese Entwicklung zwar nicht völlig aufgelöst, aber zunehmend an den Rand gedrängt und durch die neuen Strukturen überlagert.

An die Stelle herkömmlicher Beschäftigungsformen treten zunehmend individualisierte Formen der Arbeit in Form befristeter Aufträge.
Gleichzeitig verlieren das traditionelle Klein-, das Bildungs- und das Wirtschaftsbürgertum an Bedeutung.
Von dieser Entwicklung ist auch das konservative liberale Bürgertum betroffen, das sich nach wie vor über humanistische Wahrheitsansprüche und nationale Bildungsansprüche definiert (S.120).

> Die Bezugseinheit ist nicht mehr das Kollektiv, die Gemeinschaft, die Familie oder die Nation, sondern das Individuum mit seinen Bedürfnissen und Chancen für Selbstverwirklichung, Karriere und Reichtum (S.118).

Die aktuelle Globalisierungsphase zeichnet sich durch ihren umwälzenden Charakter und die Gleichzeitigkeit des Wandels von Staat, Wirtschaft und Gesellschaft aus. Dieser umfassende Wandel hat zur Folge, dass sich im Zuge der Zunahme weltweiter Vernetzung alle Zugehörigkeiten grundlegend verändern – sowohl die zum eigenem Land, zu dessen Regionen und zum Weltmarkt. Darüber hinaus aber auch zu den kulturellen Traditionen (S.16).

In ihrem Versuch zu verstehen, warum die Rechtspopulisten so starken Zulauf finden, vergleicht Cornelia Koppetsch diese mit der 1968er Protestbewegung (S.35).

Das Kernanliegen der 1968er Protestbewegung war die Idee der Selbstbestimmung und die Verteidigung subjektiver Handlungsmöglichkeiten gegenüber als übermächtig empfundenen traditionellen Strukturen.
Gefordert wurde eine allgemeine Trendwende von den Ordnungswerten hin zu Toleranzwerten und Fragen der Gleichberechtigung, der individuellen Selbstverwirklichung, der politischen Partizipation und der Menschenrechte.
Der Kapitalismus erwies sich als fähig, einen Teil der Werte und des Lebensstils dieser Protestbewegung zu integrieren. Diese Gruppen lieferten ihm wichtige Anstösse zur Entwicklung der globalisierten Produktions- und Lebensformen, die durch Netzwerke, Wissen, lebenslanges Lernen und zunehmenden Individualismus geprägt sind.

> Seit Beginn des 21. Jahrhunderts, ist jedoch in Europa und den USA der Aufstieg einer neuen Generation von Protestbewegungen zu beobachten. Diese rechten Bewegungen und Parteien richten sich auf Problembereiche, die durch gesellschaftliche Oeffnungsbewegungen, d.h. durch Globalisierung, Einwanderung und die marktradikale Entfesselung der Oekonomie, entstanden sind.

Nach Koppetsch *sind die neuen rechten Bewegungen und Parteien Gegenbewegungen gegen die globale Moderne.*
Ihre Anhänger rekrutieren sich überwiegend aus sozial absteigenden Gruppen, die sich gegen die Konkurrenz durch aufsteigende Aussenseitergruppen zur Wehr setzen, z.B. durch Einwanderer, Flüchtlinge, Minderheiten, Angehörige „alternativer Milieus" oder Frauen. Gemeinsam ist ihnen, dass sie eine relative Entmachtung und eine nachhaltige Erschütterung ihrer etablierten Vorrechte erfuhren.

In den USA rekrutiert sich ein grosser Teil der AnhängerInnen der Donald Trump unterstützenden Tea Party aus den älteren Generationen der durchaus wohlhabenden US-Mittelschicht, deren Zukunftserwartungen durch die Hypothekenkrise 2007/2008 stark erschüttert wurden. Ihre sicher geglaubten Zukunftsaussichten eines durch harte Arbeit und Sparsamkeit immer weiter wachsenden Wohlstandes, brachen damals zusammen (S. 45). Ihnen geht es aber nicht nur um die Verteidigung materieller Interessen, sondern viel genereller um die Verteidigung bedrohter Positionen und etablierter Vorrechte (S.39).
Sie stellen eine primär auf Wissenschaft und Expertenwissen gestützte öffentliche Meinung zugunsten ihrer „gefühlten" Wahrheiten in Frage und entziehen herrschenden sozialen Ordnung ihre selbstverständliche Geltung (S.129).
Wenn die Betroffenen den Deklassierungen und Kränkungen kein Ende setzen können, entstehen möglicherweise dauerhafte Emotionen wie Ressentiments, Hass oder Zorn. Im Falle von Ressentiments wird die eigene Schlechterstellung kausal mit der „ungerechtfertigten Bevorzugung" anderer begründet.
Anders als Neid und Scham sind Ressentiments gemeinschaftsstiftende Gefühle, welche die Isolation zugunsten eines „Wir" überwinden können.
Zum Aufstieg von Donald Trump Befragte beklagten, dass ihre harte Arbeit, Opferbereitschaft und Loyalität den Niedergang der eigenen Familie und der ganzen Region nicht hätten aufhalten können,

wohingegen andere Gruppen, welche diese Regeln nicht befolgten (Migranten, Schwarze, Homosexuelle, Städter, Frauen), mühelos an ihnen vorbeizögen (S.155).
Derartige Erzählungen können Ressentiments in Zorn auf bestimmte Gruppen umwandeln und zu politischem Handeln führen.

> Zu solchen ressentimentgeladenen Bewegungen gehören neben den rechtspopulistischen auch neonationalistische, religiös-fundamentalistische und ethnozentrierte Protestbewegungen.
> Solche Bewegungen fordern nicht mehr Selbstbestimmung für die eigene Person, sondern verteidigen ein als gefährdet wahrgenommenes „Wir" in der globalen Moderne.

Die Ironie der Geschichte besteht nun darin, dass die Milieus, die sich nach den 1968er Protesten herausbildeten, allmählich ins staatstragende Bürgertum aufstiegen und ebenfalls zu Machtträgern wurden. Dadurch fällt es ihnen schwer, eine objektive Sicht auf gesellschaftliche Konflikte zu gewinnen, in denen sie selbst Partei sind.

Dies zeigt sich deutlich bei Wissenschaftlern, Publizisten, Regisseuren und anderen Figuren des öffentlichen bzw. kulturellen Lebens, die sich zum Aufstieg der neuen Rechtsparteien äussern: Ihnen gelingt es kaum, auch ihren eigenen Standpunkt als Ausdruck ihrer sozialen Lage kritisch zu betrachten.

> Viele erfolgreiche Mitglieder der akademisch-kosmopolitischen, aufstiegs- und gewinnorientierten Mittelschicht glauben, dass eine liberale Gesellschaftsordnung die bestmögliche aller Welten darstellt, die nun die rechten populistischen Parteien mutwillig zerstören wollen.

Für sie ist die Sachlage kristallklar:
Der *Liberalismus* ist rational und logisch;
seine rechtspopulistischen Herausforderer sind irrational, wenn nicht gar verrückt:
Liberale sagen die Wahrheit,
Rechtspopulisten verbreiten Lügen;
Liberale stehen für den Fortschritt,

Rechtspopulisten wollen zurück in die Vergangenheit;
Liberale sind offen, freiheitsliebend und egalitär,
Rechtspopulisten sind intolerant, autoritär und repressiv.
Dieses simple Sicht der Realität gibt vielen liberal Denkenden das beruhigende Gefühl, auf der richtigen Seite der Geschichte zu stehen.

> Ein grosser Teil dieser, die öffentliche Meinung dominierenden, Gruppe ist blind für die gesellschaftliche Standortgebundenheit ihrer Ueberzeugungen und die damit verbundenen Machtinteressen.
> Ihre VertreterInnen beanspruchen zwar die objektive Wahrheit zu besitzen, vertreten aber ebenso wie die rechten Gruppierungen eine durch Macht- und Gewinninteressen beeinflusste ***Ideologie im soziologischen Sinn.*

Unter ***Ideologie im soziologischen Sinne*, verstehen wir ein System von Ueberzeugungen und Begriffen, das der Durchsetzung von Machtinteressen in der Gesellschaft dient. Um dieser Funktion zu genügen, wird die soziale Realität teilweise verzerrt wiedergegeben[10].

Ein eindrückliche Kritik dieser Tendenz von Liberalen, für die ideologischen Aspekte der eigenen politischen Position blind zu sein, lieferte im Tages Anzeiger vom 30.September 2019 *Carolin Emcke* in ihrem Artikel „Die Klimabewegung entlarvt den Liberalismus":

„Nun liesse sich wohlwollend annehmen, dass jene politische Tradition, die sich selbst als besonders rational und innovationsfreudig versteht, auch besonders geeignet wäre, mit solchen Krisen umzugehen. Es mutet wie eine ironische Verkehrung der eigenen Ideengeschichte an, dass ausgerechnet der Liberalismus im Angesicht der Klimakrise undynamisch und lernblockiert daherkommt.

Anstatt eine realistische Einschätzung der Klimakrise zu gewinnen, wird deren Dramatik wegmoderiert, um denen, die dringende, komplexe Reformen fordern, unrealistische, unterkomplexe Panikmache zu unterstellen.

Anstatt nüchtern die Klimaforschung zu analysieren und nach politischen Instrumenten zu suchen, werden die Möglichkeiten des gesellschaftlichen Lernens, der diskursiven Vermittlung notwendiger Veränderung ideologisiert als «Umerziehung»....

Was neuerdings als vermeintlich antiliberaler «Verzicht» abgewertet wird, ist das, was früher einmal «Wahl» hiess und Grundelement jeder liberalen Erzählung war. Wir können wählen, wie wir leben wollen, wir können mitbestimmen, welche Art der Landwirtschaft, welche Form der Mobilität wir als Gesellschaft wollen, wir können mitbestimmen, ob und wie wir teilen und umverteilen wollen, wir können mitverhandeln, was für uns ein freies, solidarisches und gerechtes Leben bedeutet, lokal und global. Und ja, es lässt sich auch autonom entscheiden, etwas nicht zu wollen......

Was ist aus dem Liberalismus geworden, dessen Freiheitsbegriff einmal mehr war als blosse Deregulierung des Marktes, dessen Freiheitsbegriff noch seine eigenen Bedingungen mit zu verhandeln wusste, dessen Freiheitsbegriff mehr meinte als technische Selbstoptimierung der Person?...

Fridays for Future symbolisiert nichts stärker als einen Freiheitswillen, der sich nicht zwingen lassen will in eine Lebensform, die nicht nur ausbeuterisch Ressourcen vernichtet, sondern die schlicht dysfunktional und nicht überlebensfähig ist..."

> Cornelia Koppetsch deutet den Konflikt zwischen multikulturell liberalen und kulturell konservativen Gruppen als den kulturellen Aspekt der aktuellen Form des *Klassenkonflikts* bezüglich Einkommen und Vermögen.
>
> Ein Teil der im 20.Jahrhundert wirtschaftlich aufgestiegenen, häufig akademisch gebildeten Mittelschicht, wechselte angesichts dieser neuen Form des Klassenkonflikts die Seiten und übernahm Mitverantwortung für die Herausbildung des globalen neoliberalen Kapitalismus und seiner weltweiten Verflechtungen.

Diese neue Mittelschicht avancierte zum neuen Bürgertum, sowie zu einem zentralen Agenten einer - durch exklusive Lebensstile und und hochpreisige Stadtquartiere bewirkten - sozialen Abschliessung. Gleichzeitg geriet die traditionelle untere Mittelschicht zunehmend in die Defensive und wurde von Abstiegsängsten geplagt.

Die Umstellung öffentlicher Dienste auf Märkte und Quasi-Märkte bedroht auch viele humanistische und pädagogische Berufe, die in der Industriemoderne noch ein grosses Ansehen genossen haben. Auch Leitungsfunktionen haben sich gewandelt. Krankenhäuser, Wasser- und Strombetriebe, Strassenbau und Verkehrsbetriebe sind teilweise oder gänzlich privatisiert worden und haben das traditionelle Management durch neue Berufsgruppen ersetzt. Verwerfungen gehen somit auch durch das Feld der akademischen Berufe hindurch. Dabei verlieren auch klassische Akteure der Parteien, Universitäten und Wissenschaftsorganisationen an Macht und Autorität.

An ihrer Stelle gewinnen transnationale Akteure wie die Europäische Kommission, die Akteure des Bologna-Prozesses und die Organisation für wirtschaftliche Zusammenarbeit und Entwicklung (OECD) an Bedeutung. Ein wichtiges Prinzip des Wandels stellt die Berufung auf Märkte und internationale Wettbewerbsfähigkeit dar. Auch das Personal in Verbänden, Parteien, Universitäten und Forschungseinrichtungen hat sich auf *„mehr Markt und weniger Staat"* einzustellen (S.221/222).

Andersherum zählen nicht alle Vertreter der Mittelklasse zu gesellschaftlichen Verlierern, denn auch hier verlaufen die Spaltungen oft innerhalb der einzelnen Berufsfelder. So gehören zur exportorientierten Industrie immer noch zahlreiche kleinere Familienunternehmen, die global players geworden sind. Ihre Eigentümer und Angestellten zählen zu den Gewinnern der Globalisierung.

> Angesichts des skizzierten globalen Epochenumbruchs versuchen die rechten Gruppierungen ein Bündnis zwischen den konservativen Fraktionen der Ober-, der Mittel-, und der Unterschicht gegen die Dominanz der kosmopolitischen, kapitalistischen Milieus und deren Marktlogik zu stiften.
> Denn diese Marktlogik führt zunehmend zu sozialer Abschliessung der dominierenden Milieus gegen unten.

Durch die Abwälzung betrieblicher Marktrisiken auf ArbeitnehmerInnen, geraten festangestellte Arbeitnehmende zunehmend in die Position von Privilegierten, während ein wachsendes Segment von temporär Beschäftigten in eine machtunterlegene Aussenseiterposition gedrängt wird.

Dazu gehört auch die wachsende Gruppe befristet beschäftigter wissenschaftlicher, publizistischer, künstlerischer ArbeitnehmerInnen (zum Beispiel Architekten, Bildhauer, Museumskuratoren) oder ArbeitnehmerInnen mit kreativen Berufen (zum Beispiel in Werbung, Design oder Gaming) die um ein knappes Stellenangebot konkurrieren müssen.

> So wird die Macht der Angehörigen klassischer beruflicher Hierarchien durch den disziplinierenden Effekt verknappter Stellenmärkte ersetzt.
>
> Um nicht in noch ungünstigere Arbeitsbedingungen abzurutschen, oder um eine Anschlussbeschäftigung zu erlangen, akzeptieren Mitarbeiter die steigenden Anforderungen und signalisieren Bereitschaft ihre Leistung zu erhöhen (S.221-222).

Unter einer äusseren Schicht liberaler Gesinnungen haben sich illiberale Haltungen angesammelt, die seit einiger Zeit Zeit an die Oberfläche kommen. Sie führen - getarnt durch den Titel der Selbstoptimierung - zu verschärften Anpassungs-, Vereinheitlichungs-, und Konformitätszwängen (S.53).

Gesellschaften können ihre normativen Grundlagen nicht selbst garantieren

Cornelia Koppetsch begnügt sich nicht mit einer empirischen Analyse des aktuellen Epochenumbruchs, sondern weist - unter Berufung auf den Staatsrechtler *Ernst Wolfgang Böckenförde*[11] - auch darauf hin, dass Gesellschaften auf normativen Grundlagen aufgebaut sind, die sie selbst nicht garantieren können.

> Die gefühlsmässige Bindung an ein „Wir" gehört zu den Voraussetzungen moderner demokratischer Gesellschaften, denn sie ist die Bedingung für den sozialen Zusammenhalt und die Bereitschaft, füreinander einzustehen.
>
> In traditionellen Gesellschaften wurde dieses Gefühl der Zugehörigkeit zu einem „Wir" durch religiöse Mythen und Rituale begründet.

Auch der Philosoph *Jürgen Habermas* betont, dass das Denken moderner, säkularer Gesellschaften, keine allgemein verbindliche Ethik oder Moral begründen könne. 1999 sagte er in einem „Gespräch über Gott und die Welt" mit dem Philosophen Eduardo Mendieta:

> „Der egalitäre Universalismus, aus dem die Ideen von Freiheit und solidarischem Zusammenleben, von autonomer Lebensführung und Emanzipation, von individueller Gewissensmoral, Menschenrechten und Demokratie entsprungen sind, ist unmittelbar ein Erbe der jüdischen Gerechtigkeits- und der christlichen Liebesethik.
> In der Substanz unverändert, ist dieses Erbe immer wieder kritisch angeeignet und neu interpretiert worden. Dazu gibt es, bis heute keine Alternative."
> (Habermas J. 2020 in Wikipedia Abschnitt ‚Religion und Christentum')

Welche Folgen hat der Epochenumbruch der Globalisierung für unsere Zukunft ?

> Zukunftstauglich scheint uns weder der rückwärts gewandte Populismus, noch der sich ständig den jeweiligen Marktchancen flexibel anpassende, liberale Individualismus zu sein.

In welchem Ausmass *der rückwärts gewandte Populismus* die internationale Zusammenarbeit, das Klima und die liberale Demokratie gefährden kann, haben uns Donald Trump und seine Anhängerschaft während seiner Präsidentschaft drastisch vor Augen geführt.

Den rückwärts gewandten Populisten geht es nicht nur um die Verteidigung materieller Interessen, sondern ganz allgemein um die Verteidigung bedrohter Positionen und etablierter Vorrechte.

Auch *der multikulturell offene, aber oft unverbindliche Liberalismus* schwächt auf Dauer sowohl den nationalen wie auch den internationalen Zusammenhalt. Darüber hinaus schwächt seine Unverbindlichkeit auch die seit dem zweiten Weltkrieg durchgesetzte Charta der Vereinigten Nationen. Im Umgang mit Diktaturen opfern seine Vertreter oft die Menschenrechte ihren wirtschaftlichen Interessen.

Und neuerdings schränkt er zusätzlich die Mobilitäts- und Entfaltungschancen eines Teils der arbeitenden Bevölkerung ein und bewirkt deren wirtschaftlichen und/oder gesellschaftlichen Abstieg.

Im Rahmen der Europäischen Union entscheiden seit der Finanzkrise von 2008 - statt demokratisch gewählter Gremien - intransparent arbeitende, oft einseitig auf die Meinungen neoliberal ausgerichteter Wissenschafter oder Lobbyisten abgestützte, politische Gremien. Auch die Europäischen Zentralbank fällt Entscheide, die nicht demokratisch legitimiert sind und ihre gesetzlichen Kompetenzen überschreiten. Und der Ministerrat macht häufig Konzessionen zugunsten der nationalen

Egoismen, da er einstimmig entscheiden muss. All dies führt dazu, dass die EU oft zu Recht als „Elitenprojekt" kritisiert wird, das sich nicht um den Volkswillen kümmert.

Die Chancen dafür, dass sich die liberalen Eliten für die Erhaltung unserer natürlichen Lebensgrundlagen wirksam einsetzen, scheinen zwar seit der Abwahl Donald Trumps zu steigen. Die Konflikte mit wirtschaftlichen Akteuren, die nach wie vor ihre Gewinnmaximierung als höchstes Ziel verteidigen, sind aber noch längst nicht gewonnen.
Die Coronaepidemie zwingt gegenwärtig viele Menschen, all ihre Kräfte auf das unmittelbare materielle, körperliche und seelische Ueberleben zu konzentrieren.

Wenn alle InteressentInnen eine Impfung erhalten haben und genügend Tests zu Verfügung stehen, wird das Leben zwar wieder freier werden, aber trotzdem nicht in dem Sinne normal, wie es dies vor der Pandemie der Fall war.
Rein medizinisch wird die Coronapandemie vermutlich dank den von vielen Regierungen getroffenen präventiven und medizinischen Massnahmen (Impfungen und regelmässige Gratistests) zu bewältigen sein.
Schwieriger dürfte es werden, die wirtschaftlichen Folgen der Pandemie zu bewältigen. Spätestens bei der Frage der Schuldentilgung dürften die durch die Gobalisierung bewirkten Verteilungs- und Kulturkonflikte erneut oder sogar verstärkt aufbrechen.

> Cornelia Koppetsch weist nach, dass es zu billig ist, dem Rechtspopulismus alle Schuld an den Bedrohungen der liberalen Demokratien und am wachsenden Widerstand gegen die wirtschaftliche und gegen die kulturelle Globalisierung zuzuschieben.
>
> Auch diejenigen gut ausgebildeten AufsteigerInnen, die sich mit den GlobalisierunsgewinnerInnen identifizieren, tragen für den entstandenen Epochenbruch und seine Folgen ein gerütteltes Mass an Mitverantwortung.

Mit der Relativierung der Bedeutung ihrer eigenen Herkunftskultur geht oft auch eine Abkehr von deren traditionellen moralischen Verpflichtungen einher, z.B.
- Steuerhinterziehung mit Hilfe von Steueroasen
- dem eigenen Land schadende Produktionsverlagerungen oder Privatisierungen oder
- die eigenen Kinder nicht mehr in die Volksschule sondern in elitäre Privatschulen schicken, um ihnen Zugang zu elitären Netzwerken zu verschaffen.

Viele, die im zwanzigsten Jahrhunderts dank der sozialen Marktwirtschaft bildungsmässig und wirtschaftlich aufsteigen konnten, haben die sich im Hintergrund vollziehenden Veränderungen lange nicht erkannt und naiv als Befreiung begrüsst.

3. Wie die neoliberalen Kapitalisten die soziale Marktwirtschaft abschafften

Die lange, wirtschaftlich prosperierende und relativ friedliche Zeit nach dem zweiten Weltkrieg, verdanken wir weitsichtigen Politikern, aber auch der Bedrohung der westlichen Welt durch das kommunistische Russland.

Amerikanische und europäische Politiker hatten aus den Fehlern gelernt, welche die Siegermächte nach der Niederlage Deutschlands im ersten Weltkrieg begangen hatten, als sie Deutschland demütigten und zu äusserst harten Reparationszahlungen zwangen.
Nach dem zweiten Weltkrieg leisteten die Sieger dem besiegten Deutschland deshalb mit einem Wiederaufbauplan - dem Marshallplan der USA[12] - Aufbauhilfe.
1989, nach dem Zusammenbruch der Sowjetunion, wurden dann leider wieder ähnliche Fehler gemacht wie am Ende des ersten Weltkrieges. Russland wurde unnötig gedemütigt, und konstruktive Angebote zu langfristiger Zusammenarbeit auf Augenhöhe wurden unterlassen. Dies trug dazu bei, dass der russische Präsident Putin für den Westen heute ein schwieriger Partner ist.

Seit dem Ende des zweiten Weltkrieges ruhten die westlichen Demokratien auf zwei Pfeilern.
Der erste Pfeiler waren die Grundwerte der Würde und der Freiheit des Individuums sowie der liberalen Demokratie. Diese Grundwerte wurden nach dem zweiten Weltkrieg den Menschenrechten der UNO, der Verfassung Deutschlands und später der Europäischen Union zugrunde gelegt.
Der zweite Pfeiler war das Wirtschaftsmodell der sozialen Marktwirtschaft, das *Alfred Müller Harnack* entwarf und zusammen mit dem CDU-Wirtschaftsminister *Ludwig Erhard* in Deutschland politisch durchsetzte. Die beiden schufen eine Brücke, welche die Ideale der Gerechtigkeit, der Freiheit und des wirtschaftlichen Wachstums miteinander verband.

| Grundwert =
Würde und
Freiheit des
Menschen
liberale Demokratie | 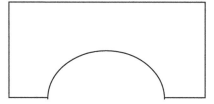 | Ausgleich zwischen
Leistung und
sozialer Gerechtigkeit
soziale Markwirtschaft |

Die westlichen Demokratien nach dem zweiten Weltkrieg

Den wichtigsten Impuls, um diese Vision zu entwickeln, verdankte Ludwig Erhard nach eigenen Aussagen seinem Lehrer Franz Oppenheimer:

„Etwas hat mich so tief beeindruckt, daß es für mich unverlierbar ist, nämlich die Auseinandersetzung mit den gesellschaftspolitischen Fragen unserer Zeit. Er (d.h. Franz Oppenheimer) erkannte den »Kapitalismus« als das Prinzip, das zur Ungleichheit führt, ja, das die Ungleichheit geradezu statuiert, obwohl ihm gewiß nichts ferner lag als eine öde Gleichmacherei. Auf der anderen Seite verabscheute er den Kommunismus, weil er zwangsläufig zur Unfreiheit führt. Es müsse einen Weg geben — einen dritten Weg —, der eine glückliche Synthese, einen Ausweg bedeutet. Ich habe es, fast seinem Auftrag gemäß, versucht, in der Sozialen Marktwirtschaft, einen nicht sentimentalen, sondern einen realistischen Weg aufzuzeigen."[13]

Die soziale Marktwirtschaft erwies sich während Jahrzehnten als sehr erfolgreich und wurde deshalb in Westeuropa von den meisten Menschen der Nachkriegsgenerationen in Form des Glaubens an die Leistungsgesellschaft verinnerlicht:

Der Glaube an die Leistungsgesellschaft

„Wer sich gut ausbildet und in seinem Beruf etwas leistet, kann gesellschaftlich aufsteigen und genug verdienen, um sich und seiner Familie ein gutes Leben zu bieten und für sein Alter vorzusorgen".

Seit den 1980er Jahren entwickelte sich dann die soziale Marktwirtschaft zum *neoliberalen, globalisierten Kapitalismus*. Der Wirtschaftshistoriker *Philipp Ther*[14] erklärt die Entstehung des neoliberalen Kapitalismus folgendermassen:

„Die wirtschaftswissenschaftlichen und politischen Ursprünge des Neoliberalismus reichen in die frühe Nachkriegszeit zurück, als der österreichische Oekonom **Friedrich von Hayek** in der Mont Pelerin Society eine Gruppe Gleichgesinnter versammelte, die ein Gegenmodell zum keynesianischen Wohlfahrtsstaat[15] schaffen wollten. Zentrale Ziele dieser logenartig organisierten, internationalen Gesellschaft waren eine freie Marktwirtschaft, freier Wettbewerb — **der Freiheitsbegriff blieb somit primär auf die Wirtschaft bezogen** — und ein Staat, der sich auf seine Grundfunktionen beschränkte. Diese Ausrichtung, ist nur im historischen Kontext der Nachkriegszeit verständlich, als die Wirtschaftspolitik in der westlichen Welt noch stark vom New Deal und dem damit verbundenen staatlichen Interventionismus geprägt war...
Dieser Paradigmenwechsel wurde wesentlich von der Chicago School rund um **Milton Friedman** beeinflusst, einem Anhänger Hayeks und langjährigem Mitglied der Mont Pelerin Society. Zu den Grundlagen der Chicago School gehört der Glaube an die Effizienz von Märkten und die Rationalität von Marktteilnehmern.

Der »Washington Consensus« von 1989

Diese Dogmen wurden im »Washington Consensus« von 1989 festgeschrieben, an dem die Weltbank, der Internationale Währungsfonds, das US-Finanzministerium und hochrangige Mitglieder des US-Kongresses beteiligt waren.

Das erste Element dieser Uebereinkunft war eine Art Krisenintervention, die ökonomische Stabilisierung von Ländern mit hoher

Inflation und hohen Schulden durch eine strikte Spar- bzw. Austeritätspolitik....Im Vordergrund stand die Triade

- Liberalisierung,
- Deregulierung und
- Privatisierung.

Auch »Foreign Direct Investments« und somit der Finanzkapitalismus spielten bereits eine prominente Rolle bei dieser globalen wirtschaftspolitischen Rezeptur...
Es gab selbstverständlich schon in den neunziger Jahren Kritiker des Washington Consensus und der Chicago School, aber diese fanden erst nach dem New Yorker Börsencrash von 2008 und dem Ausbruch der weltweiten Finanzkrise breiteres Gehör. *Joseph E. Stiglitz* hat vor allem den »Marktfundamentalismus« (den Glauben an sich selbst regulierende und ins Gleichgewicht bringende Märkte), die Ueberhöhung des Privateigentums und das Vertrauen in das rationale Agieren der Marktteilnehmer angegriffen (S.22/23)."

Ursprünglich zielte dieser »Washington Consensus« auf die überschuldeten, von hoher Inflation geplagten Länder Südamerikas ab. Er wurde dann aber dann auch in den postkommunistischen Staaten angewandt.

> Mit der Zeit sprangen alle postkommunistischen Länder auf den neoliberalen Zug auf und führten entsprechende Reformen durch (S.24/25).

Die Anwendung der neoliberalen Triade Liberalisierung, Deregulierung, Privatisierung erfolgte jedoch unterschiedlich. Pilipp Ther sieht darin Parallelen zum Nationalismus im 19. Jahrhundert. Dieser umfasste ebenfalls eine Vielfalt von Formen (S.25).

> Als unverzichtbare Grundlage einer marktwirtschaftlichen Ordnung galt für Neoliberale das Privateigentum.
> Mit diesem Dogma war eine skeptische oder sogar feindliche Einstellung gegenüber dem Staat verknüpft, der auch aufgrund der Erfahrungen im Staatssozialismus als ein Hort der Unterdrückung und Gängelung betrachtet wurde (S.34).

Die ostmitteleuropäischen und die baltischen Staaten hatten ein Jahrzehnt nach dem Ende des Staatssozialismus die wichtigsten neoliberalen Reformziele erreicht.

Die meisten Grossbetriebe waren privatisiert, die Währungen voll konvertibel, der Kapitalverkehr frei, Zoll- und Handelsschranken weitgehend beseitigt. Jedes Jahr strömte mehr Auslandskapital nach Ostmitteleuropa, das weiterhin mit niedrigen Löhnen und einem vorteilhaften »Klima« für Investoren locken konnte (S.124).

Philipp Ther macht darauf aufmerksam, dass die Entwicklungen im westlichen und im östlichen Europa ähnlich verliefen.

„Margaret Thatcher reagierte auf die wirtschaftliche Stagnation Grossbritanniens in den siebziger Jahren, indem sie die staatlichen Ausgaben drastisch reduzierte, Subventionen und Sozialleistungen zusammenstrich und die hohe Inflation bekämpfte. Ein weiterer Bestandteil des Reformpakets waren umfangreiche Privatisierungen, darunter von Schlüsselunternehmen wie der Bahn. Thatcher beendete damit den von ihren Vorgängern betriebenen Keynesianismus, der die Probleme nach der Oelkrise nicht zu lösen vermochte und in allen westlichen Staaten in einer Spirale steigender Inflation und Staatsschulden endete (S.47/48)".

Milton Friedmanns ideologische Sozialismuskritik

Milton Friedmann, der prominenteste Vertreter der Chicago School, trat sogar in einer eigenen Fernsehserie auf und vermittelte seine Ansichten einem Massenpublikum.
Der dritten Folge dieser Serie gab er den Titel *„The Failure of Socialism"*. Gemäss dieser Wortwahl war nicht der Kommunismus gescheitert, von dem sich die USA während des Kalten Krieges abgegrenzt hatten, sondern der *Sozialismus*.
Erklärte Antikommunisten wie Friedmann wetterten in dieser Sendung gegen den amerikanischen Wohlfahrtsstaat und die Linksliberalen im eigenen Land (S.55).

Philipp Ther ist sowohl mit den Verhältnissen im postkommunistischen Osten wie auch in den südlichen Ländern der Europäischen Union vertraut, denn er hat einige Jahrzehnte im Ostblock gelebt und geforscht, bevor er einen Ruf an eine italienische Universität annahm. Im Schlusskapitel seines Buches weist er auf die horrende Jugendarbeitslosigkeit in den südeuropäischen Staaten hin:

„Italiener unter 35 Jahren verfügen heute (d.h.2014/K.S.) im Schnitt nur über ein versteuerbares Einkommen von 540 Euro. Dies bedeutet zugleich, dass kaum jemand nennenswerte Sozialversicherungsbeiträge leisten kann. Die Armut wird sich demnach im Lauf der Zeit von der heutigen Jugend auf die mittlere Generation und die Rentner der Zukunft übertragen. Es droht deshalb die Gefahr, dass der existierende Sozialstaat in absehbarer Zeit nichtmehr finanzierbar sein wird (S.345)."

Ther hält es für möglich, dass ein wirtschaftliches Scheitern Italiens zu dessen Unregierbarkeit und zum Zerfall der Eurozone führen könnte. Italien verdiene deshalb ebenso viel Aufmerksamkeit und Unterstützung wie nach 1989 die Länder Ostmitteleuropas (S.353). Diese Gefahren scheinen 2021, zur Zeit der Coronapandemie, immer noch aktuell zu sein.

Nach dem Fall der Mauer 1989 geriet - als Folge der Integration und der Transformation der ehemaligen DDR und der ökonomischen Konkurrenz durch osteuropäische Länder, die gemäss dem »Washington Consensus« von 1989 liberalisiert waren - auch die deutsche Wirtschaft in eine Krise. Der Niedergang wurde schliesslich durch eine Anpassung der sozialen Standards nach unten gestoppt. Die Sozialstaatsreformen von 2001-2005 waren kontrovers und einschneidend, vor allem für Hartz IV EmpfängerInnen und ihre Kinder.

Trotzdem war dieser Weg erfolgreicher als jener von Italien oder Frankreich, zwei Ländern, die sich freilich auch selbst in die jüngste, schier endlose Krise gewirtschaftet haben (durch immer höhere Staatsschulden, den strukturellen Konservatismus der Gesellschaften und durch kräftig steigende Lohnstückkosten)...Italien, Spanien oder Portugal stehen auch deshalb unter Druck, weil man Produkte, die traditionell in diesen Ländern hergestellt wurden, in den neuen EU-Staaten oder ausserhalb Europas günstiger fertigen lassen kann (S.347).

> Die grösste Arbeitsmarktreform der Bundesrepublik wurde zeitlich fast parallel zur EU-Osterweiterung beschlossen. Seither standen billige Arbeitskräfte auch in der Bundesrepublik zur Verfügung.

„Ein systemimmanentes Problem wurde dabei vernachlässigt: Wenn man Menschen derart günstig beschäftigen kann, besteht wenig Anreiz, reguläre Arbeitsverhältnisse mit einer höheren Bezahlung zu schaffen oder gar den Tariflohn einzuhalten. Ganze Branchen sind daher zu Hartz-IV Branchen geworden, zum Beispiel die Callcenter, für die der Staat allein im Jahr 2013 36 Millionen Euro Gehaltssubventionen bezahlte.

> Ein anderes Problem ist die Leiharbeit: Etliche Firmen stockten ihren Personalbestand bei guter Auftragslage nicht mehr auf, sondern engagierten eine Leiharbeitsfirma, deren Geschäftsmodell auf maximaler Flexibilität, minimaler Bezahlung und den Vermittlungsgebühren beruht. Auch das kann man als Angleichung nach unten betrachten (S.289).

Seit einigen Jahren verläuft die Entwicklung in Deutschland wieder in Richtung eines gestärkten und sozialeren Staates. Die nach Beendigung der Krise wachsenden Steuereinnahmen wurden von der Regierungskoalition unter Angela Merkel nicht mehr primär für Steuerreformen zur Entlastung der Firmen genutzt, sondern dazu, einen ausgeglichenen Staatshaushalt zu ermöglichen und steigende Sozialausgaben zu finanzieren.

Auch in den ostmitteleuropäischen Nachbarstaaten gehören Einsparungen nicht mehr zu den obersten Prioritäten, der Sozialstaat wird wieder eher aus- als abgebaut (S.353).

> Die simple neoliberale Zweiteilung zwischen staatlich (= schlecht) und privat bzw. privatisiert (= gut), die das neoliberale Zeitalter prägte, lässt sich nicht mehr aufrecht erhalten. Das europäische Sozialstaatsmodell gilt wieder als zukunftsfähig.

Zusätzlich macht die Coronapandemie viele durch den Neoliberalismus bewirkte Fehlentwicklungen und Gefahren sichtbar. Der weitgehend ungeregelte Konkurrenzkampf erfolgt auf Kosten der Natur, der gezüchteten Tiere, sowie der arbeitenden Menschen.

Manche dieser Fehlentwicklungen sind zwar schon seit längerer Zeit im Gange, nämlich

1. **Die Zerstörung unserer natürlichen Lebensgrundlagen**

    Schon seit 1968 warnte der *„Club of Rome"* - ein Zusammenschluss von Experten verschiedener Wissenschaftsdisziplinen aus mehr als 30 Ländern - vor der Gefährdung unserer natürlichen Lebensgrundlagen und setzte sich für eine nachhaltige Zukunft der Menschheit ein.
    Sein 1972 veröffentlichter Bericht *"Die Grenzen des Wachstums"* erlangte weltweit Beachtung, vermochte aber die Wirtschaft und die Wirtschaftspolitik kaum zu beeinflussen.
    Wie die „Friday for Future" Demonstrationen der jungen Generation deutlich machten, befürchtet neuerdings eine zunehmende Zahl von Jungen, dass ihre Elterngeneration die natürliche Umwelt und damit die Zukunft ihrer Generation zerstört. Zusammen mit den grünen Parteien machen sie Druck auf die Politik zugunsten einer naturgemässeren Wirtschaft.

2. **Die weltweite Umverteilung der Einkommen und Vermögen**

    Der Fall der Berliner Mauer und der Zusammenbruch des Kommunismus enthob dann die kapitalistische Wirtschaft der Notwendigkeit, sich bezüglich sozialer Errungenschaften für die arbeitende Bevölkerung mit den kommunistischen Staaten zu messen. Der Abbau von Regeln, die bisher in der sozialen Marktwirtschaft den Kapitalismus gezähmt hatten, wurde möglich.
    Dies ermöglichte den weltweiten neoliberalen Kapitalismus, verbunden mit einer zunehmenden Umverteilung der Einkommen und der Vermögen von unten nach oben zu den obersten 10% (bzw.1%) der Bevölkerung. Viele Angehörigen der Unter- und Mittelschichten erlebten, dass das Credo der Leistungsgesellschaft für sie nicht mehr gültig war. Eine wachsende Zahl von Menschen wurde deshalb von Abstiegsängsten geplagt oder von der Sorge, trotz lebenslänglicher Berufsarbeit im Alter finanziell ungesichert leben zu müssen.

75 Jahre nach dem zweiten Weltkrieg ist die Brücke zwischen liberaler Demokratie und wirtschaftlicher Gerechtigkeit instabil geworden:

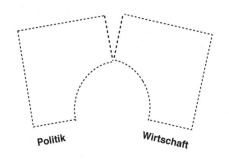

gefährdet sind
die Würde des
Menschen
und
die liberalen
Demokratien

gefährdet sind
die gerechte Verteilung
von Verdienst und
Vermögen
und das Credo der
Leistungsgesellschaft

Politik   Wirtschaft

unstabil gewordene westliche Demokratien

Die wichtigste Ursache dafür war der oben beschriebene Umbau des Wirtschaftsmodells der sozialen Markwirtschaft in ein neoliberales, weitgehend ungeregeltes, marktwirtschaftliches Modell der Globalisierung. Dieses Wirtschaftsmodell führte zwar in manchen Städten der postkommunistischen Länder und in ostasiatischen Ländern zu Entstehung einer wohlhabenderen Mittelklasse, aber auch zu einer ungerechteren Einkommens- und Vermögensverteilung und schwächte in den westlichen Staaten den Glauben an die Leistungsgesellschaft.

Marc Chesney, Oekonomieprofessor für Quantitative Finance an der Universität Zürich, zitiert in seinem Buch[16] SMS-Dialoge zwischen jungen Börsenhändlern (S.17ff) und zieht daraus folgende Schlüsse:
„Beim Lesen dieser E-Mails und Selbstzeugnisse kristallisieren sich weitere Merkmale der heutigen Gesellschaft heraus. Innerhalb der Finanzsphäre, dem Nervenzentrum der Wirtschaft, überwiegen Käuflichkeit, das Fehlen anderer als finanzieller Werte und ein moralisches Vakuum.
Der pure Zynismus desillusionierter, geldsüchtiger junger Leute, die ihre Abschlüsse an den renommiertesten Universitäten erst seit Kurzem in der Tasche haben, wird nicht nur geduldet, sondern von ihren Arbeitgebern stillschweigend gefördert."
Der zunehmende Zerfall ethisch-moralischer Werte ist auch am Verhalten wirtschaftlicher Akteure erkennbar. Seit dem Zusammenbruch des Kommunismus (1989) erlebte die westliche Welt

- einen rücksichtslosen und weitgehend ungeregelten weltweiten Konkurrenzkampf.
- 2008 eine durch verantwortungslose Spekulanten bewirkte Bankenkrise. Diese führte dazu, dass die Staaten die Konkurse der Banken, die als "too big to fail" beurteilt wurden, durch Einschiessen von Steuergeldern verhindern mussten.
- eine durch unverantwortliche Bankenspekulationen verursachte Eurokrise.
- Betrügereien grosser Autofirmen (z.B. VW, Audi, Mercedes) in Bezug auf die Abgasmessung bei Dieselfahrzeugen.

- eine zunehmende Umverteilung von Einkommen und Vermögen von unten nach oben und eine immer unverschämtere "Abzockerei" in den Chefetagen von Banken und Grossunternehmen.
- 2015 einen Ansturm von ca. 1 Mio Flüchtlingen und Asylbewerbern nach Europa aus Syrien, dem Nahen Osten, Afghanistan sowie Afrika. Ursachen waren neben Kriegen eine Nahrungsmittelunterversorgung in zahlreichen afrikanischen Ländern, u.a. als Folge der weltweiten Spekulation mit Nahrungsmitteln[17].
- Das Zahlungsdienstunternehmen Wirecard AG gestand im Juni 2020 ein, dass Aktiva über 1.9 Milliarden Euro in seiner Bilanz nicht zu belegen sind.
  Am 25. August 2020 wurde das Insolvenzverfahren eröffnet. Der langjährige Vorstandsvorsitzende Markus Braun sitzt seither in Untersuchungshaft während das ehemalige Vorstandsmitglied Jan Marsalek flüchtig ist[18].
- Als FinCEN-Files werden mehr als 2100 interne Geldwäsche-Verdachtsmeldungen der US-amerikanischen Anti-Geldwäsche-Behörde Financial Crimes Enforcement Network (FinCEN) bezeichnet, die im September 2020 veröffentlicht wurden.
  Diese Files dokumentierten verdächtige Bankgeschäfte internationaler Großbanken mit hochriskanten Kunden im Umfang von 1,69 Billionen Euro. Dabei umgingen die Banken Anti-Geldwäsche-Mechanismen und ermöglichten damit Korruption und Kriminalität.
  Einige der weltgrößten Banken, darunter die Deutsche Bank, die größte US-Bank JP Morgan, die Standard Chartered, die Bank of New York Mellon und die Schweizerische Tochtergesellschaft der Britischen HSBC, machten sogar noch Profite mit zweifelhaften Kunden, nachdem sie in den USA bereits wegen Geldwäsche-Verstössen sanktioniert worden waren[19].

> Die grosse Zahl derartiger Vorgänge weist auf das Fehlen und den Zerfall gesellschaftlicher und kultureller Werte in den westlichen Staaten hin.

Nationen und Bundesländer (bzw. Kantone), werden von Grosskonzernen und Spekulanten gegeneinander ausgespielt. Mangelhafte oder fehlende Strukturen, Korruptionsanfälligkeit sowie Beschlussunfähigkeit von Behörden luden bisher dazu geradezu ein.

International tätige Grosskonzernen wie Amazon, Google, Apple, Microsoft, richteten bisher ihr Steuerdomizil nicht dort ein, wo sie ihre Gewinne erwirtschaften, sondern dort, wo sie das günstige Steuerabkommen abschliessen konnten. Gegenwärtig sind allerdings die USA und die Organisation für Zusammenarbeit und Entwicklung (OECD) daran diese Möglichkeiten der Steuervermeidung einzuschränken und einen Mindeststeuersatz für internationale Grosskonzerne von 15% einzuführen.

> Vermutlich trägt in Zukunft (neben der Coronaepidemie) China, das sich in Hongkong immer klarer als höchst aggressiver Gegner der westlichen Werte erweist - zu vermehrter Solidarität des Westens inbezug auf seine eigenen Werte bei.

Sowohl am Beispiel der Coronapandemie wie am Beispiel der Klimakrise wird deutlich, dass zur Lösung der Probleme des 21. Jahrhunderts der Dialog mit den Erfahrungswissenschaften notwendig ist. Dass dabei auch ideologischen Missbräuchen der Erfahrungswissenschaften Rechnung getragen werden muss, zeigen wir im dritten Kapitel.

Trotzdem ist für alle, die moralisch-ethischen Gesichtspunkten in Politik und Wirtschaft wieder mehr Einfluss verschaffen möchten, der Dialog mit den empirischen Wissenschaften unerlässlich.

> Dieses Buch ist deshalb interdisziplinär orientiert. Wir kritisieren Fehlentwicklungen nicht nur moralisch, sondern suchen auch nach hilfreichen, erfahrungswissenschaftlich begründbaren Alternativen.

30 Jahre nach *Francis Fukuyamas* Lobeshymne zum Sieg des Kapitalismus über den Kommunismus wird immer deutlicher erkennbar, dass auch das kapitalistische System ohne tiefgreifende Reformen nicht zukunftsfähig ist. Sowohl der Kommunismus wie der globalisierte neobliberale Kapitalismus sind unfähig, die anstehenden wirtschaftlichen, gesellschaftlichen und Umweltprobleme zu lösen.

Das 1989 über den kommunistischen Ostblock siegreiche Amerika war während den Präsidentenwahlen 2020 so tief gespalten, dass viele politischen Kommentatoren und US-BürgerInnen um das Weiterbestehen der amerikanischen Demokratie fürchteten.

> Wie seinerzeit der Kommunismus, vermischt auch der Kapitalismus Forschungsergebnisse der Erfahrungswissenschaften mit weltanschaulichen, politischen und wirtschaftlichen Interessen seiner Akteure. So entsteht eine *Ideologie im soziologischen Sinne***.

**Darunter verstehen wir ein System von Ueberzeugungen und Begriffen, das der Durchsetzung von Machtinteressen in der Gesellschaft dient und, um dieser Funktion zu genügen, die soziale Realität teilweise verzerrt wiedergibt[20].

Diese ideologische Verzerrung der Realität gab und gibt den Zielen dieser Akteure in wissenschaftsgläubigen Zeiten eine trügerische Legitimation. Dadurch wird die politische Durchschlagskraft der eigenen Interessen erhöht, aber auch die erfolgreiche Bewältigung der Krisen und ein nachhaltiger Umgang mit unseren natürlichen Lebensgrundlagen erschwert.

Wie *Jens Jessen* schon 2005 in seinem zusammenfassenden Schlussbeitrag einer Artikelserie zum Thema des globalen Kapitalismus in der liberalen Zeitung „Die Zeit"[21] feststellte, versuchen neoliberale Oekonomen, die sich häufende Kritik am globalisierten Kapitalismus zu entkräften:

> Zur Verteidigung des Kapitalismus dient den neoliberalen Oekonomen die ideologische Behauptung, das wirtschaftliche Handeln folge ewigen Kräften, die den Naturgesetzen ähnlich seien. Gegen diese aufzubegehren sei ebenso sinnlos, wie die Schwerkraft zu leugnen.

Auch der Oekonom *Thomas Piketty* bestätigt in seinem 2020 erschienenen, neuesten Buch[22] Jessens Schlussfolgerung, dass das kapitalistische Konkurrenzprinzip kein Naturgesetz sei:

> Märkte, Profite und Kapital sind von Menschen gemacht. Wie sie funktionieren, hängt von unseren wirtschaftspolitischen Konzepten und Entscheidungen ab.

Den Erfahrungswissenschaften verdanken wir wertvolle Beiträge zu einem realitätsbezogenen Weltbild und wertvolles technisches Wissen, um bestimmte Ziele erfolgreich zu erreichen.
Im dritten Kapitel zeigen wir aber auch auf, dass unser menschliches Bewusstsein und unser Denken nicht biologisch determiniert sind, sondern aus einer komplexen Mischung aus Natur und Kultur besteht.

> Als Kulturwesen sind wir herausgefordert, unserem Leben einen Sinn zu geben, miteinander zu kooperieren und unser gesellschaftliches Handeln zu rechtfertigen.
> Dazu ist eine Synthese von empirischem und kulturellem (bzw. religiösem, philosophischem und historischem) Wissen erforderlich.

Seit den Erfolgen der empirischen Wissenschaften ist es nicht mehr möglich, die Welt allein mit dem Wissen heiliger Schriften zu erklären.

Umgekehrt sind die empirischen Wissenschaften nicht fähig, moralische Wertmassstäbe für das menschliche Zusammenleben zu begründen. Empirische Wissenschafter erliegen deshalb oft der Versuchung, ihre Theorien im Sinne ihrer eigenen oder der Interessen politisch bzw. wirtschaftlich mächtiger Gruppen zu Ideologien zu verfälschen (vgl. dazu Kapitel 3).

Der globalisierte Kapitalismus als Ideologie und (Pseudo)Religion

Der neoliberale globalisierte Kapitalismus ist nicht nur eine als Wissenschaft deklarierte Ideologie. Er hat es sogar geschafft, eine (Pseudo-)Religion zu werden. Heute praktiziert ein grosser Teil der Menschen der westlichen Staaten täglich diese (Pseudo-)religion, häufig ohne sich dessen bewusst zu sein. Viele Kapitalisten sind jedoch überzeugte fundamentalistische Anhänger dieser Pseudoreligion. Sie verteidigen kompromisslos ihre auf Adam Smith zurückgehende dogmatische Ueberzeugung, dass der Markt - *wie mit einer unsichtbaren Hand*** - alle wirtschaftlichen Probleme löse, falls sich der Staat nicht einmische.

**Mit dieser Aussage personifizierte Adam Smith die Marktkräfte auf ähnliche Weise, wie dies die archaischen Menschen mit den Naturkräften taten, wenn sie die Ursache von Gewittern auf das Handeln zorniger Götter zurückführten. Dieses ökonomische Dogma beruht also auf denselben vorrationalen Bewusstseinsformen wie die überwiegende Zahl der heiligen Schriften (Vgl. dazu Kapitel 3)

Im Mittelalter galt die personifizierte Geldgier als ein Dämon, der den Menschen zu Geiz und Geldgier verführte.
Niemand kann zwei Herren dienen......Ihr könnt nicht Gott dienen und dem Mammon (Mt 6,24).

Anbetung des Mammon
Gemälde von Evelyn De Morgan
Bild Nr. 1

Der neoliberale Kapitalismus ist heute weltweit die mächtigste „Religion". Er propagiert als Wirtschafts- und Lebensziel rücksichtslose Gewinnmaximierung und Bereicherung in einem weltweiten Konkurrenzkampf im weitgehend deregulierten, globalen Markt.

Um diese Gewinnmaximierung zu ermöglichen, werden die Konsumbedürfnisse der Bevölkerung durch eine allgegenwärtige Werbung immer stärker angekurbelt. Diese sagt uns ständig, was wir wünschen und tun sollen.

> Angeboten werden uns nicht nur Produkte, sondern auch Lebensstile und Identitäten. Darüber hinaus wird uns unterschwellig dauernd suggeriert, dass der Sinn des Lebens im Konsumieren bestehe. Damit übernimmt der neoliberale Kapitalismus zentrale frühere Zuständigkeitsbereiche der Religionen und ersetzt deren Wertsysteme durch sein eigenes.

Die egozentrischen Kulthandlungen dieser Pseudoreligion finden täglich in den Werbespots des Fernsehens und des Internets, in den Modeschauen, beim Shopping in den Einkaufsmeilen und Einkaufszentren, sowie in Wirtschaftsfakultäten von Universitäten statt.

> **Die Kulthandlungen der neoliberalen (Pseudo)Religion**
>
> Einmal im Jahr wird dann noch ein einwöchiges Hochamt** in Davos zelebriert. Neben Wirtschaftsführern zelebriert dann auch eine grosse Zahl von Politikern - unter Leitung der neoliberalen Priesterschaft - aktiv den Kult des Wachstums.

**Als Hochamt wird in der römisch-katholischen Kirche (nach Wikipedia 2018) eine besonders feierliche Form der heiligen Messe bezeichnet.

Vieles spricht dafür, dass das gegenwärtig dominierende, neoliberale kapitalistische Wirtschaftssystem tiefgreifend reformiert werden muss, damit die Menschheit überleben kann.

> Das Wichtigste, das wir tun können, beginnt in unserem Kopf. Der Aufklärungsphilosoph Immanuel Kant hat schon vor rund 250 Jahren seinen Zeitgenossen empfohlen:
>
> *„Habe den Mut, dich deines eigenen Verstandes zu bedienen!"*

Das Befolgen dieser Devise hat die Machtstrukturen der Welt des 17. und 18. Jahrhunderts revolutioniert und könnte auch heute wieder tiefgreifende Veränderungsschübe bewirken.

Angesichts der Dogmen, die der mainstream der neoliberalen Oekonomen verwendet, um uns der weltweit agierenden Finanzoligarchie gefügig zu machen, ist die oben zitierte Aufforderung Immanuel Kants heute wieder höchst aktuell.

Heute ist es jedoch zusätzlich erforderlich, den eigenen Verstand auch auf *wirtschaftliche Problemstellungen* anzuwenden.

> *Es ist notwendig, dass wir uns
> von automatisierten Gewohnheiten, Denkklischees und Vorurteilen befreien,
> welche uns mögliche neue Wege in die Zukunft verbauen.*
> **Dies muss auch in Bezug auf Wirtschaftsfragen geschehen.**
> *Auch wirtschaftlich müssen wir zwar kurzfristig pragmatisch handeln
> aber auch nach langfristig sinnvollen Zielen und Handlungsmöglichkeiten suchen.*

In den USA (und ähnlich in Europa) konnten während den Zeiten des wirtschaftlichen Aufschwungs nach dem zweiten Weltkrieg die meisten Menschen damit rechnen, dass sie sozial aufsteigen, wenn sie hart arbeiten. In diesen Zeiten war in den USA der Zeitungsjunge, der wirtschaftlich den Aufstieg bis zum Unternehmer und Multimillionär geschafft hat, das viel zitierte Vorbild.

Seit den achtziger Jahren des letzten Jahrhunderts hat sich dann die Einkommens- und Vermögensverteilung in zunehmenden Masse zu Ungunsten der Unter- und der Mittelschicht geändert, und deren Aufstiegshoffnungen wurden in vielen Fällen enttäuscht. Viele kämpften gegen den sozialen Abstieg und mussten sich (v.a. in den USA) verschulden, um ihren Lebensstandard einigermassen halten zu können und ihren Kindern eine gute Ausbildung zu ermöglichen. Die meisten versuchten diesen (relativen) Abstieg allerdings möglichst lange vor sich selbst und vor ihren Bekannten zu vertuschen.

> Um die wachsende Kluft zwischen ihren Aufstiegshoffnungen und der enttäuschenden gesellschaftlichen Realität seelisch bewältigen zu können, suchten viele nach Sündenböcken.
> Gleichzeitig identifizierten sich aber viele immer noch mit den erfolgreichen Aufsteigern.

In den USA wählten sie deshalb den scheinbar höchst erfolgreichen Unternehmer Donald Trump zum Präsidenten.

Während *Karl Marx* für seine Zeit eine empirisch fundierte, qualitativ hochwertige Analyse der gesellschaftlichen und wirtschaftlichen Machtstrukturen zur Diskussion stellte, fehlen in der heutigen öffentlichen Diskussion entsprechende Analysen weitgehend. Sie existieren zwar, werden jedoch bisher in der durch den neoliberalen mainstream beherrschten Oeffentlichkeit erfolgreich totgeschwiegen oder diffamiert.

Aus dem Zusammenbruch des Kommunismus wurde jahrelang der falsche Schluss gezogen, dass die sozialen Klassen daran seien, sich aufzulösen, und dass nun das Zeitalter der aus allen Zwängen befreiten Individuen anbreche. Jede(r) könne und müsse sich nun selbst erfinden und erschaffen, sich aber auch allein vermarkten. Und, wer dies nicht schaffe, sei selbst schuld.

Gleichzeitig vollzog sich hinter dieser ideologischen Fassade der Aufbau neuer, globaler wirtschaftlicher Machtstrukturen. Die von Marx und Engels kritisierte Klassengesellschaft ist nicht verschwunden, sondern hat neue, schwerer durchschaubare, globale Formen angenommen.

> Von der Oeffentlichkeit fast unbemerkt, wurde - unter Verwendung der modernsten Computertechnologien - ein äusserst leistungsfähiges globales System der Vermögensspekulation und Steuerhinterziehung aufgebaut.
> Dieses wurde ergänzt durch ein leistungsfähiges System der Beeinflussung von Regierungen und Parlamenten durch Lobbyisten.
> Als Folge dieser perfektionierten, weltweiten kapitalistischen Machtstrukturen, hat sich dann das Problem der ungerechten Verteilung der Gewinne des Wirtschaftens verschärft.

Zu bewunderten Vorbildern wurden nun die zynischen und käuflichen Wertpapierhändler und die nur an kurzfristigem Gewinn interessierten Manager. Deren rücksichtslos-egozentrisches Verhalten wurde und wird von ihren Vorgesetzten gefördert und von den Aktionären mit hohen Boni belohnt. Wer dieser Entwicklung misstraute und mehr Verteilungsgerechtigkeit forderte, wurde als „Gutmensch" diffamiert.
Seit der Finanzkrise von 2008 koppelte sich dann der Finanzsektor immer stärker von der real produzierenden Wirtschaft ab und verwandelte sich in eine Art Spielcasino. Gespielt wurde und wird mit den von den Zentralbanken zugunsten der produzierenden Betriebe zur Verfügung gestellten Geldern, d.h. letztlich auf Kosten der Steuerzahler.

> Daneben verwaltet der Finanzsektor die stark wachsenden Vermögen der Finanzoligarchie und dominiert mit Hilfe seiner Lobbyisten weitgehend die Volkswirtschaften und die Politik. Eine zentrale Rolle spielen dabei Grossbanken und die spekulativen Fonds.
> Dabei versteht und präsentiert die Finanzoligarchie ihre eigenen Interessen als die Interessen der gesamten Gesellschaft.

Ein Beispiel dafür ist die schweizerische Grossbank UBS: In der Bankenkrise von 2008 wurden bei der UBS innerhalb kurzer Zeit 25 Mia Franken Kapital abgezogen. Da sie sich erfolgreich als too big to fail darstellte, gewährleistete der schweizerische Staat und die Nationalbank ihre Liquidität mit öffentlichen Geldern, um ihren Zusammenbruch zu verhindern[23].

Ein weiteres Beispiel dafür sind die jüngsten Milliardenverluste der "Credit Suisse" in zu risikoreichen Geschäften mit dem Hedgefonds Archegos[24], die anfangs April 2021 bekannt geworden sind.

Gemäss dem Zürcher Oekonomieprofessor Marc Chesney resultieren aus diesen Fehlentwicklungen nicht nur Risiken für die Steuerzahler sondern auch ein weltweiter Finanzkrieg, der eine grosse Mehrheit der Weltbevölkerung in grossem Masstab beraubt und arm macht.

> Unsere wirtschaftliche Leistungsfähigkeit beruht auf leistungsfähigen Infrastrukturen und auf einer gut ausgebildeten Bevölkerung.
> Infrastrukturen und Bildungswesen werden weitgehend durch Steuern, d.h. von uns allen finanziert. Die daraus resultierenden Gewinne werden jedoch in zunehmendem Masse auf Kosten der Unter- und der Mittelschicht von unten nach oben umverteilt.

Die ungerechten oder fehlenden *globalen* Strukturen haben überrissene Managerlöhne, Steuerflucht und vielerorts (v.a. in den USA und auf den britischen Inseln) wieder ungleicher werdende Bildungs- und Aufstiegschancen zur Folge.

In seinem Buch „Kapital und Ideologie" S. 49/50 zieht Thomas Piketty daraus den folgenden Schluss:

> „Sollen wir wirklich annehmen, Bill Gates und die anderen Tech-Milliardäre hätten ihre Geschäfte ohne die Hunderte von Millionen öffentlicher Gelder machen können, die seit Jahrzehnten in Ausbildung und Grundlagenforschung investiert wurden?
> Und glaubt man allen Ernstes, ohne tätige Hilfe des geltenden Rechts- und Steuersystems hätten sie ihr kommerzielles Quasi-Monopol aufbauen und ein Wissen, das allen gehört, zum privaten Patent anmelden können?"

Die Machtverteilung im heutigen globalisierten Klassenkampf oder Wirtschaftskrieg

Der Klassenkampf (oder Wirtschaftskrieg) findet heute nicht mehr primär zwischen den Fabrikbesitzern und den Industriearbeitern statt, sondern *global* in einer Vielfalt von Wirtschaftsbereichen. Deshalb ist das traditionelle links-rechts Schema überholt.

Schematisch dargestellt sieht die Machtverteilung im heutigen globalisierten Klassenkampf folgendermassen aus:

Die Konfliktparteien im globalisierten Klassenkampf (oder Wirtschaftskrieg) des 21.Jahrhunderts

Die Finanzoligarchie,
d.h. die reichsten 10% der Vermögens- und Kapitalbesitzer

sowie deren Interessenvertreter
u.a. die CEOs und die Kaderangestellten von grossen Konzernen,
sowie die Grossbanken und deren Lobbyisten

c o n t r a

**die Arbeitenden und Angestellten der unteren und mittleren Schichten
sowie die Inhaber von kleinen und mittleren Firmen**

d.h. die Inhaber von kleinen und mittleren Firmen (KMUs),
von Handwerks- und Gewerbebetrieben, von Betrieben des Gastgewerbes,
die kleinen und mittleren Bauern und die kulturell Tätigen

die Staaten und ihre Regierungen

die Natur

Bild Nr. 2

d.h. unsere lebensnotwendigen natürlichen Lebensgrundlagen

Auf den ersten Blick widerspricht dieses erweiterte Konzept eines globalisierten Klassenkampfes unseren gewohnten Vorstellungen.
Der Widerspruch löst sich jedoch auf, wenn wir berücksichtigen, dass die objektive Klassenzugehörigkeit von Menschen sich von ihrem subjektiven Bewusstsein ihrer Klassenzugehörigkeit unterscheiden kann.
Und wenn wir untersuchen, weshalb es es zu den gegenwärtig sehr starken Abweichungen des subjektivem Bewusstseins von der objektiven Klassenlage gekommen ist.

Die heutigen Interessenkonflikte verlaufen zwischen der *Oberklasse der Finanzoligarchie* (sowie deren Interessenvertretern)
und
der *Unterklasse des grössten Teils der Berufstätigen in den verschiedensten Wirtschaftsbereichen*.
Zur Unterklasse dieses globalen Klassenkampfes gehört auch ein grosser Teil der Besitzer kleiner und mittlerer Firmen, kleiner und mittlerer Bauernbetriebe sowie von Gewerbebetrieben, Besitzer von kleineren und mittleren Gastgewerbebetrieben und die ein grosser Teil der kulturell Tätigen.

> Verlierer im globalisierten Klassenkampf sind heute, neben den traditionellen gesellschaftlichen Unterschichten, die von sozialem Abstieg bedrohten oder betroffenen gesellschaftlichen Mittelschichten.
> Verlierer ist auch der Staat (z.B das als Folge der neoliberalen Forderung nach weniger Staat ausgedünnte Gesundheitswesen, das staatliche Bildungswesen, sowie die Polizei und die Armee).
> Verlierer ist auch der ausgebeutete Planet Erde, d.h. unsere existentiellen natürlichen Lebensgrundlagen und damit auch die kommenden Generationen der Menschheit.

Viele Betroffene verdrängen allerdings diese bedrohlichen Veränderungen. Um die wachsende Dissonanz zwischen ihren Karrierehoffnungen und der harten Realität seelisch bewältigen zu können, entwickeln sie Ressentiments und suchen Sündenböcke. Gleichzeitig identifizierten sie sich weiterhin mit den Werten und dem Lebensstil der Oberklasse (traditionell mit den bürgerlichen Kreisen, neuerdings aber auch mit den Werten und Interessen der Finanzoligarchie und mit den in deren Auftrag Handelnden).
Diese Verdrängung hindert sie daran, den Epochenbruch der wirtschaftlichen und gesellschaftlichen Strukturen wahrzunehmen. Dies wiederum verunmöglicht ihnen ihre eigene Interessen (und diejenigen ihrer Kinder) realistisch zu

beurteilen und gemeinsam mit anderen Betroffenen wirksam zu verteidigen.

> Für Cornelia Koppetsch ist die im 20.Jahrhundert aus der Unterschicht stammende, gebildete Aufsteigerschicht mitverantwortlich für die Herausbildung des Multikulturalismus des neuen Kapitalismus und seines unternehmerisch-kosmopolitischen Lebenssstils.

Diese VertreterInnen des Multikulturalismus engagieren sich für wettbewerbsorientierte Arbeits- und Lebensformen und für einen Pluralismus der Werte. Für seine AnhängerInnen gibt es keinen Grund Objekte und Praktiken der eigenen Kultur solchen aus anderen Kulturen vorzuziehen. Und sie fordern die Abkehr von einem humanistischen Konzept der Bildung zugunsten eines marktorientierten Kompetenzideals. Sie glauben, dass eine liberale Gesellschaftsordnung die bestmögliche aller Welten darstellt, und dass die populistischen Bewegungen und Parteien diese zerstören wollen.

Diese KosmopolitInnen sind blind für die gesellschaftliche Standortgebundenheit und die Machtaspekte ihrer eigenen Ansichten. Ihre VertreterInnen beanspruchen zwar die objektive Wahrheit zu besitzen, vertreten aber wie die Populisten eine durch Macht- und Gewinninteressen beeinflusste Ideologie.

> Cornelia Koppetsch deutet die Konflikte zwischen unternehmerisch-kosmopolitischen und kulturell konservativen Gruppen als den kulturellen Aspekt einer globalisierten Form eines *Klassenkonfliktes* um Macht, Einkommen und Vermögen.

In dieser modernen Form des Klassenkampfes versucht die Finanzoligarchie, zusammen mit ihren Interessenvertretern und neu aufgestiegenen Liberalen aus der Mittelschicht, den globalisierten Kapitalismus zu verteidigen.
Die Rechtspopulisten dagegen versuchen ein vertikales Bündnis zwischen den Konservativen Fraktionen in Ober-, Mittel-, und Unterschicht gegen die Dominanz der kosmopolitischen Milieus zu bilden.
Weil beide Interessengruppen die Klimakrise verschärfen, werden letztlich beide zu den Verlierern der wirtschaftlichen Globalisierung gehören, falls sie nicht dazu lernen.

Falls wir in der globalisierten Welt unsere Grundwerte bewahren wollen, kommen wir nicht darum herum, die Geschichtserzählung, welche unsere westliche Kultur und ihre Grundwerte begründet, kritisch aufzuarbeiten und zu aktualisieren.
Wer sich dieser Aufgabe stellt, aktualisiert gleichzeitig seine Identität. Dies vergrössert seine/ihre Chancen die aktuellen Krisen individuell erfolgreich zu bewältigen und zu einer sinnvollen Reformpolitik beizutragen.

Unsere Grundwerte müssen im Hinblick auf die heutigen Probleme sowohl bewahrt, wie aktualisiert werden:

⬅ **Aktualisierung** | **unserer Werte** ➡
Woher kommen wir? | Wohin gehen wir?

Dazu gehört

- Rückbesinnung auf die Entstehung der grundlegenden Werte
- Feststellen, wo wir uns heute befinden und warum
- Suchen nach sinnvollen Zukunftsvisionen und erfolgversprechenden Handlungsmöglichkeiten

All dies hilft uns, unsere Identität zu klären, für unser privates und gesellschaftlich-politisches Leben sinnvolle Ziele zu setzen und wirkungsvoll zu handeln.

3. Natur und Kultur - ihre Bedeutung für unser Wahrnehmen, Denken und Handeln

Den Erfahrungswissenschaften verdanken wir unverzichtbare Beiträge zu einem realitätsgerechten Weltbild und wertvolles analytisches und technisches Wissen um bestimmte Ziele erfolgreich zu erreichen. Viele der daraus resultierenden technischen Fortschritte sind unentbehrlich um unseren Alltag zu bewältigen. Vom Auto über den Fernseher, das Mobiltelefon bis zum Computer sind uns die Früchte dieses Denkens so vertraut, dass sich der Versuch erübrigt sie détailliert aufzulisten.

> Die Naturwissenschaften sind allerdings nicht imstande Sinnfragen zu beantworten und moralische Grundwerte für das menschlichen Zusammenleben zu begründen.
>
> NaturwissenschafterInnen geraten deshalb immer wieder in Versuchung, die weltanschaulichen Voraussetzungen ihrer Forschung im Dunkeln zu lassen und deren Ergebnisse im Dienste eigener oder fremder Interessen zu *Ideologien*** zu verfälschen.
>
> Unter *Ideologie*** verstehen wir ein System von Ueberzeugungungen und Begriffen, das der Durchsetzung von Machtinteressen in der Gesellschaft dient und, um dieser Funktion zu genügen, die soziale Realität teilweise verzerrt wiedergibt.
> (Lexikon der Soziologie 5.Auflage, Artikel Ideologie)
>
> Diese Gefahr der Ideologiebildung wird umso grösser, je stärker Prestige, Macht und materielle Interessen durch allfällige Resultate tangiert werden.

In den folgenden Abschnitten setzen wir uns mit den entsprechenden Gefahren auseinander.

Ideologisches Denken in den Naturwissenschaften

zum Vorgehen

Beispiele ideologischen rationalen Denkens und seiner Auswirkungen, finden wir
- *in Francis Bacons Begründung der Naturwissenschaft*
- *in der Geschichte des Darwinismus der Eugenik*
- *im europäischen Kolonialismus*
- *im ersten Weltkrieg*
- *in Hitlers Rassenideologie*
- *in Richard Dawkins Soziobiologie und deren Anwendung im neoliberalen Kapitalismus*
- *in der deterministischen Hirnforschung.*

Francis Bacon - Wissenschaft als Weg zur Beherrschung der Natur

Die Kehrseite des rational abstrakten Denkens zeigt sich eindrücklich am Beispiel von *Francis Bacon*, der als Begründer der modernen Naturwissenschaft gilt[25].
Bacon wollte mittels organisierter Forschung die Macht und Herrschaft der Menschheit über das Universum errichten.

„In Ausdrücken, die sehr an die hochnotpeinlichen Hexenverhöre seiner Zeit erinnern, verkündete er, daß die Natur «sich unter den Versuchen und Eingriffen durch die Wissenschaft deutlicher zeigt, als wenn sie sich selbst überlassen bleibt». Bei der Inquisition, der die Natur zur Ermittlung der Wahrheit zu unterziehen sei, müsse man in ihre geheimen «Höhlungen und Winkel» eindringen; man werde sie «sezieren», und durch mechanische Mittel und die Hand des Menschen könne man sie «ihrem natürlichen Zustand entreißen und sie pressen und formen» - und hierin liege «die Einswerdung von menschlicher Erkenntnis und menschlicher Macht»....Von der neuen Naturwissenschaft sprach er als einer «maskulinen Geburt», die eine «gesegnete Rasse von Helden und Übermenschen»" hervorbringen werde.»
Viele der frühen Fellows der Royal Society folgten Bacon in diesem Gebrauch des Wortes ‚maskulin' für höhere und produktive Erkenntnis und sprachen wie er von der Unterwerfung und Beherrschung der Natur[26].

Darwinismus, „Kampf ums Dasein" und Eugenik

„Charles Darwin (1809-1882) war einer der großen Naturforscher der Neuzeit. An seiner Abstammungslehre, der zufolge alles Leben auf der Erde durch einen gemeinsamen Entwicklungsstammbaum verbunden ist, kann angesichts einer erdrückenden wissenschaftlichen Datenlage kein Zweifel bestehen...Die vielfältigen und detaillierten Naturbeobachtungen, die er unter anderem auf einer fünfjährigen Weltreise gemacht hatte, fasste er in einer umfassenden Theorie zusammen.

Seine Evolutionstheorie stellte die Erd- und Naturgeschichte erstmals auf eine naturwissenschaftlich begründete Basis. Gestützt auf seine sorgfältigen Untersuchungen an Sedimenten, die Zeugnis vom Leben in früheren Erdzeitaltern ablegen, erkannte Darwin, dass sich aus einfachen Formen des Lebens durch Variation, also durch Veränderungen des biologischen Substrats, eine zunehmende Verschiedenartigkeit der Arten des Pflanzen- und Tierreichs entwickelt hat.
Aufgrund der Tatsache, dass zahlreiche Arten, die einst die Erde bevölkert hatten, heute nicht mehr existieren, erkannte und formulierte Darwin schließlich auch das Prinzip der Selektion. Hätte er es dabei belassen, wäre er heute ohne Zweifel der unumstrittene Newton der Biologie. Tatsächlich aber erweiterte Darwin seine Theorie um eine Reihe von Annahmen, die er als Prinzipien des Naturgeschehens definierte:
Das Verhältnis sowohl zwischen Individuen als auch zwischen Arten sei geleitet von einem fortwährenden, gegeneinander geführten Kampf ums Überleben (»struggle for life«). Nur diesem Kampf sei die Entwicklung von »niedereren« zu »höheren« Arten zu verdanken, und er sorge entsprechend auch für das Verschwinden von Arten. Lebende Systeme, die nicht Meister im »struggle for life« blieben, gingen daher das Risiko ein, vernichtet zu werden.

> Dieses Prinzip des Kampfes ums Dasein, so Darwin ausdrücklich, sollten auch das Leben des Menschen bestimmen, und zwar sowohl im Hinblick auf die Beziehung des Menschen zu anderen Tierarten als auch hinsichtlich der Beziehung der menschlichen »Rassen« untereinander.

Darwin bezeichnete das Geschehen innerhalb der Pflanzen- und Tierwelt als »Krieg« (»war of nature«). Symbiose, biologische Kooperation und altruistisches Verhalten sah er als sekundäre Phänomene an, die sich ausschließlich aus dem »struggle for life« heraus entwickelt hätten und nur in dessen Diensten stünden.

> In der Zusammenfassung und Schlussfolgerung seines zweiten Hauptwerks zieht Darwin – anders als viele seiner Anhänger immer wieder beschönigend behaupten – aus seiner Theorie auch klar sozialdarwinistische Schlussfolgerungen:
>
> „Wie jedes andere Tier ist auch der Mensch ohne Zweifel auf seinen gegenwärtigen hohen Zustand durch einen Kampf um die Existenz in Folge seiner rapiden Vervielfältigung gelangt,...."
>
> „...und wenn er noch höher fortschreiten soll, so muß er einem heftigen Kampf ausgesetzt bleiben ..."
>
> Vgl. dazu Bauer Joachim
2006: Prinzip Menschlichkeit - warum wir von Natur aus kooperieren (v.a. S.97) und
2008: Das kooperative Gen, Abschied vom Darwinismus

„Es muß für alle Menschen offene Konkurrenz bestehen, und es dürfen die Fähigsten nicht durch Gesetze oder Gebräuche daran gehindert werden, den größten Erfolg zu haben[27]".

Die von Darwin vorgenommene Einengung und Zuspitzung der biologischen Entwicklung auf den Aspekt des Kampfes erfolgte unter dem Einfluss des *Oekonomen Thomas Robert Malthus*[28].

Malthus (1766-1834) war ein britischer Nationalökonom und hatte bereits 1798 einen Text publiziert, der großen Einfluss auf die Eliten Englands hatte. Darin prognostizierte Malthus angesichts einer zunehmenden Bevölkerung bei gleichzeitig konstanter Nahrungsmittelproduktion einen Kampf ums Überleben und ein Massensterben von Menschen.

Zur Zeit von Malthus und Darwin war England ein durch Industriealisierung, Bevölkerungszunahme, Ausbeutung und Massenelend gekennzeichnetes Land.

> Darwin scheint die damaligen sozialen Verhältnisse in England für eine Art natürliches Labor gehalten zu haben, von dem auf den Gesamtablauf der Naturgeschichte geschlossen bzw. extrapoliert werden könne.

„Überall da, wo er die Notwendigkeit der Selektion durch Konkurrenz und Kampf unterstreichen wollte, betonte er die unabänderliche »geometrische Vermehrung« von Lebewesen, aus der sich unweigerlich ein Kampf ums Überleben ergeben müsse.
An anderen Stellen seines Werkes diskutierte er aber das - in der Natur tatsächlich zu beobachtende - Phänomen, dass unter Umweltstress stehende Arten von sich aus ihre Vermehrungsraten reduzieren. Diese Beobachtung ging aber nicht in seine Theorien ein.[29]"

> Schon Darwin (und nicht erst der Sozialdarwinismus!) ging von einem unterschiedlichen Wert »menschlicher Rassen« aus und hielt deren gegenseitige Vernichtung für den normalen Lauf der Dinge.

»Bei den Wilden werden die an Geist und Körper Schwachen bald beseitigt ... Auf der anderen Seite tun wir zivilisierte Menschen alles nur Mögliche, um den Prozeß der Beseitigung aufzuhalten. Wir bauen Zufluchtsstätten für die Schwachsinnigen, für die Krüppel und die Kranken; wir erlassen Armengesetze, und unsere Ärzte strengen sich an, das Leben eines jeden bis zum letzten Moment zu erhalten. Es ist Grund vorhanden anzunehmen, daß die Impfung Tausende erhalten hat, welche in Folge ihrer schwachen Konstitution früher den Pocken erlegen wären... Niemand wird daran zweifeln, daß dies für die Rasse des Menschen in höchstem Maße schädlich sein muß«[30].

Darwin hat sich allerdings nicht aktiv in der Oeffentlichkeit für die Realisierung solcher Ideen eingesetzt.

Theorien der Degeneration und Eugenik

> Die sozialdarwinistischen Aktivisten machten dann die Selektionstheorie Darwins zum politischen Deutungsmuster für die im 19. Jahrhundert durch im die Industrialisierung entstandenen, gesellschaftlichen Probleme.

Die im 19. Jahrhundert weit verbreitete Theorie von der Degeneration der Menschheit wird nur vor dem Hintergrund der damaligen tiefgreifenden gesellschaftlichen Veränderungen verständlich.
Der französische Soziologe *Emile Durckheim* prägte für derartig tiefgreifende Strukturauflösungen den Begriff *„Anomie" (griechisch = Normlosigkeit)*.

Die Veränderungen gesellschaftlicher Strukturen, und der durch sie bedingte Wandel in der Lebensweise aller gesellschaftlichen Klassen, schlug sich im Bewusstsein und in den Stimmungen der Zeitgenossen in Form von Verun-sicherung und Zukunftsängsten nieder. Die wissenschaftli-chen Theorien der Degeneration müssen in diesem Zusammen-hang gesehen werden[31].

> Die *Eugenik (dt. = Erbgesundheitslehre)* wandte die Erkenntnisse der Genetik auf die Bevölkerungs- und Gesundheitspolitik an, um die positiven menschlichen Erbeigenschaften zu vermehren und die als negativ beurteilten zu verringern.
> Sie betrachtete die Degeneration der Menschheit als eine Tatsache, schaffte es aber nicht diese Behauptung zu beweisen.
> Von andern im 19. Jahrhundert gängigen Niedergangskonzeptionen unterscheidet sich die Eugenik durch ihren *Anspruch auf Wissenschaftlichkeit.*

Gläubige Eugeniker

Obschon eine empirische Bestätigung der Degenerationsthese nicht gelungen war, hielt ihr Begründer Alfred Ploetz unbeeindruckt an ihr fest. Sie wurde damit - wie er selbst treffend schrieb - zu einem »Glauben«.[32].
Auf der Basis dieses Glaubens legitimierten die Eugeniker die soziale Hierarchie der Gesellschaft - und ihre eigene Stellung in dieser Hierarchie - sozialdarwinistisch als das Resultat eines »Kampfes ums Dasein«.
Folgerichtig waren dann die Angehörigen der oberen Klassen die ‚Tüchtigen' und die Angehörigen der unteren Klassen die ‚weniger Tüchtigen'[33] bzw. die Degenerierten.
Diese ideologische Verzerrung der Realität stand im Widerspruch zu Darwins Theorie, denn nach dieser erwiesen sich die untersten Schichten als die fruchtbarsten und deshalb als die erfolgreichsten im Kampf ums Dasein.
„Nicht so sehr Industriearbeit, mangelhafte Ernährung und ärmliche Wohnverhältnisse waren für den schlechten Gesundheitszustand und die hohe Sterblichkeit des Industrieproletariats verantwortlich; vielmehr setzte dieses sich aus physisch und moralisch schlechtem »Menschenmaterial« zusammen."

> Ursache der Degeneration waren nicht die sozialen Verhältnisse, sondern die Degeneriertheit der Betroffenen war Ursache ihrer Lebensbedingungen.
> Vgl. Weingart u.a., 1992:125

Aus dieser Sicht erschien jede sozialpolitische Reformprogrammatik, und jede Bemühung um die Demokratisierung der Gesellschaft als äusserst bedenklich, da alle diese Veränderungen auf eine Lockerung der biologisch sozialen Auslese zielten und im Gegensatz zur eugenischen Forderung nach einer Verschärfung der Selektion standen.

> Im Selektionsprinzip der Darwin'schen Theorie glaubte man das Fundament gefunden zu haben, das eine antisozialistische und antidemokratische Sozialwissenschaft und politische Programmatik naturwissenschaftlich absichern konnte.
> Vgl. Weingart u.a., 1992:116

Politische Anwendungen des Darwinismus und der Eugenik

Der deutsche Kolonialismus in Südwestafrika

Im Falle Deutschlands, begann die wohl häßlichste Episode der kurzen deutschen Kolonialgeschichte 1904, als eine Gruppe von Herero-Kriegern in Deutsch-Südwestafrika gegen die kaiserliche Armee rebellierte und etwa 140 Siedler umbrachte.

Auf direkten kaiserlichen Befehl und gegen den Rat des Generalstabs wurde Generalleutnant Lothar von Trotha in die Kolonie entsandt, um eine Strafexpedition zu leiten. Trotha war ein erfahrener Soldat und für seine extreme Härte bekannt. Als er feststellen mußte, daß er die Rebellen nicht in einer offenen Schlacht bezwingen konnte, forderte er die Herero kurzerhand auf, entweder aus ihrem Land zu verschwinden oder die Konsequenzen zu tragen:

....

„Aufruf an das Volk der Herero...

Ich, der große General der deutschen Soldaten, sende diesen Brief an das Volk der Herero. Die Hereros sind nicht mehrdeutsche Untertanen...
Das Volk der Herero muß jedoch das Land verlassen.
Wenn das Volk dies nicht tut, so werde ich es mit dem Groot Roor dazu zwingen. Innerhalb der Deutschen Grenze wird jeder Herero mit und ohne Gewehr, mit oder ohne Vieh erschossen, ich nehme keine Weiber und Kinder mehr auf, treibe sie zu ihrem Volke zurück oder lasse auf sie schießen. Dies sind meine Worte an das Volk der Hereros.

Der große General des mächtigen deutschen Kaisers[34]".

....

Dann blockierten Trothas Truppen die Wasserlöcher der örtlichen Bevölkerung, so daß rund 14000 Männer, Frauen und Kinder verdursteten.

Dies war der erste Versuch eines Genocids im zwanzigsten Jahrhundert[35].

General Trotha befahl die Vernichtung aller Hereros in dem, was er einen „Rassenkrieg" nannte. In einem Zeitungsartikel rechtfertigte er die Vernichtung, indem er auf das darwinistische Gesetz des Kampfes ums Dasein Bezug nahm.

> Für den rassistischen Kolonialismus war der Darwinismus allerdings nicht die alleinige Ursache.
>
> Wie die Beispiele der spanischen Eroberer Lateinamerikas und König Leopold II. von Belgien zeigen, zeigen, gab es auch vor dem Aufkommen des Darwinismus, und unabhängig von diesem, Rassismus.
>
> Ab Mitte des 19. Jahrhunderts bis 1997 wurden in Kanada 150'000 indigene Kinder in 139 sogenannten Residential Schools umerzogen und dem Christentum zwangsassimiliert. In Kanada starben ca. 6000 Kinder in den von katholischen Orden geführten Internaten und auch in den USA wurden zahlreiche unmarkierte Gräber auf dem Gelände ehemaliger Indianerinternate gefunden. In den entsprechenden Schulen wirkten auch zahlreiche Schweizer Missionare.
> (Michael Meier im Tages Anzeiger vom 4.7.2021)
>
> Anderseits lieferte der Darwinismus (beispielsweise Ernst Haeckel und die von ihm beeinflussten Intellektuellen) sowohl für eine rassistische Politik, wie auch für den ersten Weltkrieg eine naturwissenschaftliche Rechtfertigung.

Darwinistische Legitimierung des Militarismus während den Weltkriegen

> Der Darwinismus lieferte wissenschaftliche Rechtfertigungen für den Militarismus in einer Zeit, in der Naturwissenschaft immer mehr Prestige gewann - und für gewisse Intellektuelle zum einzigen Richter über die Wahrheit wurde.

Wie Richard Weikart[36] nachweist, war besonders verhängnisvoll, dass zwei der einflussreichsten Militärs in Deutschland und Oesterreich (der deutsche General Friedrich von Bernardi und der österreichische Generalstabschef Franz Conrad von Hätzendorf) überzeugte Darwinisten waren. Auf diesem Hintergrund vertraten sie die Meinung, dass Krieg eine unausweichliche, im Sinne der darwinistischen Gesetze zu befürwortende, Massnahme sei.

Legitimierung von Hitlers rassistischer Vernichtungspolitik

> Auch im 20. Jahrhundert hatten dann der (Sozial-) Darwinismus und die darwinistisch legitimierte Eugenik (= Erbgesundheitslehre) schreckliche Folgen. Sie lieferten Hitler die Rechtfertigung, das Wissen und die Techniken, um seine Euthanasiepolitik und seine Vernichtungspolitk in den Konzentrationslagern zu realisieren.

Die unten abgebildete, am Otto Suhr Institut der Freien Universität Berlin befestigte, Gedenktafel erinnert an diese Verbrechen. Da sie schwer lesbar ist, drucken wir sie zwar ab, wiederholen den Text aber nochmals in Form einer Abschrift:

Bild Nr. 3
Gedenktafel - Kaiser Wilhelm Institut

IN DIESEM GEBÄUDE BEFAND SICH VON 1927 BIS 1945 DAS KAISER-WILHELM-INSTITUT FÜR ANTHROPOLOGIE, MENSCHLICHE ERBLEHRE UND EUGENIK.

DIE DIREKTOREN EUGEN FISCHER (1927-1942) UND OTHMAR VON VERSCHUER (1942-45) LIEFERTEN MIT IHREN MITARBEITERN WISSENSCHAFTLICHE BEGRÜNDUNGEN FÜR DIE MENSCHENVERACHTENDE RASSEN- UND GEBURTENPOLITIK DES NS-STAATES.

ALS AUSBILDNER VON SS-AERZTEN UND ERBGESUNDHEITSRICHTERN, DURCH GUTACHTEN FÜR ABSTAMMUNGS-NACHWEISE UND ZWANGSSTERILISATIONEN LEISTETEN SIE EINEN AKTIVEN BEITRAG ZU SELEKTION UND MORD.

DIE VOM REICHSFORSCHUNGSRAT BEWILLIGTEN UND VON DER DEUTSCHEN FORSCHUNGSGEMEINSCHAFT FINANZIERTEN ZWILLINGSFORSCHUNGEN DES SCHÜLERS UND PERSÖNLICHEN MITARBEITERS VON VERSCHUER JOSEPH MENGELE IM KZ AUSCHWITZ WURDEN IN DIESEM GEBÄUDE GEPLANT UND DURCH UNTERSUCHUNGEN AN ORGANEN SELEKTIERTER UND ERMORDETER HÄFTLINGE UNTERSTÜTZT.

DIESE VERBRECHEN BLIEBEN UNGESÜHNT: VON VERSCHUER WAR PROFESSOR FÜR GENETIK BIS 1965 IN MÜNSTER.

WISSENSCHAFTLER HABEN INHALT UND FOLGEN IHRER WISSENSCHAFTLICHEN ARBEIT ZU VERANTWORTEN.

> Vgl. dazu auch den Katalog der Wanderausstellung
> der Deutschen Gesellschaft für Psychiatrie
> „erfasst, verfolgt, vernichtet.
> Kranke und behinderte Menschen im Nationalsozialismus"
> unter der Schirmherrschaft des Bundespräsidenten Joachim Gauck,
> (v.a. das zusammenfassende Kapitel von Frank Schneider)
> und Blom Philipp (2009), Weikart Richard (2004) und Weingart
> Peter, Kroll Jürgen und Bayertz Kurt (1992)

Die Historiker Peter Weingart, Jürgen Kroll und Kurt Bayertz äusserten sich zur Schuldbewältigung der darwinistischen Biologen, Aerzte und Psychiater nach dem zweiten Weltkrieg folgendermassen:

> „Man würde erwarten, daß die Wissenschafter derjenigen Disziplinen, die so viel moralische Schuld auf sich geladen hatten, oder aber diejenigen, die als einzelne schwere Schuld trugen, eine besonders intensive Reflexion über ihre eigene Verstrickung und deren Ursachen begonnen hätten. Die tatsächliche Entwicklung zeigt, daß, von ganz wenigen Ausnahmen abgesehen, nichts von alldem geschah."

Richard Dawkins Soziobiologie

Richard Dawkins gehörte in den siebziger Jahren des letzten Jahrhunderts zu den Begründern der Soziobiologie.
Er war ein äusserst aggressiver Kämpfer gegen jegliche Religion, die er als Gotteswahn bezeichnet.
1976 verfasste er das meistgelesene Buch der Soziobiologie „Das egoistische Gen" (dt.1978), das 1996 in einer zweiten und 2007 in einer dritten Auflage erschien.
Seine Auffassung des Darwinismus hat auch Eingang in die meisten Lehrbücher der Biologie gefunden, und seine Bücher wurden zu Bestsellern.
Dawkins gehört zu denjenigen, die aus der Wirkungsgeschichte ihrer Disziplin nichts gelernt haben.

> Im Unterschied zum traditionellen Darwinismus sind für Dawkins die *Akteure* im Selektionsprozess weder die Arten noch die individuellen Organismen sondern die einzelnen Gene.
> (Dawkins R. Das egoistische Gen 3.Aufl. 2007:51)

Im erwähnten Buch behauptet er:

„Ein Affe ist eine Maschine, die für den Fortbestand von Genen auf Bäumen verantwortlich ist, ein Fisch ist eine Maschine, die Gene im Wasser fortbestehen läßt, und es gibt sogar einen kleinen Wurm, der für den Fortbestand von Genen in deutschen Bierdeckeln sorgt. Die DNA geht rätselhafte Wege"[37]. Wenn wir unseren Zweck erfüllt haben, werden wir beiseite geschoben. Die Gene aber sind die Bewohner der geologischen Zeit: Gene sind unvergänglich.[38]"

Nach Dawkins wird das menschliche Verhalten beherrscht vom biologischen Auftrag der Gene an die „Ueberlebensmaschinen" sich zur Verbreitung ihres Erbguts unter Verwendung aller zur Verfügung stehenden Mittel zu bedienen." Entsprechend werden die Beziehungen zwischen Verwandten und Nichtverwandten, zwischen Mann und Frau sowie von Eltern und Kindern durch ein unbewusstes bioökonomisches Kalkül gesteuert:

»Gene in den Körpern von Kindern werden aufgrund ihrer Fähigkeit selektiert, Elternkörper zu überlisten; Gene in Elternkörpern werden umgekehrt aufgrund ihrer Fähigkeit selektiert, die Jungen zu überlisten«[39]

»Ich sage, dass die natürliche Auslese tendenziell Kinder begünstigen wird, die so handeln, und dass wir daher, wenn wir frei lebende Populationen beobachten, im engsten Familienkreis Betrug und Eigennutz erwarten müssen«[40].

Darwinismus im neoliberalen Kapitalismus

Bruce Lipton und *Steve Bhaermann* haben in ihrem Buch „Spontane Evolution, Wege zum neuen Menschen" das sozialdarwinistische Verhalten von *Jeff Skilling* beschrieben:

„Einst von Forbes Magazine und The Wall Street Journal als das ‚Unternehmen der Zukunft' angepriesen, doch, wie sich später herausstellte, durch und durch faul, hatte Enron den Darwinismus zu seinem Unternehmens-Credo erhoben. Der Vorstandsvorsitzende Jeffrey Skilling erklärte das Buch ‚The Selfish Gene' des britischen Wissenschaftsautors Richard Dawkins zu seiner Bibel und war in echter darwinistischer Manier stolz darauf, unter seinen Mitarbeitern regelmäßig Auslese zu betreiben, um die »Fitness« des Unternehmens zu steigern. Er ging in die Abteilungen und erklärte den Angestellten, dass er im nächsten Quartal die leistungsschwächsten zehn Prozent feuern würde. Und das tat er dann auch. Der Druck dieses Selektionsprozesses erzeugte eine rücksichtslose Atmosphäre, in der alles erlaubt war, und in der beste Freunde über Nacht zu Feinden werden konnten.... [41]"

Dieses Verständnis der wirtschaftlichen Konkurrenz im Sinne des darwinistischen Konzepts des „Kampfes ums Dasein" wurde auf grausame Weise in allen Bereichen des Unternehmens umgesetzt."

Später wurde bekannt, dass die Vorstandsmitglieder von Enron das Unternehmen untergehen ließen, während sie sich mit dem Vermögen aus dem Staub machten.

Der Sturz von Enron und die Schockwellen, die dabei durch die bis dahin unbekümmert darwinistische, freie Wirtschaft rollten, diente als ein wichtiger Weckruf, um ins Bewusstsein zu rufen, dass der ausschließliche Blick auf kurzfristige individuelle Gewinne und den Profit des nächsten Quartals nicht funktioniert. Doch nach Bruce Lipton und Steve Bhaermann geht das irrige Denken in selbstsüchtigen Genen immer noch weiter...[42]

Der darwinistische Hintergrund im Kapitalismus ist übrigens (ähnlich wie der Nationalismus, Vgl. dazu S.179) vielen nur halb bewusst aber trotzdem wirksam.

Folgt wirtschaftliches Handeln ewigen Kräften, die den Naturgesetzen ähnlich sind?

Wie *Jens Jessen* schon 2005 in seinem zusammenfassenden Schlussbeitrag einer Artikelserie zum Thema des globalen Kapitalismus in der liberalen Zeitung „Die Zeit"[43] feststellte, versuchen die neoliberalen Oekonomen die sich häufende Kritik am neoliberalen Kapitalismus zu entkräften. Dazu dient ihnen die Behauptung, das wirtschaftliche Handeln folge ewigen Kräften, die den Naturgesetzen ähnlich seien. Gegen diese aufzubegehren sei ebenso sinnlos wie gegen die Schwerkraft zu leugnen:

Das Prinzip der Konkurrenz wird als *Naturgesetz* ausgegeben

„Bei ihrem Versuch, die Marktwirtschaft gegen jede Form der Kritik zu immunisieren, gehen sie

(d.h. die Vertreter des neoliberalen globalen Kapitalismus/K.S.)

nämlich noch einen charakteristischen Schritt über Marx hinaus, indem sie das Prinzip der Konkurrenz quasi als ‚*Naturgesetz*' behandeln. Die Regeln des freien Marktes sind ihnen keine Regeln, die sich die Gesellschaft gegeben hat (und also auch wieder nehmen könnte), sondern ewige Kräfte, vergleichbar der Schwerkraft, gegen die aufzubegehren sinnlos ist".

Einschub zur aktuellen Diskussion um den Darwinismus

zum Vorgehen

Angesichts der im angelsächsischen Kapitalismus offen oder latent wirksamen darwinistischen Legitimation des kapitalistischen Konkurrenzkampfes als „Ueberleben des Stärksten", scheint es uns notwendig, kurz auf den aktuellen Stand der Diskussion um den Darwinismus und dessen Einfluss auf den angelsächsischen Kapitalismus einzugehen. Denn diese Variante des Kapitalismus dominiert offen oder unterschwellig die wirtschaftliche Globalisierung.

Wir zitieren oder résümieren dazu ganz knapp einige der wichtigsten Resultate aus Joachim Bauers Büchern „Prinzip Menschlichkeit - Warum wir von Natur aus kooperieren"[44] und „Das kooperative Gen - Abschied vom Darwinismus"[45] um auf den aktuellen Stand der Diskussion um den Darwinismus hinzuweisen.

„Ein Blick auf die frühe Evolution macht deutlich, dass die Entstehung des Lebens und seine Entwicklung hin zu komplexeren Strukturen primär kooperative Prozesse erfordern, und dass die Bewahrung von Leben, so sehr sie sekundär auch Konkurrenz und Kampf erfordern mag, vor allem durch fortbestehende biologische Kooperation gesichert wird"[46].

„Biologische Systeme sind mehr als die Summe ihrer anorganischen und organischen Bestandteile. Was lebende Systeme von den Einzelelementen, aus denen sie bestehen, unterscheidet, ist fortwährende molekulare Kooperation und Kommunikation nach innen und nach aussen"[47].

„Gene und Genome sind weder statische noch autonome Größen. Die Aktivität von Genen wird von der Zelle fortlaufend an deren Bedürfnisse und an die des Organismus angepasst, also reguliert[48]."

> „Lebende Organismen reagieren auf schwere und anhaltende Belastungen durch ihre Umwelt mit einem kreativen Prozess der Selbstmodifikation ihres Genoms."
> Bauer Joachim 2008:28

1988 stellte der international bekannte Genetiker *John Cairns* am Beispiel von Bakterien, die wegen eines genetischen Defekts keine Laktose herstellen konnten um den Milchzucker zu verdauen, die offizielle Doktrin von der Zufälligkeit der Mutationen auf die Probe. Die Bakterien konnten diesen Nährstoff nicht verarbeiten und wurden ganz langsam ausgehungert. Deshalb konnten sie nicht wachsen und sich nicht vermehren. Daher musste man damit rechnen, dass keine Kolonien entstanden. Doch erstaunlicherweise gab es doch in vielen Kulturen Bakterienwachstum. Cairns überprüfte nochmals, dass es im ursprünglichen Bakterienstamm keine Mutationen gegeben hatte. Da dies nicht der Fall war, schloss er aus diesem Befund, dass die Mutation des Laktose-Gens erst nach der Konfrontation mit der neuen Umgebung entstanden war. Diese Ergebnisse passen nicht zu der Annahme, dass Mutationen nur rein zufällig erfolgen und dass evolutionäre Entwicklungen kein Ziel verfolgen. Cairns nannte den von ihm neu entdeckten Mechanismus *zielgerichtete Mutation*.

> Mutationen erfolgen weder gleichmässig noch rein zufällig
>
> Angesichts derartiger Befunde erweist sich das darwinistische Dogma, dass sich genetische Mutationen gleichmässig und rein zufällig ereignen und anschliessend von der Selektion ausgewählt oder verworfen würden, als unhaltbar.
> Bauer Joachim 2008:93-96

Der Fehlschluss von Darwins Denken in einem Gleichnis

In seinem Buch „Prinzip Menschlichkeit - Warum wir von Natur aus kooperieren"[49] illustriert Joachim Bauer Darwins Fehldeutung von Kampf und Selektion als treibende Kraft der Evolution mit einem Gleichnis.

„Mit Hilfe eines Gleichnisses soll deutlich gemacht werden, was der Fehlschluss in Darwins Denken war und ist. Nehmen wir an, wir würden als Außerirdische einen Blick auf die Erde werfen, wo uns, dies sei Teil der Annahme, als Erstes der Straßenverkehr auffiele. Um herauszufinden, was das Wesen, der Sinn und der Zweck dieses Verkehrs sei, würden wir ihn über lange Zeit - sagen wir einige Jahrzehnte - wissenschaftlich beobachten. Wir würden bemerken, dass Fahrzeuge Unfälle verursachen und dass dabei auch Menschen zu Tode kommen. Bei näherer Betrachtung stellen wir fest, dass die größten Personenschäden und die meisten Todesfälle in jenen Fahrzeugen zu verzeichnen sind, die - im Vergleich zu ihren Unfallpartnern - technisch weniger vollkommen und unsicherer waren. Wir würden entdecken, dass immer wieder neue, verbesserte Fahrzeugmodelle auf den Straßen auftauchen, bei denen jeweils weniger Unfälle und Todesfälle jener Art passieren, wie sie bei den Vorgängermodellen zu beobachten waren.

Die jeweils neuen Fahrzeuge bieten aufgrund einer sichereren Bauweise ihren Insassen einen verbesserten Überlebensschutz. Allerdings verursachen auch die technisch verbesserten Nachfolgemodelle Unfälle, auch solche mit Todesfolge. Dass sich auch hier wieder die meisten Todesfälle in den Fahrzeugen ereignen, die im Vergleich zu ihren Unfallpartnern unsicherer bzw. technisch schlechter sind, wird von uns als regelhaftes, konstantes Faktum erkannt. Auch gibt es zu unserem Erstaunen eine erhebliche Zahl von Fahrern, deren Fahrstil derart riskant ist, dass wir annehmen, sie hätten es auf eine Auslöschung anderer abgesehen.

Unter Zusammenfassung aller Beobachtungen kämen wir nun zu folgender Theorie: Der Straßenverkehr (die belebte Natur) des von uns beobachteten Planeten Erde zeigt einen evolutionären Verlauf, der durch einen Überlebenskampf (Konkurrenzkampf und natürliche Selektion) der besseren gegen die schlechteren Fahrzeuge (Pflanzen- und Tierarten) gekennzeichnet ist.

Der sich in Unfallereignissen (natürliche Selektion) ausdrückende Überlebenskampf habe eine immer weitere Vervollkommnung der Fahrzeuge (Pflanzen- und Tierarten) zur Folge.

Wir gelangen nun zu der Schlussfolgerung, dieser Überlebenskampf sei zwingend nötig, um die Entwicklung zu immer »höher entwickelten« Fahrzeugen voranzutreiben. - So weit dieses Gleichnis.

Ohne es zu merken, hätten wir mit unserer schönen und nur schwer widerlegbaren Theorie an der eigentlichen Frage, nämlich was der Sinn und Zweck des Strassenverkehrs sei, vorbeiargumentiert.
Sinn und Zweck des Strassenverkehrs ist bekanntlich, dass er Mobilität ermöglicht und wir zueinander kommen können."

Leugnung der Willensfreiheit in der Hirnforschung[50]

Seit Darwin ist unbestritten, dass auch das menschliche Bewusstsein Produkt der biologischen Evolution ist.

Ein beachtlicher Teil der Hirnforscher vertrat bis in die letzten Jahrzehnte noch die Meinung, das der Mensch nicht über Willensfreiheit verfüge sondern in seinem Handeln durch biologische Hirnprozesse determiniert sei.... Im deutschen Sprachraum *sind Hans J. Markowitsch sowie Wolf Singer und*

Gerhard Roth dieser (in sich nicht völlig einheitlichen) Gruppe zuzurechnen.

> **Definition von Determinismus**
> *Determinismus* bezeichnet die Auffassung, dass zukünftige Ereignisse durch Vorbedingungen eindeutig festgelegt sind.

Der französische Mathematiker und Astronom *Pierre Simon Laplace (1749-1827)* hat diese Auffassung veranschaulicht:

„Wir müssen also den gegenwärtigen Zustand des Universums als Folge eines früheren Zustandes ansehen und als Ursache des Zustandes, der danach kommt. Eine Intelligenz, die in einem gegebenen Augenblick alle Kräfte kennte, mit denen die Welt begabt ist, und die gegenwärtige Lage der Gebilde, die sie zusammensetzen, und die überdies umfassend genug wäre, diese Kenntnisse der Analyse zu unterwerfen, würde in der gleichen Formel die Bewegungen der größten Himmelskörper und die des leichtesten Atoms einbegreifen. Nichts wäre für sie ungewiss, Zukunft und Vergangenheit lägen klar vor ihren Augen."[51]

Die meisten Physiker zogen aus den Entdeckungen der Quantenphysik die Schlussfolgerung, dass die Wirklichkeit fundamental nicht determiniert sei. Andere verteidigten aber die Idee eines deterministisch funktionierenden Universums[52].

Eine der schärfsten Formulierungen des immer noch verbreiteten materialistischen Determinismus stammt aus dem Buch „The Astonishing Hypothesis" von *Francis Crick*.

Francis Crick (1916-2004), britischer Physiker und Molekularbiologe, erhielt zusammen mit James Watson und Maurice Wilkins 1962 den Nobelpreis für die Entdeckung der Molekularstruktur der Desoxyribonukleinsäure (DNA). Später wandte er sich den Neurowissenschaften und der Theorie des Bewußtseins zu. Im hohen Alter versuchte er das Wesen des Geistes zu erklären. So postulierte er 1990, dass nun die Zeit reif wäre, das Rätsel des menschlichen Geistes naturwissenschaftlich in Angriff zu nehmen.

Fancis Crick postulierte in seinem Buch Buch „The Astonishing Hypothesis",

„dass ‚Du', Deine Freuden und Sorgen, Deine Erinnerungen und Ansprüche, Dein Gefühl persönlicher Identität und eines freien Willens' in Wirklichkeit nichts anderes sind als das Verhalten einer riesigen Ansammlung von Nervenzellen und der mit ihnen verbundenen Moleküle"[53].
Crick war der Eugenik gegenüber positiv eingestellt, äusserte seine Ansichten dazu vor allem in persönlicher Kommunikation. Er war der Ansicht, auf Dauer wäre die Gesellschaft gezwungen, sich um eine (genetische) Verbesserung der kommenden Generationen Gedanken zu machen. In der Gegenwart sah er aber aufgrund weit verbreiteter religiöser Vorbehalte wenig Aussichten dafür.

Aehnlich wie Crick argumentiert der Philosoph *Daniel Dennett*[54].
Für ihn ist das Bewusstsein reine Einbildung, ein Nebenprodukt von Gehirnprozessen, die wir nicht bewusst zu kontrollieren vermögen. In

unserer anarchischen Innenwelt wimmelt es von Vorstellungen, die miteinander im Wettstreit liegen und sich in den Vordergrund zu drängen versuchen.
Dabei verwendet er Richard Dawkins Konzept der Meme[55]. Meme dringen wie Parasiten in unser Hirn ein und bewirken dort in einem darwinistischen Kampf ums Ueberleben das Bewusstsein[56].

Für Dennett sind Bewusstsein und Selbst eine pure Einbildung und es macht keinen Sinn der menschlichen Existenz irgendeine Bedeutung zuschreiben zu wollen.

> Darwinismus, Eugenik und neurobiologisch-deterministische Hirnforschung unterminierten im 19. und 20. Jahrhundert den Glauben an den freien Willen und die Verantwortungsfähigkeit des Menschen.
> Damit entzogen sie der, letztlich auf das frühe Christentum zurückgehenden, vom gesellschaftlichen Status unabhängigen Menschenwürde und dem humanistischen Menschenbild, sowie dem aufgeklärten Liberalismus und der liberalen Demokratie den Boden.

Dieses deterministisch-biologische Menschenbild prägt bis heute *bewusst* (d.h. in Form ausformulierter Theorien) oder *unbewusst* (d.h. als ins Unbewusste abgesunkene, Einstellungen, sowie Denk- und Verhaltensweisen) den Kapitalismus und dessen Ueberzeugung von der Notwendigkeit eines unerbittlichen Konkurrenzkampfes im Wirtschaftsleben.

Unser Bewusstsein ist nicht biologisch determiniert

zum Vorgehen

Im Folgenden geben wir Forschern Raum, welche die empirischen Befunde der Reduktionisten ablehnen und an Bewusstseinstheorien mit einem weiteren Horizont arbeiten.
Statt wie die deterministischen Reduktionisten die Realität ins Korsett dogmatisch verhärteter biologischer Theorien hinein zu pressen, machten sie sich auf den Weg, die bestehenden Theorien zu erweitern.

Diese Theoretiker sind Merlin Donald[57], Joachim Bauer [58] und der Philosoph Jürgen Habermas.

Merlin Donald: Der menschliche Geist - ein »Hybridprodukt« aus Biologie und Kultur

Merlin Donald war Professor für Psychologie und Kognitionswissenschaft in Cleveland Ohio. Sein 2002 englisch und 2008 deutsch erschienenes Buch trägt den Titel: „Triumph des Bewusstseins, Die Evolution des menschlichen Geistes".

> **Der menschliche Geist - ein »Hybridprokukt« aus Biologie und Kultur**
>
> Der Grundgedanke von Donalds Buch ist, dass die Einzigartigkeit des menschlichen Geistes nicht ausschliesslich auf auf seiner biologischen Ausstattung beruht sondern auf der Fähigkeit, Kulturen aufzubauen und sich an sie zu assimilieren. Der menschliche Geist ist somit ein »Hybridprodukt« aus Biologie und Kultur (2008:11).

Zurückweisung der Behauptung, das Bewusstsein bewirke nichts

Francis Crick und Daniel Dennett behaupteten, das Bewusstsein könne nichts bewirken und spiele im menschlichen Handeln keine kausale Rolle. Als Hauptbelege dafür führten sie eine Reihe von Untersuchungen an, die angeblich zeigen, dass kognitive Prozesse wie Sprechen, Wahrnehmen und Denken automatisierte Vorgänge sind.

Donald lehnt es ab, die Automatisierung von Denkvorgängen als Beweis dafür zu akzeptieren, dass das Bewusstsein im Handeln keine kausale Rolle spiele. Er argumentiert folgendermassen:

Routineabläufe wie Autofahren, sprechen, die Technik beim Spielen eines Instrumentes, nennt er als Beispiele dafür, dass das Bewusstsein dabei eine entscheidende Ueberwachungsfunktion ausübt. Durch Wiederholungen einer Tätigkeit baut sich im Gehirn ein weitverzweigtes hierarchisch strukturiertes Gefüge auf. Wir machen dann gewisse Dinge automatisch, wir haben es automatisiert. Es ist uns aber in diesen Momenten durchaus bewusst, dass wir es tun. Damit haben wir den Beweis, dass unser Bewusstsein seine Ueberwachungsfunktion ausübt[59].

> **Automatisierung mentaler Prozesse**
>
> „Automatisierung ist die Begleiterscheinung eines hochdifferenzierten Bewusstseins und das notwendige Gegenstück einer fortgeschrittenen Selbststeuerung und Lernfähigkeit".
>
> (Donald M. 2008:98/99)

Jürgen Habermas : Freiheit ist naturbedingt

„Weil der Körper als Leib jeweils der eigene Körper »ist«, bestimmt er das, was wir können: »Bestimmt zu sein ist ein konstitutiver Rückhalt der Selbstbestimmung."
Das gilt in ähnlicher Weise für den Charakter, den wir im Laufe einer individuierenden Lebensgeschichte ausbilden. Urheber ist jeweils die bestimmte Person, die wir geworden sind, oder das unvertretbare Individuum, als das wir uns verstehen. Deshalb zählen auch unsere Wünsche und Präferenzen gegebenenfalls als gute Gründe.

Moralische Gründe des Handelns

Allerdings können diese Gründe erster Ordnung durch ethische Gründe, die sich auf unser persönliches Leben im Ganzen beziehen, und erst recht durch moralische Gründe übertrumpft werden. Diese ergeben sich wiederum aus Verpflichtungen, die wir uns als Personen gegenseitig schulden.
Kant spricht erst von Autonomie oder freiem Willen, wenn sich der Wille von Gründen dieser Art binden lässt - von Einsichten also, die nicht nur in der Person und dem wohlverstandenen Interesse eines Einzelnen, sondern gleichmäßigen Interesse aller Personen begründet sind"[60].
Mit diesem Hinweis auf Kant spielt Habermas auf Kants höchste moralische Maxime an, auf den kategorischen Imperativ:

> „Handle so, dass die Maxime deines Willens jederzeit zu einem allgemeinen Gesetz werden könnte!"

Bewusstsein, zielgerichtetes Handeln, freier Wille, Einfühlungsvermögen und die Fähigkeit zu moralischer Verantwortung stehen nicht im Gegensatz zu unserer biologischen Natur. Sie sind Resultate der biologischen und der kulturellen Evolution.

Ein systemtheoretisches Bewusstseins-, Kultur- und Religionskonzept

zum Vorgehen

Im Rest dieses Kapitels werden wir Denkwerkzeuge kennen lernen, die uns ermöglichen einen interdisziplinären Zugang zu den westlichen Vorstellungen, von Menschenwürde, Individuum, liberalem Freiheitsverständnis und Demokratie zu finden.

1. *In einem ersten Schritt werden wir die darwinistischen Evolutionstheorie, gestützt auf Joachim Bauer und auf Ervin Laszlo, um einen systemtheoretischen Denkrahmen erweitern und diesen auch auf religiöses Erleben und Handeln anwenden.*

2. *In einem zweiten Schritt werden wir - unter Berufung auf Sigmund Freud - das Verständnis des seelischen Erlebens um die Aspekte des individuellen seelischen Unbewussten erweitern und - gestützt auf Carl Gustav Jung, Jean Gebser und Ken Wilber - unser Verständnis der Persönlichkeitsentwicklung um eine transpersonale Stufe ergänzen.*

Gemäss Joachim Bauer erklärte Charles Darwin die Evolution von Lebewesen dadurch, dass sich genetische Mutationen gleichmässig und rein zufällig ereignen und anschliessend von der Selektion ausgewählt oder verworfen würden[61].

1988 stellte der international bekannte Genetiker John Cairns am Beispiel von Bakterien, die wegen eines genetischen Defekts keine Laktose herstellen konnten um Milchzucker zu verdauen, die offizielle Doktrin von der Zufälligkeit der Mutationen auf die Probe. Die Bakterien konnten diesen Nährstoff nicht verarbeiten, und wurden ganz langsam ausgehungert. Deshalb konnten sie nicht wachsen und sich nicht vermehren. Daher musste man damit rechnen, dass keine Kolonien entstanden. Doch erstaunlicherweise gab es doch in vielen Kulturen Bakterienwachstum. Cairns überprüfte nochmals, dass es im ursprünglichen Bakterienstamm keine Mutationen gegeben hatte. Da dies nicht der Fall war, schloss er aus diesem Befund, dass die Mutation des Laktose-Gens erst nach der Konfrontation mit der neuen Umgebung entstanden war. Diese Ergebnisse passen nicht zu der Annahme, dass Mutationen nur rein zufällig erfolgen und dass evolutionäre Entwicklungen kein Ziel verfolgen. Cairns nannte den von ihm neu entdeckten Mechanismus zielgerichtete Mutation.

Im Lauf der nächsten zehn Jahre kamen andere Wissenschaftler zu ähnlichen Ergebnissen wie Cairns - was die Glaubwürdigkeit seiner Arbeit bestätigte. Die allgemeine Haltung war allerdings nach wie vor nicht bereit dafür. Also schwächten führende Genetiker die Begrifflichkeiten ab: von zielgerichteter Mutation über adaptive Mutation zu vorteilhafter Mutation.

Joachim Bauer interpretiert die Bedeutung dieser Experimente folgendermassen:

> „Angesichts derartiger Befunde erweist sich das darwinistische Dogma, dass sich genetische Mutationen gleichmässig und rein zufällig ereignen und anschliessend von der Selektion ausgewählt oder verworfen würden, als unhaltbar.
> (Bauer Joachim 2008:93-96)

„Gene und Genome sind weder statische noch autonome Größen. Die Aktivität von Genen wird von der Zelle fortlaufend an deren Bedürfnisse und an die des Organismus angepasst, also reguliert[62]."

> „Lebende Organismen reagieren auf schwere und anhaltende Belastungen durch ihre Umwelt mit einem kreativen Prozess der Selbstmodifikation ihres Genoms."
> Bauer Joachim 2008:28

Lebewesen sind keine zufälligen Genkombinationen sondern biologische Systeme

Lebewesen sind biologische Systeme

> „Biologische Systeme sind mehr als die Summe ihrer anorganischen und organischen Bestandteile. Was lebende Systeme von den Einzelelementen, aus denen sie bestehen, unterscheidet, ist fortwährende molekulare Kooperation und Kommunikation nach innen und nach aussen".
> (Bauer Joachim 2008:183)

Mit dieser Interpretation erweist sich Bauer als Anhänger der von von *Ludwig von Bertalanffy* begründeten Systemtheorie, zu deren Entwicklung auch auch *Ervin Laszlo* beigetragen hat, auf dessen 1969 erschienenes Buch „System, Structure and Experience, Toward a Scientific Theory of Mind" wir uns im Folgenden abstützen.

Darin zeigt er, dass auch religiöses Erleben und Handeln systemtheoretisch verstanden werden kann, und dass ein solches Verständnis einen fruchtbaren Dialog mit den zwischen Religion und Erfahrungswissenschaften ermöglicht.

Ervin Laszlo war Professor für Philosophie, Systemwissenschaften und Zukunftsstudien an verschiedenen Universitäten. Er hat schon vor 50 Jahren eine interessante Konzeption einer Systemphilosophie entwickelt, die es ermöglicht Prozesse auf verschiedenen Ebenen der Wirklichkeit zu unterscheiden, sie miteinander in Beziehung zu setzen.

In seinem Buch „Systemtheorie als Weltanschauung"[63], erklärte er den Aufstieg der Systemwissenschaften folgendermassen:

„Ebenso wie die Wirtschaftswissenschaften sich als unfähig erwiesen, das Auf und Ab der Aktienwerte aus den individuellen Eigenschaften der Börsenmakler und der Anleger zu erklären, so war die Wissenschaft der Biologie außerstande, die Selbsterhaltung des lebendigen Organismus durch Rückgriff auf die physikalischen Gesetze, die das Verhalten seiner Atome und Moleküle steuern, zu erklären."

> „Neue Gesetze wurden aufgestellt, nicht im Widerspruch, sondern in Ergänzung zu den physikalischen Gesetzen. Sie zeigten, wie sich hochkomplexe Gefüge von Teilchen, die jedes für sich den Grundgesetzen der Physik unterworfen sind, verhalten, wenn die Teile gemeinsam agieren. Im Hinblick auf die parallelen Entwicklungen in Physik, Chemie, Biologie, Soziologie und Wirtschaftswissenschaften zeigt sich, daß viele Zweige der modernen Wissenschaft, in Warren Weavers Worten, zu »Wissenschaften organisierter Komplexität« wurden, also zu Systemwissenschaften".
>
> (Laszlo Ervin 1998:19/20)

Offene Systeme bestehen *einerseits aus materiellen Elementen*, im Falle der Zelle aus Molekülen, beispielsweise der Desoxyribonukleinsäure DNS, *anderseits aber auch aus Prozessen der Informationsverarbeitung*. Dafür bilden die materiellen Elemente die Basis. Im Genom, d.h. in der Gesamtheit der Erbanlagen, sind die Informationen gespeichert, die die Produktion von Proteinen (d.h. von Eiweissstoffen) steuern.

Für Ervin Laszlo sind Organismen nicht Maschinen (wie die Affen für Richard Dawkins[64]) sondern offene natürliche Systeme. Sie können ohne dauernde Aufnahme und Abgabe von Energien, Substanzen und Informationen nicht länger als wenige Minuten existieren. Was noch bemerkenswerter ist: Alle ihre Teile werden langsam aber sicher ausgetauscht.

> In seinem Versuch, das einfachste Modell eines Systems zu konzipieren, das die Operationen ausführen kann, welche das menschliche Bewusstsein ausführt, konzipierte Ervin Laszlo diese Operationen als Informationsfluss mit bestimmen Rückkopplungs- und Steuerungsprozessen.

Ervin Laszlo unterscheidet *isomorphe* - d.h. gestaltgleiche aber nicht identische - Informationsverarbeitungsprozesse auf verschiedenen Ebenen der Realität[65]. Wir tragen dieser Isomorphie durch verschiedene Bezeichnungen je nach Ebene Rechnung:

Auf der organischen Ebene bezeichnen wir die Informationsverarbeitungsprozesse jeweils mit den folgenden Buchstaben:

(U) = Vorgänge in der äusseren oder inneren Umwelt (d.h. im Körper)
(W) = Wahrnehmen
(C) = Codieren (vgl. unten den Begriff „genetischer Code" der Genetik)
(R) = Reaktion (chemische Reaktionen)

Auf der supraorganischen Ebene dagegen ist der Informationsverarbeitungsprozess durch Sprache und Kultur geprägt und mit den folgenden Buchstaben bezeichnet:

(U) = Vorgänge in der äusseren oder inneren Umwelt (d.h. im Körper)
(W) = Wahrnehmen
(S oder T) = Theoretisch interpretieren, mit Hilfe von Symbolen oder Alltagstheorien, evt. sogar mit Hilfe von mittels empirischer Forschung gewonnenen Theorien
(H) =   = Handeln

Am deutlichsten ist dies sichtbar bei rationalen Planungsprozessen (Vgl. dazu in der Darstellung der Jesusbewegung das Gleichnis vom barmherzigen Samariter)

Auf der organischen Ebene unterscheidet Laszlo zwei Arten von Rückkopplungs- oder Steuerungsprozessen:

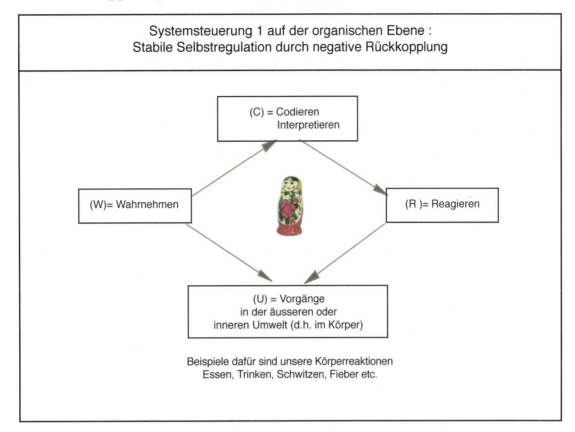

Im Fall der Systemsteuerung 1 verläuft der Informationsfluss in einem kontinuierlichen Kreis von (U) zu (W) zu (C) zu (R). Eine Eingabe, die (C) entspricht, wird als geordnete Information bezeichnet und bewirkt eine Reaktion (R) innerhalb einer bestimmten Bandbreite. Vorausgesetzt wird ein zielgerichtetes System mit einer Selbstregulation, beispielsweise ein Thermostat, der dafür sorgt, dass die Raumtemperatur innerhalb einer bestimmten Bandbreite konstant bleibt.

Derartige homöostatische Regulationen finden in physiologischen Prozessen dauernd und meist unbemerkt statt. Warmblüter beispielsweise benötigen zum Überleben eine bestimmte Körpertemperatur die im Rahmen eines Toleranzbandes variiert, dieses aber nicht verlassen sollte. Das Nervensystem jedes Warmblüters beinhaltet daher einen Temperatur-Regelkreis mit entsprechenden Rezeptoren als Sensoren, und Schweißdrüsen sowie Muskeln als Stelleinrichtungen.
Auf der organischen Ebene sind v.a. die Gene die materiellen Träger der Informationsprozesse. d.h. Teilabschnitte einer DNS (d.h. Desoxyribonukleinsäure)-Sequenz, die in ihrem genetischen Text den Bauplan für ein bestimmtes Protein enthalten. Ein Beispiel dafür ist das Immunsystem:
Das körpereigene Immunsystem kann zwischen „Selbst" und „Nicht-Selbst" unterscheiden, und es verfügt über Waffen um den Körper vor eindringenden Bakterien oder Viren und vor Tumorerkrankungen zu schützen, z.B über diverse Abwehrzellen aber auch Alarmzellen.
Bei Kontakt mit eindringenden Erregern aktivieren diese Zellen diverse Gene, die Immunbotenstoffe produzieren. Diese Botenstoffe aktivieren dann das Immunsystem, damit dieses Antikörper herstellt. Diese Immunbotenstoffe aktivieren auch Nervenzellen im Gehirn, das dann die Entwicklung von Fieber veranlasst, das die Vermehrung von Erregern hemmt und Tumorzellen zum Absterben bringt"[66].

Was ist Religion ?

Nach Wikipedia (2020) ist der *Begriff Religion* ein Sammelbegriff für eine Vielzahl unterschiedlicher Weltanschauungen, deren Grundlage der jeweilige Glaube an bestimmte transzendente (überirdische, übernatürliche, übersinnliche) Kräfte ist, sowie häufig auch der Glaube an heilige Objekte.
In vielen Kulturen erfüllt sie individuelle Wünsche nach Sinnfindung, moralischer Orientierung und Welterklärung.
Religion kann menschliches Verhalten, Handeln, Denken und Fühlen prägen, und dadurch eine Reihe von ökonomischen, politischen und psychologischen Funktionen erfüllen.

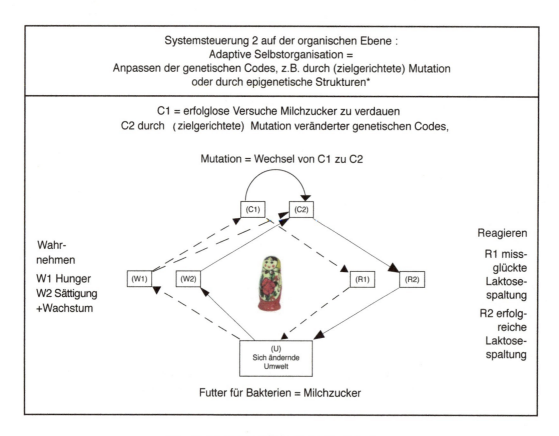

*Begriffserläuterung ‚Epigenetische Strukturen'

Veränderungen an der genetischen „Verpackung", welche die Funktion eines Gens verändern, ohne dabei Einfluss auf den „Text" des Gens zu nehmen, also ohnedie DNA-Sequenz zu verändern, werden als epigenetisch bezeichnet. Veränderungen an den epigenetischen Strukturen können ein Gen bremsen oder völlig ausschalten. Sie können es aber auch aktivieren. Jede der genannten Möglichkeiten kann für das betroffene Individuum gut oder verheerend sein.

Im Falle der Systemsteuerung 2 (oder adaptiver Selbstorganisation) erfolgt eine Anpassung an widersprüchliche Informationen unter Bedingungen, denen auf der Grundlage einer vorgegebenen Struktur nicht entsprochen werden kann.
Im Falle von Cairns Experiment mit Bakterien, die nicht imstande waren Milchzucker zu verdauen, erfolgte die Reaktion in Form einer *Mutation von Genen*.

Auch auf der supraorganischen Ebene unterscheidet Laszlo zwei Arten von Rückkopplungs- oder Steuerungsprozessen:

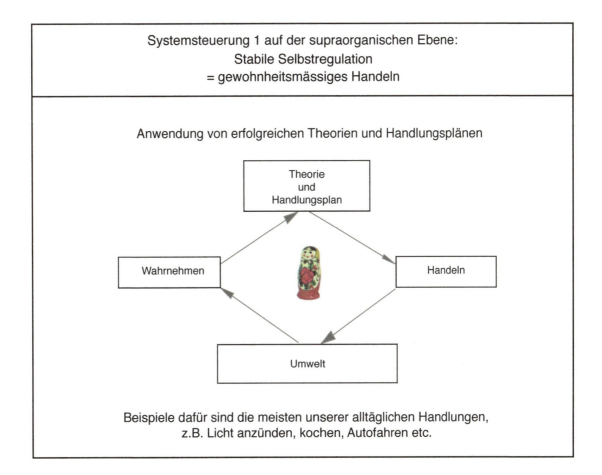

Auf der humanen Ebene verfügen wir über die Fähigkeit, mühsam erlernte Tätigkeiten teilweise zu automatisieren, z.B. das Autofahren. Diese Fähigkeit erleichtert es uns, effizient zu handeln und verschiedene Tätigkeiten gleichzeitig auszuüben.

Schwierig wird die Bewältigung unseres Alltags dann, wenn unsere Handlungspläne plötzlich nicht mehr zu den erwarteten Ergebnissen führen. Dann wird Lernen erforderlich.
Wenn wir solche Widersprüche wahrnehmen und unser Handlungsziel nicht aufgeben wollen, zwingt uns dies zu einer Neuinterpretation der Situation (Theorierevision) und zur Suche nach einer neuen Strategie des Handelns, welche auf der vorangegangenen Problemanalyse beruht.
Falls unsere Problemanalyse und die davon abgeleitete neue Handlungsstrategie zielführend sind, können sie gemäss dem ersten Schema wieder zu einer Routine werden.

Laszlo stellt derartige Lernprozesse vom Typ Systemsteuerung 2 schematisch folgendermassen dar:

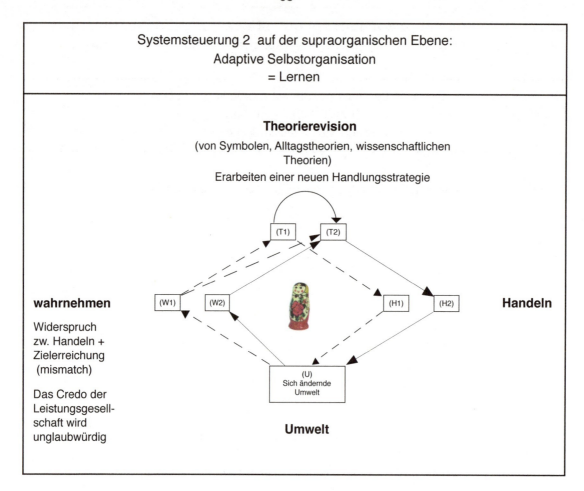

Dieses systemtheoretische Konzept der Informationsverarbeitung gilt grundsätzlich auch für Organisationen, Institutionen, Staaten und die globale Gesellschaft.
Für solche komplexen sozialen Systeme wird dann auch deren interne Struktur bedeutsam (Machtstruktur, Strukturierung des Informationsaustausches zwischen Subeinheiten etc.).

Im 2. Kapitel haben wir als Beispiel für eine Machtstruktur, die oft wirksames Handeln verunmöglicht, die Entscheidungsstruktur der Europäischen Union erwähnt. Denn der deren Ministerrat kann Entscheidungen bezüglich der gemeinsamen Aussen- und Sicherheitspolitik, sowie zu bestimmten Feldern der Handels- und Sozialpolitik, nur einstimmig fällen[67].

Ein Defizit bezüglich Informationsaustausch und Machtstruktur kennzeichnet auch das globale Handelssystem, denn dieses ermöglicht es Grosskonzernen ihre Steuern nicht dort zu zahlen, wo sie ihr Einkommen erarbeiten sondern in in dem Staat, der ihnen das günstige Angebot macht wird. Möglicherweise werden die USA und die Europäische Union diesbezüglich neue Abmachungen durchsetzen, weil sie zur Sanierung der Schulden für die Coronakrise grössere Steuereinnahmen benötigen werden.

Unsere Konzepte der Würde und der Freiheit des Individuums haben religiöse Wurzeln

Wie Larry Siedentop nachweist (vgl.Kapitel 5), gehen die westlichen Konzepte der Würde und Freiheit des Individuums und der liberalen Demokratie nicht, wie oft behauptet auf die griechische Antike und die europäische Aufklärung zurück sondern auf religiöse, konkret : jüdisch-christliche Wurzeln.
Während des grössten Teils ihrer Geschichte und ihrer Bewusstseinsentwicklung, waren die Menschen überzeugt, dass jenseits unserer realen Alltagswelt noch eine tiefere oder höhere, jenseitige Wirklichkeit existiert.
Menschen der prärationalen Bewusstseinsstufen deuteten Begegnungen mit dieser jenseitigen Wirklichkeit als objektiv-reale Begegnungen mit Gestalten der jenseitigen bzw. göttlichen Welt, *z.B. mit Engeln* oder mit *dem Teufel*.

> Im letzten Jahrhundert erkannten Carl Gustav Jung und andere, dass es sich bei Träumen und Visionen in der Regel um *innerseelische Erlebnisse* handelt.

Offenbar gibt es im Menschen etwas, das ihn nötigt, seine Begegnungen mit der jenseitigen Wirklichkeit mit immer wieder ähnlichen Bildern zu deuten. C.G. Jung hat solche Bilder entdeckt und sie als *Archetypen*** bezeichnet.

> **Der Begriff *Archetyp* geht auf das altgriechische Wort ἀρχή arché ‚Anfang' und τύπος typos, ‚Abdruck' zurück.

Archetypen bestehen meist aus unbewussten Inhalten. Die tieferen Schichten des Geistes sind der gesamten Menschheit zu eigen und sie sind nicht das persönliche und subjektive Eigentum eines bestimmten Individuums. Sie sind unbewußt und sie existieren in einer verborgenen, verschlossenen Form, die normalerweise der aktiven Aufmerksamkeit nicht zugänglich ist. Ihre Wirkungen auf unser Alltagsleben sind jedoch gross. Die individuelle Auseinandersetzung damit erfordert Mut und kann erlösend sein.

> ### Gottesbilder sind Archetypen
> Jung denkt, daß die tiefsten Schichten des Unbewußten nicht unmittelbar begriffen werden können. Nur wenn bestimmte Aspekte des kollektiven Geistes im Gewand von Bildern und Symbolen unserer besonderen Kultur in unserem Bewußtsein auftauchen, werden wir dieser universellen Inhalte des Geistes gewahr.
> Für Jung sind Gottesbilder *Archetypen*. Sie entstammen dem kollektiven Unbewussten der Menschheit.

Der folgenden Darstellung von Beispielen von Begegnungen mit der jenseitigen Wirklichkeit - sowie von religiösem Erlebens und Handeln -, legen wir neben C.G.Jungs Konzeption der Gottesbilder als Archetypen Ervin Laszlos systemtheoretische Konzeption des Bewusstseins zugrunde.

Dabei unterscheiden wir spontane und aktiv herbeigeführte Begegnungen mit der jenseitigen Welt.

Vgl. Laszlo Ervin 1969: System, Structure and Experience....und Kapitel 4

Religiöses Erleben als spontanes Begegnung mit der jenseitigen Wirklichkeit

Jenseitiges Erleben ist eine spontane Begegnung
mit einer Wirklichkeit jenseits unserer Alltagsrealität,
Interpretieren des Erlebten
und daraus resultierendes Handeln im Alltag

Interpretation
mit Hilfe von Symbolen, Mythen und Theologien

Träume
Visionen
Hellsehen
Nahtoderlebnisse

Erleben — Interpretieren — Handeln — Innere „jenseitige" Realität / äussere Realität

Handeln
Im Alltag

Beispiele spontaner Erlebnisse:

Die Bekehrungsvision des Paulus vor Damaskus (Apg 9)

```
Saulus aber schnaubte noch mit Drohen und Morden gegen die Jünger des
Herrn und ging zum Hohenpriester und bat ihn um Briefe nach Damaskus
an die Synagogen, damit er Anhänger des neuen Weges, Männer und
Frauen, wenn er sie dort fände, gefesselt nach Jerusalem führe. Als er
aber auf dem Wege war und in die Nähe von Damaskus kam, umleuchtete
ihn plötzlich ein Licht vom Himmel; und er fiel auf die Erde und hörte
eine Stimme, die sprach zu ihm: Saul, Saul, was verfolgst du mich?
Er aber sprach: Herr, wer bist du? Der sprach: Ich bin Jesus, den du
verfolgst. Steh auf und geh in die Stadt; da wird man dir sagen, was
du tun sollst. Die Männer aber, die seine Gefährten waren, standen
sprachlos da; denn sie hörten zwar die Stimme, aber sahen niemanden.
Saulus aber richtete sich auf von der Erde; und als er seine Augen
aufschlug, sah er nichts. Sie nahmen ihn aber bei der Hand und führten
ihn nach Damaskus; und er konnte drei Tage nicht sehen und aß nicht
und trank nicht....
```

Er blieb nun einige Tage bei den Jüngern in Damaskus. und verkündigte sofort in den Synagogen, dass Jesus der Sohn Gottes sei.

Alle, die davon hörten, waren fassungslos und sagten: Ist das nicht der, der alle, die diesen Namen anrufen, in Jerusalem ausrotten wollte? Und ist er nicht zu diesem Zweck hierher gekommen, um sie auch hier gefangen zu nehmen und vor die Hohen Priester zu führen?
Saulus aber trat umso entschiedener auf und versetzte die Juden, die in Damaskus wohnten, in grosse Verwirrung, indem er ihnen bewies: Dieser Mann ist der Gesalbte.

Ein Traum als symbolische Hilfe für eine Lebensentscheidung

Eine 28jährige Frau schrieb im Rahmen einer Sendereihe des Radios zu Träumen an die Leiter der Sendung:

«Möwen fliegen über den See, dort wo ich wohne. Eine davon trägt einen schönen, glänzenden Ring im Schnabel. Sie lässt den Ring ins Wasser fallen. Leute von meiner Familie tauchen nach dem Ring und bringen ihn.»

Was heisst das nun? Dies sind Symbole, man darf sie nicht konkretistisch auffassen. Der Ring ist, einfach ausgedrückt, Symbol für etwas Abgerundetes. Er hat weder Anfang noch Ende. Es kann ihm also diese Bedeutung zukommen. Wenn wir jedoch auf die spezielle Situation dieser Träumerin eingehen, erhält ein anderer Symbolgehalt stärkeres Gewicht. Die Frau hat mir folgendes erzählt: In den vergangenen Jahren war sie viel im Ausland. Jetzt ist sie im Begriff, zu Hause wieder Fuss zu fassen, doch in ihrem Inneren ist sie noch nicht sicher, für welchen Lebensweg sie sich entscheiden soll.
Und nun ereignet sich ein solcher Traum. Der Ring ist auch Symbol für Verbundenheit, als Ehering, Freundschaftsring, und ausgerechnet die Verwandten der Träumerin tauchen nach diesem verlorenen Ring. Vom Unbewussten her wird also auf die Verbundenheit mit der Familie und mit der Heimat hingewiesen. Falls die Frau noch unsicher war und sich noch nicht entschliessen konnte, daheim wieder Wurzeln zu fassen, so signalisiert dieser Traum klar, in welche Richtung sie sich entscheiden soll."

August Kekulés Entdeckung des Benzolrings in einem Traum

August Kekulés berühmte Entdeckung, daß Benzol und andere organische Moleküle tatsächlich geschlossene Ketten oder Ringe sind, war das Ergebnis eines Traums, indem er Schlangen sah, die ihre Schwänze fraßen. Diese Entdeckung hat man die »brillanteste Vorhersage auf dem gesamten Gebiet der organischen Chemie« genannt. Kekulés logischer Geist war offen für die Idee und verwarf sie nicht einfach als einen »Traum von Schlangen«[68]

Begegnung mit dem unbekannten ausserehelichen Vater während eines Herzstillstandes

Der holländische Kardiologe Pim van Lommel, der Autor einer Studie von Nahtoderlebnissen auf Intensivstationen an verschiedenen Krankenhäusern in Holland, zitierte einen Patienten, der Folgendes zu berichten hatte:
»Als mein Herz stillstand ... sah ich meine verstorbene Großmutter vor mir, aber auch einen Mann, der mich liebevoll anschaute, den ich aber nicht kannte. Über zehn Jahre später gestand mir meine Mutter in ihrem Totenbett, dass ich das Produkt einer ausserehelichen Beziehung war. Mein biologischer Vater, ein Jude, war im Zweiten Weltkrieg deportiert und getötet worden. Meine Mutter zeigte mir ein Bild von ihm: Es war der Unbekannte, den ich über zehn Jahre zuvor während meines Herzanfalls vor mir gesehen hatte"[69].

Wahrtraum vom Tod einer Bekannten

Besonders eng scheinen die Beziehungen zwischen dem Seelischen und dem Über- oder Aussersinnlichen in den Wahr- oder präkognitiven Träumen zu sein, vor allem dort, wo es sich um den Tod handelt. Der Mensch kann seinen eigenen oder einen fremden Tod vorausträumen. Das ist dann ein parapsychologisches Ereignis - und grundsätzlich nicht anders zu beurteilen als Vorahnungen im Wachen... Das Folgende scheint ein echter und eindeutiger Wahrtraum zu sein:

„Ich fahre mit meinem Mann und meinem Sohn in das Tessin. Wir machen Halt auf einem Friedhof. Die Gräber sind leer. Ich möchte die Blumen mitnehmen, aber ich überlege: «Es ist Herbst, ich nehme lieber die Samen mit.» Mein Sohn ruft «Tante Velili, Tante Velili.» Ich frage ihn, warum er sie hier rufe, und zweitens: Sie heisse Tante Vreneli. Er sagt mir, dass er wisse, dass sie da sei. - Am nächsten Tag haben wir erfahren, dass diese Frau in Deutschland gestorben war. Es war eine Bekannte meines Mannes[70]."

B. Nauers Vision, die ihn mit seinem Ungenügen als Arzt anlässlich eines Unfalltodes versöhnte.

Bernhard Nauer befand sich in den Badeferien und kam vom Schwimmen an den Strand zurück. Im seichten Wasser stürzte rechts von ihm eine Frau mit einem Aufschrei zusammen.
Zwei Männer trugen die Frau in eine Höhle unter der Felswand, welche die Bucht umgab. Bernhard Nauer eilte dorthin, hatte aber Mühe seine Strand- und Ferienstimmung abzulegen und ärztliche Hilfe zu leisten. Die Frau war durch einen von der Felswand herunter stürzenden Stein getroffen worden. Sie wies in der rechten Schläfengegend einen offenen Schädelbruch auf. Als Bernhard Nauer sie untersuchte war sie klinisch tot. Herzmassage und künstliche Beatmung blieben erfolglos. Es ärgerte ihn, dass er so missgestimmt und als Arzt machtlos war. Er fühlte sich sehr betroffen. Einige Tage vor seiner Abreise ging er nochmals zur Unglücksstelle. In der Felsenhöhle war ein Brettchen mit Namen und Todestag angebracht.

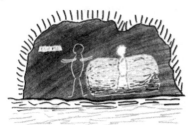

Bild Nr. 4 Vision B. Nauer

„In dieser abgeschirmten Höhle kam plötzlich eine grosse Stille über mich. Unvermittelt stand die verstorbene Frau, die ich vor ihrem Tod nie gesehen hatte, rechts neben mir. Sie hatte keine Schädelverletzung mehr und sah sehr gesund aus. ich wußte nun ganz deutlich, dass sie mir meine damalige Reaktion ihr gegenüber verzieh. Um die Frau herum sah ich darauf eine etwa zwei bis drei Meter grosse, helle Wolke. Diese Wolke, das wußte ich ebenso genau, war Ausdruck einer umfassenden Liebe, ausgehend von der Verstorbenen und ihrer neuen Welt. Da kam mir ein Bekannter entgegen, das Bild verschwand, und ich nahm wieder alle Geräusche um mich wahr[71]."

Ein Beispiel aktiver Kontaktaufnahme mit der jenseitigen Wirklichkeit

Archäologische Funde und Höhlenmalereien - sowie das Beispiel der von *Jeremy Narby* 1985-1987 erforschten *Ashaninca* im Regenwald des Amazonas und Kontakte mit den

Tukanos im Amazonasgebiet - belegen, dass schon die Menschen der prärationalen Bewusstseinstufen versuchten mit der jenseitigen Wirklichkeit *aktiv Kontakt aufzunehmen*.

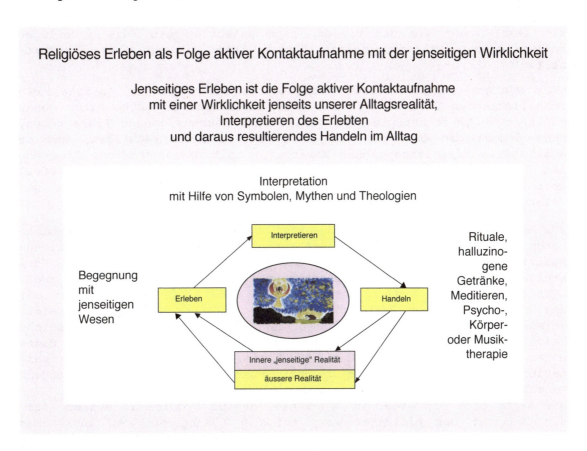

Diese Kontaktaufnahme erfolgte gemäss dem obigen Schema auf der rechten Seite durch „Handeln" und führt über die „Innere seelische Realität" - bzw. über aussergewöhnliche Bewusstseinszustände - zur Begegnung mit (als real existierend vorgestellten) jenseitigen Wesen.

Der Anthropologe *Jeremy Narby* verbrachte 1985 zwei Jahre in der Gemeinde Quirishari im Pinchis-Tal am Amazonas.
Das grösste Rätsel, auf das er bei Forschung über die Ökologie der Ashaninca stieß, war folgendes: „Diese außerordentlich praktischen und offenherzigen Menschen, die fast autonom im Regenwald des Amazonas lebten, behaupteten steif und fest sie bezögen ihr umfassendes botanisches Wissen aus Halluzinationen, die durch psychoaktive Pflanzen hervorgerufen wurden. Konnte das stimmen?"

Als Folge eigener Erfahrungen, und im Anschluss an die Beurteilung der Herstellung des Ayahuascatranks, den die Amazonas-Schamanen seit Jahrtausenden verwenden um sich in ausserordentliche Bewusstseinszustände zu versetzen, durch den wohl bekanntesten Ethnobotaniker des zwanzigsten Jahrhunderts, Richard Evans Schultes, kommt Narby zum Schluss:

„Da gibt es also Menschen, die ohne Elektronenmikroskop und ohne biochemische Kenntnisse aus den rund 80000 Pflanzen des Amazonasgebiets just die Blätter eines Strauches auswählen, die ein bestimmtes halluzinogenes Hirnhormon enthalten und diese Blätter dann kombinieren mit einer Lianenart, deren Inhaltsstoffe ein Enzym des Verdauungstrakts außer Kraft setzen, da sonst das Halluzinogen seine Wirkung nicht entfalten könnte.

Das alles tun sie, um willentlich einen veränderten Bewußtseinszustand hervorzurufen.
Sie handeln so zielstrebig, als wüßten sie Bescheid über die molekularen Eigenschaften dieser Pflanzen. Sie scheinen genau zu wissen, welche Pflanzen miteinander kombiniert werden müssen. Und fragt man sie dann, woher sie das wissen, dann antworten sie, die jeweiligen halluzinogenen Pflanzen selbst hätten ihnen dieses Wissen vermittelt."[72]

„Vor einigen tausend Jahren entwickelten die Jäger am Amazonas ein muskellähmendes Pflanzengift für ihre Blasrohre: Es mußte einem genau definierten Zweck entsprechen, nämlich auf Bäumen lebende Tiere töten, ohne jedoch die Qualität des Fleisches zu beeinträchtigen, und es sollte eine Muskelentspannung bewirken, damit das getroffene Tier den Ast losläßt und zu Boden fällt. Ein mit einem unbehandelten Pfeil getroffener Affe schlingt nämlich seinen Schwanz um einen Ast und verendet außerhalb der Reichweite des Jägers."

„Es gibt vierzig verschiedene Arten von Curare im Amazonasgebiet, hergestellt aus siebzig Pflanzengattungen. Die heute in der westlichen Medizin verwendete Art kommt aus dem Westamazonasgebiet. Für die Herstellung müssen mehrere Pflanzenarten miteinander kombiniert und zweiundsiebzig Stunden lang gekocht werden. Dabei muß jeder Kontakt mit dem schwachen, aber tödlichen Dampf, der von dem Sud aufsteigt, vermieden werden. Das Endprodukt ist eine Paste, die als solche keinerlei Wirkung hat. Die Wirkung entfaltet sich erst, wenn die Paste unter die Haut injiziert wird. Wird sie geschluckt, zeigt sie keinerlei Wirkung. Man kann sich nur schwer vorstellen, daß irgendein Mensch durch Zufallsexperimente auf dieses Rezept stößt.
Wie hätte denn ein Jäger im Regenwald, dessen Problem in erster Linie die Qualität des Fleisches war, auf die Lösung mit der subkutanen Injektion kommen sollen? Fragt man die Indianer selbst nach der Herkunft von Curare, dann lautet die stereotype Antwort, es sei mythischen Ursprungs. Die Tukano im kolumbianischen Amazonasgebiets sagen, der Schöpfer des Universums habe Curare erfunden und ihnen geschenkt[73]."

In den vierziger Jahren fanden Wissenschaftler heraus, dass Operationen am Brustkorb und an lebenswichtigen Organen mit Hilfe von Curare sehr viel leichter durchzuführen waren. Curare unterbricht die Nervenleitungen und entspannt alle Muskeln, auch die Atemmuskultur.
Ein Derivat der ursprünglichen Pflanzenmixtur wurde chemisch synthetisiert und die Molekularstruktur eines der Wirkstoffe verändert. Wenn heute ein Anästhesist seine Patienten mit Curare behandelt, verwendet er nur synthetische Bestandteile. Bei dem gesamten Prozess der Entwicklung und Herstellung von Curare wurde jedermann für seine Arbeit entlohnt - nur nicht die, die das ursprüngliche Produkt entwickelt hatten.«[74]
„Die allgemein anerkannte Theorie besagt, die Indianer seien ‚zufällig' über die nützlichen Moleküle in der Natur gestolpert. Im Fall von Curare klingt diese Erklärung wenig wahrscheinlich."

Dieses Beispiel belegt, dass Menschen schon auf ihren frühesten Bewusstseinsstufen gemeinsam mit andern Rituale durchführten um mit der jenseitigen Wirklichkeit in Kontakt zu kommen. Anlässlich eines solchen Rituals wurde das Pfeilgift Curare entdeckt, das die Nervenleitungen unterbricht und alle Muskeln (inklusive Atemmuskulatur) entspannt. Curare wird heute bei heiklen Operationen verwendet. Die Tukano anworteten auf entsprechende Fragen, der Schöpfer des Universums habe Curare erfunden und ihnen geschenkt.

4. Die Entwicklungsstufen des menschlichen Bewusstseins

Um die Entstehung unserer westlichen Grundwerte zu verstehen, benötigen wir Kenntnis der vergangenen Bewusstseinsformen. Jede dieser Bewusstseinsstufen ermöglichte eine ihr entsprechende Kultur und ein ihr entsprechendes religiöses Erleben.
Dazu gehörten auch Traditionen und Regeln, die das Zusammenleben ermöglichten.

Heute sind wir stolz auf unser rationales Denken. Dies ist eine äusserst wertvolle Errungenschaft, ohne die wir das Leben in der heutigen Welt nicht bewältigen könnten. Unser Denken umfasst jedoch weit mehr, als wir uns bewusst sind.

Fälschlicherweise wird manchmal verächtlich auf unsere Vorfahren oder auf andere Volkskulturen, wie zum Beispiel jene der indigenen Völker, herabgeblickt. Dass all diese Bewusstseinsformen auch in uns immer noch latent vorhanden sind und in speziellen Situationen wieder zum Vorschein kommen, wird nicht realisiert.

Zuerst verschaffen wir uns einen ersten schematischen Ueberblick über die Erkenntnisse der Psychologen und Bewusstseinsforscher Jean Piaget, Jean Gebser und Ken Wilber. Anschliessend wenden wir uns vertieft den einzelnen Stufen der Bewusstseinsentwicklung zu.

Evolution		Ken Wilber + Jean Gebser	Jean Piaget
↑		4. Rationale Stufe	4. Formal-operationales Denken, Logik
		3. Mythische Stufe	3. Konkret-operationales Denken
		2. Magische Stufe	2. Bilder, Symbole, erste Begriffe
		1. Archaische Stufe	1. Körper. Gewahrwerdung, Emotionen

Die Bewusstseinsstufen lassen sich mit verschiedenen Brillen vergleichen Jede Brille ermöglicht es, bestimmte Bereiche, in diesem Falle bestimmte Aspekte der Wirklichkeit, scharf wahrzunehmen. Andere Aspekte der Wirklichkeit erscheinen dabei mit dieser Brille nur verschwommen. Es ist, als ob wir mit der Lesebrille in die Ferne schauen oder mit der Fernbrille eine Menükarte lesen wollten. Auf jeder Bewusstseinsstufe wird die Welt anders betrachtet. Es entstehen dabei spezifische Verzerrungen, die dem Entwicklungsstand des Individuums entsprechen. Der gleiche Mechanismus von Verzerrungen lässt sich auch bei den verschieden entwickelten Kulturen der Menschheit beobachten.

Die Entwicklungsstufen des Bewusstseins vom Säuglings- bis zum Erwachsenenalter sind denjenigen der Menschheit von der Urzeit bis zur Gegenwart sehr ähnlich. Als Folge der Entwicklung der Bewusstseinsstufen hat sich auch die Denkfähigkeit weiter entwickelt.

Dem präzisen Beobachter, dem exakten Philosophen und genialen Professor für Psychologie, Jean Piaget haben wir entscheidende entwicklungspsychologische Erkenntnisse zu verdanken. Seine Lehre über die von den verschiedenen Bewusstseinsstufen, welche die Individuen durchlaufen, ist bis heute noch weitgehend gültig. Jean Piaget hat Parallelen entdeckt zwischen der kognitiven Entwicklung des Individuums vom Kleinkind bis zum Erwachsenen und der Entwicklung der Menschheit von Urzeiten bis zur Gegenwart. Die Denkfähigkeiten haben sich mit der gesamten Entwicklung der Menschheit ebenfalls weiter entwickelt.

Merlin Donald, Ken Wilber und Jean Gebser haben sich eine Systematisierung und Zuordnung der Bewusstseinsentwicklung der Menschheit und der Bewusstseinsentwicklung des Individuums zur Aufgabe gemacht.

Wir haben die Evolutionstheorien des Spektrums des Bewusstseins von Ken Wilber und Jean Gebser jenen von Jean Piaget im folgenden Schema einander zugeordnet (Siehe Buch „Religionswerkstatt" von K.Staub).

Schema der Stufen der Bewusstseinsentwicklung		
Die Stufen der Bewusstseins-entwicklung der Individuen		Die Stufen der Bewusstseins-entwicklung der Menschheit
4. Die rationale Stufe		4. Die rationale Stufe
3. Die mythische Stufe		3. Die mythische Stufe
2. Die magische Stufe		2. Die magische Stufe
1. Die archaische Stufe		1. Die archaische Stufe

zum Vorgehen

Um den Zugang zum Verständnis der Stufen der Bewusstseinsentwicklung zu erleichtern, beginnen wir unsere Darstellung mit der bekannten kindlichen Entwicklung und entsprechenden anschaulichen Beispielen.
Wir stützen uns dabei vor allem auf Beobachtungen und auf die Theorie des Psychologen Jean Piaget.
Anschliessend stellen wir stark vereinfacht die Bewusstseinsentwicklung der Menschheit dar, die in ähnlichen Stufen verlaufen ist.

> Drei Jahrzehnte kulturübergreifender Forschung ergaben, dass die in den obigen Schemata dargestellten Stufen der kognitiven Entwicklung universell und kulturunabhängig gültig sind.
> In allen Kulturen (asiatischen, afrikanischen, amerikanischen und anderen) erreicht allerdings nur ein Teil der Individuen die rationale Stufe des Erkennens
>
> Wilber Ken, 2001:39/40

Skizze der Entwicklung des Bewusstseins von Kindern

	1. Die archaische Stufe	Gefühle und Verhalten werden v.a. durch Körperimpulse gesteuert. Gefühl der Verschmelzung mit Gruppe und Welt.

Das Sein des Säuglings unterscheidet sich zu Beginn seines Lebens nicht vom Leben seiner Umgebung. Es ist eine Zeit der vollständigen Einheit von sich und allem, was um den Säugling ist.
Der Säugling lebt in einer Symbiose mit seiner Umwelt. Obgleich zwei, bilden sie eine Einheit. Seine Welt ist ein „Bewusstseinskontinuum", zugleich physisch und psychisch. Alles, was auf seine Sinne trifft, wird zu seiner Stimmungslage. Zwischen Aeusserem und Innerem gibt es keine Unterscheidung.
Erich Neumann veranschaulichte diesen archaischen Zustand in seinem Buch „Ursprungsgeschichte des Bewußtseins" mit dem Symbol des Uroboros, d.h. der Schlange, die sich selber in den Schwanz beisst. In diesem Zustand kann das Kind noch nicht zwischen sich selbst und seiner Umwelt unterscheiden[75].
Die Umgebung des Kindes kann nicht immer all seinen Bedürfnissen gerecht werden. Idealerweise versuchen es die Eltern. Vollständig gelingt es nicht. Das löst im Säugling Verzweiflung und Not aus.
Unbewusst kann diese Not das Kind an den Trennungsschock nach der Geburt „erinnern". Der traumatische Zustand und die Gemütslage von damals können reaktiviert werden.

Während der ersten Lebenszeit beginnt das kindliche Bewusstsein aufzudämmern. Der Säugling erlebt immer wieder Gefühle der ozeanischen Einheit, der Beseeligung wie in der Schwangerschaft.
Er erlebt aber auch das getrennt Sein von der Mutter.
Wie bereits beschrieben, erlebt er dies vor allem dann, wenn seine Bedürfnisse nicht unmittelbar befriedigt werden.

Gefühle von Gefahr, Trennung oder gar Vernichtung bedrohen dann das Kleinkind.

Wir alle kennen das Märchen von der Hexe, die in einem zum Naschen verlockenden Zuckerkuchenhaus wohnt...Sie ist nett zu Kindern und lädt sie in ihr leckeres Häuschen ein, doch nur, weil sie sie fressen will. Sie ist eine Kannibalin.

Und über einen menschlichen Erfahrungszeitraum von gut sechshunderttausend Jahren hinweg, das sollten wir nicht vergessen, gab es Kannibalen — und sogar kannibalische Mütter[76].

Ein Märchen, das voll ist von Trennungsgeschichten, von lebensbedrohenden Situationen, von Missbrauch für eigene Zwecke bis zum Verschlungen werden ist dasjenige von *Hänsel und Gretel*.

Es handelt von mausarmen Eltern, die nicht mehr in der Lage waren, ihre Kinder zu versorgen. Darum setzte das Elternpaar 2x seine Kinder im Wald aus. Beim ersten Mal fanden die Kinder wieder nach Hause. Beim zweiten Mal stiessen sie auf ein Lebkuchenhäuschen, von dem sie sich lustvoll und hemmungslos ernährten. Dieses Häuschen gehörte aber einer Hexe, einer Kannibalin, die mit List versuchte den Knaben Hänsel zu mästen. Das Mädchen Gretel hatte als Magd zu dienen. Als der kleine Hänsel schön fett geworden war, beabsichtigte die Hexe, ihn im Feuer zu braten und aufzufressen. Gretel erahnte die Absicht der Hexenkannibalin. Es gelang dem Kind, die Hexe im Feuer zu verbrennen.

Beide Kinder fanden anschliessend im Lebkuchenhäuschen Edelsteine und viel Kostbares, das sie in der Folge ihren Eltern nach Hause brachten.

Dieses Märchen erzählt von „Nichterfüllungen" von Grundbedürfnissen. Es erzählt von Hunger, von der Trennung von der nährenden Mutter, von dem Zuhause.

In einem weiteren Sinne handelt es sich hier auch um eine Abnabelung von zu Hause. Das Märchen handelt von schnellen Bedürfnisbefriedigungen (Häuschen anknabbern), von tödlichen Trugschlüssen und Gefahren (Kannibalenhexe), aber auch vom Erwachsenwerden, vom Selbständigwerden (Hexe verbrennen) und von neu erworbener Kraft (Edelsteine finden).

Das Märchen beinhaltet weit mehr, als hier erwähnt werden kann. Die Kannibalin ist sowohl Symbol für die alles verschlingende Mutter, Symbol auch für eine Frau, auf die Hänsel und Gretel ihre eigenen Aengste während ihres Erwachsenwerdens projizieren.

Im Laufe des Erwachsenwerdens durchlaufen wir alle viele solche Lebensabschnitte wie die beiden Kinder.

	2. Die magische Stufe	Mimik und Gesten werden durch Bilder und Symbole erweitert. Animismus

Auf der *magischen Stufe* ihrer Bewusstseinsentwicklung glauben Kinder, dass die Eltern und alle Gegenstände ihren Wünschen gehorchen. Diese Vorstellung der Wirklichkeit übertragen sie in der magischen Entwicklungsphase auf das ganze Universum, auf Sonne, Mond und Sterne. Auf dieser Stufe stellen sich die Kinder vor, dass die Aussenwelt beseelt ist *(= Animismus)*.

Ein Erwachsener berichtete Piaget die folgende Erinnerung an seine magische Kindheitsphase als 5-6jähriger:
"Ich redete mir selbst ein, wenn es mir gelänge, die benötigten Worte oder die notwendigen Losungen zu finden, so könnte ich den grossartigen Vögeln und prachtvollen Schmetterlingen in den illustrierten Handbüchern meines Vaters die Fähigkeit verleihen, wieder lebendig zu werden und aus dem Buch herauszufliegen, so dass nur Löcher zurückbleiben würden".

Ein Zweijähriger begann zu weinen, weil eine an der Wand aufgehängte Photographie herunterfiel. Er meinte die Frauen darauf hätten sich weh getan.

Ein Dreijähriger sagt über das in der Garage stehende Auto: "Es schläft, das Auto. Es geht nicht hinaus wegen des Regens."

Ein kleines Mädchen findet eines Morgens seine Puppe mit eingedrückten Augen (diese sind in den Kopf hineingefallen): Verzweiflung, Weinen. Man verspricht der Kleinen, man werde die Puppe flicken lassen. Drei Tage lang fragte das Mädchen alle paar Minuten, und man sieht es ihm an, dass es ehrlich beunruhigt ist: Hat die Puppe Schmerzen? Tut es ihr weh, wenn sie geflickt wird ?

Für das Kleinkind ist alles, was um es ist, lebendig, leidet, freut sich, hat menschliche Züge.

Beispiele: Die Puppe ist lebendig, ein Bild kann sich weh tun, ein Auto schläft.

Kleinkinder denken, die Gegenstände würden ihnen gehorchen. Dinge verhalten sich in seiner Welt moralisch, grad so, wie die übergeordnete Elternpersönlichkeit es festlegt. Moralische Gesetze gelten.

Dabei stösst das Kind zusätzlich an Grenzen. Sein Universum verhält sich widerständig.

Hunderte Male schiebt das Kind den Löffel oder gar seinen Teller weg, über den Tischrand hinaus, wo er nach seiner Meinung stehen bleiben sollte. Aber nein, er fällt zu Boden.

Das Kind macht hier seine ersten *physikalischen* Erfahrungen und entdeckt eine neue Grenze seiner Erwartungen.

Mit seinem moralischen Verhalten stösst das Kind aber auch an *gesellschaftliche* Grenzen. Das durch die Elternpersönlichkeit tief eingepflanzte moralische Verhalten erweist sich oft als Illusion. Es wirkt sich oft nicht positiv auf das Wohl und nicht lindernd auf das Weh des Menschen aus.

Mit der Zeit häufen sich die Erfahrungen mit der Wirklichkeit:

Ein Kind stösst sich schmerzhaft an einem Vorsprung des Klaviers. Wütend über das böse Klavier, will sich das Kind wehren. Es schlägt das Klavier, tritt gegen das Klavier, weinend, schreiend, verzweifelt.

Solche Erlebnisse setzen eine Weiterentwicklung des kindlichen Bewusstseins in Gang. Grundsätzlich sind solche Uebergänge mühsam und schmerzhaft.

> Wie alle Uebergänge in der Bewusstseinsentwicklung ist auch der Uebergang von der magischen zur mythischen Phase ein allmählicher und längere Zeit dauerndener Prozess. In diesem Prozess sind immer wieder Rückfälle auf frühere Stufen (= Regressionen) möglich.

Die fortschreitende Gehirnentwicklung und Erfahrungen in der Auseinandersetzung mit der Welt führen das Kind dann allmählich zur oft schmerzlichen Einsicht, dass es weder die Welt erschafft noch beherrscht, noch dass die Erwachsenen alle Dinge gemacht haben, weil sie allwissend und mächtig sind.
Daraufhin wird das liebgewordene Bild einer alles wissenden, alles könnenden, mit den Händen oder sonstwie schöpfenden Elternfigur auf die vage Gestalt eines menschenähnlichen, wenn auch unsichtbaren Gottes übertragen. Auf ihn werden alle alten Wunschvorstellungen projiziert.
Die Gestalt eines schöpferischen Wesens ist in der Kindheit ausgestattet mit der Kraft, alle Dinge tun zu können, alles zu erschaffen und auch jegliches befehlen zu können. So werden die Gottheiten zu Allmächtigen, zu Schöpfenden, zu Hütern der Gesetze.

Die zwei Ordnungen — kindliche und religiöse — sind weitgehend analog. Zwar können, wie Piaget dargelegt hat, die Ursprungsmythen, die Kinder erfinden, um ihre Herkunft und die der Dinge zu erklären, voneinander abweichen. Sie gehen aber alle von derselben Grundannahme aus: dass Dinge von irgendwem gemacht werden müssen und dass sie lebendig sind und auf die Befehle ihrer Schöpfenden ansprechen. Die Ursprungsmythen in den mythologischen Systemen der Welt weichen voneinander ab, jedoch in allen - ausser den allervergeistigsten Systemen - herrscht die Ueberzeugung, dass das lebendige Weltall das Werk - irgendeiner - psychisch oder physisch verstandenen — Vater oder Mutter-Gottheit sei.

Demzufolge kann man sagen, dass diese religiösen und spirituellen Wahrnehmungen der Welt
- ganzheitlich erlebt werden
- als undifferenziertes Kontinuum erscheinen
- und gänzlich lebendig sind.
Diese spirituell-religiösen Wahrnehmungen gleichen den spontanen Erfahrungen in der Kindheit. Es zeigt sich, dass Gottesvorstellungen und religiöse Vorstellungen sich im Bezugsrahmen aller Kindheitserfahrungen bewegen.
Alles, was die Hauptbezugsperson für das Kleinkind war, wird auf die Gottesvorstellung übertragen.
Einfach gesagt: Die Gottheit benimmt sich wie Vater oder Mutter.

Und genau diese Prinzipien, sind es, die in den Mythologien und Religionssystemen der ganzen Welt am häufigsten vorkommen.

In der vorsprachlichen Phase machen sich Kleinkinder durch Mimik, Gesten und Laute verständlich. Später werden dann bildlich-symbolische und sprachliche Vorstellungen wichtiger.

	3. Die mythische Stufe	Symbole, Sprache und konkretes Denken werden bedeutsamer als Gesten und Mimik.

In diesem Stadium (etwa vom 2. bis 7. Jahr) werden die Kinder fähig, ihre Erfahrungen sprachlich (mittels Bildern und Symbolen) zu beschreiben.
Dadurch ist es ihnen mehr und mehr möglich, ihre Erfahrungen über längere Zeiträume zu erinnern und differenziertere Begriffe zu bilden[77].

Das Auftauchen des vom Körper verschiedenen Geistes vollzieht sich zunächst über Bilder, dann durch Symbole, dann durch Begriffe. Diese Entwicklung wird vor allem durch das Erlernen der Sprache ermöglicht.

> Mit der Sprache als wichtiges Bauelement kann ein Ich entstehen, das seine Körpervorgänge, Wünsche und Instinkte beschreiben und und beherrschen lernt.
> Auf dieser Stufe kann das Kind erstmals soziale Rollen und Regeln nachvollziehen. Es findet seine Identität über seine Rollen und die Erfüllung der damit verbundenen Erwartungen bzw. sozialen Normen.

Die ersten Fragen, die in der Kindheit über den Ursprung der Dinge gestellt werden, verraten die spontane Annahme, dass irgendwer sie gemacht habe.

Oft fragen die Kleinkinder nach der eigenen Herkunft:
"Woher bin ich gekommen?"
Des Weiteren beschäftigt sie die Frage nach der Herkunft der Menschheit.
"Woher kommst Du, woher kommen die Menschen?"
Die Herkunft der Dinge, der Sterne, der Berge, der Bäume interessiert sie zunehmend.
Das Kleinkind beschäftigen sehr früh die zentralen Fragen, die sich Menschen seit Urzeiten stellen.

Als Beispiel für mythisches Denken von Kindern haben wir bei Piaget einen Ausschnitt eines Gesprächs mit einem, in der Grenzregion Schweiz - Département Savoye in Frankreich lebenden, Neunjährigen über dessen Vorstellungen von der Entstehung der Welt gefunden. Das Kind stand im seichten Wasser des Genferfersees, von dessen Grund Blasen aufstiegen. Es antwortete auf die Frage nach der Entstehung der Welt:

«Es sind Leute gekommen.»
«Woher ? »
«Ich weiß nicht. Es hatte Blasen im Wasser, einen kleinen Wurm darauf, dann ist er groß geworden, er ist aus dem Wasser herausgegangen, dann hat er Nahrung aufgenommen, er hat Arme wachsen lassen, er hatte Zähne, Füße, einen Kopf, er ist ein Kind geworden.»
«Woher kam die Blase? »
«Aus dem Wasser. Der Wurm kam aus dem Wasser heraus. Die Blase ist geplatzt. Der Wurm ist hinausgegangen.»
«Was hatte es auf dem Grunde des Wassers?»
«Sie (die Blase) ist aus der Erde herausgekommen.»
«Und was ist aus dem Kind geworden?»
«Es ist groß geworden, es hat Kleine gemacht. Als es starb, haben die Kleinen Kleine gemacht. Dann hatte es welche, die Franzosen, Deutsche, Savoyarden . . geworden sind[78].»

Auf dieser Entwicklungsstufe lässt sich das Kind faszinieren durch Märchen und religiöse Mythen der Bibel wie beispielsweise die Weihnachtsgeschichte.

Ein Beispiel des Zusammenwirkens der kindlichen Stufen des Bewusstseins und von Kultur und Religiosität ist die folgende Kinderzeichnung eines 9-jährigen Mädchens, die vor der Weihnachtszeit entstand. Ihr Inhalt:

Vorfreude auf Ueberraschungen durch Geschenke, auf den Weihnachtsbaum, aufs Vorlesen der Weihnachtsgeschichte mit dem Wunder der Geburt Jesu, auf die Zeit der Engel und der Könige. Das 9-jährige Kind gab der Zeichnung den Titel „der überraschte Weihnachtsbaum". Wichtige Insignien christlicher Religiosität, vom Stern von Bethlehem, bis zu Maria und einem Engel sind erkennbar.

Bild Nr. 5

Der überaschte Tanenbaum

Die Entwicklung des Kindes zum Erwachsenen, wie in heutigen Gesellschaften durch jahrelange Erziehung und Bildung gefördert. Der Prozess des Erwachsenwerdens vollzieht sich bei den Urvölkern schneller und abrupter durch Pubertätsriten, die für viele Stämme die wichtigsten Zeremonien ihres religiösen Kalenders sind.

Wenn ein zentralaustralischer Arandajunge zum Beispiel zehn bis zwölf Jahre alt ist, werden er und die anderen aus seiner Altersgruppe von den Männern des Dorfes geholt und mehrmals in die Luft geschleudert, während die Frauen armeschwenkend und schreiend die Schar umtanzen. Jeder Junge bekommt dann von einem Mann aus der Gesellschaftsgruppe, aus der auch seine künftige Frau kommen muss, Brust und Rücken mit einfachen Mustern bemalt, und während sie malen, singen die Männer: «Möge er bis zum Bauch des Himmels reichen, möge er zum Bauch des Himmels emporwachsen, möge er direkt in den Bauch des Himmels eingehen.»
Dem Jungen wird dann erklärt, dass er jetzt das Zeichen desjenigen mythischen Ahnen trägt, dessen lebende Verkörperung er ist, denn man geht davon aus, dass in den neugeborenen Kindern Wesen wiederkehren, die in der mythischen Zeit lebten, der sogenannten «Traumzeit» oder Altjeringa. Den Jungen wird gesagt, sie von jetzt an nicht mehr mit den Frauen und Mädchen spielen oder lagern werden, sondern mit den Männern; sie werden nicht mehr mit den Frauen mitgehen, um nach Wurzeln zu graben oder Kleintiere wie Ratten und Eidechsen zu jagen, sondern werden sich den Männern anschliessen und Känguruhs jagen.

In diesem Ritus wird das Bild der Geburt durch die Mutter in den Himmel übertragen. Gleichzeitig wird der Ich-begriff über den Einzelnen hinaus gedehnt.
Eine Frau bringt den irdischen Leib des Kindes zur Welt, aber die Männer werden es jetzt geistig zur Welt bringen.

> Die in den Initiationsriten vorkommenden Schlüsselsymbole sind von Kultur zu Kultur stark unterschiedlich. Sie müssen deshalb ebenso von einem historischen, wie von einem psychologischen Standpunkt aus erforscht und gedeutet werden. Die eine oder die andere Sichtweise allein führt zu einer unzulässigen Vereinfachung.

In der Erziehung traditionsbegründeter Gesellschaften war es allgemeiner Brauch, die Kinder in die Gruppe und deren Hauptbetätigungen einzuführen[79]. Heute wird zusätzlich angestrebt, die Entwicklung der kindlichen Psyche, seine Fertigkeiten und Begabungen dergestalt zu fördern und zu lenken, dass es sich nach und nach aus der Abhängigkeit von seinen engstenBezugspersonen lösen kann.

	4. Die rationale Stufe	Abstraktes und rational wissenschaftliches Denken

Ab ca.12 Jahren entwickelt das Kind die Fähigkeit zum abstrakten Denken und zu hypothetischem Schlussfolgerungen. Bei jenen, die dieses Stadium erreichen, erweitert und bereichert dies ihre intellektuelle Welt ausserordentlich. Diese Fähigkeit ist für das wissenschaftliche Denken unerlässlich, insbesondere die Fähigkeit, Analogien zu erkennen, Experimente zu planen und deren Ergebnisse zu interpretieren.

Wenn Jugendliche fähig werden, systematische logische Schlussfolgerungen zu ziehen, bedeutet dies allerdings nicht, dass sie nun immer differenziert logisch denken. Aber sie verfügen nun im Prinzip über einen Teil des Denkpotentials Erwachsener. Sie können nun systematisch denken und darüber spekulieren, was alternativ zum Bestehenden sein könnte. Dies ermöglicht ihnen, nicht nur wissenschaftlich-logisch zu denken, sondern auch Politik, Ethik und Sciencefiction zu verstehen.

> Jean Gebser, C.G.Jung und Merlin Donald betonen in ihren Werken, dass die einzelnen Bewusstseinsstufen von der archaischen bis zur rationalen Stufe in mehr oder weniger latenter oder akuter Form auch jetzt noch in jedem von uns vorhanden sind.
> In aussergewöhnlichen Bewusstseinsszuständen (z.B. in Träumen, Visionen oder Nahtoderfahrungen) können sie wieder reaktiviert werden.

Skizze der Bewusstseinsentwicklung der Menschheit

Das Bewusstsein der Menschheit entwickelte sich im Laufe der Menschheitsgeschichte über verschiedene Entwicklungsstufen. Sie sind den Stufen sehr ähnlich, die unsere Kinder noch heute durchlaufen.

> Der Mensch schuf sowohl seine Bilder der *äusseren Realität* wie diejenigen der *inneren Realität* immer entsprechend der Stufe der Entwicklung seines Bewusstseins und des Bewusstseins der Kultur, der er angehörte.
>
> (Vgl. Ohlig K.-H. 2002:104)

Die Bilder und Symbole der Stufe des Bewusstseins, auf der sich die Menschen jeweils befanden, waren die Grundlage ihrer jeweiligen Kultur und ihrer religiösen Traditionen.

	1. Die archaische bzw. früheste Stufe der Menschheit	Gefühle und Verhalten werden durch Körperimpulse gesteuert. Faszination durch numinose Kräfte. Animismus.

Geheimnisvolle, als übernatürlich empfundene Mächte oder Kräfte, die auf die Natur und auf die Menschen einwirken, werden in der Religionswissenschaft als *numinos* bezeichnet. Werden diese Kräfte personhaft verstanden, spricht man von einer Gottheit, einem Dämon oder einem sonstigen Geistwesen[80].

Diese faszinierenden *numinosen Kräfte* lösen Schauder und Furcht aber auch Anziehung aus. Sie werden oft als übernatürliche sachhafte Kraft verstanden. Diese Macht geht über die „natürlichen" Möglichkeiten ihrer Träger hinaus, so dass ihr ein Moment des Ueberschreitens der Alltagswirklichkeit (d.h. der Transzendenz) eigen ist[81].

Diese sachhaften Kräfte wurden auf den nächsten Entwicklungsstufen des Bewusstseins immer konkreter verstanden.

Nach Karl Heinz Ohlig wurden schon für die mittlere Altsteinzeit Spuren religiöser Praktiken gefunden.

Spuren von rituellem Kannibalismus weisen auf Mythen hin, denen zufolge die geheimnisvolle Kräfte der Toten beim Essen auf die Lebenden übergingen. Wahrscheinlich wollte man sich - wie es in sehr viel späterer Zeit, aber unter vergleichbaren Bedingungen der Fall war - die Lebenskraft der Verstorbenen aneignen.

Im *Totemismus* erlebten Menschen eine mythisch-verwandtschaftliche Verbindung zu bestimmten Naturerscheinungen (Tiere, Pflanzen, Berge, Quellen u.v.m.), denen als Symbole eine wichtige Bedeutung für die Identität der Menschen eines Clans oder Stammes zukam.

Im *Animismus* wurde ist die Welt beseelt. Geheimnisvolle numinose Kräfte bekamen mit der Ahnenverehrung menschliche Züge.
In der Tier- oder Pflanzengestaltigkeit von Göttern, zeigt der Animismus noch seine Herkunft aus den früheren Stufen. Grundsätzlich stellt man sich aber „Gott" jetzt menschengestaltig vor[82].

	2. Die magische Stufe der Menschheitsentwicklung	Bilder, Symbole sowie erste Begriffe werden bedeutsamer als Mimik und Gesten

Das Bewusstsein der Menschen in der Ur- und Frühgeschichte (Paläolithikum) war magisch. Sie lebten vor allem im Freien, siedelten oft um, bewohnten gelegentlich Höhlen oder errichteten Pfahlbauten. In den Höhlen wurden zum ersten Mal im 18.Jahrhundert Spuren, Knochen, Wandmalereien und weitere Zeugnisse gefunden. Die Menschen des Paläolithikums lebten in einer gefahrvollen Zeit und wurden oft durch Tiere, Hunger und Krankheiten bedroht. Die Höhlen boten in dieser Zeit besonderen Schutz. Darin geborgen, empfanden die Menschen ein archaisches Gefühl der Sicherheit (Uterus). Die Höhle hat bis heute ihre psychologische Bedeutung nicht verloren. Sie wird mit dem archaischen Unbewussten assoziiert.

Im magischen Bewusstsein jedoch, begannen die Menschen Symbole als Stellvertretung von Dingen und Wesen zu verwenden. Eben diese Symbole wurden in Form von Zeichnungen in Höhlen aber auch auf Gegenständen gefunden. Mit Hilfe dieser Symbole erhielten die Menschen Macht über das Dargestellte. Sie verkleideten sich in ein Tier, vollzogen seine Bewegungen, versuchten dessen Verhalten nachzuahmen. Diese Rituale wirkten sich positiv auf das Leben der damaligen Menschen aus. Dadurch erhielten sie Wirkungskraft. Ihre Jagd wurde erfolgreicher, ihre Verteidigung wirkungsvoller. Gleichzeitig ordneten sie der Sonne, den Sonnenstrahlen, dem Regen, den Sternen besondere Wirkungsmacht zu.

Um diese Bewusstseinsstufe zu veranschaulichen, zitierte Jean Gebser einen Bericht von *Leo Frobenius*[83]:

„Dort beschreibt er, wie im Kongo-Urwald Leute des zwerghaften Jägerstammes der Pygmäen (es handelt sich um drei Männer und eine Frau) vor der Antilopenjagd im Morgengrauen eine Antilope in den Sand zeichnen, um sie beim ersten Sonnenstrahl, der auf die Zeichnung fällt, zu »töten«; der erste Pfeilschuß trifft die Zeichnung in den Hals; danach brechen sie zur Jagd auf und kommen mit einer erlegten Antilope zurück: der tödliche Pfeil traf das Tier exakt an der gleichen Stelle, wo Stunden zuvor der andere Pfeil die Zeichnung traf; dieser Pfeil nun, da er seine bannende - den Jäger sowohl wie die Antilope bannende - Macht erfüllt hat, wird unter Ritualen, welche die möglichen Folgen des Mordes von den Jägern abwenden sollen, aus der Zeichnung entfernt, worauf dann die Zeichnung selbst ausgelöscht wird. Beide Rituale vollziehen sich, sowohl das des Zeichnens wie das des Auslöschens, was festzustellen äußerst wichtig ist, unter absolutem Schweigen."

Jean Gebser kommentierte die Sandzeichnung folgendermassen:

„In diesem Jagdritual und in dieser Jagdszene kommt erstens die *Ichlosigkeit* insofern zum Ausdruck, als die Verantwortung für den Mord, der durch das Gruppen-Ich an einem Teil der Natur begangen wird, einer schon als »außenstehend« empfundenen Macht, der Sonne, überbunden wird. Nicht der Pfeil der Pygmäen ist es, der tötet, sondern der erste Pfeil der Sonne, der auf das Tier fällt, und für den der wirkliche Pfeil nur Symbol ist (und nicht umgekehrt, wie man heute zu sagen versucht ist: für den der Sonnenstrahl Symbol ist).
In dieser Ueberbindung der Verantwortung durch das Gruppen-Ich (das in den vier das Ritual vollziehenden Menschen Form

annimmt) an die Sonne (die ihrer Helligkeit wegen stets als Bewußtseinssymbol aufzufassen ist) wird deutlich, in welchem Maße das Bewußtseinsvermögen dieser Menschen noch im Außen ist oder dem Außen verbunden wird. Das sittliche Bewußtsein, das eine Verantwortung zu tragen imstande wäre, weil es auf einem klaren Ich beruht, liegt für die Ichlosigkeit dieser Pygmäen noch in der Ferne; ihr Ich (und damit ein wesentlicher Teil ihrer Seele) ist noch, dem Lichte der Sonne gleich, über die Welt ausgestreut."[84]

Willy Obrist hat diesen früh-archaischen Zustand in seinen Büchern graphisch folgendermassen dargestellt[85]:

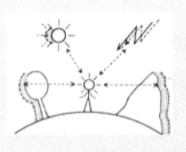

(Berggeist)

innerlich Wahrgenommenes wird auf sinnliich sinnlich wahrnehmbare Dinge projiziert

Bild Nr. 6   Jenseitige Dimension

Obrist W. 1999:41, Walter Verlag Zürich/ Düsseldorf

früh-archaisch

Lutz Müller wendet sich in seinem Buch "Magie" dagegen, magische Riten der Frühmenschen als illusionistisches und infantiles Wunschdenken zu betrachten.

Der Frühmensch erwarb sich, indem er wie in einer Inszenierung einen Löwen spielte, sehr viele Kenntnisse über das Verhalten der Tiere. Der Erfolg bei der Jagd und bei der Verteidigung gab ihm recht. Die damaligen Menschen waren sich nicht bewusst, dass sie eine Inszenierung machten, sie meinten, sich wahrhaftig in Löwen, Bären und andere sie bedrohende Tiere zu verwandeln.

Der Frühmensch beeinflusste mit seinen Ritualen allerdings nicht, wie er annahm das Tier, sondern sich selbst.

Der magische Ritus wirkte sich unmittelbar auf die Menschen aus. Der Ritus verhalf zum Erfolg. Dass es sich bei der magischen Wirkung um die Wirklichkeit der Seele handelt, nicht um die Wirklichkeit der Welt, wurde erst vom modernen Menschen festgestellt![86]

	3. Die mythische Stufe der Menschheitsentwicklung	Konkretes Denken sowie Symbole, Sprache und mythische Erzählungen werden bedeutsam.

Definition von Mythos

Unter Mythos wird im 19. und im 20. Jahrhundert in der Regel eine Erzählung verstanden, die Identität, übergreifende Erklärungen, Lebenssinn und religiöse Orientierung als eine weitgehend zusammenhängende Art der Welterfahrung vermittelt.

(Wikipedia, 2018 Art. Mythos)

1. Beispiel: Der ältere biblische Mythos von der Erschaffung der Welt. (1.Mose 2,4-17)

Michelangelo: *Sündenfall*, Vatikanische Museen, Rom
Bild Nr. 7

..da bildete der HERR, Gott, den Menschen aus Staub vom Erdboden und blies Lebensatem in seine Nase. So wurde der Mensch ein lebendiges Wesen....

Vom Baum der Erkenntnis von Gut und Böse aber, von dem darfst du nicht essen, denn sobald du davon isst, musst du sterben.

2. Beispiel: Die übernatürliche Zeugung des Gottessohnes Jesu (Lk 1,26-35)

Und der Engel sprach zu ihr (d.h. zu Maria): Heiliger Geist wird über dich kommen, und Kraft des Höchsten wird dich überschatten. Darum wird auch das Heilige, das gezeugt wird, Sohn Gottes genannt werden.

Die Ankündigung der Geburt Jesu
Gemälde von Sandro Botticelli,
zwischen 1489 und 1490, Uffizien Florenz

Wikipedia gemeinfrei
Bild Nr. 8

3. Beispiel: Die übernatürliche Zeugung und Geburt Buddhas

Im Buddhismus wird eine Geburtsgeschichte Buddhas überliefert, gemäss der Buddha von einem Gott gezeugt und von einer Jungfrau geboren ist.

Das nebenstehende Bild zeigt die Szene, wie seine Mutter Mahamaya nach Jahren der Unfruchtbarkeit den Buddha im Palast von Kapilavastu jungfräulich empfängt. Ein weisser Elefant nähert sich ihr und begattet sie - in Indien ein Symbol für die Wolken, wenn sie die dürstende Mutter Erde bewässern und befruchten.

Bild Nr. 9   Die übernatürliche Zeugung Buddhas

Siddhartas Geburt
in Gandara 2.3.Jh.

Gemäss der Ueberlieferung gebar Buddhas Mutter ihren Sohn 563 v.Chr. stehend und sich an den Zweigen eines Salbaumes festhaltend durch ihre rechte Seite.

Bild Nr. 10

Sowohl Buddha wie Jesus werden durch eine Jungfrau zur Welt gebracht. Ihr Kind wird vom Himmel her gezeugt.

- Die Zeugung Jesu geschieht durch die Kraft des Heiligen Geistes, die Kraft des Höchsten, d.h. durch eine himmlische oder göttliche Kraft (Vgl. Lukas 1,35)
- Im Falle Buddhas geschieht die Zeugung durch den Elefantengott Ganesha, der ein Symbol für die Wolken im Himmel darstellt, welche die dürstende Mutter Erde bewässern und befruchten.

Derartige Mythen und Symbolgeschichten, beziehen sich nicht auf historische Tatsachen, sondern *auf die Bedeutung* von Tatsachen. Sie wollen darauf hinweisen, dass in diesen Gestalten die göttliche Wirklichkeit begegnet.
Offenbar gibt es im Menschen etwas, das ihn nötigt, das Transzendente oder Göttliche in immer wieder ähnlichen Bildern zu glauben und anzubeten.

4. Märchen

Märchen sind formende und wegweisende Symbolgeschichten. Sie erzählen von wundersamen Begebenheiten.

Oft geben Märchen Orientierung. Märchen sprechen regelgerechtem Verhalten Lob und Belohnung zu, bestrafen Regelwidrigkeiten jedoch drakonisch. Oft müssen sich heldenhafte Figuren übernatürlichen Kräften stellen und sich in der Auseinandersetzung mit ihnen kulturgerecht siegreich verhalten.

Archetypische Themen, Tabuthemen, wie zum Beispiel die Sexualität, werden symbolhaft im Märchen dargestellt und der Tradition entsprechend kodiert. Kulturelles Fehlverhalten wird im Märchen geahndet, Wohlverhalten wird belohnt. Neid, Gelüste, Sinnlichkeit, Angst, Mut, Ungehorsam, das alles wird in märchenhafter Form in Geschichten eingekleidet.

Kollektive Werte werden vermittelt und Moralvorstellungen verfestigt. Dämonen, Hexen, Teufel und Zauberer spielen eine grosse Rolle, oft eine Rolle, welche die kulturellen Vorstellungen sprengt.

Es hat im Märchen aber auch durchaus Platz für Kompensationen der kulturell erwünschten Verhaltensweisen. Der vordergründig Schwache wird zum Helden, der Starke endet oft elendiglich (der schlaue und böse Wolf stirbt.) Sehr oft behandeln Märchen, tiefgründiger betrachtet, verschiedene Archetypen.

Ein kleines Mädchen, Rotkäppchen, dem seine Großmutter einst eine rote Kappe geschenkt hat, wird von der Mutter geschickt, der in einem Haus im Wald wohnenden, bettlägerig kranken Großmutter einen Korb mit Leckereien (Kuchen und Wein) zu bringen. Die Mutter warnt Rotkäppchen eindringlich, es solle nicht vom Weg abgehen. Im Wald lässt es sich auf ein Gespräch mit einem Wolf ein.

Märchen, Rotkäppchen Bild Nr. 11

Illustration von Arpad Schmidhammer um 1910
CC Attribution-Share alike 4.0 International

Dieser horcht Rotkäppchen aus und macht es auf die schönen Blumen auf einer nahen Wiese aufmerksam, worauf Rotkäppchen beschließt, noch einen Blumenstrauß zu pflücken, der Warnung der Mutter zum Trotz.
Der Wolf eilt geradewegs zur Großmutter und frisst sie. Er legt sich in deren Nachthemd in ihr Bett und wartet auf Rotkäppchen. Bald darauf erreicht Rotkäppchen das Haus, tritt ein, und begibt sich *an* Großmutters Bett. Dort wundert sich Rotkäppchen über die Gestalt seiner Großmutter, erkennt aber nicht den Wolf, bevor es ebenfalls gefressen wird.
Es gibt verschiedene Versionen dieses Märchens. Immer aber verendet der Wolf elendiglich.

Märchen sind bedeutsame und sehr alte Geschichten, die ursprünglich mündlich überliefert wurden. Sie treten in allen Kulturkreisen auf. Märchen sind erfunden und ihre Handlung ist weder zeitlich noch örtlich festgelegt.

Zu den wichtigsten psychologischen Märchenforschenden zählen *Marie-Louise von Franz* und ihre Schülerin *Hedwig von Beit*. Von Franz publizierte zahlreiche Schriften zur psychologischen Märcheninterpretation. Ihre zentrale These ist in Anlehnung an C.G.Jung, dass in Märchen archetypische Inhalte des kollektiven Unbewussten[87] mit ihrem prozesshaften Zusammenwirken in der menschlichen Psyche dargestellt werden.

Inhaltlich steht meist ein Held oder eine Heldin im Mittelpunkt. Es müssen Auseinandersetzungen mit guten und bösen, natürlichen und übernatürlichen Kräften erfolgreich bestanden werden. Oft ist der Held eine vordergründig schwache Figur wie ein Kind oder der jüngste Sohn. Oft enden Märchen damit, dass das Gute extrem belohnt und das Böse extrem bestraft wird[88].

> „Wir alle sind - bewusst oder unbewusst - immer noch von den symbolischen Vorstellungen der Mythen und Märchen unserer Tradition geprägt.
> Im Schlaf, oder während aussergewöhnlicher Bewusstseinszustände, können diese ganz unerwartet wieder zum Vorschein kommen."
> Ohlig K.-H. 2002:247/248

Dazu als Beispiel eine Kinderzeichnung.

Das Kind erhofft Erlösung aus einer unlösbaren Situation, es findet aber dazu den Schlüssel nicht.

Das Wunder über derm Schlüsselthal
Bild Nr. 12 von einem neunjährigen Mädchen

Merlin Donald umschrieb die Bedeutung der mythischen Bewusstseinsstufe folgendermassen:

„*Mythen* sind massgeblich gewordene Varianten von sehr alten und weitverbreiteten Erzählungen, die sich allgemein durchgesetzt haben. Die Handlung des Mythos dreht sich um grosse Kulturheroen wie Odysseus, Moses oder Jesus. Sammlungen von mythischen Erzählungen wie die Veden oder die homerischen Epen können in der jeweiligen Gesellschaft bestimmenden Einfluss auf jede Lebensphase ausüben. Die Menschen richten ihr Leben nach Figuren des Mythos[89]."

Auf der mythischen Bewusstseinsstufe wurden die alten Geschichten vornehmlich durch Erzählen oder Nachahmen (= Mimesis), und durch Bilder weitergegeben. Ein gruppenspezifisches kulturelle Gedächtnis konnte so aufgebaut werden Vorstellungen wurden bewahrt, Wichtiges wurde in Form von Gleichnissen und Allegorien weiter vermittelt[90].

Die grossen Reiche der Welt konnten nur entstehen dank der Uebermittlung von Gruppenidentität erzeugenden Geschichten und Mythen. Diese Identitäten erzeugten eine ungeheure starke Kraft zum Handeln bei den entsprechenden Völkern, Kulturen und Nationen. Schillers „Wilhelm Tell" steht für ein Identität stiftendes Drama des vorletzten Jahrhunderts. Darin werden alte Mythen, Geschichten und Märchen verdichtet um eine Gruppenidentität zu erzeugen und die Menschen zu Höchstleistungen und heroischen Taten anzutreiben[91].

Nach Ken Wilber[92] ermöglichte das mythische Bewusstsein ein Gruppenbewußtsein und eine Gruppenkultur.

Jeder, der mit einem Kind in Kontakt kommt, ist ein Lehrender, der dem Kind die Welt beschreibt, bis zu dem Augenblick, in dem das Kind imstande ist, die Welt so wahrzunehmen, wie sie ihm beschrieben wird. Darüber hinaus enthält jedes Gruppenbewusstsein auch spezifische, internalisierte verbale Anweisungen oder Befehle, die die Kinder üblicherweise von den Eltern empfangen.

Gruppenkultur und internalisierte Verhaltensanweisungen ermöglichen eine weitgehend unbewusste Form gesellschaftlicher Kontrolle und die Abgrenzung von andern Gruppen.
Da die Mythen in diesem Stadium noch nicht von einem übergeordneten integralen Verständnis her gewürdigt werden konnten, führten diese Abgrenzungen oft zu Hass und Krieg zwischen Sippen, Stämmen und Völkern.

	4. Die rationale Stufe der menschlichen Bewusstseinsenwicklung	Rationales und abstrakt - wissenschaftliches Denken

Auf dieser Stufe entwickelt sich die Fähigkeit zu abstraktem Denken und zu hypothetischem Schlussfolgern. Wie beschrieben ist diese Fähigkeit für das wissenschaftliche Denken unerlässlich, insbesondere die Fähigkeit, Experimente zu planen und ihre Ergebnisse zu interpretieren.
Entscheidende Schritte der Entwicklung dieses Denkens verdanken wir Nicolaus Kopernikus, Galileo Galilei, Isaac Newton und Charles Darwin.
Als die Menschheit diese rationale Stufe erreichte, kam es zunächst zu grossen Konflikten zwischen rational-naturwissenschaftlichen und mythischen Erklärungen der Weltentstehung.

Darwinismus contra Kreationismus

Das folgenreichste Beispiel ist der Zusammenprall der von Charles Darwin nachgewiesenen Theorie der Evolution mit den mythischen Darstellungen der Entstehung des Menschen in den biblischen Schöpfungsmyten (1.Mose 1 und 2).
Seither haben sich zur Erklärung der Entstehung unseres Universums die Erfahrungswissenschaften weitgehend durchgesetzt.

Bis heute verteidigen jedoch Kirchenmitglieder die biblischen Schöpfungsmythen als Tatsachenberichte über die Entstehung der Welt (= Kreationismus) oder behaupten, dass sich bestimmte Eigenschaften des Universums und des Lebens auf der Erde nur durch einen intelligenten Urheber erklären lassen (= Konzept des *Intelligent Design*).

Der Konflikt zwischen den Vertretern wissenschaftlicher Welterklärungen und Vertretern der Schöpfungsmythen ist bis heute noch nicht gelöst. Joachim Bauer beschreibt in seinem Buch „Das kooperative Gen" (2008:19) den aktuellen Stand der Kontroverse folgendermassen:

„Auf der einen Seite vertreten fundamentalreligiöse, überwiegend US-amerikanische Gruppen die rational völlig unhaltbaren Konzepte des »Kreationismus« oder des sogenannten *Intelligent Design.*"

„Auf der anderen Seite finden sich teilweise nicht minder fanatische Darwin-Anhänger, die jede auch noch so differenzierte Kritik des Darwinismus ablehnen und auch solche Positionen Darwins unnachgiebig verteidigen, die inzwischen unhaltbar geworden sind."

Die Kreationisten verteidigen ihr wörtliches Bibelverständnis, dem sie ihr Leben angeblich verdenken. Sie leugnen die Ergebnisse rationaler Forschung, um ihren Lebenssinn zu verteidigen.

Gewisse Vertreter des Darwinismus habe ihre wissenschaftliche Erklärung der Welterschaffung ad absurdum ausgedehnt. Zu den letzteren zählt Joachim Bauer[93] in seinem Buch „Das kooperative Gen" Richard Dawkins. Richard Dawkins Soziobiologie ist nicht haltbare sozialdarwinistische Ideologie, deren Anwendung auf das Wirtschaftsleben sich höchst inhuman und zerstörerisch auswirkte. Religion definierte er pauschal als Gotteswahn, d.h. als psychische Krankheit.

Die Kehrseite unseres rationalen Bewusstseins

Im Rahmen unserer Darstellung der Bewusstseinsentwicklung der Menschheit und der Individuen haben wir Stärken und Schwächen des prärationalen Bewusstseins, aber auch des heute dominierenden rationalen Bewusstseins aufgedeckt.

Die dank des rationalen Bewusstseins möglich gewordenen Entdeckungen durch die Naturwissenschaften bewirkten, dass die Heiligen Schriften an Autorität verloren, und dass für die Oeffentlichkeit die Kompetenz zur Erklärung der Entstehung des Universums an die Naturwissenschaften überging. Diesen verdanken wir auch die uns vertrauten technischen Errungenschaften, die in immer stärkeren Ausmass unseren Alltag prägen.
Als Kehrseite der Entwicklung des rationalen Bewusstseins entstand ein verabsolutiertes Ich, das der Bewusstseinsforscher Ken Wilber folgendermassen umschrieb:

> „Auf halbem Wege zwischen dem Unbewussten und dem Ueberbewussten und fühlte sich das Ego jetzt in der Lage, seine Abhängigkeit von beiden zu leugnen...das Ego wurde aggressiv und arrogant."
>
> (Wilber Ken 1984:214)
>
> „Im Abendland hat der nach seinem freien Willen handelnde, die Geschichte verändernde Held gesiegt und bis heute das Feld behauptet. Nicht mehr Achtung vor der Natur, sondern technologischer Angriff auf die Natur wurde die Devise."
>
> (Wilber Ken, Halbzeit:220-226)

Einige Beispiele der erschreckenden Folgen dieser Entwicklung haben wir im dritten Kapitel dokumentiert.
Sie belegen, dass Naturwissenschaften allein sich als unfähig erweisen, eine Moral oder Ethik für das menschliche Zusammenleben zu begründen.

Präpersonale, personale und transpersonale Bewusstseinsstufen

Sigmund Freud hat die zu seiner Zeit selbstverständliche alleinige Gültigkeit des rationalen Egos in Frage gestellt und das Bewusstseinsmodell um eine *präpersonale* Bewusstseinsstufe erweitert.
C.G.Jung, Jean Gebser sowie Ken Wilber und andere haben dann Freuds Bewusstseinsmodell nochmals um eine *transpersonale* Stufe erweitert.

Diese Erweiterungen zu berücksichtigen ist notwendig, wenn wir uns erfolgreich den Anforderungen der Zukunft zu stellen wollen.
Wenn wir uns unsere im Lauf von Jahrtausenden entstandene Identität durch die neoliberal-kapitalistische Pseudoreligion auf Konsumieren und rücksichtslose Gewinnmaximierung reduzieren lassen, statt sie kritisch zu aktualisieren, dürfte uns dies kaum gelingen.
Denn in biologischer, in politischer und in sozialer Hinsicht warten gewaltige Probleme auf ihre Lösung.

Das folgende Schema fasst die erwähnten Bewusstseinserweiterungen zusammen:

Erweiterung des Bewusstseins um eine präpersonale Stufe durch Sigmund Freud und um eine transpersonale Stufe durch Carl Gustav Jung, Jean Gebser und Ken Wilber			
⌐⌐	**Transpersonale Stufe**	Gefahr von zu einseitig rationaler Entwicklung	Gefahr des Rückfalls auf frühere Stufen (Regression)
⌐⌐	**Personale Stufe** 4. rationales Bewusstsein	Gefahr von zu einseitig rationaler Entwicklung	Gefahr des Rückfalls auf frühere Stufen (Regression)
⌐⌐	**Praepersonale Stufe** 3. mythisches Bewusstsein 2. magisches Bewusstsein 1. archaisches Bewusstsein		
Die Bewusstseinsstufen oder Bewusstseinsstrukturen lassen sich mit verschiedenen Brillen vergleichen. Jede ermöglicht bestimmte Aspekte der Wirklichkeit klar wahrzunehmen. Andere Aspekte der Wirklichkeit sind damit nur sehr unklar oder gar nicht zu erkennen.			

Sigmund Freud, C.G.Jung, Jean Gebser und Ken Wilber betonen, dass die einzelnen Bewusstseinsstufen von der archaischen bis zur rationalen Stufe in latenter oder akuter Form auch jetzt noch in jedem von uns vorhanden sind.
In aussergewöhnlichen Bewusstseinszuständen (z.B. in Träumen, Visionen oder Nahtoderfahrungen) können frühere Stufen wieder zum Vorschein kommen.

Die präpersonale Stufe

Sigmund Freuds Entdeckung des individuellen Unbewussten war für das arrogante rationale Ich des 19. und des beginnenden 20. Jahrhunderts eine massive Kränkung und hat ihm viel Kritik und Anfeindungen eingetragen.

Auf den folgenden Seiten illustrieren wir das psychoanalytische Denkmodell Freuds mit zwei Bildern von Patienten von Jolande Jacobi. Angesichts der noch immer starken Stellung fundamentalistischer Kreise in christlichen Kirchen und unter Muslimen sind diese Patientenbilder immer noch (oder erneut) aktuell.

(Jacobi Jolande 1968: 221-223 und 140-142)

Die Eltern im Auge

Das untenstehende Bild einer Patientin kommentierte Jolande Jacobi mit dem daneben nachstehenden Kommentar:

Die Eltern im Auge
Bild Nr. 13

„Eine 54jährige, verheiratete, im Grunde unreligiöse, jedoch formalistisch gläubige protestantische Schweizerin hat eine Serie von Bildern gemalt, in denen Gott in allerhand negativen Aspekten erscheint. Die Malerin hatte eine harte puritanische Erziehung erhalten, die sie zur verängstigten Buchstabengläubigen machte. Sie sagte, hörte und dachte ausschließlich das, was von ihren Eltern kam.
Auf ihrem Bild ist das eindeutig durch die dünnen roten Ströme gekennzeichnet, die aus dem Kopf der hinter ihren Augen sitzenden, also ihre ganze Sicht beeinflussenden Eltern in ihr Ohr, ihre Nase und ihren Mund fließen und ihr Gehirn überfluten.

Der Vater, unter dessen strenger Zucht sie stand, hält die Bibel in seiner Hand, die Mutter das Kochbuch... Wie sehr sie noch Bébé ihrer Eltern ist, gleichsam erst neugeboren, läßt sich auch an dem eiförmigen, haarlosen Kopf erkennen, mit dem sie sich portraitiert. Die blauen und gelben Linien, die ihn wie Starkstromkräfte umzucken, beweisen, daß es nicht ungefährlich ist, in diesem Alter noch im Kindeszustand zu verharren. Das wußte auch die Analysandin und so brachte sie eigentlich der Haß gegen ihre Eltern in die Analyse. Sie hoffte, daß sie ihn mit Hilfe der Psychologie in Liebe verwandeln könne"[94].

Angst vor dem „Es"

Die Spaltung
Bild eines Patienten von Jolande Jakobi
Bild Nr. 14

Dieses Bild kommentierte Jacobi sinngemäss folgendermassen[95]:

„Rechts...sehen wir, vor einem himmelsgleichen Hintergrund stehend, eine helle, geistbetonte madonnenartige Frau;..Ihr Unterleib ist im Bilde nicht sichtbar, sie steht nicht auf festem Boden, sie schwebt gleichsam in der Luft. Erschrocken bäumt sie sich auf gegen...den gefürchteten tierischen Angriff.

Links...steht nämlich ein schwarzes, wolfähnliches Tier mit scharf bezahntem Rachen, das auf sie zukommt. Die drei roten, ihm entfallenden Geifertropfen sind Indiz für die Emotionalität und Gier, die als treibende Kraft wirken. Das Tier ist auf einem Block dunkler Felsen wie angenagelt, sein Standpunkt ist hart und steinern. Es stellt den dunklen Aspekt der rechts stehenden hellen Frau, die zerreißende, todbringende, darum «schwarze Mutter» dar, in deren Hintergrund ein Meer von sinnlicher, flammender Leidenschaft lodert.
Die krasse Gegensätzlichkeit der zwei Bildseiten, der Kontrast zwischen kalter Moral und heißer Sinnlichkeit, springt fast schmerzhaft in die Augen; sie weist durch Inhalt und Farbe untrüglich auf eine tiefe Spaltung in der Seele des Malers hin...
Ohne den Autor, einen 26jährigen deutschen Mediziner zu kennen, kann man die Diagnose seiner Schwierigkeiten aus dem Bilde ablesen: er ist mit seinem bewußten Ich ganz der fleckenlosen Mutter verhaftet, ganz ihren moralisch reinen Anschauungen verfallen; er ist mit ihnen identisch. In seinem unbewußten seelischen Hintergrund jedoch lauert verdrängt, aber angriffsbereit sein triebhafter, sinnlich aggressiver Widerpart, von dem er keine Kenntnis nehmen will, obwohl die innere Spannung ihn schier zu sprengen droht. Hier auf dem Bild hat sie Ausdruck erhalten und muß erkannt und anerkannt werden, was dem jungen Mann nur nach schwerem Ringen gelang".

Die folgende Darstellung versucht die psychische Ganzheit im Sinne Freuds schematisch darzustellen.

Legende zum Schema:

oben links   = Uebergabe der Gebotstafeln an Mose auf dem
                 Sinai (2.Mose 20, Gemälde von Marc Chagall)
mitte links   = Die zentrale Devise der Aufklärung von Imma-
                 nuel Kant (1724-1804)
unten links   = Der Sündenfall (1.Mose 2/3),
                 lavierter Stahlstich
                 von E.Jordan, Hannover um 1890

Vereinfachte symbolische Zusammenfassung des Zusammenhangs zwischen westlicher Kultur und den psychischen Funktionen gemäss der Freud'schen Psychoanalyse

Kulturelle Hintergründe		Psychische Funktionen
 „Habe den Mut, dich deines eigenen Verstandes zu bedienen! ist also der Wahrspruch der Aufklärung." Immanuel Kant	**Ueber-Ich** *Verinnerlichte Regeln und Gebote und Gewohnheiten*	
	Ich *rational denkendes Ich*	 neuronales Computernetzwerk
 Paradies 1.Mose 2	**Es** *Instinkte, Reflexe, Triebe. Bedürfnis nach Nahrung, Lust und Macht*	

Freuds Konzept des Unbewussten wurde von vielen Menschen als Angriff auf die Willensfreiheit empfunden.

Es gelingt uns nicht, uns willentlich gänzlich neu zu erfinden. Es gelingt uns ebenfalls nicht, gänzlich objektiv zu sein und zu handeln.

Die innere Realität mit ihren uns nicht bewussten Anteilen hat immer grossen Einfluss auf unsere Gedanken, auf das was wir wollen und auf das, was wir tun.

Die Aufklärung hat sehr viel dazu beigetragen, diese inneren Anteile besser auszuleuchten. Mit diesem Ausleuchten können wir die so erkannten Anteile in unser bewusstes Handeln integrieren. Individuell sind dies lange andauernde und mühsame Prozesse, die uns mehr oder weniger gelingen können.

Die völlige Freiheit, uns willentlich zu gestalten gibt es nicht. Eine bedingte Willensfreiheit, so denken wir, besteht jedoch.

> Sigmund Freud bedeutendstes Anliegen war es, das „ES" so weit möglich auszuleuchten und ins Bewusstsein des Ich zu integrieren und das Ueber-Ich zu durchdenken, dessen Entstehungsgeschichte zu verstehen und in neuer Form im Ich integrieren zu können.

Da wir alle weder das Ueber-Ich noch das Es bewusst wahrnehmen, brauchen wir ein Gegenüber, das mit uns zusammen die beiden Bereiche ausleuchtet. Selbst dann, wenn es ausgeleuchtet wird, erkennen wir seine Inhalte nicht. Etwas wehrt sich in uns, denn es würde weh tun, den Betreffenden Inhalt zu erkennen. Erkennen würde bedeuten, eine Wandlung zu vollziehen und mit einem neuen Ichbewusstsein weiter zu gehen.

Es ist hilfreich, diesen Willen zur Wandlung durch eine fachlich gute und liebevolle Begleitung zu stärken. Mit Begleitung ist der Vollzug der Wandlung erfolgreicher. Wir haben die Freiheit, willentlich zu wählen, was wir an erkannten, vorher unbewussten Anteilen in unser Leben und Handeln einbauen wollen. Dies kann man als Willensfreiheit bezeichnen. Diese ist jedoch nicht die einzige Möglichkeit, einen persönlichen Wachstumsprozess auf den Weg zu bringen. Sie ist jedoch nicht die einzige Möglichkeit, einen persönlichen Wachstumsprozess auf den Weg zu bringen.

> „Das Unbewusste ist uns allerdings auch auf anderen Wegen zugänglich.
>
> Träume, Einfälle, Lösungen, Einsichten, psychosomatische Warnsignale, intuitive Gefühle, sie alle können aus dem Unbewussten ins Bewusstsein aufsteigen.
>
> Die Beziehung zwischen dem bewussten und nicht bewussten Bereich der menschlichen Seele ist durchlässig und produktiv. Dies lässt sich auch mit Experimenten bestätigen.

Sigmund Freuds Traumdeutung basierte auf dem *Grundkonzept der Verdrängung*. Unangenehme, peinliche oder schuldbeladene Erlebnisse werden verdrängt. Sie verschwinden aus dem Bewusstsein und werden unbewusst. Doch im Unbewussten wirken sie weiter und führen zu kompensatorischen Reaktionsbildungen.

Carl Gustav Jung, Jean Gebser sowie Ken Wilber und Roberto Assagioli haben mit diesen Elementen intensiv gearbeitet und die Bewusstseinsentwicklung um eine um eine *transpersonale Stufe* erweitert.

Die transpersonalen Stufen

Der Beitrag von Carl Gustav Jung

> Jung sieht im Unbewussten nicht wie Freud nur ein Behältnis von verdrängten Erlebnissen. Er erkennt darin etwas Schöpferisches und auch die Quellen allen künstlerisch Schaffens und damit letztlich auch der Kultur.

Die Muster und Energien des kollektiven Unbewußten beschäftigten Jung fast sein ganzes Leben lang. In seinem Buch „Träume, Erinnerungen, Gedanken"[96] erzählt Jung den für seine Entwicklung zentralen Traum:

„Ich war in einem mir unbekannten Hause, das zwei Stockwerke hatte. Es war ‚mein Haus'. Ich befand mich im oberen Stock. Dort war eine Art Wohnzimmer, in welchem schöne alte Möbel im Rokokostil standen. An den Wänden hingen kostbare alte Bilder. Ich wunderte mich, daß dies mein Haus sein sollte und dachte: nicht übel.
Aber da fiel mir ein, daß ich noch gar nicht wisse, wie es im unteren Stock aussähe. Ich ging die Treppe hinunter und gelangte in das Erdgeschoß. Dort war alles viel älter, und ich sah, daß dieser Teil des Hauses etwa aus dem 15. oder aus dem 16. Jahrhundert stammte. Die Einrichtung war mittelalterlich, und die Fußböden bestanden aus rotem Backstein. Alles war etwas dunkel. Ich ging von einem Raum in den anderen und dachte: Jetzt muß ich das Haus doch ganz explorieren! Ich kam an eine schwere Tür, die ich öffnete.
Dahinter entdeckte ich eine steinerne Treppe, die in den Keller führte. Ich stieg hinunter und befand mich in einem schön gewölbten, sehr altertümlichen Raum. Ich untersuchte die Wände und entdeckte, daß sich zwischen den gewöhnlichen Mauersteinen Lagen von Backsteinen befanden; der Mörtel enthielt Backsteinsplitter. Daran erkannte ich, daß die Mauern aus römischer Zeit stammten. Mein Interesse war nun aufs höchste gestiegen. Ich untersuchte auch den Fußboden, der aus Steinplatten bestand. In einer von ihnen entdeckte ich einen Ring. Als ich daran zog, hob sich die Steinplatte, und wiederum fand sich dort eine Treppe. Es waren schmale Steinstufen, die in die Tiefe führten. Ich stieg hinunter und kam in eine niedrige Felshöhle. Dicker Staub

lag am Boden, und darin lagen Knochen und zerbrochene Gefäße wie Überreste einer primitiven Kultur. Ich entdeckte zwei offenbar sehr alte und halb zerfallene Menschenschädel. - Dann erwachte ich..."

> „Es war mir deutlich, daß das Haus eine Art Bild der Psyche darstellte, d.h. meiner damaligen Bewußtseinslage mit bis dahin unbewußten Ergänzungen."

„Das Bewußtsein war durch den Wohnraum charakterisiert. Er hatte eine bewohnte Atmosphä-re, trotz des altertümlichen Stils.
Im Erdgeschoß begann bereits das Unbewußte. Je tiefer ich kam, desto fremder und dunkler wurde es. In der Höhle entdeckte ich Überreste einer primitiven Kultur, d.h. die Welt des primitiven Menschen in mir, welche vom Bewußtsein kaum mehr erreicht oder erhellt werden kann. Die primitive Seele des Menschen grenzt an das Leben der Tierseele, wie auch die Höhlen der Urzeit meist von Tieren bewohnt wurden, bevor die Menschen sie für sich in Anspruch nahmen...Wenn ich über Träume und Inhalte des Unbewußten nachdachte, geschah es nie ohne historischen Vergleich; ...Ich kannte vor allem die Autoren des 18., sowie diejenigen des angehenden 19. Jahrhunderts. Diese Welt bildete die Atmosphäre meines Wohnzimmers im ersten Stock.

...Zu meiner geschilderten Bewußtseinslage fügte der Traum nunmehr weitere Bewußtseinsschichten hinzu: das längst nicht mehr bewohnte Erdgeschoß im mittelalterlichen Stil, dann den römischen Keller und schließlich die praehistorische Höhle. Sie stellen verflossene Zeiten und überlebte Bewußtseinsstufen dar".

Das Haus als Bild der Psyche erweist sich in verschiedenen Therapieformen als äusserst hilfreich.

Jungs Entdeckung der Archetypen

„Um 1906 begegnete ich einer merkwürdigen Phantasie eines Paranoikers, der seit vielen Jahren interniert war. Der Patient hatte seit seiner Jugend an unheilbarer Schizophrenie gelitten. Er hatte die Volksschulen besucht und war als Angestellter in einem Büro tätig gewesen. Er war mit keinerlei besonderen Gaben ausgestattet, und ich selbst wußte damals nichts von Mythologie oder Archäologie; so war die Situation in keiner Weise verdächtig.
Eines Tages traf ich ihn an, wie er am Fenster stand, seinen Kopf hin und her bewegte und in die Sonne blinzelte. Er bat mich, dasselbe zu tun, und versprach mir, ich würde dann etwas sehr Interessantes sehen. Als ich ihn fragte, was er sähe, war er überrascht, daß ich selbst nichts sehen konnte, und sagte: ‚Sie sehen doch den Sonnenpenis - wenn ich meinen Kopf hin und her bewege, so bewegt er sich ebenfalls, und das ist der Ursprung des Windes'.
Natürlich begriff ich die sonderbare Idee ganz und gar nicht, aber ich hielt sie in einer Notiz fest.

Ungefähr vier Jahre später, während meiner mythologischen Studien, entdeckte ich ein Buch von Albrecht Dieterich, dem bekannten Philologen, welches Licht auf jene Phantasie warf. Dieses Werk..... behandelt einen griechischen Papyrus der Bibliothèque Nationale in Paris. Dieterich glaubte in einem Teil des Textes eine Mithrasliturgie entdeckt zu haben. Der Text ist zweifellos eine religiöse Anweisung für die Durchführung bestimmter Anrufungen, in denen Mithras genannt wird. Er stammt aus der alexandrinischen Mystikerschule und stimmt in der Bedeutung mit dem ‚Corpus Hermeticum' überein.

Dieterichs Text gibt die folgenden Anweisungen:

‚Hole von den Strahlen Atem, dreimal einziehend, so stark du kannst, und du wirst dich sehen aufgehoben und hinüberschreitend zur Höhe, so daß du glaubst mitten in der Luftregion zu sein ... der Weg der sichtbaren Götter wird durch die Sonne erscheinen, den Gott, meinen Vater; in ähnlicher Weise wird sichtbar sein auch die sogenannte Röhre, der Ursprung des diensttuenden Windes. Denn du wirst von der Sonnenscheibe wie eine herabhängende Röhre sehen: und zwar nach den Gegenden gen Westen unendlich als Ostwind; wenn die Bestimmung nach den Gegenden des Ostens der andere hat, so wirst du in ähnlicher Weise nach den Gegenden jenes die Umdrehung (Fortbewegung) des Gesichts sehen'.

Der Text zeigt die Absicht des Autors, den Leser selbst in die Lage zu versetzen, diese Vision zu erleben"[97]...

Jung begann sich vertieft mit diesem Mythos und verwandten Ideen zu beschäftigen und entdeckte eine ganze Reihe von Übereinstimmungen. Zum Beispiel zeigen mittelalterliche Gemälde göttliche Strahlen, die von der Sonne ausgehen, und in einigen Legenden wird behauptet, daß der Heilige Geist die Jungfrau Maria auf ähnliche Weise geschwängert habe. Hinzu kommt, daß die Anwesenheit Gottes oft als ein göttlicher Wind wahrgenommen wird. Es sah also so aus, als sei ein gewisser Kern dieses Sonnenmythos in den vergangenen zweitausend Jahren geistiges Allgemeingut geworden.

> In den folgenden Jahrzehnten entdeckte Jung immer wieder, dass ähnliche Träume, Bilder und Mythen in entfernten Teilen der Welt in sehr unterschiedlichen Kulturen und historischen Zeitabschnitten auftauchen.

Durch seine Reisen und seine Forschungen entdeckte er, daß die Bilder des Helden, der Zwillingsbrüder, der Sonne, des ewig Weiblichen, der Reise in die Unterwelt, der Schlange, des Mandala, der Ganzheit und der Dynamik der Gegensätze immer wieder auftauchen und dieselbe ihnen zugrunde liegende Urform offenbaren. Diese Bilder sind jeweils mit den Besonderheiten der örtlichen Kultur ausgestattet.

> Jung zog daraus den Schluss, daß das Unbewußte eine kollektive Ebene hat, die allen Menschen gemeinsam ist.

der erwähnte zentrale Traum Gustav Jungs war eine bildliche Darstellung der kollektiven Schichten des Unbewußten gewesen.

Eindrückliche Beispiele für die Bedeutung von Archetypen für das Verständnis religiösen Erlebens und religiöser Entwicklung sind die Visionen des Niklaus von Flüe, die im K.Staubs Buch „Religionswerkstatt" S.199ff. beschrieben werden.

Individuation

C.G.Jung hat 1933 Individuation folgendermassen erläutert:

„Individuation bedeutet: zum Einzelwesen werden, und, insofern wir unter Individualität unsere innerste, letzte und unvergleichbare Einzigartigkeit verstehen, zum eigenen Selbst werden. Man könnte ‚Individuation' darum auch als ‚Verselbstung' oder als ‚Selbstverwirklichung' übersetzen."
Jung betrachtete den Individuationsprozess als einen lebenslangen, unvollendbaren Prozess mit einer stetigen Annäherung an ein „fernes Ziel", das Selbst, für den der Tod die letzte Grenze ist. Auf dem Weg seiner Individuation ist der Mensch immer wieder gefordert, sich aktiv und bewusst den neu auftauchenden Problemen zu stellen und seine Entscheidungen vor sich selbst zu verantworten."

> „Individuation bedeutet, sich nicht danach zu richten, „was man sollte" oder „was im allgemeinen richtig wäre", sondern in sich hinein zu horchen, um herauszufinden, was die innere Ganzheit (das Selbst) jetzt hier in dieser Situation „von mir oder durch mich" bewirken will."
>
> (nach Wikipedia C.G.Jung 2017)

Der Beitrag von Jean Gebser

Joachim Illies[98] hat das Grundanliegen Jean Gebsers folgendermassen beschrieben:

„In der integralen Struktur des Bewußtseins wird schließlich deutlich, daß das Mentale, das Rationale, nicht die letzte mögliche Antwort war, sondern daß Mythos und rationale Entmythologisierung zu integrieren sind in einer umfassenden Einsicht, in der die Götter wieder so lebendig sind wie die Struktur des Geistes, die sie sichtbar machte, und in der wir uns wieder zur Wirklichkeit der Wahrheiten der mythischen Stufe bekennen können, ohne die Klarheit der Ratio aufzugeben."

Jean Gebsers Definition des integrales Bewusstsein

„Ein intensiviertes Bewußtsein, das integrale, das lebens- und geisterhaltend alle bisherigen Bewußtseinsstrukturen verwaltet und nicht mehr von ihnen vergewaltigt wird, wird fähig, durch Dunkelheit, Zwielicht und mögliche Blendung hindurch das ursprüngliche Bewußtsein, das, wie es Sri Aurobindo nennt, universale Bewußtsein, den Ursprung wahrzunehmen. Wo dies geschieht, verwandelt sich unser Bewußtsein dank seiner Teilhabe am ursprünglichen in das integrale Bewußtsein."

(Gebser Jean,1970:91-94)

Auf dem Hintergrund von Gebsers integraler Struktur des Bewusstseins bejahen wir das rationale Denken der Erfahrungswissenschaften und ihre Resultate.

Wir grenzen uns jedoch von den Erfahrungswissenschaften kritisch ab, wenn sie die Realität im Dienste der Machtinteressen gesellschaftlicher Gruppen ideologisch verzerren. Beispiele dafür haben wir im 3. Kapitel dargestellt.

Jean Gebsers Konzeption des integralen Denkens und Ken Wilbers Konzeption des transpersonalen Denkens dienen uns als Brücke von den prärationalen zur transpersonalen Bewusstseinsstufe.
Sie ermöglicht uns, religiöse Erlebnisse und religiöse Traditionen, aus denen unsere Grundwerte stammen, miteinander zu verbinden und mit beiden sowohl respektvoll wie kritisch umzugehen.

Integrales Bewusstsein als Brücke

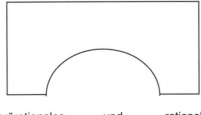

mythische Bew.stufe			Alltagstheorien
magische Bew.stufe	prärationales	und rationales	wissenschaftliche
archaische bew.stufe	Bewusstsein	Bewusstsein	Theorien,

Während Menschen der archaischen, magischen und mythischen Bewusstseinsstufe ihre Träume oder Visionen als objektiv-reale Begegnungen mit Wesen der jenseitigen Welt deuteten, verstanden die Menschen der rationalen Bewusstseinsstufe diese als innerseelische Erlebnisse.

Der Beitrag von Ken Wilber

Ken Wilber hat die präpersonale und die personale Stufe der Bewusstseinsentwicklung um eine *transpersonale Stufe* erweitert. Die transpersonale Ebene wird von Ken Wilber, unter Berufung auf buddhistische Vorbilder, sehr stark ausdifferenziert.

Drei Jahrzehnte kulturübergreifender Forschung ergaben, dass die im untenstehenden Schema aller Bewusstseinsstufen dargestellten Stufen 1 - 4 der kognitiven Entwicklung universell und kulturunabhängig gültig sind[99].

Erweiterung des Bewusstseins um eine präpersonale Ebene durch Sigmund Freud und um eine transpersonale Ebene durch Carl Gustav Jung, Jean Gebser und Ken Wilber		
Transpersonale Ebene	Gefahr von zu einseitig rationaler Entwicklung ↕	Gefahr des Rückfalls auf frühere Stufen (Regression)
Personale Ebene 4. rationales Bewusstsein	Gefahr von zu einseitig rationaler Entwicklung ↕	Gefahr des Rückfalls auf frühere Stufen (Regression)
Praepersonale Ebene 3. mythisches Bewusstsein 2. magisches Bewusstsein 1. archaisches Bewusstsein		

Wilbers Stufen der transpersonalen Ebene sind nicht kulturübergreifend gültig. Wir erwähnen sie, um zu zeigen, welche Phänomene auf der transpersonalen Ebene auftreten können, verstehen sie aber nicht als aufsteigende, in allen Kulturen gleiche Reihenfolge von Entwicklungsstufen.

**Die Phänomene des transpersonalen Bewusstseins
nach Ken Wilber**

Gefühl der Einheit mit Gott, von Glückseligkeit, Weisheit und Mitgefühl.
Religiöse Visionen, die weiterhin zwischen Subjekt und Objekt unterscheiden:
Erfahrungen von archetypischen Göttinnen und Göttern, Leitfiguren und Engeln.
Parapsychologische oder paranormale Erlebnisse, z.B. Hellsehen
ausserkörperliche Erfahrungen, Nahtoderlebnisse.

**Grundlage all dieser Phänomene ist ein formloses Bewusstsein.
Es gibt kein Selbst mehr, keinen Gott mehr,
keine Subjekte, keine Dinge,
sondern nur noch Präsenz des reinen Bewusstseins.**

Diese grundlegende Ebene, die alle andern Ebenen umfasst, ist die mystische.

Die Basis aller transpersonalen Entwicklungstufen ist für Wilber (wie auch für Gebser) das mystische Erleben.

1. Beispiel: Meister Eckharts Erleben mystischer Einheit mit Gott

Der mittelalterliche Mönch Meister Eckhart beschreibt seinen Durchbruch zu einem unmittelbaren und formlosen Gewahrsein, das ohne Ich, ohne Anderes und ohne Gott ist, folgendermassen:

„In dem Durchbrechen aber, wo ich ledig stehe meines eigenen Willens und des Willens Gottes und aller seiner Werke und Gottes selber, da bin ich über allen Kreaturen und bin weder »Gott« noch Kreatur, bin vielmehr, was ich war und was ich bleiben werde jetzt und immerfort.
Da empfange ich einen Aufschwung, der mich bringen soll über alle Engel. In diesem Aufschwung empfange ich so großen Reichtum, daß Gott mir nicht genug sein kann mit allem dem, was er als »Gott« ist, und mit allen seinen göttlichen Werken; denn mir wird in diesem Durchbrechen zuteil, daß ich und Gott eins sind. Da bin ich, was ich war, und da nehme ich weder ab noch zu, denn ich bin da eine unbewegliche Ursache, die alle Dinge bewegt ...Und darum bin ich ungeboren, und nach der Weise meiner Ungeborenheit kann ich niemals sterben. Nach der Weise meiner Ungeborenheit bin ich ewig gewesen und bin ich jetzt und werde ich ewiglich bleiben[100]".

2. Beispiel: Ein mystisches Einheitserlebnis in einem Meditationskurs von Willigis Jäger

„Seit einiger Zeit kann ich mich nicht mehr einverstanden erklären mit diesem persönlichen Gott, diesem Bruder, Partner, Freund, der immer da ist für uns und auf uns wartet. Ich erlebe Gott zur Zeit dunkel, gesichtslos, apersonal; nicht den Gottmenschen Jesus Christus auf dieser Erde, sondern als Gottheit in den Dingen dieser Erde, auch in mir, als Kraft, als Intensität, als das Dasein von allem..."[101]

Vor einigen Tagen las ich über Kontemplation: Wenn du Gott schaust, siehst du nichts, und das ist genau der Punkt: wenn du auf nichts schaust, dann ist nichts; das ist nicht irgendeine Erfahrung oder eine Art von Erkenntnis, in der Tat, es ist, was Gott ist; Gott ist nichts. Gleich darauf begann ich nichts zu sehen. Es war die zaunlose Wirklichkeit, die randlose Wirklichkeit, und alle meine Anhänglichkeit schien verschwunden zu sein in diesem Sehen. Es kam eine große Entspannung über mich, es mußte nichts getan werden. Kurz vor dieser Erfahrung gab es eine Zeit von etwa zwei Wochen, wo ich fast ständig am Rand des Weinens war. Da war kein Grund für dieses Weinen, es war nur eine sanfte Berührung in mir, eine Zartheit, die mich nicht von meinen Pflichten abhielt..[102]

Nur dieses Namenlose... Dann kamen die Male, wo ich beim Sitzen den Eindruck hatte, ich trete heraus aus der, die da sitzt, und betrachte von weit draußen mein und der ganzen Welt Theaterspiel. Was war das, was da austrat? Und wer blieb sitzen? Wo war "Ich"? Mein Bewußtsein hatte keinerlei individuelle Färbung mehr, und in den Augenblicken von Gotteserfahrung gab es nicht einmal mehr Bewußtsein von, sondern nur dieses Namenlose. In solchen Zuständen - meine ich jetzt nachträglich - ist nur noch geistiges Existieren"[103].

3. Beispiel: Das Nahtoderlebenis des Neurochirurgen Dr. Eben Alexander[104]

Der international renommierte Hirnchirurg Eben Alexander fiel als Folge einer bakteriellen Hirnhautentzündung sieben Tage lang ins Koma und erlebte einen ganzen Ansturm von Nahtoderlebnissen. Nach seiner Genesung hinterfragte und überprüfte er seine Erlebnisse mit Hilfe seiner Krankenakte auch nach den streng wissenschaftlichen Kriterien seiner Disziplin. Für die Beschreibung seiner Erlebnisse verweisen wir auf seine Bücher und und zitieren im Folgenden einige seiner Schlussfolgerungen:

„Was mir passierte, während ich im Koma lag, ist zweifellos die wichtigste Geschichte, die ich jemals erzählen werde. Aber es ist schwierig, diese Geschichte zu erzählen, weil sie dem üblichen Verständnis so fremd ist. Ich kann sie nicht einfach hinausposaunen. Gleichzeitig basieren meine Schlüsse auf einer medizinischen Analyse meiner Erfahrung und auf meiner Vertrautheit mit den neuesten Ansichten der Hirnforschung und der Bewusstseinsforschung[105]."

„Je mehr ‚wissenschaftliche' Erklärungen von Nahtoderlebnissen ich las, desto schockierter war ich über ihre Fadenscheinigkeit. Und doch musste ich zähneknirschend zugeben, dass es genau die Erklärungen waren, auf die mein altes ‚Ich' vage verwiesen hätte, wenn mich jemand gebeten hätte zu erklären, was ein Nahtoderlebnis ist[106]."

„Alles, die unheimliche Deutlichkeit meines Sehens ebenso wie die Klarheit meiner Gedanken als rein konzeptioneller Ablauf, wies eher auf eine höhere und bessere als auf eine geringere Arbeitsweise meines Gehirns hin. Aber meine höher entwickelten Gehirnareale waren funktionsunfähig und konnten diese Arbeit nicht tun[107]."

Die Tragweite seiner Erlebnisse beurteilt er folgendermassen:

> „Meine Erfahrung hat mir gezeigt, dass der Tod des Körpers und des Gehirns nicht das Ende des Bewusstseins ist - dass die menschliche Erfahrung über das Grab hinausgeht."
>
> (Alexander E. 2013 S.21)

Als Mitglied einer christlichen Kirche[108] interpretierte Eben Alexander seine Erlebnisse zunächst als Begegnung mit einer personalen Gottheit, dem christlichen Schöpfergott.

Während seiner Erlebnisse erkannte er jedoch, dass Worte und Bilder nicht genügten um die göttliche Wirklichkeit zu beschreiben. Die Beschreibung der göttlichen Realität übersteigt bei Weitem unsere Möglichkeiten.

Und er erinnerte sich, dass die Grenzen zwischen seinem Ich und dem Universum zweitweise fliessend wurden, d.h. dass er zeitweise die göttliche Wirklichkeit mystisch erlebte.

„Genau wie mein Bewusstsein sowohl individuell als auch gleichzeitig völlig eins mit dem Universum war, zogen sich die Grenzen dessen, was ich als mein ‚Ich' erlebte, bisweilen zusammen und erweiterten sich dann wieder, um alles einzuschließen, was bis in alle Ewigkeit besteht. Das Verschwimmen der Grenze zwischen meinem Bewusstsein und dem Bereich um mich herum ging bisweilen so weit, dass ich zum gesamten Universum wurde. Ich könnte es auch so ausdrücken, dass ich in dem Moment ein Gleichsein mit dem Universum bemerkte, welches die ganze Zeit existiert hatte, für das ich aber bisher blind gewesen war[109]."

(Das Bild „Begegnung eines erschreckten Menschen mit einem Engel", wurde von Simone Bonilla-Leufen im Konfirmandenlager gemalt. Danke für das copyright!)

Andere erlebten diesen Zustand als Eins-Sein mit allem im immerseienden Jetzt.

Während seiner Nahtoderlebnisse war Eben Alexander offensichtlich fähig, zwischen mythischem und mystischem Erleben der göttlichen Wirklichkeit hin und her zu wechseln.
Er scheint Zugang zu einem integralen Bewusstsein im Sinne von Jean Gebser gefunden zu haben, einem Bewusstsein, das mythisches und mystisches Erleben zu vereinen vermag.

Später hat er dieses Erleben reflektiert und mit seinem rationalen beruflichen Denken verbunden. Damit ist er ein beeindruckendes Beispiel für die Fähigkeit integralen Erlebens und Denkens.

Eben Alexander hat seither noch ein zweites Buch geschrieben mit dem deutschen Titel „Vermessung der Ewigkeit"[110].
In diesem Buch geht er primär auf Fragen ein, die ihm von Menschen gestellt wurden, die entweder persönlich ein Nahtoderlebnis hinter sich haben oder von einem solchen in ihrem Freundes- oder Bekanntenkreise mitbetroffen waren.

Zum Beispiel geht er auf folgende Frage ein: Was ist Materie?

> Die Physik machte im letzten Jahrhundert die Entdeckung, dass die Atome nicht die kleinsten Bausteine der Welt sind, sondern dass es Kräfte sind, die wirken müssen, damit die Welt zusammenhält und nich auseianderfällt.
>
> Materie stellte sich als kompliziert verschachtelte Matrix superstarker, aber nicht materieller Kräfte heraus, die nichts Materielles an sich hatte.

Und als sei das alles noch nicht genug, kam noch ein weiterer Faktor ins Spiel — ein Faktor, den die Wissenschaft zwar schon lange gekannt, für den sie sich aber bis dahin nicht interessiert hatte.

> Dieser neue Faktor war *das Bewusstsein* — der einfache und doch äusserst komplizierte Umstand, sich selbst und der Welt um sich herum gewahr zu sein und dessen gewahr zu sein (S.21).

Niemand aus der wissenschaftlichen Gemeinde hatte eine Ahnung, was Bewusstsein ist, doch das war vorher nie ein Problem gewesen. Die Wissenschaftler hatten das Bewusstsein einfach ausgeklammert, denn es war weder sichtbar noch messbar (S.21).

Aber in den 1920er-Jahren zeigte sich in quantenmechanischen Experimenten nicht nur, dass man Bewusstsein sehr wohl nachweisen kann, sondern auch, dass es auf einer subatomaren Ebene keine Möglichkeit gibt, dies nicht zu tun, weil das Bewusstsein des Beobachters ihn tatsächlich mit allem verbindet, was er beobachtet. Es ist ein nicht zu vernachlässigender Teil jedes wissenschaftlichen Experiments.
Dies war eine überwältigende Entdeckung — auch wenn die meisten Wissenschaftler es immer noch vorziehen, sie mehr oder weniger zu ignorieren.

Sehr zum Aerger vieler Wissenschaftler, die glaubten, sie seien kurz davor, alles im Universum aus einer rein materialistischen Perspektive erklären zu können, bewegte sich das Bewusstsein nun ins Zentrum der Bühne und weigerte sich, beiseite geschoben zu werden. Im Laufe der Jahre fanden die wissenschaftlichen Experimente immer mehr auf der subatomaren Ebene statt, auf einem als Quantenmechanik bekannten Gebiet...
Und während die Experimente immer anspruchsvoller wurden, wurde die Schlüsselrolle, die das Bewusstsein dabei stets spielt, immer sichtbarer, auch wenn sie nach wie vor nicht erklärt werden konnte."

Der ungarisch-amerikanische Physiker *Eugene Wigner* schrieb dazu: »Es war nicht möglich, die Gesetze der Quantenmechanik auf vollkommen stimmige Weise zu formulieren, ohne Bezug auf das Bewusstsein zu nehmen.«

Der spanische Mathematiker und Physiker *Ernst Pascual Jordan* fand noch nachdrücklichere Worte: »Beobachtungen«, so schrieb er, »stören die Messungen nicht nur, sie bringen sie auch hervor.«

Nach Eben Alexander geht die moderne Neurowissenschaft davon aus, dass das Gehirn das Bewusstsein aus seiner schieren Komplexität heraus erschafft. Es gibt jedoch absolut keine Erklärung, durch welchen Mechanismus dies geschieht. Ja, je mehr wir das Gehirn erforschen, desto deutlicher erkennen wir, dass das Bewusstsein unabhängig von ihm existiert.

Roger Penrose, Henry Stapp, Amit Goswami und Brian Josephson sind Beispiele für Physiker, die eine Einbeziehung des Bewusstseins in die Modelle der Physik vorangetrieben haben, aber der grosse Teil der Physiker negiert ihre Untersuchungen.

Eben Alexander thematisiert Entdeckungen wie die des Physikers *Werner Heisenberg*. Er thematisiert die Entdeckung, dass subatomare Teilchen nie an einem Ort sind, sondern sich in einem konstanten Zustand statistischer Wahrscheinlichkeit befinden. Sie könnten also hier oder dort sein, aber sie können nie auf einen einzigen, eindeutigen Punkt festgenagelt werden.

Ein Photon – eine Einheit des Lichts – erscheint als Welle, wenn wir es auf die eine Art messen, und als Teilchen, wenn wir es auf eine andere Art messen. Immer bleibt es genau dasselbe Photon.

Wie Eben Alexanders „neue Landkarte von allem" basieren auch die Erklärungsversuche von Nahtoderlebnissen durch *Ervin Laszlo* und *Pim van Lommel* auf der Quantentheorie.

Vgl. dazu K.Staubs Buch „Religionswerkstatt" S.251-254 und
Ervin Laszlos Buch „Zuhause im Universum"

Gestützt auf den rätselhaften Befund, dass ehemals verbundene subatomare Teilchen miteinander verschränkt bleiben, auch wenn sie weit voneinander entfernt sind (= Nichtlokalität), postuliert *Ervin Laszlo* - unter Berufung auf David Bohm[111] - die Existenz eines Informationsfeldes, das den Zusammenhalt von Teilchen erzeuge, die in ihm eingebettet sind.

Evolutionärer Panpsychismus als Alternative zum materialistischen Reduktionismus

Nach Ervin Laszlo hat alle Realität sowohl einen materiellen, wie auch einen geistigen Aspekt, und sowohl Materie wie Geist durchlaufen eine Evolution.
Wir können nirgends eine Schwelle setzen, wo wir sagen können, darunter gibt es kein Bewusstsein und darüber gibt es eines.

LeserInnen, die sich in das Thema nach einer Brücke zwischen Naturwissenschaft und Mystik stärker vertiefen möchten, empfehlen wir die folgenden Bücher:

- *Diane Hennacy Powells Buch „Das Möbius-Bewusstsein"*
- *Lynne Mc Taggarts Buch „Das Nullpunkt-Feld",*
- *Karl Pribrams holonomes Gehirnmodell[112], das er in den 1960er Jahren im Dialog mit dem Quantenphysiker David Bohm entwickelte,*
- *Ervin Laszlos Buch „Zu Hause im Universum - Die neue Vision der Wirklichkeit" und*
- *Pim van Lommels Buch „Endloses Bewusstsein[113]"*

5. Die kulturellen Grundlagen für den Umgang mit Privateigentum, sowie für die Entstehung des westlichen Individualismus, des Liberalismus und der Demokratie

Das alttestamentliche Erbe und seine Wirkungsgeschichte

1999 sagte Jürgen Habermas in einem Gespräch mit dem in den Vereinigten Staaten lehrenden Philosophen Eduardo Mendieta:

„Der egalitäre Universalismus, aus dem die Ideen von Freiheit und solidarischem Zusammenleben, von autonomer Lebensführung und Emanzipation, von individueller Gewissensmoral, Menschenrechten und Demokratie entsprungen sind, ist unmittelbar ein Erbe der jüdischen Gerechtigkeits- und der christlichen Liebesethik.
In der Substanz unverändert, ist dieses Erbe immer wieder kritisch angeeignet und neu interpretiert worden. Dazu gibt es bis heute keine Alternative"[114].

Von der Philosophie forderte Habermas

> „Es müsse die Aufgabe einer „nachmetaphysischen" Philososophie sein, die kognitiven Gehalte der religiösen Überlieferung „im Schmelztiegel begründender Diskurse aus ihrer ursprünglich dogmatischen Verkapselung frei zu setzen", um so „eine inspirierende Kraft für die ganze Gesellschaft entfalten zu können."
>
> (Habermas J. 2005:149)

zum Vorgehen

An dieser Akualisierung dogmatisch erstarrter religiöser Traditionen werden wir uns in diesem Kapitel interdisziplinär beteiligen.

Im zweiten Kapitel haben wir schon dafür notwendige Denkwerkzeuge, inklusive einige mit ihrer Anwendung verbundene Gefahren, vorgestellt.

Mit unserer Entscheidung für ein integrales Bewusstseinskonzept haben haben wir uns für ein ganzheitliche Sicht religiösen Erlebens entschieden, die der jeweiligen Stufe der Bewusstseinsentwicklung der Menschheit und der Individuen Rechnung trägt.

Die Menschen konnten auf jeder Stufe ihrer Bewusstseinsentwicklung Zugang zur jenseitigen Wirklichkeit finden. Und sie können dies auch heute noch. Diese Erlebnisse dienen dazu Lösungen für gegenwärtige Probleme zu finden, d.h. die gefundenen Lösungen sind zeitbedingt.

Sie - und die davon handelnden Traditionen in heiligen Schriften - dürfen deshalb nicht fundamentalistisch verabsolutiert werden und bedürfen in jeder Generation von Neuem einer sowohl respektvollen wie auch kritischen Aktualisierung.

Nachdem die Reformatoren in Zusammenarbeit mit den Humanisten begonnen hatten, die Bibel historisch kritisch zu verstehen, haben Bibelforscher der letzten Generation die Aussagen der Bibel darüber hinaus im Dialog mit der Tiefenpsychologie und den Sozialwissenschaften interpretiert. So gelang es ihnen, deren Bedeutung für die Probleme unserer Zeit besser zu verstehen und fruchtbar zu machen.

Die Arbeit dieser Forschergeneration kann auf dem Weg zu einem integralen Verständnis religiösen Erlebens und der Aktualisierung religiöser Traditionen eine wertvolle Hilfe sein.

> Die Schriften des Alten Testaments sind überwiegend durch mythisches Denken geprägt, und sogar die geschichtlichen Erinnerungen sind weitgehend mythisch interpretiert.

Hinter den mythischen Geschichten sind allerdings auch noch Spuren archaischen und magischen Erlebens und Handelns vorhanden. Diese aufzuspüren ist jedoch eine Detektivaufgabe, denn die jüdischen Priester, die den Monotheismus (d.h. den Glauben an einen einzigen Gott) in Israel durchsetzten, haben möglichst alle Spuren von Vorgängerreligionen - z.B. von andern Göttern und Göttinnen - beseitigt oder monotheistisch uminterpretiert.

Einschub: Evolutionsbiologische Anregungen für das Bibelverständnis

Carel van Schaik (Anthropologe und Evolutionsbiologe) und *Kai Michel* (Historiker und Literaturwissenschaftler) haben zusammen das Buch geschrieben „Das Tagebuch der Menschheit - was die Bibel über unsere Evolution verrät[115]".

Im Folgenden zitieren wir daraus einige Schlüsselstellen:
„Wenn die Schweizer Alttestamentler Othmar Keel und Thomas Staubli die Bibel als «Hundert-Stimmen-Strom» bezeichnen, mag das eine gewöhnungsbedürftige Einsicht für all jene Gläubigen sein, die überzeugt sind, «dass Gott an seinem großen Eichenschreibtisch im Himmel saß und einer auserwählten Schar von tadellosen Stenographen alles druckreif in den Block diktierte»...Aber es ist nun mal die Wahrheit. Die Bibel hat zahllose Autoren, Gott war aller Wahrscheinlichkeit nach nicht darunter[116]."

> „Wir glauben aber, die Lektüre fällt leichter, wenn man die Bibel als Tagebuch der Menschheit begreift, als eines, an dem tausend Jahre geschrieben und gearbeitet wurde. Das deshalb oft so widersprüchlich erscheint....
> Denn damit fällt auch die Verpflichtung fort, die makellose Schrift eines makellosen Gottes sein zu müssen."
>
> (Van Schaik Carel und Kai Michel 2016:488)

Die beiden Autoren verstehen die Bibel als Dokument des menschlichen Ringens mit den Konsequenzen des Sesshaftwerdens und dem Zusammenleben in immer größeren Gesellschaften. Nach ihrer Ansicht haben die Menschen dies mit Bravour gemeistert, weil sie alles auf ihren entscheidenden Trumpf setzten: die Fähigkeit zur kumulativen kulturellen Evolution.

Carel van Schaik und Kai Michel sind Agnostiker und äussern sich zum Wahrheitsgehalt der Bibel folgendermassen:

> „Es bleibt weiterhin jedem Leser selbst überlassen, ob sie oder er zwischen den Zeilen der Bibel göttlichen Geist zu verspüren glaubt oder nicht.
> Wir zumindest sind guter Dinge, gezeigt zu haben, was sie auf jeden Fall ist: Sie ist eine Bibel der menschlichen Natur. Allein deshalb hat das Buch der Bücher einen Ehrenplatz in jedem Bücherregal verdient."
>
> (Van Schaik Carel und Kai Michel 2016:488)

Die älteste Religion Israels ist polytheistisch

Schon im 1981 herausgegebenen Sammelband „Der einzige Gott" betonten die Autoren Bernhard Lang, Morton Smith und Herrmann Vorländer[117]:

> „Die älteste Religion Israels ist - wie die der übrigen Völker des vorderorientalischen Milieus - polytheistisch, d.h. man verehrt eine Vielzahl von Göttern und Göttinnen. die unterschiedliche Aspekte der jenseitigen Wirklichkeit symbolisch zum Ausdruck brachten."
>
> (vgl. Lang Bernhard, u.a.1981:7)

Herrin oder der Herr der Tiere

Auf dieser ältesten Kulturstufe scheinen die Jagdtiere im Mittelpunkt des religiösen Lebens gestanden zu haben, wobei eine Tiergottheit für die Vermehrung der Jagdtiere zuständig war und dem Menschen die Jagd erlaubte. Tierherrin und Tierherr sind ihrem Wesen nach menschenfreundlich.

Der Zweiggöttin ist auch alles Leben heilig, das sich vom Leben der Pflanzen ernährt, also die wild lebenden Tiere.
Sie gilt deshalb als Beschützerin und „Herrin der Tiere", zu denen als König der Lüfte der Geier und als König der Erde der Löwe gehört.

Bild Nr.15   Die Zweiggöttin, Beschützerin und Herrin der Tiere

In den obigen Abbildung wird das archaische Weltbild erkennbar: Sie fassen die Gotteserkenntnis der frühen Jäger und Sammler zusammen, und bezeichnet Gott als den Besitzer der wilden Tiere.

Bernhard Lang kommentiert die Gestalt des Herrn der Tiere folgendermassen (S.107):

„Die Israeliten des Alten Testaments und deren frühjüdische Nachfahren lebten nicht mehr in der archaischen Kultur der Jäger und Sammler. Sie waren vornehmlich Ackerbauern, die ihre Landwirtschaft durch Haltung von Ziegen, Schafen und Rindern ergänzten. Neben der Landwirtschaft gab es auch Hirtentum...".
„Ob das frühe Israel, dem Vorbild von Ugarit folgend, jedoch auch eine Herrin der Tiere kannte, bleibt ungewiß, da die spätere monotheistische Entwicklung fast alle Spuren weiblicher Gottheiten verwischt hat[118]."

Im Rahmen der späteren Unterdrückung aller weiblichen Gottesbilder wurde die Herrin der Tiere im Alten Testament durch Jahwe, den Gott Israels ersetzt.

In dieser Form hat er in der biblischen Religion tatsächlich zahlreiche Spuren hinterlassen, z.B. in Psalm 50,10-11:

«Mir gehört alles Getier des Waldes, das Wild auf den Bergen zu Tausenden. Ich kenne alle Vögel des Himmels. Was sich regt auf dem Feld, ist mein eigen».

Ein weiterer Psalmvers ist nicht weniger aufschlußreich:

«Jahwe ist mein Hirte, mir mangelt nichts. Er weidet mich auf grünen Auen. Zum Ruheplatz am Wasser führt er mich, neues Leben gibt er mir. Er leitet mich auf Pfaden des Heils» (Ps 2.3,1-3).

Dem Beter gilt Jahwe auch als Herr der Herdentiere - und nicht nur als Besitzer des Getiers von Wald und Feld. Bedenken wir in diesem Zusammenhang die historische Entwicklung, so sprechen mehrere Gründe für die Annahme, daß wir es in Israel mit einer religionsgeschichtlichen Spätform des Herrn der Tiere zu tun haben. Eine altertümlichere Vorstellung würde vermutlich von einer Göttin und nicht einem Gott sprechen.

> In dieser Spätform ist Jahwe ein Himmelsgott und kein in der Steppe oder im Wald lebender Wildgeist. Und er ist auch Besitzer der Haustiere, was wiederum eine jüngere Kulturstufe als die der urtümlichen Jäger und Sammler voraussetzt.

Spätere Spuren der Herrin und des Herrn der Tiere

Nach Bernhard Lang haben sich Spuren des Herrn der Tiere in allen literarischen Schichten der Bibel erhalten - bis hin zum Neuen Testament.
In Psalm 104 wird Gott in einem Hymnus dafür gepriesen, dass er die ganze Schöpfung weise und zweckmässig eingerichtet hat.

Friede unter den Tieren

In diesem Zusammenhang ist ein Wort des Propheten Jesaja von Bedeutung. Jesaja schildert den idealen, weisen und gerechten König, der bald über Juda herrschen wird. Seine Herrschaft bewirkt auch eine Befriedung der Natur:

> »»Dann wohnt der Wolf beim Lamm,
> der Panther liegt beim Böcklein.
> Kalb und Löwe weiden zusammen,
> ein kleiner Knabe kann sie hüten.
> Kuh und Bärin freunden sich an,
> ihre Jungen liegen beieinander.
> Der Löwe frißt Stroh wie das Rind.
> Der Säugling spielt vor dem Schlupfloch der Natter,
> das Kind streckt seine Hand
> in die Höhle der Schlange.
> Man tut nichts Böses mehr und begeht kein Verbrechen
> auf meinem ganzen heiligen Berg (Jes 11,6-9).»

Das Prophetenwort bedient sich poetischer Überhöhung; in ihr erkennen wir Spuren des Glaubens an den Herrn der Tiere, an jenen Herrn, der allein den Frieden unter und mit den Tieren zu stiften vermag.

Spuren des syrischen Wettergottes Baal im Alten Testament

Die Religion Kanaans gehört zusammen mit jener Aegyptens und jener Mesopotamiens zu den ältesten der Menschheit. Im Gegensatz zu den Religionen dieser grossen Flusstäler mit

Bewässerungswirtschaft sind in Kanaan die primären segensreichen Mächte weder der Fluss noch die Sonne, sondern der Regen, der jährlich im Winter mit Gewittern daherkommt, und die Erde, die von ihm durchtränkt, für Mensch und Tier nährende Früchte hervorbringt[119].

Bernhard Lang hat sowohl mythisches wie auch archaisch-magisches Erleben und Denken am Beispiel von Psalm 29 veranschaulicht[120]. Für die Israeliten galt Regen als zielgerichtet und dem Menschen dienend[121].

Der Regen tränkt die Erde und gibt dem Sämann Samen und Brot zum Essen (Jes.55,10). Den vom Himmel fallenden Regen und Schnee interpretierten die Menschen jener Zeit mythologisch als Handeln des Wettergottes, den die Religionsgeschichte auch als Regengott oder Sturmgott bezeichnet. Sein Name wurde als Adad, Hadad, Baal und im biblischen Israel als Jahwe angegeben, denn die Rolle des Wettergottes wurde auch Israels Gott zugeschrieben (vgl. dazu Jer 5,24).

Lang präsentiert dann eine eindrückliche Darstellung des Wettergottes Baal:

„Der behelmte, eine Donnerkeule schwingende und einen feurigen, den Blitz darstellenden Speer haltende Krieger ist der Wettergott.
Von Oktober bis März, der Regenzeit im östlichen Mittelmeer, herrscht er über die Natur.
Der Wettergott des alten Vorderasiens besaß viele Namen und Titel; in der Stadt Ugarit, wo diese Darstellung gefunden wurde, wurde er Baal genannt, ein Wort, das ‚Herr' bedeutet".

Bild Nr. 16 Der ugaritische Wettergott Baal, ca. 2000/1500 v.Chr.

Lang zitiert Psalm 29 als Beispiel für eine eindrückliche Schilderung des Wettergottes im Buch der Psalmen:

»Gebt Jahwe, ihr Götter,
gebt Jahwe Lob und Ehre!
Gebt Jahwe die Ehre seines Namens,
werft euch nieder vor Jahwe in heiliger Pracht!
Die Stimme Jahwes erschallt über den Wassern.
Der Gott der Herrlichkeit donnert,
Jahwe über gewaltigen Wassern.

Psalm 29 dürften die Israeliten von einer der libanesischen Küstenstädte[122] übernommen haben. Vielleicht verwendete das ursprüngliche Gedicht den Namen des syrischen Wettergottes Baal.

> In der Frühzeit ihrer Geschichte scheinen die Hebräer neben ihrem Nationalgott Jahwe auch Baal verehrt zu haben. Später, in der Zeit des Monotheismus, hat dann wohl ein Bearbeiter des alten Liedes den Namen ‚Baal' durch ‚Jahwe' ersetzt.

Gemäss der kanaanäischen Mythologie liegt Baals Palast auf einem hohen Berg, von dem aus er als kosmischer König die Regenzeit beherrscht. Dieser Berg stellt die engste Verbindung zwischen der Erde als Wohnort der Menschen und dem Himmel als Stätte der Götter dar[123].

Lang bezeichnet die Religion von Psalm 29 als *«Naturreligion»*, als ein von Naturphänomenen bestimmter oder zumindest gefärbter Glaube. Die rituelle Funktion von Psalm 29 ist zwar nicht überliefert, doch wahrscheinlich haben kultische Feiern zu Ehren des Wettergottes stattgefunden.

Spuren des ugaritischen Gottes El im Alten Testament

Bevor sie ihre Religion in eine monotheistischen Buchreligion umwandelten, waren die geistigen und religiösen Führer des alten Israel einer polytheistischen Weltsicht verpflichtet, deren Mythologie und rituelles Leben in verstreuten biblischen Texten und Traditionen noch erkennbar ist.

Bestandteil dieser Mythologie bildet eine Schöpfungserzählung sowie ein Ritual der Himmelsreise, das einzelne Menschen - politische und religiöse Führergestalten - vor die Götter (oder Gott) führte und ihnen besondere Weisheit verlieh.

Die seit 1929 in der syrischen, am Mittelmeer gelegenen, Hafenstadt Ugarit gefundenen Keilschrifttafeln des 14. Jahrhunderts v. Chr. vermitteln uns einen Einblick in die westsemitische Religion der Bronzezeit.

Die Götterwelt dieser Religion wird als eine große Familie aufgefaßt. Da die Autoritätsstruktur innerhalb menschlicher Familien das Organisationsprinzip der Weltordnung bildet, kann nur ein einzelner, ein Patriarch, an der Spitze stehen. Sein Name, *El, bedeutet «Gott»*, denn er ist der Gott schlechthin.

El gilt als Eigentümer des gesamten Kosmos. «Er verwaltet seinen Besitz jedoch nicht allein, sondern delegiert bestimmte Aufgaben an seine Söhne und Töchter, jene Götter und Göttinnen, die er mit seiner Gemahlin Aschera gezeugt hat. Über alles erhaben, hält sich El aus den Konflikten der Götter heraus, doch im Streitfall kommt ihm in der Götterversammlung die letzte Entscheidung zu. Als sich im Hintergrund haltende Autorität greift er nur gelegentlich ein, nämlich dann, wenn es zu verhindern gilt, daß sich Unordnung auf Dauer etabliert. Die Position Els wird von den Göttern des Pantheons anerkannt:

„Dein Wort, El, ist weise, deine Weisheit gilt in Ewigkeit. Bekundung des Schicksals ist dein Wort.»"
Mit dieser Formel anerkennen die Götter Ugarits die Entscheidungen des ihr Schicksal festlegenden Herrn.

„In bildlichen Darstellungen erscheint der ugaritische Gott El als eine bekrönte, auf einem Thron sitzende Gestalt. Freundlich blickend erhebt er die Hand zum Segensgruß. Sein Bart verweist auf Alter und Weisheit".

Diese kleine, nur 13,8 cm hohe, mit Gold überzogene Bronzestatuette wird zwar nicht durch eine Inschrift näher bestimmt, gilt aber als Darstellung Els, Hauptgott des Pantheons der Stadt Ugarit in Syrien. Die bärtige Gestalt trägt eine Krone ägyptischen Stils, ein langes Gewand mit Wulstsaum, sowie Sandalen, und hebt die Rechte zu einer freundlichen Segensgeste (ca.1400 v.Chr.).

Bild Nr.17   Der ugaritische Gott El

Mehrere alttestamentliche Texte, die von der monotheistischen Revision unberührt blieben, lassen eine Mythologie erkennen, die der ugaritischen verwandt ist. In biblischen Fragmenten erscheint Israels Gott als eine weise, dem Gott El vergleichbare Gestalt. Der Schöpfergott wird Jahwe genannt, hiess aber ursprünglich wohl El (wie der göttliche Weltherr Ugarits) oder Elohim[124].

Spuren von Mutterreligionen im alten Orient und in der Bibel

Der Mutterschoss als Symbol

Bild Nr.18   Ovales gewölbtes Siegelamulett mit omegaförmigem Symbol.
Südöstliches Anatolien, frühe Mittelbroncezeit
(1750-1700 v.Chr.)

Das omegaförmige Symbol kann als Symbol für den Mutterschoss gedeutet werden, das Kreissegment evt. als Symbol für die weibliche Scham. Solche Siegelamulette sind in der Regel in Kindergräbern gefunden worden.
(Silvia Schroer 2004:107)

Dieses Zeichen ist schon auf frühen mittelbroncezeitlichen, winzigen Siegelamuletten aus Anatolien, später auch Palästina/Israel, speziell verstorbenen Kindern mitgegeben worden. „Es dürfte den Mutterleib, darüber hinaus auch den göttlichen Mutterleib und den Leib der Erde symbolisiert haben."

Im Hebräischen entspricht dem Zeichen das Wort *raechaem* «Mutterschoß», von dem sich *rachamim* «Mitgefühl» ableitet. ...ist im alten Israel *raechaem* von zentraler Bedeutung im Menschen- und sogar Gottesbild. Im Mutterschoß machen sich Regungen zugunsten allen Lebens bemerkbar[125].

Nach Thomas Staubli wurde in Israel manchmal der Kopf der Toten in ähnliche omegaförmige Nischen gelegt. Man stellte sich die Erde als grossen Mutterschoss vor, der nicht nur das Leben gebiert, sondern totes Leben auch barmherzig wieder aufnimmt

Die nackte Göttin

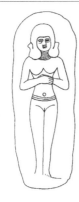

Nachdem sich im 3. Jahrtausend der Götterhimmel Ägyptens und Mesopotamiens in vielerlei Erscheinungen entfaltet, drängt sich in der 1. Hälfte des 2. Jahrtausends in der altbabylonischen und altsyrischen Rollsiegelkunst eine Gestalt in den Vordergrund der Bildkunst, die in der Literatur als «nackte Göttin» bezeichnet wird.

Altbabylonische Terrakottafigur vom Tell Asmar (um 2000 v.Chr.) in „Eva-Mutter des Lebendigen" S.15/Abb.13 u.S. 21.

Bild Nr. 19   Die nackte Göttin

Die Mutter alles Lebendigen

Bild Nr. 20   Die Mutter alles Lebendigen
Idol mit Zwillingen an den Brüsten und Bäumen
und Capriden neben der Scham, ca. 1300-1200 v.Chr.

„Die aus einem Model gepresste, hinten unbearbeitete Figur zeigt auf den Oberschenkeln je einen zweigartigen Baum. Dieser scheint aus den Knien hervorzuwachsen. Von «aussen» stemmt sich je ein ziegenartiges Tier am Baum hoch und frisst von dessen Spitze.
Die bogenförmig herabgreifenden Hände der Göttin scheinen ihre Scham offen zu halten. Unterhalb jeder Brust ist eine kleine Menschenfigur mit erhobenen Armen zu sehen. Die beiden wollen Säuglinge darstellen.
Den Hals schmücken zwei nur angedeutete Halsketten. An der unteren scheint ein Sichelmond zu hängen.

Die Figur knüpft ikonographisch mit der Betonung der Scham und den Zweigbäumen an die Zweiggöttin der Mittelbronzezeit an. Zusätzlich zu den Pflanzen erscheinen hier auch Tiere und Menschen als solche, die von der Göttin leben. Sie ist hier also eine Mutter alles Lebendigen."

Immer wiederkehrende Gesten, Haltungen und Konstellationen über grosse Zeiträume

Silvia Schroer betont, dass trotz einer ungeheuren Vielfalt an Typen von Idolen über große Zeiträume, in einigen Fällen über Jahrtausende, und über große Regionen immer wiederkehrende Gesten, Haltungen und Konstellationen, aber auch Zuordnungen zu anderen Figuren oder Attributen erkennbar sind.

So ist beispielsweise der Gestus des Brüstepräsentierens oder die Verbindung der Frau mit der Wildkatze, dem Löwen oder Panther, vom Neolithikum bis in die Perserzeit oder gar römische Zeit immer wieder anzutreffen.

Ursprünglicher als die Namen sind die Erscheinungsweisen. Die Namen sind sekundär und mitunter auswechselbar, so z.B. nachweislich bei den ägyptischen Baumgöttinnen, die in den Gräbern des Neuen Reiches als Hathor, Nut oder Matat bezeichnet werden[126].

> Die Menschen archaischer und mythischer Bewusstseinsstufen haben anstelle unserer modernen Begriffe *Natur* und *Evolution* mythische Symbole verwendet, z.B.
> - Mutter Erde,
> - Herrin der Tiere,
> - die erotische nackte Göttin
> - die Mutter alles Lebendigen
> - Baal (der Wettergott),
> - El, der weise Schöpfergott
> - Jahwe (der kriegerische Verteidiger der Freiheit des jüdischen Volkes, aber auch des Friedens zwischen den Nationen).
>
> Die kultische Verehrung dieser Gottheiten hat dazu beigetragen, respektvoll mit der Natur umzugehen. Und sie gab der Bewunderung und der Faszination durch Naturkräfte (z.B. erotische Anziehung, Sexualität und Gebärfähigkeit) Ausdruck.
> Aus heutiger Sicht hatte die damalige kultische Verehrung allerdings auch ihre Schattenseiten, da sie nur das Wohl der eigenen Sippe, bzw. des eigenen Stammes oder Volkes, im Blick hatte.

Waren diese Religionen primitiver als die *maskuline Naturwissenschaft von Francis Bacon* oder als unsere *globale kapitalistische, natur- und menschenzerstörende Konsumreligion?*

Es spricht einiges dafür, dass sie für ihre Zeit den Umgang mit ihren Lebensgrundlagen eher besser gelöst haben als dies unsere *globale kapitalistische, natur- und menschenzerstörende, Konsumreligion* heute tut.

Mindestens verdienen sie Respekt für ihre Art mit ihren Lebensgrundlagen umzugehen.

Gleichzeitig ist uns klar, dass es für uns Menschen der rationalen Bewusstseinsstufe kein zurück zu diesen Erlebnisformen mehr gibt und dass uns nur die Suche nach einem integralen Bewusstsein weiterhilft.

Der Konflikt um die Entstehung des Privateigentums

Carel Van Schaik und Kai Michel[127] interpretierten die Bibel als *Tagebuch der Evolution der Menschheit*. Aus ihrer Sicht dokumentiert sie Versuche, bedrohliche Krisen religiös zu bewältigen.

Im Zentrum ihres Interesses steht für die beiden Autoren *die neolithische Revolution*, d.h. der Uebergang der Jäger- und Sammler- zur Landwirtschaft.

Jäger und Sammler waren noch egalitär organisiert, es gab damals noch keinen nennenswerten Besitz. Das wichtigste Gut - die Kenntnis de Jagdtechniken und der besten Sammelplätze - liess sich an alle Erben weitergeben.

Die Kooperation stand im Zentrum; das Privatisieren von Ressourcen, die nur einem Kind zugekommen wären, war damals undenkbar.

> Jahrtausende später wurden dann die fruchtbaren Böden zu einem knappen Gut. Damit tauchte ein vorher unbekanntes Problem auf: Wie vererbe ich meinen Besitz ?

Ein zentrales Dokument zu den Konflikten um das Erbrecht in diesen schwierigen Uebergang sehen Carel Van Schaik und Kai Michel in der Geschichte von Kain und Abel (1.Mose 4,1-17):

Kain, der Ackermann, brachte Gott ein Opfer von den Früchten des Feldes dar. Sein jüngerer Bruder Abel, der Hirte, tat das Gleiche mit den Erstlingen seiner Herde und deren Fett. «Und der Herr sah gnädig an Abel und sein Opfer, aber Kains Opfer lehnte er ab.» Darüber geriet Kain in Wut, und obwohl Gott ihn zu beschwichtigen versuchte, lockte er seinen Bruder aufs Feld und schlug ihn tot[128].

Um ihn dennoch zu schützen, versah Gott ihn mit einem Zeichen: dem Kainsmal. Sollte sich jemand an ihm vergreifen, dann sollte das «siebenfach gerichtet» werden. «So ging Kain hinweg von dem Angesicht des Herrn und wohnte im Land Nod, jenseits von Eden, gegen Osten.» Er wurde Stammvater eines erfolgreichen Geschlechts.

> Dieser Mythos konfrontiert uns mit einer Konfliktsituation, für die sich auf damaligen Stufe der Bewusstseins- und Religionsentwicklung keine zufriedenstellende Lösung finden liess.

Wenn das Land unter mehreren Erben immer wieder geteilt wird, ist es nur eine Frage der Zeit, bis Felder und Weiden zu klein sind für eine rentable Existenz. Also lautet die Lösung, die sich vielerorts etablierte: Einer bekommt alles und die Geschwister gehen leer aus.

Auch der Gott der hebräischen Bibel stellte sich auf die Seite des neuen Erbrechts, dass nur einer alles erbt. Später verfügt er gemäss der Tora sogar, dass (im Rahmen der damaligen Polygamie) das Erbrecht des Erstgeborenen auch dann zu anerkennen sei, wenn er von einer ungeliebten Frau stamme[129].

> Dieses neue Erbrecht widerspricht den uralten Jäger- und Sammler- Wertvorstellungen, die auf Teilen, Egalität und Kooperation zielen.
> Während der meisten Zeit der menschlichen Evolutionsgeschichte wäre übrigens Kain nach einem Brudermord nicht lebend davongekommen.

Während es bei unserer Primatenverwandtschaft, den Schimpansen oder Gorillas, auf physische Stärke ankommt, spielte Körperkraft bei den Jägern und Sammlern keine entscheidende Rolle mehr. Mit ihren Waffen konnten sie körperlich Überlegene aus sicherer Distanz töten. An die Stelle des Faustrechts trat die Macht der Kooperation.

> Unter den Bedingungen der Landwirtschaft war dagegen die Fähigkeit erforderlich, den eigenen Besitz zu verteidigen und zu vermehren.
> Nun erweisen sich archaische Formen von Aggression und Gewalt, wie sie uns schon bei den Schimpansen begegnen, als Adaptationsvorteil.

Die zum Stamme Kain Gehörenden erweisen sich als äußerst talentiert darin, Besitz, Frauen und Gewalt zu monopolisieren. Sie sind die Keimzelle für Tyrannei und Despotie. Gemäss dem Mythos war Gott in einem Zwiespalt.

Kain war der Aeltere. Er war der legitime Erbe, der künftige Landbesitzer. Abel dagegen verrichtete die niedere Arbeit eines Hirten und hütete die Tiere, die einmal seinem Bruder gehören würden.

Umso erstaunlicher, dass Gott - entgegen seinen eigenen Grundsätzen - das Opfer des Erstgeborenen Kain zurückwies!

Wie die Bibel zeigt, lieferte jedoch das formalistische Erbrecht der Erstgeburt nicht immer befriedigende Lösungen:

„In der hebräischen Bibel wimmelt es von untauglichen Erstgeborenen. Esau verkauft sein Erstgeburtsrecht für ein Linsengericht, Ruben schläft mit einer Frau seines Vaters, und Davids erstgeborener Amnon vergewaltigt seine Halbschwester Tamar. Hatte Gott seine Gründe, Kain abzulehnen?"

Und im Rahmen der damaligen Polygamie versuchte jede der Ehefrauen ihrem Sohn zum Erbe zu verhelfen, um ihm - und ihren Genen - die besten Reproduktionsmöglichkeiten zu eröffnen. Junge Ehefrauen bezirzten dazu mit ihrer Schönheit ihre Männer.

Das berühmteste Beispiel ist Batseba. König David, der sie beim Bad beobachtete, war so hingerissen, dass er ihren Mann. in den Tod schickte, um sie heiraten zu können. Und so war es Batsebas Sohn, der, ungeachtet all seiner älteren Brüder, Davids Thron besteigen sollte. Sein Name? Salomo"(S.83).

Gott war in einem Zwiespalt. Dafür spricht, dass er seinen Protégé Abel, der ohne Fehl und Tadel war, nicht schützte. Gott anerkannte grundsätzlich das neue Erbrecht, gemäss dem Kain erbberechtigt war. Trotzdem begünstigte den nicht erbberechtigten Abel.

Warum schenkte Gott nur Abel seine Gunst? Kain verteidigte doch nur seine legitimen Interessen. Und setzte Gewalt ein, um die Ordnung wieder herzustellen.

> Die Geschichte von Kain und Abel zeigt uns, dass das Erstgeburtsrecht auf erhebliche Widerstände stiess.
> Gott (oder die Gottesvorstellungen der Verfasser der Bibel) scheinen von der komplexen Situation überfordert zu sein.
> Und fatalerweise erweist sich das Geschehen als zukunftsweisend. Dass Problem des Privateigentums und des Erbrechts ist bis heute nicht befriedigend gelöst.

Nach Carel van Schaik und Kai Michel widerspiegelt sich dieser Zwiespalt im biblischen Mythos so, dass Kain mit einer erstaunlich milden Strafe Gottes davon kommt.

Zur Entstehung von ethischen Regeln und Gesetzen

Wie in seinen Gottesvorstellungen, war Israel auch bezüglich der Entstehung seiner ethischen Regeln und Gesetze von andern Völkern beeinflusst.
In seinem Artikel zum Thema Ethik in religionswissenschaftlicher Sicht (in RGG IV) vertritt *Peter Antes*[130] die Ansicht, dass es bei den Religionen der Menschheit nicht nur um die richtige Weltanschauung geht, sondern auch um das richtige Verhalten und dessen Begründung.

> Ein Vergleich der verschiedenen Moralkodexe zeigt erstaunlich weit gehende Parallelen dort, wo ethische Handlungsanweisungen an Einzelne erteilt werden.
> Ueberall finden sich Hinweise darauf, dass man nicht lügen, nicht stehlen und nicht morden darf. Die Ehrung der Eltern wird genauso betont wie das Verbot, die Ehe zu brechen, weshalb man sagen kann, dass die zweite mosaische Tafel der Zehn Gebote (Dekalog) ungefähr die gemeinsame Ethik aller Religionen wiedergibt.

Sobald die Vorschriften im einzelnen mit den vorgeschlagenen Konkretisierungsformen betrachtet werden, lassen sich jedoch beträchtliche Unterschiede zwischen den einzelnen Kulturen und Religionen benennen, die die unterschiedlichen gesellschaftlichen wie kulturellen Rahmenbedingungen widerspiegeln und sich keineswegs mehr auf einen gemeinsamen Nenner bringen lassen..."

Aus der Sicht der Evolutionsbiologie waren zur Zeit der Jäger und Sammler Geister und Ahnen noch nicht für die Moral zuständig. Sie haben sich kaum um das sittliche Verhalten der Menschen gekümmert.

Die erstaunlichen Parallelen in den ethischen Handlungsanweisungen der verschiedenen Religionen, entsprechen nach Carel van Schaik und Kai Michel den einfachen Regeln des Zusammenlebens der Jäger- und Sammlergruppen (vgl. a.a.O. S.29).

Mit Trittbrettfahrern, selbstsüchtigen und verräterischen Individuen, die alle anderen nur ausnutzten, wurde nicht kooperiert. Kam es zum Äußersten, wurden sie verstossen oder eliminiert.

„Erst die grossen Götter, die im Gefolge der Sesshaftwerdung auftauchten, begannen sich im grossen Stil für das moralische Verhalten der Menschen zu interessieren und schlechtes Benehmen mit ihrem Zorn zu bestrafen."
„Gesellschaften, die moralisch interessierte Götter verehrten, reduzierten dadurch interne Konflikte und verbesserten ihre Kooperationsfähigkeit. Religion liefert also sozialen Klebstoff und stiftet auch in großen Gesellschaften Gemeinschaft (a.a.O.S.99 und S.105)."

Zur Entwicklung ethischer Regeln und Gesetze in Israel

Die gesellschaftlichen Hintergründe der Entwicklung ethischer Regeln Israels skizziert Thomas Staubli[131] folgendermassen:

„Bäuerliche Gesellschaften waren tendenziell akephal (führerlos) und segmentär (in kleine Einheiten unterteilt). Die Keimzelle des israelitischen Bauerntums war die patriarchal strukturierte Großfamilie, in der Bibel ‚Haus' genannt. Verwandte Häuser bildeten Sippen, verbündete Sippen einen Stamm, verbündete Stämme einen Stammesverband. Als Führer wurden nur für bestimmte Krisenzeiten oder sakrale Handlungen charismatische Männer und Frauen akzeptiert. Im übrigen sorgte ein ausgeklügeltes Netz von Institutionen und Sitten dafür, daß das Haus als lebendige Zelle erhalten blieb, die Erträge gerecht verteilt wurden und AußenseiterInnen (Fremde, Waisen, Witwen) überleben konnten.
Trotzdem kam es zu Beginn der Eisenzeit zur Etablierung von Großbauern als Häuptlinge über andere. Häuptlinge erhoben von ihren

Untertanen Abgaben, mit denen sie einen Hof unterhielten. Aus dem Häuptlingshof entstand allmählich das, was wir Stadt nennen, und aus dem Häuptling selber wurde ein König als Vorsteher eines Staates."
In vorstaatlicher Zeit hatten bestimmte gesellschaftliche Normen fraglose Geltung: »So tut man nicht in Israel! Begehe nicht diese Schandtat!«(2.Sam 13,12).
Nicht selten sind es die Frauen, die an diese Normen erinnern.

Rechtsfälle wurden
- vor der versammelten Verwandtschaft der betroffenen Sippen verhandelt (Gen 31 und 34)
- in Städteversammlungen besprochen (Ri 19-21),
- kriegerisch »bereinigt« {1.Mose 34,25.28ff. Ri 20),
- durch den Rat weiser Frauen gelöst {2. Sam 14}.
Im letzten Fall wird erstmals eine vermittelnde Instanz herbeigezogen.

> Mit dem Beginn der Staatlichkeit werden die weisen Frauen durch die patriarchale Institution der Ältesten in den Toren der befestigten Ortschaften ersetzt. Fälle, die im Torgericht nicht geregelt werden können, müssen vor ein Obergericht in Jerusalem gebracht werden.

Dieses ist im 9. Jh. v.Chr. von König Jehoschaiat (sein Name bedeutet ‚Jahwe schafft Recht') eingerichtet worden (2. Chr 19,5ff.). Er stellte Richter im Lande an, in allen befestigten Städten Judas, Stadt für Stadt[132].

Mit seiner Kodifizierung und Institutionalisierung des Rechts steht Israel nicht allein. Die berühmteste altorientalische Rechtssammlung ist der Codex Hammurapi, der unter anderem auf einer ca.2,25 m hohen Stele (einem freistehenden Pfeiler) aus Diorit aufgezeichnet wurde. Er umfasste einen Prolog, die 282 Gesetzesparagraphen, und den Epilog. Hammurapi war von 1792 bis zu seinem Tode 1750 v. Chr. der 6. König der ersten Dynastie von Babylonien und trug den Titel König von Sumer und Akkad."

Die Bedeutung von Prophetinnen und Propheten

> Angesichts wechselnder Dynastien und Gesetze spielen in Israel wie ausserhalb Israels die *KünderInnen*, d.h. eine spezielle Art von Propheten und Prophetinnen, eine besondere Rolle für die Aufrechterhaltung des Rechts. Teilweise versetzten sie sich (ähnlich wie Schamanen) in Ekstase oder Trance, um zu künden.

Die Künderinnen verkörperten, mindestens im Nordreich, den dynamischen Aspekt der Theokratie. In Jerusalem (d.h.im Südreich) erhielten sie den Status von Beamtinnen des Königshauses, gehörten zur Oberschicht und vertraten oft auch deren Interessen.
Als Reaktion auf ihre Parteilichkeit, standen in den Landgebieten Judas Laien auf, die keinen Titel beanspruchten und trotzdem mit Vehemenz im Namen Gottes kündeten[133].

Nach dem Tode von König Salomo (965-932v.Chr.) zerfiel Israel in zwei Teile. Jerobeam I (932-911v.Chr.) regierte in Sichem den grösseren Norden (d.h. Israel), Rehabeam in Jerusalem (932- 917v.Chr.) den kleineren Süden (d.h. Juda).

Bild Nr. 21
Israel zerfällt 932 v. Chr. .in ein Nordreich und ein Südreich

Das vereinigte König- Israel teilte sich nach dem Tod Salomos 926 v. Chr. in das von Jerobeam I. regierte Nordreich Israel mit der Hauptstadt Samaria (das blau gefärbte Areal)

und in das Gebiet von Rehabeam, dem Herrscher von Juda, mit der Hauptstadt Jerusalem im Süden (das ocker gefärbte Areal).

Das Nordreich (Israel) wurde unter Tiglat-Pileser III. (745-727 v. Chr.) erobert und Bestandteil des assyrischen Reiches. Dieses assyrische Reich umfasste das mittlere Mesopotamien und war am Tigris gelegen. Seine Hauptstadt war Assur.
597 v.Chr. eroberte dann Nebukadnezar Jerusalem und machte Juda zu einer babylonischen Provinz. Die Oberschicht Judas deportierte er nach Babylon. Babylon lag am Unterlauf der Flüsse Euphrat und Tigris im heutigen Irak, zwischen der heutigen Stadt Bagdad und dem persischen Golf.
Der persische König Kyros eroberte dann das babylonische Reich, d.h. den heutigen Iran. Er gab den eroberten Gebieten recht weit gehende Autonomie und integrierte die auf Ausgleich und Gerechtigkeit bedachten Strukturen des Stammesdenkens in seine Politik. Dazu gehörte, dass er allerorts einheimische Statthalter einsetzte und die Verwendung der landesüblichen Sprachen und Kulte erlaubte.

Die Tora

Nach Thomas Staubli verlangte dann der persische Grosskönig *Artaxerxes* (464-425v.Chr.), dass in Juda, wie in den andern eroberten Gebieten, ein lokales verbindliches Gesetz geschaffen wurde.
Diese Forderung war der Anlass zur Komposition der Tora. Diese umfasste die fünf Bücher, die dem Mose zugeschrieben wurden. Sie bestanden aus verschiedenen Rechtssammlungen, welche unter den Juden im Umlauf waren.
Mit der Kodifizierung der Gesetze Israels wurde (nach Esra 7.25ff.) Esra, ein Exiljude, beauftragt[134]:

> Der eigentümliche Charakter der Tora ist gegeben durch die Verbindung von geschichtlichen Erinnerungen mit der Ueberlieferung altherkömmlicher und neuer Gesetze.
> (Staubli Th., Begleiter S.140)

Die evolutionsbiologische Sicht der Tora

Carel van Schaik und Kai Michel finden in der Tora Bestimmungen zu Themen wie Altarbau, Opferdarbringungen, kultische Abgaben, Priesterregeln. Sie macht nicht einmal vor Sexualität, Hygiene oder Ernährung Halt.

> Die Gebote und Verbote der Tora sind durch das historisch real vorhandene Unglück geformt worden.
> „Deshalb erscheint Gott so schrecklich zornig. Die Tora ist damit ein Produkt und ein Spiegel jener Krise, in welche die Menschheit geriet, als sie gezwungen war, ihr Verhalten auf radikale Weise zu verändern. Und die Tora ist ein mächtiges kulturelles Mittel, diese Krise endlich in den Griff zu bekommen." (a.a.O.S.170)

Die Vorschriften sind Teil der Abmachungen des Bundes, den Gott mit seinem Volk geschlossen hat. Werden sie eingehalten, wird es dem Volk gut gehen. Wenn nicht, bricht Unheil aus. (a.a.O. S.168).

Die beiden Autoren erklären die Entstehung und den Inhalt der Gesetze evolutionsbiologisch folgendermassen:

> „In Zeiten, als den Menschen das Wissen um die Ursachen von Epidemien, Dürren oder Erdbeben fehlte, lautete die Diagnose der ersten Natur: Katastrophen, welcher Art auch immer, sind die Strafen übernatürlicher Akteure."

Deshalb gilt es jeweils die Gründe zu identifizieren, welche die Götter zu Strafen veranlassten, um zu verhindern, dass sie sich ein zweites Mal provoziert fühlten. Dazu versuchten die Verfasser der Texte sich in Gott einzufühlen, wobei sie sich dessen Fühlen und Verhalten in menschlicher Manier vorstellten.

„Ist erst einmal bekannt, was Gott in Rage versetzt, braucht es nur noch Gesetze, die solches Handeln unterbinden. Halten sich alle daran, wird die Gemeinschaft künftig von Übel verschont. Wo kein menschliches Delikt, da auch keine göttliche Strafe" (a.a.O. S.169).

Der alttestamentliche Eingottglaube (= Monotheismus)

Mit seinem Aufsatz „Monotheismus und die Sprache der Gewalt" hat Jan Assmann zu Beginn unseres Jahrhunderts die Gewalttendenzen, die sowohl mit dem jüdischen Monotheismus wie mit dem christlich-modifizierten Monotheismus verbunden waren und sind, zum heiss umstrittenen Thema gemacht:

> „Gerade wenn man diese Ereignisse nicht für historisch hält, sondern für Sagen und Legenden, in denen eine Gesellschaft sich eine Vergangenheit konstruiert oder rekonstruiert, die ihren gegenwärtigen Zielen und Problemen Sinn und Perspektive gibt, also für symbolische Erzählungen, stellt sich die Frage nach ihrer Bedeutung mit besonderer Dringlichkeit."

zum Vorgehen

In einer Zeit, in der eine jahrzehntelange, friedliche und prosperierende Nachkriegszeit der westlichen Welt sich ihrem Ende zu nähern scheint, ist es wichtig, dass wir uns mit den Gewalttendenzen unserer westlichen Kultur und ihren Ursachen historisch, kulturell und sozialwissenschaftlich auseinander zu setzen.
Wir stützen uns dabei auf Bernhard Langs Buch ‚Jahwe, der biblische Gott', vor allem aber auf Jan Assmanns kritische Anfrage zur Sprache der Gewalt im Monotheismus[124] sowie auf Othmar Keels und Erich Zengers Antwort.

Zeitlich begrenzte Verehrung eines einzigen Gottes als Vorstufe des Monotheismus ?

Nach Bernhard Lang hat sich in der heutigen Forschung die Überzeugung gefestigt, daß die ausschließliche Verehrung eines einzigen Gottes (= Monolatrie) und der exklusive Glaube an ihn - eine späte Entwicklung innerhalb der hebräischen Religion darstellen (Lang 2002:228)-

„Die zeitweilige Alleinverehrung in Kriegszeiten mag im 8. und 7. Jahrhundert v.Chr. das Vorbild der späteren *Jahwe-allein-Idee* gewesen sein. Damals wuchs der Druck des assyrischen Oberherrn auf Palästina und bestimmte zunehmend das politische Leben. Die Krise wurde zum Dauerzustand, so daß eine ausschließliche und dauernde Bindung an den einen, Rettung verheissenden Gott geboten schien."

> In diesem Sinne läßt sich der beginnende Monotheismus als Antwort auf eine schwere politische Krise verstehen.
> (Lang 2002:230)

Der früheste Hinweis auf die Forderung nach Alleinverehrung findet sich bei *Hosea*, einem Propheten der ca. um 750 v.Chr. im Nordreich wirkte und von dem das folgende Gotteswort überliefert ist:
Ich aber, ich bin Jahwe, dein Gott, seit der Zeit in Ägypten; du sollst keinen anderen Gott kennen als mich. Es gibt keinen Retter außer mir (Hos 13,4).

Die genaue Analyse dieses Wortes ergibt, dass der ausschliesslich zu verehrende Gott der Kriegsgott ist, der Israel aus Aegypten herausgeführt hat.

Zur Zeit Hoseas blieb die Forderung nach Alleinverehrung ohne nennenswertes Echo. Erst gegen Ende des 7. Jahrhunderts, wurde die «Jahwe-allein-Bewegung» einflußreicher, bis es ihr schließlich gelang, die gesamte biblische Überlieferung zu beherrschen.

Monotheismus und Gewalt

Für Assmann ist das von ihm aufgeworfene Problem von Monotheismus und Gewalt „nicht die Gewalt als solche, sondern die Sprache der Gewalt, die Szenen von Massakern, Strafaktionen, Blutvergießen, Vertreibungen, Zwangsscheidungen von Mischehen und so weiter, in denen der Monotheismus in der hebräischen Bibel die Geschichte seiner Entstehung und Durchsetzung schildert."

Inklusiver und exklusiver Monotheismus

Jan Assmann unterscheidet zwei Formen von Monotheismus:

> Die eine lässt sich auf die Formel bringen:
> ‚Alle Götter sind Eins' (= *inklusiver* Monotheismus),
> die andere auf die Formel :
> ‚Keine anderen Götter ausser Gott!' (= *exklusiver* Monotheismus)

„Die erste Formel findet sich in ägyptischen, babylonischen, indischen und Texten der griechisch-römischen Antike. Wir wollen diese Form des Monotheismus als ‚*inklusiven Monotheismus*' bezeichnen.
Diese Form des Monotheismus stellt, wie C.S.Lewis einmal formuliert hat, nicht den Gegensatz, sondern den Reifezustand des Polytheismus dar. Alle polytheistischen Religionen führen letztendlich zu der Einsicht, dass alle Götter Eines sind.

Die zweite Formel (d.h. exklusiver Monotheismus) begegnet uns zuerst um 1350 v.Chr. in Texten des Echnaton von Amarna und dann natürlich massiv im jüdischen, christlichen und islamischen Monotheismus."

„Diese Form geht nicht im Sinne der Evolution aus dem Polytheismus hervor, sondern stellt sich ihm im Sinne der Revolution entgegen."

Assmann ruft uns dann einige der typischen Gewaltszenen ins Gedächtnis, mit denen die Bibel die Einführung und Durchsetzung des Monotheismus illustriert:

Den Anfang macht die Szene um den goldenen Jungstier. Die Israeliten sind rückfällig geworden. Sie haben die lange Abwesenheit ihres Führers Mose auf dem Berg Sinai nicht mehr ausgehalten und Aaron gebeten, ihnen ein Gottesbild zu schaffen, eine Repräsentation, die anstelle des Repräsentanten Gottes vor ihnen herziehen soll. Zur Strafe und Entsühnung veranstaltet Mose eine Strafaktion, die in Ex 32,6-28 folgendermassen beschrieben wird:
Mose trat an das Lagertor und sagte: Wer für den Herrn ist, her zu mir! Da sammelten sich alle Leviten um ihn. Er sagte zu ihnen: So spricht der Herr, der Gott Israels: Jeder lege sein Schwert an. Zieht durch das Lager von Tor zu Tor! Jeder erschlage seinen Bruder, seinen Freund, seinen Nächsten. Die Leviten taten, was Mose gesagt hatte. Vom Volk fielen an jenem Tag gegen dreitausend Mann."

Einschub zum goldenen Jungstier

Nach Thomas Staubli[135] geht es in dieser Episode weder um ein Kalb noch um Geldgier sondern um die Verehrung eines Jungstiers, d.h. um das Festhalten an alten religiöse Traditionen, was von den Vertretern des Monotheismus als Rückfall dargestellt wurde.
Seit ältester Zeit staunten die Menschen im Alten Orient über die Kampfkraft und Stärke.

Der Episode vom goldenen Jungstier stellt Assmann dann das 5.Buch Mose 13,7-12 zur Seite:

Wenn dein Bruder (...) oder dein Freund, den du liebst wie dich selbst, dich heimlich verführen will und sagt: Gehen wir und dienen wir anderen Göttern, (...) dann sollst du nicht nachgeben und nicht auf ihn hören. Du sollst in dir kein Mitleid mit ihm aufsteigen lassen(...) und die Sache nicht vertuschen. Sondern du sollst ihn anzeigen. Wenn er hingerichtet wird, sollst du als Erster deine Hand gegen ihn erheben, dann erst das ganze Volk. Du sollst ihn steinigen, und er soll sterben; denn er hat versucht, dich vom Herrn, deinem Gott, abzubringen, der dich aus Aegypten geführt hat, aus dem Sklavenhaus.
Ganz Israel soll davon hören, damit sie sich fürchten und nicht noch einmal einen solchen Frevel in deiner Mitte begehen.

Vorbild sind assyrische *politische* Vasallenverträge

> Die Sprache der Gewalt in den eben zitierten Texte stammt aus dem assyrischen Königsrecht, das von den Vasallen absolute Loyalität forderte.

Assmann zitiert dazu eine Aussage von *Othmar Keel*:
„Die Forschung hat in letzter Zeit immer deutlicher gezeigt, dass dieser beunruhigende Text teilweise wört-

lich assyrische Texte kopiert — *nicht religiöse, sondern politische*.

Das im nördlichen Irak beheimatete, expansive Assyrerreich hat die von ihm unterworfenen Könige eidlich verpflichtet, nur dem assyrischen Grosskönig zu dienen und jeden und jede unverzüglich zu denunzieren, die sie dazu überreden wollten, vom Grosskönig von Assur abzufallen. Solche Vasallitätsverpflichtungen mussten eine Zeitlang auch die jüdischen Könige in Jerusalem übernehmen."

„Aus derselben Quelle stammen die Strafandrohungen Gottes für den Fall der Vernachlässigung des Gesetzes, die das gesamte 28. Kapitel des 5.Buches Mose bilden und eine fast noch deutlichere Sprache der Gewalt sprechen. Diese geradezu sadistisch anmutenden Schilderungen der Vernichtung, Zerstörung, Ausrottung des untreu gewordenen Volkes lesen sich wie eine Vorahnung von Auschwitz..."

Statt diese 53 Verwünschungen im einzelnen aufzuzählen, zitiert Assmann Gottes Worte an Salomo in 1 Kö 9,6-7, die dieses Motiv in zwei Sätzen zusammenfassen:

Doch wenn ihr und eure Söhne euch von mir abwendet und die Gebote und Gesetze, die ich euch gegeben habe, übertretet, wenn ihr euch anschickt, andere Götter zu verehren und anzubeten, dann werde ich Israel in dem Land ausrotten, das ich ihm gegeben habe. Das Haus, das ich meinem Namen geweiht habe, werde ich aus meinem Angesicht wegschaffen, und Israel soll zum Gespött und zum Hohn unter allen Völkern werden.

Solche Drohformeln gehören zum Repertoire *politischer* Verträge. Das 5.Buch Mose greift diese Tradition auf und überbietet sie sogar.

Othmar Keels erklärt die Uebernahme der politischen Gewaltmotive in das jüdische Gottesbild folgendermassen:

„Am Ende des 7. Jahrhunderts v.Chr. brach das Assyrerreich zusammen und es entstand ein Machtvakuum.
Judäische Theologen hatten die originelle Idee, das Vakuum auszufüllen, indem sie die Forderungen, die der assyrische Grosskönig gestellt hatte, vom Gott Israels, von Jahwe, ausgehen liessen.
Damit haben sie das Machtvakuum gefüllt, damit haben sie Israel innerlich von allen Despoten unabhängig gemacht, dem Gott Israels aber gleichzeitig Eigenschaften eines Despoten härtester Sorte zugeschrieben.

Man kann den zitierten Text als Beweis für die dem Monotheismus eigene Intoleranz, Agressivität und Brutalität anführen."

Othmar Keel lehnt jedoch die despotische Interpretation des Monotheismus ab und unterscheidet zwischen einem unreifen (gewalttätigen) Monotheismus und einem reifen (friedlichen) Monotheismus.

Jan Assmann stellt sich dieser Unterscheidung mit den folgenden Argumenten entgegen:

„Es mag ja sein, da der wirkliche Monotheismus keine Eifersucht kennt. Aber der biblische Gott ist nun einmal ein eifernder Gott *El Qanna*, der zwischen Freund und Feind unterscheidet und die Sünden seiner Feinde verfolgt bis ins dritte und vierte Glied, seinen Freunden aber bis ins tausendste Glied seine Gnade erweist."

> Das ist vielleicht kein wirklicher Monotheismus, aber es ist das Herzstück der Tora. Die ist die Grundlage unserer Tradition, unserer geistigen Welt.
>
> Das 5. Buch Mose gehört zu den absolut zentralen Grundtexten der jüdischen, aber auch der christlichen Kultur.

Nach Jan Assmanns Meinung berühren wir hier das Zentrum des monotheistischen Gottesgedankens.

Das Vorbild aller Eiferer für Gott ist der Priester Pinhas aus dem Stamm Levi. Die Geschichte steht im 25. Kapitel des Buches Numeri:

Als sich Israel in Schittim aufhielt, begann das Volk mit den Moabiterinnen Unzucht zu treiben. Sie luden das Volk zu den Opferfesten ihrer Götter ein, das Volk ass mit ihnen und fiel vor ihren Göttern nieder. So liess sich Israel mit Baal-Pegor ein. Da entbrannte der Zorn des Herrn gegen Israel, und der Herr sprach zu Mose: Nimm alle Anführer des Volkes, und spiesse sie für den Herrn im Angesicht der Sonne auf Pfähle, damit sich der glühende Zorn des Herrn von Israel abwendet. Da sagte Mose zu den Richtern Israels: Jeder soll die von seinen Leuten töten, die sich mit Baal-Pegor eingelassen haben. Unter den Israeliten war einer, der zu seinen Brüdern kam und eine Midianiterin mitbrachte, und zwar vor den Augen des Mose und der ganzen Gemeinde der Israeliten, während sie am Eingang des Offenbarungszeltes weinten. Als das der Priester Pinhas, der Sohn Eleasars, des Sohnes des Aarons, sah, stand er mitten in der Gemeinde auf, ergriff einen Speer, ging dem Israeliten in den Frauenraum nach und durchbohrte beide, den Israeliten und die Frau, auf ihrem Lager.
Danach nahm die Plage, die die Israeliten getroffen hatte, ein Ende. Im ganzen aber waren vierundzwanzigtausend Menschen an der Plage gestorben.
Der Herr sprach zu Mose: ‚Der Priester Pinhas, der Sohn Eleasars, des Sohnes Aarons, hat meinen Zorn von den Israeliten abgewendet dadurch, dass er sich bei ihnen für mich ereiferte. So musste ich die Israeliten nicht in meinem leidenschaftlichen Eifer umbringen.

„Worin bestand die Sünde des Volkes, für die 24000 an der Pest und wer weiss wie viele weitere auf Pfählen sterben mussten?

Sie hatten sich mit den Midianitern und vor allem Midianiterinnen eingelassen, die sie zur Teilnahme an ihren Opferfesten einluden und dadurch zur Anbetung anderer Götter verführten. Schlachten und opfern war gleichbedeutend. Jedes Fleisch war Opferfleisch.

> „Ueberall geht es um die Forderung des exklusiven Monotheismus: Keine anderen Götter!"

Diese Forderung veranschaulicht Assmann mit den folgenden Bibelzitaten:

Ich setze deine Landesgrenzen fest vom Schilfmeer bis zum Philistermeer, von der Wüste bis zum Strom. Wenn ich die Einwohner des Landes in deine Hand gebe und du sie vertreibst, dann sollst du keinen Bund mit ihnen und ihren Göttern schliessen. Sie sollen nicht in deinem Land bleiben. Sonst könnten sie dich zur Sünde gegen mich verführen, so dass du ihre Götter verehrst; denn dann würde dir das zu einer Falle" (2.Mose 23,31f.).

Im 5.Buch Mose 12,2-3 folgen dann Anweisungen zum Umgang mit der Religion der von Israel besiegten Völkern:

Ihr sollt alle Kultstätten zerstören, an denen die Völker, deren Besitz ihr übernehmt, ihren Göttern gedient haben: auf den hohen Bergen, auf den Hügeln und unter jedem üppigen Baum. Ihr sollt ihre Altäre niederreissen und ihre Steinmale zerschlagen. Ihre Kultpfähle sollt ihr im Feuer verbrennen und die Bilder ihrer Götter umhauen. Ihre Namen sollt ihr an jeder solchen Stätte tilgen.

> Diese Sätze stehen an vorderster Stelle des anschliessenden Gesetzeswerks, sie sind gewissermassen die praktische Umsetzung des 1. Gebots
>
> Ich bin der HERR, dein Gott, der dich herausgeführt hat aus dem Land Ägypten, aus einem Sklavenhaus. Du sollst keine anderen Götter haben neben mir (2.Mose 20,2-3).

In diesen Zusammenhang gehören nach Assmann auch die Bestimmungen, wie im Krieg mit feindlichen Städten zu verfahren ist. Hier wird ein wichtiger Unterschied gemacht, der unmittelbar aus dem Geist des exklusiven Monotheismus hervorgeht:

Aus den Städten dieser Völker jedoch, die der Herr, dein Gott, dir als Erbbesitz gibt, darfst du nichts, was Atem hat, am Leben lassen. Vielmehr sollst du an den Hetitern und Amoritern, Kanaanitern und Perisitern, Hiwitern und Jebusitern den Bann vollstrecken, so wie es der Herr, dein Gott, dir zur Pflicht gemacht hat, damit sie euch nicht lehren, alle Greuel nachzuahmen, die sie begingen, wenn sie ihren Göttern dienten, und ihr nicht gegen den Herrn, euren Gott, sündigt" (Dtn 20,15).

Fremdstädte dürfen ‚normal' erobert werden, an den Städten Kanaans aber muss, wie es an anderen Stellen heisst, ‚der Bann vollstreckt werden mit der Schärfe des Schwerts' (5. Mose 13,16).

Nach Thomas Staubli spielte für die Entstehung des Monotheismus die Bewahrung Jerusalems anlässlich des abgebrochenen Eroberungsversuchs durch den Assyrerkönig Sanherib im Jahre 701 für die Entstehung des Monotheismus eine zentrale Rolle:

„Jerusalem wurde nicht erobert, sondern musste einen gewaltigen Tribut bezahlen. Diesen für die Jerusalemer glücklichen Ausgang des Konfliktes glaubte man der Hilfe Jahwes zu verdanken. Erstmals wird er in einer Legende (2. Kö 19) über diese Ereignisse in einem Gebet des Königs Hiskija als »*einziger Gott*« angesprochen, der sich sogar gegenüber dem scheinbar so mächtigen Assyrergott als mächtiger erwies. [136].

Thomas Staubli interpretiert die Charakterisierung Jahwes als Despot als Bekenntnis, dass Jahwe der stärkste aller Götter sei, sogar stärker als der Gott der Assyrer.

In Anlehnung an Thomas Staubli verstehen wir - auf dem Hintergrund der frühesten Geschichte Jahwes als Kriegsgott - den Monotheismus als Bekenntnis, dass Jahwe der stärkste Gott sei, auch stärker als der Gott Assurs.

Soziologische Erklärung der Entstehung des jüdischen Monotheismus

zum Vorgehen

Auf den vorangegangenen Seiten haben wir am Beispiel der Entstehung des Monotheismus - gestützt auf Jan Assmann und Thomas Staubli - nachgewiesen, dass in der Bibel neben Spuren religiös schöpferischen Erlebens - auch Spuren unbewusster und destruktiver psychologischer sowie sozialpsychologischer Automatismen zu finden sind.

Das von Jan Assmann kritisierte Verhalten wurde und wird in der Bibel als gottgewollt legitimiert. Soziologisch betrachtet handelt es sich dabei um

- autoritäres Verhalten
- Vorurteile
- Ethnozentrismus,
- Rassismus,
- Aufforderung zu ethnischen Säuberungen
- Aufforderung zur Ermordung von Angehörigen anderer Religionen und anders Denkender der eigenen Religion.

Einschub: Konsequenzen für das Bibelverständnis

Für Carel van Schaik und Kai Michel stellen sich angesichts dieser Befunde die folgenden Fragen bezüglich der Autorität der Bibel:

> „Wie kann das Buch Gottes so voller Fehler und Grausamkeiten stecken? Warum ist dieser Gott oft so zornig? Nein, die Bibel ist keine perfekte Schrift. Diese Erwartungen kann sie nicht erfüllen. Muss sie auch nicht; sie hat das selbst nie behauptet. Sie war ein gutes Jahrtausend lang *work in progress* (d.h. eine dauernd weiter fortschreitende Arbeit von Menschen/K.S.)".
>
> Van Schaik Carel und Kai Michel 2016:488

Die Fundamentalisten aller Religionen behaupteten und behaupten bis heute, dass jedes Wort in ihren heiligen Schriften göttlich inspiriert und deshalb unfehlbar und für alle Zeiten gültig sei.
Diese Behauptung ist angesichts der Resultate der historischen und interdisziplinären Bibelforschung nicht haltbar.

Die Bibel ist von Menschen geschrieben und Ausdruck ihres jahrtausendelangen Ringens um die Bewältigung ihres Lebens und ihrer Sinnsuche. Es lassen sich darin bewundernswerte religiöse Einsichten finden aber auch überholte Aussagen und sogar grausame Unmenschlichkeiten.
Biblische Aussagen dürfen deshalb nicht ohne kritische Ueberprüfung ihrer Entstehungsgeschichte wörtlich als Weisungen für unsere heutige Zeit verstanden werden.

Wir lehnen deshalb fundamentalistische Aktualisierung biblischer Texte ab, aber auch arrogant rationalistische Bibelkritik, wie sie Richard Dawkins vertritt, wenn er die Bibel (wie die Religionen überhaupt) als Sammlung von Wahnvorstellungen interpretiert.

> Wir schlagen vor die Bibel (und andere heilige Schriften) mit einen integralen Bewusstsein zu lesen und in einem interdisziplinären Dialog zu interpretieren und zu aktualisieren.

Anomie als Erklärung der Entstehung des Monotheismus

Eine überzeugende Erklärung der Entstehung des jüdischen Monotheismus scheint uns die soziologische Anomietheorie zu liefern, die wir im Folgenden ganz knapp zusammenfassen[137]:

Bedrohliche gesellschaftliche Veränderungen, bewirken bei den Betroffenen ein Gefühl von Anomie (griechisch = Normlosigkeit), d.h. dass die bisher geltenden Werte, Normen und Regeln ihre Geltung verlieren.

> Durch Anomie verunsicherte Individuen entwickeln oft das Bedürfnis nach einer starken, autoritären Führung und die Bereitschaft sich dieser zu unterwerfen. Ferner die Neigung zu grob vereinfachenden Problemerklärungen und Problemlösungen, ein vorurteilhaftes Denken, sowie eine ausgeprägte Bereitschaft sich den Verhaltensnormen der Gruppierung oder Nation anzupassen, der sie angehören.

Aktuelle *politische Beispiele* für diesen Vorgang sind die Anhänger diverser populistischer Bewegungen z.B. die Anhänger von Donald Trump, der Alternative für Deutschland AfD und ähnliche.
Aktuelle *religiöse Beispiele* sind die Anhänger konservativer fundamentalistisch-christlicher Gruppierungen (die teilweise mit Trumps AnhängerInnen identisch sind) und die Anhänger islamistischer Bewegungen (z.B. des islamischen Staates).

Derartige, unbewusste sozialpsychologische Abläufe wurden im 8.Jahrhundert v.Chr. auch durch die assyrischen Vernichtungsdrohungen ausgelöst. Sie riefen das Bedürfnis nach einem unbesiegbar starken Gott hervor, der allen andern Göttern überlegen sein würde.
Gleichzeitig bewirkten sie eine intolerante Abwertung aller andern Götter als heidnische Götzen. Und sie führten dazu, dass nach der Rückkehr der jüdischen Eliten aus der babylonischen Verbannung die biblischen Rechtstraditionen fundamentalistisch und frauenfeindlich überarbeitet und äusserst intolerant durchgesetzt wurden.

Soziologisch und in der Sprache von Ervin Laszlos Systemtheorie formuliert, versuchte die nach Babylon deportierte jüdische religiöse und politische Elite fast unlösbare Probleme zu bewältigen.

Problembewältigung gemäss E. Laszlos Systemtheorie, angewandt auf die nach Babylon deportierten jüdischen Eliten
Theorierevision* (von Symbolen, Alltagstheorien, wissenschaftlichen Theorien): Monotheismus und Abgrenzung gegen fremde Kulturen 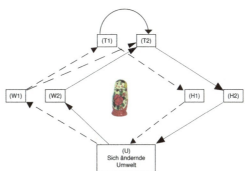 neue Umwelt = fremdes Land

wahrnehmen	**Handeln**
Entwurzelung: Verlust der materiellen Sicherheit und massive Bedrohung der religiösen Identitäi in einem fremden Land mit einer ganz anderen Religion, d.h. Erleben von Anomie, und als Folge massive Verunsicherung.	materielles Ueberleben sichern durch äusserliche Anpassung. Soweit möglich Rückzug in die jüdische Subkultur sowie rigides Befolgen der jüdischen religiösen Vorschriften.

* Erläuterungen zur Theorierevision:

Die älteste Religion Israels war - wie die der übrigen Völker des vorderorientalischen Milieus - polytheistisch, d.h. man verehrte eine Vielzahl von Göttern und Göttinnen. die unterschiedliche Aspekte der jenseitigen Wirklichkeit in vielfältiger Weise symbolisch zum Ausdruck brachten[138].

Als Folge der durch die Deportation nach Babylon hervorgerufenen Gefühl extremer Anomie, erfolgte dann bei vielen verschleppten Juden eine massive innerliche Abgrenzung von allen andern Religionen, wie sie später im 5.Buch Mose (12,2-3) zum Ausdruck gebracht wurde und die Ablösung des Polytheismus durch den Monotheismus.

Historisch betrachtet, war der monotheistische Glaube - als Versuch äusserst bedrohliche politische und religiöse Krisen zu bewältigen und die jüdische Identität zu bewahren - zunächst recht erfolgreich. Er bewahrte den jüdischen Staat davor, im assyrischen Reich völlig aufzugehen und ermöglichte ihm 165 v.Chr. durch den Aufstand der Makkabäer, erfolgreich den Versuch des seleukidischen Herrschers Antiochus IV. abzuwehren, im Jerusalemer Tempel den Jahwekult zu verbieten und durch die Anbetung des griechischen Gottes Zeus zu ersetzen.

Zum fundamentalistischen Monotheismus der Makkabäer

Falls man den Makkabäerbüchern glaubt, hat der Anführer der Rebellen, *Judas Makkabäus*, das Leben ganzer jüdischer Städte ausgelöscht, die sich dem Hellenismus[139] assimiliert hatten - Maßnahmen, die in den Makkabäerbüchern nicht etwa mit Abscheu, sondern mit Stolz berichtet werden. An diesen Städten "wird der Bann vollstreckt mit der Schärfe des Schwertes", wie es das 5.Buch Mose für die kanaanäischen Städte vorschreibt."

> In dieser buchstäblichen Anwendung von Aussagen des 5.Buches Mose auf eine völlig neue Lebenssituation äussert sich nach Assmann eine fundamentalistische Haltung**:
>
> „Hier haben wir es mit religiösem Eifer reinster Form zu tun, mit **Zelotismus**, wie es griechisch heißt, in Übersetzung des hebräischen Begriffs *qin'a* im Sinne eines religiös motivierten Totaleinsatzes des eigenen Lebens; das arabische Äquivalent ist natürlich **dhihad**."

**Fundamentalismus* (abgeleitet von lateinisch *fundamentum* ‚Unterbau', ‚Basis', ‚Fundament') ist nach Wikipedia (2020) eine Überzeugung, Anschauung oder Geisteshaltung, die sich durch ein kompromissloses Festhalten an ideologischen oder religiösen Grundsätzen kennzeichnet und das politische Handeln bestimmt (Vgl. oben S.14).

In ihrem Freiheitskampf von 165v.Chr. erkämpften die Makkabäer für 100 Jahre eine Erbherrschaft über die Juden.
63 v.Chr. kam dann Pompejus im Zuge der römischen Neuordnung des Orients nach Jerusalem. Herodes der Grosse schaffte es, sich den Römern als geeignetsten Klientel-König für Juda zu präsentieren und wurde als solcher von ihnen eingesetzt.

Erich Zengers reflektierter oder reifer Monotheismus

Erich Zenger hat Jan Assmann vorgeworfen den jüdischen Monotheismus zu einseitig darzustellen.

„Dort, wo der biblische Monotheismus sich selbst und seine Implikationen reflektierte...präsentierte er sich gewaltkritisch und gewaltlos zugleich. Diese Leistung des mosaischen Monotheismus kommt in Assmanns Darstellung zu kurz, bzw. überhaupt nicht zur Sprache[140]."

Als Beispiel dafür zitiert er Jes 11,1-10, wo der König in V5 den Titel „Fürst des Friedens" trägt:

Doch aus dem Baumstumpf Isais geht ein Reis hervor, ein junger Trieb aus seinen Wurzeln bringt Frucht
Es lässt sich nieder auf ihm der Geist JHWHs:
der Geist der Weisheit und der Einsicht,
der Geist des Rates und des Kampfes,
der Geist der Erkenntnis und der Furcht JHWHs.
Er selbst begeistert ihn mit der Furcht JHWHs.

Nicht nach dem Augenschein schafft er Recht,
und nicht nach dem Hörensagen schlichtet er.
Er schafft Recht mit Gerechtigkeit den Kleinen,
und er schlichtet mit Heil für die Armen des Landes.
Er unterwirft das Land mit dem Stab seines Mundes,
und mit dem Hauch (Geist) seiner Lippen tötet er den Frevler
Gerechtigkeit ist der Gürtel um seine Hüften und Treue der Gürte! um
seine Lenden.

Dann wohnt der Wolf (als Gast) beim Lamm
und der Leopard lagert sich (friedlich) beim Böcklein,
Kalb und Junglöwe mästen sich zusammen,
ein kleiner Knabe leitet sie (als ihr Hirte),
Kuh und Bärin sind Weidegenossen,
zusammen lagern sich ihre Jungen,
der Löwe frisst Stroh wie das Rind
Der Säugling spielt am Schlupfloch der Kobra und in die Höhle der
Otter streckt der Entwöhnte seine Hand.
Sie tun nichts Böses und handeln nicht verderbt
auf meinem ganzen heiligen Berg
denn erfüllt ist das ganze Land von Erkenntnis JHWHs,
wie die Wasser das Meer zudecken
Und es wird geschehen an jenem Tag:
Der Wurzelspross Isais wird dastehen als Zeichen
als Zeichen für die Völker
Zu ihm ihm kommen suchend die Nationen,
sein Ruheplatz wird voll Herrlichkeit sein.

Nach Erich Zenger[141] wird in Jes 11,6-8 nicht nur die Gewaltlosigkeit als gottgewolltes Lebensprinzip proklamiert sondern auch ein Lebensmodell präsentiert, in dem die Starken sich freiwillig zurücknehmen und sich in ihrer Lebenspraxis den Schwachen anpassen bzw. sogar unterordnen.

> Dem „messianischen" Friedensfürst geht es nicht um Herrschaft, sondern um die Weitergabe der göttlichen Lebenskraft an alle. Das Ende der Gewalt, das dieses „neue" Königtum bringt, ist so total, dass kein Lebewesen mehr ein anderes bedroht oder auf seine Kosten lebt.

„Wenn der Zion zu einem Ort lebensförderlicher Gewaltlosigkeit und solidarischer Gerechtigkeit wird, werden — so sagt es Jes 11,10 — die Völker freiwillig dorthin kommen, um diese Lebensordnung zu lernen (vgl. Jes 2,1-5).
Dann wird JHWHs Weltherrschaft politische Realität werden. Das ist ein klarer Gegenentwurf zu der mit Gewalt und Ausbeutung erzwungenen Weltherrschaft, wie wir sie oben im Horizont des polytheistischen Gotteskonzepts bzw. des assyrischen Imperialismus kennengelernt haben."

> JHWH ist nach Zenger also der Gott, der den Kriegen ein
> Ende setzt. Und das ist auch der Regierungsauftrag
> seines ‚messianischen' Repräsentanten in Jerusalem, der
> mit der Kraft seines Wortes weltweiten Frieden her-
> beiführen wird.

(In Jes.11,1-10 ist übrigens die archaische Vorstellung von einem Herrn der Tiere erkennbar).

Mit seinem Plädoyer für den reflektieren „wirklichen" Monotheismus geht Zenger dann soweit zu behaupten:

„Im monotheistischen Gotteskonzept von 1.Mose 1 werden die Menschen sogar als ‚Bilder' des Schöpfergottes selbst geschaffen, ihm ähnlich" (vgl. 1.Mose 1,26-28). Während in den polytheistischen Konzepten der Umwelt Israels die Prädikation ‚Bild' der Schöpfergottheit für Könige oder Oberpriester reserviert wird, spricht der reflektierte Monotheismus der Priesterschrift diese Würde jedem und allen Menschen zu.

Das ist eine universalistische Perspektive, die eine fundamentale Gleichheit aller Menschen, unabhängig von Geschlecht und Rasse, Ethnie und Religion proklamiert.

> Zenger projiziert hier sein eigenes, neuzeitliches Konzept der Menschenwürde unkritisch in die im 6.Jahrhundert vor Christus im babylonischen Exil entstandene Priesterschrift hinein.

Bernhard Lang kommt aus religionsvergleichender Sicht zu einer ganz anderen Sicht der Gottesebenbildlichkeit des Menschen[142]:

„...Tier und Mensch werden von Gott erschaffen. Als tier- und menschenfreundliches Wesen bringt Gott eine gute Schöpfung hervor und erfüllt alle Lebewesen mit Segen. Dem Menschen fällt eine Sonderstellung zu, die als Auftrag ausgesprochen wird:
‚Seid fruchtbar und vermehrt euch, bevölkert die Erde, unterwerft sie euch, und herrscht über die Fische des Meeres, über die Vögel des Himmels und über alle Tiere, die sich auf dem Land regen. Dann sprach Gott: Hiermit übergebe ich euch alle Pflanzen auf der ganzen Erde, die Samen tragen, und alle Bäume mit samenhaltigen Früchten. Euch sollen sie zur Nahrung dienen.' (Gen 1,28-29)

Den Begriff «Gottebenbildlichkeit» interpretiert Lang im Anschluss an die Uebersetzung von *Walter Gross*:

Dann sprach Gott: Laßt uns Menschen machen als unser Bild, als unsere Gestalt, damit sie herrschen über die Fische des Meeres, über die Vögel des Himmels, über das Vieh, über alle wilden Tiere der Erde und über alle Kriechtiere auf dem Land.
Gott schuf also den Menschen als sein Abbild; als Abbild Gottes schuf er ihn. (nach Walter Gross 1.Mose 1,26-27)

Walter Gross[143] versteht das Nebeneinander von Gott und Mensch folgendermassen: Wie Gott über die gesamte Schöpfung, herrscht, so herrscht der Mensch über das Tierreich. Der Gedanke der Herrschaft steht im Vordergrund. Gott vergleichbar, ist auch der Mensch ein Herr der Tiere - eine Auffassung, die Lang für die richtige hält (Vgl. dazu auch Ps 8,5-9)."

> Nach Bernhard Lang ist der Mensch die Krone der Schöpfung und Herrscher über die Tiere. Gott hat ihm alles zu Füßen gelegt, «all die Schafe, Ziegen und Rinder». Diese Stellung bringt mit sich, daß er über das Privileg der Tiertötung verfügt.

Diese Interpretation der Gottesebenbildlichkeit halten wir für überzeugender als die höchst spekulative von Erich Zenger.
Mit einem ausführlichen historischen Nachweis der Entstehung der Menschenrechte durch Gerd Theissen und Larry Siedentop werden wir uns dann später in diesem Kapitel befassen.

Zur Wirkungsgeschichte des jüdischen Monotheismus

Von den Makkakbäern bis zum Bar Kochba Aufstand

Wie Jan Assmann gezeigt hat, hat Judas Makkabäus seiner Widerstandsbewegung gegen den hellenistischen Seleukidenherrscher Antiochus IV. das Kriegsrecht des 5.Buches Mose zugrunde gelegt[144].

Judas Makkabäus hatte sich nämlich nicht nur mit Gewalt gegen Antiochus IV. gewehrt, sondern, wenn man den Makkabäerbüchern glauben will, das Leben ganzer jüdischer Städte ausgelöscht, die sich dem Hellenismus assimiliert hatten - Maßnahmen, die in den Makkabäerbüchern nicht etwa mit Abscheu, sondern mit Stolz berichtet werden. An diesen Städten "wird der Bann vollstreckt mit der Schärfe des Schwertes", wie es das 5. Buch Mose für die kanaanäischen Städte vorschreibt.

> In dieser buchstäblichen Schrifterfüllung äußerte sich eine fundamentalistische Haltung.

Die Makkabäer erkämpften damals mit ihrem Freiheitskampf für 100 Jahre (165 v.Chr. - 63. v.Chr.) eine Erbherrschaft über die Juden.
63 v.Chr. kam Pompejus im Zuge der Neuordnung des Orients nach Jerusalem. Herodes der Grosse, ein mit den Hasmonäern verschwägerter Idumäer, schaffte es, sich den Römern als geeignetsten Klientel-König für Juda zu präsentieren und wurde als solcher von ihnen eingesetzt.
Wie der Makkabäeraufstand war auch der jüdische Krieg 66-73 n.Chr. zu einem wesentlichen Teil ein innerjüdischer Bürgerkrieg: Die nationalistischen Zeloten, die an ein nahe bevorstehendes Weltende glaubten, massakrierten die aristokratischen Sadduzäer und fielen ih-

rerseits den Römern zum Opfer. Im Jahre 73 fiel Masada als letzte Festung und im Jahre 78 wurde der zweite Tempel zerstört.
132-135 n.Chr. erfolgte unter der Leitung von Simon Bar Kosiba der nach ihm benannte Bar Kochba Aufstand. Als Ursache wird in den Quellen wieder ein Kulturkonflikt genannt: Das Verbot der Beschneidung durch den Kaiser Hadrian und dessen Absicht in Jerusalem einen heidnischen Tempel zu erbauen. Die Niederschlagung des Aufstandes war für die Römer schwierig und verlustreich und die Folgen für die Juden katastrophal. Jerusalem wurde endgültig römische Kolonie und den Juden wurde bei Todesstrafe verboten, die Stadt zu betreten.

Der Zionismus im 19. und im 20.Jahrhundert

Nach dem zionistische Staatsmann Politiker Shimon Peres, entstand der Zionismus entstand Mitte des 19. Jahrhunderts in Europa mit dem Ziel, den »anormalen« politischen Zustand der »jüdischen Diaspora« bzw. Staatenlosigkeit der Juden aufzulösen, um eine nationalstaatliche Lebensform aufzubauen[145].

In ihrem Buch „Das zionistische Israel"[146] hebt die israelisch- deutsche Historikern Tamar Amar-Dahl hervor, dass Israel sich selbst als »jüdischer und demokratischer Staat« definiert und beschreibt ausführlich die aus dieser Definition resultierenden Spannungen.

In der Unabhängigkeitserklärung vom 14.5.1948 wurden die Aufgaben und Grundsätze des jüdischen Staats folgendermassen beschrieben:

> **Die Grundsätze der Unabhängigkeitserklärung Israels**
>
> „..Der Staat Israel wird der jüdischen Einwanderung und der Sammlung der Juden im Exil offen stehen. Er wird sich der Entwicklung des Landes zum Wohle aller seiner Bewohner widmen. Er wird auf Freiheit, Gerechtigkeit und Frieden im Sinne der Visionen der Propheten Israels gestützt sein. Er wird all seinen Bürgern ohne Unterschied von Religion, Rasse und Geschlecht, soziale und politische Gleichberechtigung verbürgen. Er wird Glaubens- und Gewissensfreiheit, Freiheit der Sprache, Erziehung und Kultur gewährleisten, die Heiligen Stätten unter seinen Schutz nehmen und den Grundsätzen der Charta der Vereinten Nationen treu bleiben."
>
> (Dahl Tamar Amar 2012:69)

Tamar Amar-Dahl kommentiert diese Erklärung folgendermassen:

„Diese Zeilen skizzieren das Spannungsfeld zwischen der im zionistischen Projekt steckenden Aufgabe der ‚Judaisierung' von Eretz Israel[147] und dem Anspruch des neuen Staats auf demokratische und liberale Werte. Universalistische Begriffe wie »Freiheit, Gerechtigkeit und Frieden» will die Unabhängigkeitserklärung kompatibel sehen mit der jüdisch-nationalen Staatsräson des demografischen Wandels des Landes. Das zionistische Projekt soll sich auf liberale Grundsätze stützen und sich gleichzeitig auf biblische Quellen der ‚Visionen der Propheten Israels' berufen.

Von den zionistischen Idealen zur zionistischen Realpolitik

Wie Tamar Amar-Dahl nachgewiesen hat, war die Strategie der Zionisten schon bald nach ihrer Einwanderung in Palästina darauf angelegt, langfristig die Palästinenser zu vertreiben und auf ihrem Land ‚Eretz Israel' zu errichten.

Israels Beharren auf dem Mythos, Eretz Israel sei das Land des jüdischen Volks, bedeutet gleichzeitig, dass es das Selbstbestimmungsrecht der auf eben diesem Territorium lebenden Palästinenser nicht anerkennen kann. Deshalb kann es auch keinen palästinensischen Staat in Teilen des Landes entstehen lassen.

In der politischen Propaganda zuhanden der Weltöffentlichkeit wurde dies bis in die jüngste Zeit erfolgreich verschleiert.

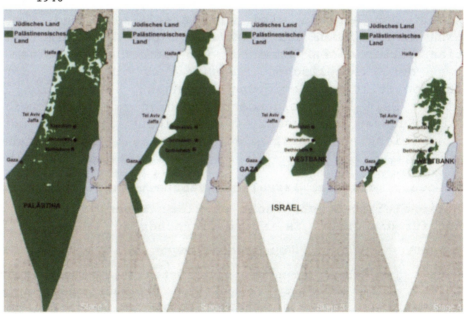

Bild Nr. 22   Palästinensische Landverluste von 1946 bis 2000
Darstellung aus der Palästina Israel Zeitung Juli 2012

Schon kurz nach dem Krieg von 1948 wurde für die israelische Politik ein palästinensischer Staat im Sinne der UN-Teilungs-Resolution 181 von 1947 zum Tabu und durch ein Rückkehrverbot für die palästinensischen Flüchtlinge und die Stärkung der jüdischen Immigration der jüdische Charakter des Staats gefördert.

Mit der Annahme des neuen Nationalstaatgesetzes in der Knesset, dem israelischen Parlament, sind die von Tamar Amar-Dahl in ihrem Buch von 2012 analysierte Entwicklung der zionistischen Politik und die entsprechenden politischen Täuschungsmanöver gegenüber der internationalen Oeffentlichkeit weitgehend aufgegeben worden.

Als Beleg dafür zitieren wir die Uebersetzung der Kritik an diesem Gesetz durch den Journalisten Gideon Levy (von der israelischen Tageszeitung Haaretz) durch Christian Müller im *Newsletter@infosperber Nr.30* vom 23.Juli 2018:

Das neue Nationalstaat-Gesetz in Israel wird international kritisiert. Die härteste Kritik kommt aus dem Land selber.

Jerusalem

Bild Nr. 23
aus Infosperber Nr.30
vom 23 Juli 2018

Die Knesset — das israelische Parlament — hat am 18. Juli 2018 mit knapper Mehrheit und trotz heftiger Kritik auch aus dem eigenen Land ein Gesetz angenommen, das die Rechte der Araber in Israel, die etwa einen Fünftel der Bevölkerung ausmachen, zusätzlich einschränkt und den Siedlungsbau im besetzten Westjordanland sogar verstärkt fördern soll.

Kritik aus dem Ausland wird von Israel zunehmend als antisemitisch wahrgenommen und verurteilt. Deshalb übermittelt uns Christian Müller einen Kommentar von *Gideon Levy*, einem Journalisten der israelischen Tageszeitung Haaretz, der die Besetzungspolitik der Regierung Netanjahu seit vielen Jahren kritisiert. Sein hier folgender Kommentar erschien zwei Tage, bevor die Knesset das Gesetz — in einigen Punkten in der Formulierung leicht entschärft — mit 62 zu 55 Stimmen verabschiedete.

«Das Gesetz, das über Israel die Wahrheit sagt» (Untertitel)

«Das Nationalstaat-Gesetz macht es klar: Israel ist auch rechtlich nur für die Juden. Es ist so einfacher für alle.»

Von Gideon Levy

«Die Knesset ist dabei, eines der wichtigsten Gesetze seit je zu erlassen, und eines, das mit der jetzigen Realität auch am meisten übereinstimmt. Das Nationalstaatgesetz setzt dem wagen Nationalismus und dem gegenwärtigen Zionismus, wie er heute existiert, ein Ende. Das Gesetz beendigt auch die bisherige Farce, Israel sei ‹jüdisch und demokratisch› — eine Kombination, die nie existierte und nie existieren konnte. Denn der Widerspruch ist dieser Kombination inhärent. Die beiden Werte sind nie unter einen Hut zu bringen, ausser mit Betrug.

Wenn der Staat jüdisch ist, kann er nicht demokratisch sein wegen des Mangels der Gleichberechtigung. Wenn der Staat demokratisch ist, kann er nicht jüdisch sein, weil eine Demokratie keine auf der ethnischen Zugehörigkeit basierende Privilegien vergeben kann.

Jetzt aber hat die Knesset beschlossen: Der Staat ist jüdisch. Israel erklärt, dass es der Nationalstaat der Juden ist, nicht der Staat seiner Bürger und Bürgerinnen, nicht ein Staat der beiden Volksgruppen, die in ihm leben. Damit hat die Knesset beschlossen, den Status einer egalitären Demokratie zu verlassen — nicht nur im Alltag, sondern auch in der Theorie. Darum ist dieses Gesetz so wichtig: Es ist ein Gesetz voller Wahrheit.

Die Aufregung über die Gesetzesvorlage wollte vor allem die Politik der Zweideutigkeit fortsetzen. Der Staatspräsident und der Generalstaatsanwalt, die angeblichen Hüter des Anstands, haben protestiert und erhielten Komplimente aus dem linken Lager. Der Präsident schimpfte, das neue Gesetz werde eine Waffe in den Händen der Feinde Israels sein, und der Generalstaatsanwalt warnte vor ‹internationalen Komplikationen›.

Ihre Opposition gründete auf der Angst, Israel vor aller Welt blosszustellen. Immerhin protestierte Staatspräsident Reuven Rivlin mutig laut und deutlich gegen die Klausel, wonach Gemeinden künftig das Recht haben sollen, ihre Einwohner zu durchleuchten und Andersgläubigen die Niederlassung zu verweigern. Aber die meisten Liberalen schreckten einfach davor zurück, als Gesetz schriftlich festgehalten zu sehen, was längst Realität ist.

Mordechai Kremnitzer protestierte in der Dienstagausgabe von Haaretz ebenfalls heftig, das neue Gesetz würde ‹eine Revolution entstehen lassen, nichts weniger›. Das Gesetz bedeute ‹das Ende Israels als jüdischen und demokratischen Staat›. Er fügte bei, das Gesetz mache Israel zu einem nationalistischen Staat wie Polen oder Ungarn — als ob es das nicht längst wäre. In Polen und in Ungarn gibt es keine Tyrannei über andere Leute mit weniger Rechten, wie es hier zur permanenten Realität und zu einem untrennbaren Teil dieses Staates unter dieser Regierung geworden ist, ohne Aussicht auf ein Ende.

Alle diese Jahre der Heuchelei waren angenehm. Es war angenehm, sagen zu können, dass Apartheid nur in Südafrika existierte, weil dort alles in rassistischen Gesetzen verankert war, während dem wir keine solche Gesetze hatten. Es war angenehm zu sagen, dass Hebron keine Apartheid sei, dass das Jordantal keine Apartheid sei, und dass die Besetzung wirklich kein Teil der (israelischen) Herrschaft sei. Und zu sagen, dass wir die einzige Demokratie in dieser Region seien, trotz der Besetzung.

Es war nett zu behaupten, dass die Araber wählen dürfen und wir eine Demokratie von Gleichberechtigten seien. Darauf hinzuweisen, dass es eine Arabische Partei gebe, auch wenn sie von jedem politischen Einfluss ausgeschlossen war. Und zu betonen, dass die Araber in jüdischen Spitälern akzeptiert seien, dass sie in den jüdischen Universitäten studieren und wohnen dürften, wo sie wollen.

Wie aufgeklärt wir doch sind; unser höchstes Gericht entschied im Fall Kaadan, dass eine arabische Familie in Katzir ein Haus kaufen durfte — nach jahrelangen Rechtsstreiten und Ausflüchten. Wie tolerant sind wir doch, dass die Araber arabisch sprechen dürfen, eine offizielle Sprache. Letzteres war eh eine Fiktion. Das Arabische wurde nie wirklich als eine offizielle Sprache gehandhabt, in der Art etwa, wie das Schwedische in Finnland, obwohl die schwedische Minderheit doch viel kleiner ist als die arabische Minderheit hier.

Es war angenehm zu ignorieren, dass das Land im Eigentum des Jewish National Fund, welches das meiste staatseigene Land betrifft, den Juden vorbehalten war — mit fortschreitender Zustimmung des höchsten Gerichts — und wir trotzdem eine Demokratie seien. Es war so viel angenehmer zu denken, dass wir selber Verfechter der Gleichberechtigung seien.

Jetzt werden wir ein Gesetz haben, das die Wahrheit sagt. Israel ist ausschliesslich für Juden — gemäss Gesetz. Der Nationalstaat des jüdischen Volkes, nicht der Bürgerinnen und Bürger. Die Araber sind Zweitklass-Bürger und die palästinensischen Leute sind inexistent. Ihr Schicksal wird in Jerusalem bestimmt, aber sie sind kein Teil des Staates. Es ist einfacher so für jedermann.

Es bleibt ein kleines Problem mit dem Rest der Welt und mit Israels 0000. Ruf, der mit diesem Gesetz ein wenig angekratzt sein wird....

> Der europäische Gerichtshof erklärte sich im Februar 2021 als zuständig für die Beurteilung der Kriegsverbrechen in Palästina.
>
> Ueber das Wochenende von 6./7.2.2021 meldeten die deutsch und schweizerischen Fernsehsender, dass sich der Europäische Gerichtshof als zuständig erklärt hat, auch die Kriegsverbrechen in Palästina zu beurteilen.
>
> Premier Netanjahu verurteilte diesen Entscheid als Akt des Antisemitismus...

Bilanz zur Wirkungsgeschichte des monotheistischen Gottesbildes Israels

Historisch betrachtet, war das monotheistische Gottesbild zunächst recht erfolgreich. Es hat den jüdischen Staat nicht nur davor bewahrt, im assyrischen Reich völlig aufzugehen, sondern ihm auch ermöglicht, während der römischen Fremdherrschaft bis 73 n.Chr. seine kulturelle und religiöse Identität zu bewahren.
Im jüdischen Krieg 66-73 n.Chr. und im Bar Kochba Aufstand 132-135 zeigten sich dann die Schwächen des jüdischen Monotheismus. Er provozierte die Zerstörung des jüdischen Staates durch die Römer, und den Juden wurde verboten Jerusalem zu betreten.

Im 20.Jahrhundert war dann die Wirkungsgeschichte dieses Gottesbildes noch niederschmetternder.
Der - gemäss ihrem Glauben allen andern Göttern überlegene Gott - hat die Juden nicht vor dem schrecklichen Holocaust bewahrt.

> Während sich die westlichen Gottesvorstellungen in den letzten zwei Jahrtausenden weiter entwickelten, ist die jüdische Gottesvorstellung fundamentalistisch erstarrt.

Wie Israels Politik gegenüber den Palästinensern seit 1948 belegt, wurde und wird mit diesem erstarrten Gottesbild eine Vertreibungs- und Unterdrückungspolitik legitimiert, die in eine Sackgasse auswegsloser Gewalt und Gegengewalt mündete.

Unter dem Einfluss seines nationalistisch-monotheistischen Gottesbildes sabotierte Israel regelmässig die Anwendung der Charta der Menschenrechte, die Beschlüsse der UNO sowie das Völkerrecht, d.h. diejenigen Werte, die wir für eine humane Gestaltung der globalisierten Welt dringend benötigen und deshalb stärken statt schwächen sollten.

> Aus einer integralen Sicht der menschlichen Bewusstseinsentwicklung, ist das hinter diesem Verhalten stehende fundamentalistisch erstarrte, ethnozentrisch-intolerante Gottesbild kein lebensförderndes Symbol der jenseitigen Wirklichkeit mehr. Es trägt zu einer humanen Entwicklung des Staates Israel und der globalisierten Welt nichts bei, sondern erschwert diese sogar.

Wenn Symbole für die jenseitige Realität durch Wunschprojektionen (z.B. nach eigener Uebermacht, Allmacht oder Reichtum!) verfälscht werden und die Vielfalt der möglichen Gottessymbole auf ein einziges reduziert wird, wird die transzendente (oder göttliche) Wirklichkeit verengt und statisch interpretiert. Dann verlieren die Symbole ihre lebendige Verbindung zum individuellen und gesellschaftlichen Leben und blockieren die individuelle und die gesellschaftliche Entwicklung. In diesem Falle werden Glaubenslehren auf eine ähnliche Weise zu Ideologien wie wir dies an erfahrungswissenschaftlichen Theorien beobachtet und kritisiert haben.

Leider haben fundamentalistische christliche Gruppierungen Israel in diesem Kurs immer wieder unterstützt. Wie zu Beginn unseres Jahrtausends entsprechende Kontroversen in der Evangelischen Kirche Deutschlands (EKD) zeigten, wollten solche Gruppen - gestützt auf die Bibel - einerseits christliche Mission unter den Juden betreiben, legitimierten aber gleichzeitig Israels Siedlungspolitik direkt mit biblischen Aussagen. Deshalb wurden einige judenmissionarische Vereine 2003 nicht zum ökumenischen Kirchentag zugelassen.
EKD-Vertreter kritisierten, dass solche Gruppen eine Solidarität mit Israels Siedlungspolitik direkt mit biblischen Aussagen legitimierten und dabei sowohl den christlich-jüdischen Dialog als auch die Rechte der Palästinenser übergingen[148].

Bei diesem Konflikt handelte es sich wohl nur um die Spitze eines Eisbergs. Er lässt ahnen, dass eine grosse Zahl christlich-fundamentalistischer Gruppierungen Israels Vertreibungs- und Eroberungspolitik unterstützt).

*Vgl. dazu auch in Kapitel 5
den Abschnitt „Amerikas Christentum und die Demokratie"*

Nachwirkungen des jüdischen Monotheismus im Christentum

Im nächsten Kapitel werden wir uns mit der Jesusbewegung befassen. Das Christentum war zunächst eine jüdische Erneuerungsbewegung, die grundsätzlich am - von den jüdischen Theologen geschaffenen - Monotheismus festhielt.

Es hat diesen zwar bei seinem Uebergang in die hellenistische Welt teilweise - vor allem bezüglich seiner moralischen Forderungen - neu interpretiert, aber an dessen kompromisslos-monotheistischem Kampf gegen alle „heidnischen" Religionen festgehalten.

Im Namen dieses - aus heutiger Sicht - intoleranten und vorurteilsfördernden Gottesbildes haben christliche Herrscher (z.B. Karl der Grosse) Andersgläubige mit Waffengewalt gezwungen zum Christentum überzutreten.

Seit dem Zeitalter der Entdeckungen wurde dieser monotheistische Glaube auch zur Legitimierung der Kolonialpolitik europäischer Mächte verwendet. Dies hat zur teilweisen Ausrottung der ‚Indianer' in den USA durch Siedler, Goldgräber und Militär im ‚wilden Westen' beigetragen. Und zur ihrer Umsiedlung in Reservate und zu ihrer kulturellen und religiösen Unterdrückung durch den amerikanischen Staat[149].

Das neutestamentliche Erbe und seine Wirkungsgeschichte

Die Jesusbewegung - eine gewaltfreie religiöse Befreiungsbewegung[150]

zum Vorgehen

Um das Wirken Jesu und der von ihm ins Leben gerufenen Bewegung zu verstehen, verwenden wir in diesem Kapitel das bisher erarbeitete Wissen über die verschiedenen Stufen der Bewusstseinsentwicklung der Menschheit und der Individuen.

Wir nähern uns der Jesusbewegung zunächst mit den Mitteln der rationalen Bewusstseinsstufe an, u.a. mit historischen und soziologischen Denkkategorien.

In einem zweiten Schritt versuchen wir die mythischen Vorstellungen zu verstehen, welche sowohl Jesu persönliches Erleben wie auch die Schilderungen seines Wirkens durch seine Zeitgenossen prägten.

Militärisch-politische und kulturelle Ursachen

Historisch und soziologisch betrachtet, drohte das Volk Israel zur Zeit Jesu (wie schon zur Zeit der Bedrohung durch die Assyrer und der Deportation seiner Eliten durch die Babylonier) einmal mehr einer militärisch-politischen und kulturellen Uebermacht zu unterliegen. Dies führte wiederum zu einer schweren Identitätskrise[151] des jüdischen Volkes.

Nach Gerd Theissen breitete sich die griechisch-römische Kultur, die wir im Folgenden als Hellenismus bezeichnen, in zwei Schüben im Orient aus:

Griechische Mythologie wurde nach Syrien und Palästina verpflanzt und einheimische Traditionen einer griechischen Neuinterpretation unterzogen. Während des hellenistischen Reformversuchs wurde der jüdische Gott Jahwe in Jerusalem und Samarien als »Zeus« angebetet (2.Makk 6,2). Der hellenistisch Gebildete ahnte hinter den verschiedenen Göttergestalten denselben Gott[152].

Die damaligen Juden fürchteten dagegen, dass ihr traditionelles Gottesbild und die davon abgeleiteten Werte und Normen ihre Geltung verlieren würden (= Anomie).

Dies bewirkte - ähnlich wie zur Zeit der babylonischen Herrschaft - wiederum eine massive Verunsicherung und eine schwere Identitätskrise. Diese führte zu den verschiedensten Anpassungformen[153].

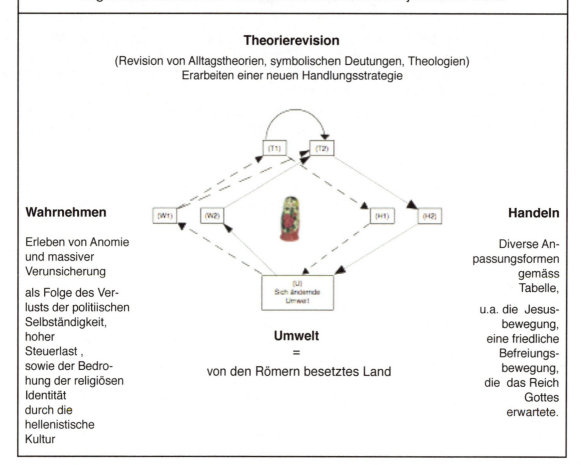

Soziologisch betrachtet, wurde die Jesusbewegung durch drei komplementäre Rollen bestimmt:
- durch Jesus als primären Charismatiker und Wanderprediger,
- durch Wanderprediger als sekundäre Charismatiker,
- durch Sympathisanten als tertiäre Charismatiker.

Charismatiker sind Menschen, die andere nicht nur aufgrund einer amtlichen Stellung, sondern aufgrund ihrer persönlichen Ausstrahlung überzeugen können.

Alle drei erwähnten Rollen waren in einen noch größeren Kreis potenzieller Anhänger im Volk eingebettet.
Diese Kreise bildeten um die Person Jesus herum ein persönliches, effizientes und erweitertes Beziehungsnetz.

Die vielfältigen Anpassungsstrategien an Anomie zur Zeit Jesu sind auf der folgenden Seite in Form einer Tabelle skizziert:

Wirkung auf die Gesellschaft (Funktion)	Formen der Anpassung an Anomie zur Zeit Jesu (R.K.Merton kombiniert mit G. Theissen)		
	evasiv d.h. ausweichend entrinnend	aktiv-aggressiv d.h. angriffig	subsiditiv d.h. abhängig von Hilfsleistungen anderer
Integration	------	*Konformismus* bereit zu Leistung Pharisäer Sie aktualisierten das Gesetz für die Gegenwart	*Ritualismus* Dienst nach Vorschrift Sadduzäer Sie leugneten Eingreifen Gottes in die Geschichte
Desintegration	*individuelle Auswanderung* z.B. nach Alexandria oder in andere hellenistische Städte	*Innovation* Anwendung verbotener Mittel Räuberei, Sozialbanditen,	*Rückzug* Aussteiger aus der Gesellschaft Verwahrlosung, Bettelei, Krankheit, Besessenheit
Erneuerung	*Emigration in alternative Lebensgemeinschaften,* z.B. Qumran-Essener	*Rebellion* (Widerstandskämpfer) *oder Revolution* (Makkabäeraufstand)	**Wandercharismatiker** Jesusbewegung = eine friedliche Befreiungsbewegung

Die Ueberlebensstrategie der Jesusbewegung war im Vergleich zu derjenigen anderer Gruppen friedlich. Jesus war ein erfolgreicher spiritueller Heiler und Prediger und betrieb erfolgreich Symbolpolitik.

Unter Symbolpolitik ist eine Revolution der Werte in den Köpfen mit Hilfe von symbolischer Argumentation oder von Symbolhandlungen zu verstehen.

Zur Bedeutung von Visionen

Für Jesus waren Visionen von grosser Bedeutung. Visionen sind wie Träume Botschaften aus dem seelischen Unbewussten, ausgedrückt in Analogiebildern. Sie sind Spontanphänomene, die man nicht willkürlich hervorbringen kann. Sie überfallen den Menschen im Wachzustand.

Die äussere Sinneswahrnehmung ist entweder stark reduziert oder ganz ausgeschaltet. Subjektiv fühlt sich der Visionär ganz präsent, im Gegensatz zu einem Traumzustand. Das, was er sieht oder hört, erscheint ihm eindrücklicher und realer als alles übrige Geschehen.

> Bei Menschen, die Visionen haben, ist offenbar die Schranke zwischen Bewusstem und Unbewusstem erheblich durchlässiger als bei den übrigen.

Aus biblischen Zeiten sind Visionen häufiger dokumentiert als im heutigen rationalen Zeitalter. Und im Unterschied zu heute waren sie als Erkenntnisweg respektiert.

Visionen sind auch heute nicht selten. Menschen, die Visionen erleben, sprechen jedoch kaum davon, da sie befürchten, als Phantasten, als abnormal oder gar geisteskrank abgestempelt zu werden. Für sie ist eine Vision eine wertvolle persönliche Erfahrung, die sie nicht dem Unverständnis und der Lächerlichkeit preisgeben wollen.

Die soziale Vision der Jesusbewegung: Das Reich Gottes

Jesus war für einige Zeit Schüler von Johannes dem Täufer, der am Jordan den bevorstehende Weltuntergang und das Endgericht ankündigte. Johannes bot seinen aufgeschreckten Zuhörern eine Reinigungstaufe im Jordan an, die ihnen helfen sollte, das kommende Gericht heil zu überstehen.

> Jesus hat sich dann aber vom düster-apokalyptischen Geschichtsbild des Johannes gelöst und eine hoffnungsvollere Bewegung ins Leben gerufen.

Eine wesentliche Rolle spielten dabei seine Erlebnisse als Heiler und Exorzist, die z.B. in Mk 5,1-20 beschrieben werden:

Und sie kamen ans andere Ufer des Sees in das Gebiet der Gerasener. Und kaum war er aus dem Boot gestiegen, lief ihm sogleich von den Gräbern her einer mit einem unreinen Geist über den Weg. Der hauste in den Grabhöhlen, und niemand mehr vermochte ihn zu fesseln, auch nicht mit einer Kette. Denn oft war er in Fussfesseln und Ketten gelegt worden, doch er hatte die Ketten zerrissen und die Fussfesseln zerrieben, und niemand war stark genug, ihn zu bändigen.
Und die ganze Zeit, Tag und Nacht, schrie er in den Grabhöhlen und auf den Bergen herum und schlug sich mit Steinen.
Und als er Jesus von weitem sah, lief er auf ihn zu und warf sich vor ihm nieder und schrie mit lauter Stimme: Was habe ich mit dir zu schaffen, Jesus, Sohn des höchsten Gottes? Ich beschwöre dich bei Gott: Quäle mich nicht! Er hatte nämlich zu ihm gesagt: Fahr aus, unreiner Geist, aus dem Menschen!
Und er fragte ihn: Wie heisst du? Und er sagt zu ihm: Legion heisse ich, denn wir sind viele.
Und sie flehten ihn an, sie nicht aus der Gegend zu vertreiben.
Nun weidete dort am Berg eine grosse Schweineherde.
Da baten sie ihn: Schick uns in die Schweine, lass uns in sie fahren!
Und er erlaubte es ihnen. Da fuhren die unreinen Geister aus und fuhren in die Schweine. Und die Herde stürzte sich den Abhang hinunter in den See, an die zweitausend, und sie ertranken im See.......

Und als er ins Boot stieg, bat ihn der Besessene, bei ihm bleiben zu dürfen. Aber er liess es nicht zu, sondern sagt zu ihm: Geh nach Hause zu den Deinen und erzähle ihnen, was der Herr mit dir gemacht hat und dass er Erbarmen hatte mit dir.
Und der ging weg und fing an, in der Dekapolis kundzutun, was Jesus mit ihm gemacht hatte. Und alle staunten.

Einschub zum Glauben an Besessenheit durch Dämonen und Exorzismus

Der oben zitierte Bericht einer Dämonenaustreibung konfrontiert uns mit dem Glauben an böse Geister, d.h. mit einer uns völlig fremden Vorstellungswelt. Und ausgerechnet auf Jesu Erfolge als Exorzist stützten er und seine Jünger seine Reich-Gottes Botschaft ab.
Gerd Theissen hat sich mit dem Konflikt zwischen dieser archaischen Vorstellungswelt und derjenigen der heutigen Pychiatrie eingehend auseinandergesetzt. Ich greife in diesem Einschub weitgehend auf seine Resultate zurück, aber auch auf Aeusserungen des Ethnologen W.E.Mühlmann zum Zusammenhang zwischen Dämonenglaube und Unterdrückung durch fremde Völker.
Um den Gegensatz - aber auch die Gemeinsamkeiten - zwischen der beiden Vorstellungswelten zu illustrieren, zitieren wir einige Ausschnitte aus einem Sozialprotokoll, erschienen in Publik-Forum Nr.11, 2016 unter dem Titel „Mein Dämon", protokolliert von Peter Brandhorst.

Anton H. leidet an einer Borderline-Erkrankung. Er kämpft gegen die Stimmen in seinem Kopf an, was ihm nicht immer gelingt.
„Wie es mir gerade geht? Im Moment scheint mein Dämon anderweitig beschäftigt; ein Jahr habe ich seine Stimme nicht mehr gehört. Aber ich kenne ihn inzwischen zur Genüge: Irgendwann wird er zurückkommen und sich wieder in meinem Kopf breitmachen. Und mir erzählen wollen, dass ich in seinen Augen ein Versager bin und es das Beste wäre, ich würde einfach verschwinden aus dieser Welt.
Eine Borderline-Erkrankung ist nur schwer zu heilen; mit meiner werde ich bis ans Lebensende zu kämpfen haben, sagen die Ärzte. Seit ich denken kann, lebe ich mit heftigen manisch-depressiven Stimmungs- und Gefühlsschwankungen. Heute himmelhoch jauchzend, morgen zutiefst deprimiert. Und in den depressiven Phasen spricht dann der Dämon zu mir. Als ich vor knapp zwei Jahren nach Kiel zog, weil ich mir dort Arbeit und einen neuen Alltag erhoffte, war ich zunächst auch völlig euphorisch. Aber dann hat sich der erhoffte Job als Illusion herausgestellt, eine Wohnung fand ich auch nicht. Und mein Dämon begann wieder, auf mich einzureden: dass ich ein Versager sei und mich umbringen solle. Ich habe inzwischen gelernt, mit der Stimme einigermaßen umzugehen, und weiß sofort, dass ich für einige Zeit stationäre Hilfe in einer Psychiatrie brauche. Vielleicht lässt mich mein Dämon im Moment auch deshalb in Ruhe, weil ich nach der Klinik eine Wohnung und einen kleinen Job gefunden habe. Das erste Mal hat er zu mir gesprochen, als ich Mitte zwanzig war. Als gelernter Koch und Konditor hatte ich damals zusammen mit meiner Frau ein von ihren Eltern übernommenes kleines Hotel mit Biergarten geführt. Nachdem meine Frau und unser gemeinsamer Sohn bei einem Verkehrsunfall ums Leben kamen, sagte mir eine Stimme im Kopf, ich trüge daran die Schuld - ich hatte sie nicht von der Autofahrt abgehalten."

„Ich habe während der Therapien versucht herauszubekommen, wer sich hinter der Stimme verbirgt, zu wem sie wohl gehört; aber ich komme einfach nicht dahinter".

Auch Jesus hat in Mk 5 zusammen mit dem Besessenen versucht, herauszufinden, wen die Stimmen, die ihn quälten, vertreten. Der Besessene gab den Namen seines Dämons als „Legion" an, d.h. als den Namen einer Truppeneinheit der römischen Besatzungsarmee.

Nach W.E. Mühlmann ist aus dem Schamanismus sibirischer Stämme bekannt, „daß in einem Milieu starken interethnischen Druckes Phänomene von Geistern eine besonders große Rolle spielen. "Bedrückung" durch ein fremdes herrschendes Volk erscheint mitunter chiffriert als "Besessenheit" durch einen fremden (fremdstämmigen) Geist[154]."Diese Parallele zu Mk 5 legt nahe, dass der Besessene, den Jesus heilen kann, die Stimmen der Repräsentanten der römischen Besatzungsmacht hört und voll Wut und Aggression auf diese reagiert.

Er scheint zu spüren, dass von Jesus eine besondere Kraft ausgeht, die ihn in seinem Kampf gegen die Dämonen unterstützen könnte. Zugleich scheint er Angst vor den Veränderungen zu haben, die Jesus in ihm auslösen könnte, wenn dieser mit den ihn bedrohenden Geistern den Kampf aufnimmt.

> Als Mensch der archaischen und mythischen Bewusstseinsstufe ist der Besessene sich gewohnt Kräfte, Energien und Gefühle, denen er begegnet, als Gott (bzw. Göttin), gute Geister (Engel) oder böse Geister (Dämonen) zu personifizieren.

Nach Gerd Theissen dienen Exorzismen und Geschichten von Exorzisten dazu, Angst zu reduzieren:

„Entscheidend ist, wie sie gegen die Angst vorgehen: durch Tötung von Menschen, die man als Ursache der kollektiven Angst identifizieren zu können meint - dann enden wir in Hexen- und Dämonenwahn; oder als Befreiung von Menschen aus den Klauen des Dämons, so daß sich im Exorzismus die Macht des Lebens gegen die des Todes durchsetzt."

„...Besessenheitsangst tritt besonders in Kulturen auf, die auch positive ekstatische Zustände des Außersichseins kennen. Derartige positive und negative Zustände des Außersichseins, die man heute auch neurophysiologisch zu erfassen sucht, scheinen nämlich das Tor dafür zu sein, daß es zu Entfremdungs- und Verdrängungsprozessen kommt, bei denen der Mensch die Kontrolle über sich an destruktive Tendenzen verliert, so daß man früher sagte: Er ist besessen. Der abweichende Bewußtseinszustand »entgleist« sozusagen."

„Die meisten vormodernen Kulturen können nun Zustände des Aussersichseins kontrollieren, herbeiführen und solche Entgleisungen auffangen, beenden. »Exorzisten«, Schamanen und Medizinmänner sind die Experten dafür.
Und es besteht für mich kein Zweifel daran, daß Jesus über solche exorzistische Fähigkeiten verfügt hat - d.h. über die Fähigkeit, Entgleisungen bei Veränderungen im Gehirn aufzufangen, die bei abweichenden Bewußtseinszuständen eintreten. Die Angst vor solchen Entgleisungen (d.h. vor Besessenheit durch einen Dämon) hat alle Kulturen vor uns in einer für uns kaum vorstellbaren Weise gequält."

Dämonenangst als Angst vor der Bestie im Dschungel oder als Angst vor der Bestie in uns

„Beide Formen der Dämonenangst sind also tief in archaischen Zeiten verwurzelt, in denen Menschen die Umwelt nur begrenzt kontrollieren konnten und in ständiger Angst lebten, die Kontrolle über sich selbst zu verlieren. Es ist die Angst vor der »Bestie« im Dschungel um uns herum - und vor der Bestie in uns."

„Diese archaischen Ängste müssen bis in die Übergangszeiten zwischen Tier und Mensch zurückreichen. Damals erworbene Reaktionsformen und Erlebnismöglichkeiten[155] sind auch heute in uns allen unbewußt vorhanden. Dämonenangst hat hier ihre psychische Basis in uns allen. Wir besiegen sie deshalb nicht einfach dadurch, daß wir erklären: Dämonen gibt es nicht. Die gibt es in der Tat nicht. Wenigstens meine ich das. Aber die archaische Angst in uns - die gibt es weiterhin. Sie ist real. Mit ihr müssen wir uns auch in Zukunft auseinandersetzen."

Jesus interpretierte seine Heilungserfolge mittels der Symbole der Mythen der jüdischen Religion. In einer Vision oder in einem Traum verstand er sie als Zeichen dafür, dass die satanischen Kräfte des Bösen schon jetzt daran seien an Macht zu verlieren:

Ich sah den Satan, wie einen Blitz vom Himmel fallen[156] (Lk 10,18).

Dieses Erlebnis deutete er in dem Sinne, dass das Reich Gottes ohne römische Besatzungsmacht schon im Anbrechen sei.

Der Unterschied zwischen Jesus und Johannes wird am deutlichsten im Gleichnis vom verlorenen Sohn erkennbar, in dem der Vater für den Sohn, der als Sünder all sein Geld mit

Dirnen verprasst hat, ein Fest veranstaltet, als dieser zu ihm zurückkommt und aufrichtige Reue zeigt (Lk 15,11-32).

> Jesus ersetzte das Gottesbild eines harten, die Sünder erbarmungslos strafenden Gottes, das Johannes predigte, durch die Vorstellung eines vergebenden, gnädigen Gottes.

Dieses Gottesbild hat er nicht nur gelehrt, sondern auch ins praktische Leben umgesetzt. Er hat mit Sündern gegessen, beispielsweise Zöllnern und Dirnen (Mk 2,13-17).

Jesu Ziele: Befreiung und statusunabhängiger gleicher Wert aller Menschen

Gerd Theissen, emeritierter Professor für Neues Testament, zählt zu den wesentlichen Inhalten von Jesu Verkündigung die Befreiung von der Fremdherrschaft und die Aufhebung der sozialen Statusunterschiede[157].

> **Zu den Kennzeichen des Reiches Gottes gehört der Ausgleich von sozialen Statusunterschieden.**
>
> Unter Status verstehen Soziologen jede Einordnung des Menschen in eine gesellschaftliche Rangordnung, die ihm im Vergleich zu anderen einen unterschiedlichen Wert beilegt,
> - sei es aufgrund familiärer und ethnischer Herkunft,
> - sei es durch rechtliche, politische und ökonomische Privilegien,
> - sei es durch Tüchtigkeit und Bildung.
>
> In allen Gesellschaften werden Menschen nach solchen Rangkriterien eingestuft und bewertet.
>
> Die Ueberzeugung von einem statusunabhängigen Wert eines jeden Menschen verschafft sich erst dort Anerkennung, wo sein Wert unabhängig von den gesellschaftlichen Einordnungen definiert wird.
> Nächstenliebe und Demut sollen den Ausgleich von Statusunterschieden ermöglichen.

Nächstenliebe und Demut sollen Statusunterschiede ausgleichen

Für den Umgang der Menschen miteinander vertrat Jesus zwei im einfachen Volk verwurzelte Werte: Nächstenliebe und Demut. Es handelt sich um Werte, die in den antiken Gesellschaften gering geachtet wurden, denn diese forderten nur den Göttern gegenüber Demut[158].

> „In der biblischen Tradition sind Statusverzicht und Demut
> Wege zu einer grösseren Gleichheit".
> (Theissen G. 2004: 259)

Die Jesusbewegung hat diese, aus der Nachbarschaftsethik kleiner Leute stammenden Werte mit einem neuem, aristokratischen Selbstbewusstsein vertreten.

Mit diesen revolutionären Forderungen im Bereich der Werte reagierte die Jesusbewegung auf die Tatsache, dass sich in der damaligen Gesellschaft die Werte von Ober- und Unterschichten auseinander entwickelt hatten[159].

Von Nächstenliebe ist zwar schon im Alten Testament in 3.Mose 19.18 die Rede:

Du sollst nicht Rache üben an den Angehörigen *deines Volks* und ihnen nichts nachtragen, sondern du sollst deinen Nächsten lieben wie dich selbst. Ich bin der HERR.

Die Nächstenliebe bezieht sich hier allerdings nur auf die Angehörigen des eigenen Volkes.

Im Neuen Testament wird dann die Nächstenliebe auf alle Menschen ausgeweitet. Am eindrücklichsten ist sie im Gleichnis vom barmherzigen Samariter (Lk 10,25-37) dargestellt. Vorbild für Nächstenliebe ist darin ein Samariter, wohl nicht zufällig ein Angehöriger einer als Ketzer verschrieenen Volksgruppe.

Jesus antwortet mit diesem Gleichnis auf die Frage nach dem grössten Gebot:

Da stand ein Gesetzeslehrer auf und sagte, um ihn auf die Probe zu stellen: Meister, was muss ich tun, damit ich ewiges Leben erbe?

Er sagte zu ihm: Was steht im Gesetz geschrieben? Was liest du da?

Der antwortete: Du sollst den Herrn, deinen Gott, lieben mit deinem ganzen Herzen und mit deiner ganzen Seele und mit all deiner Kraft und mit deinem ganzen Verstand, und deinen Nächsten wie dich selbst.

Er sagte zu ihm: Recht hast du; tu das, und du wirst leben. Der aber wollte sich rechtfertigen und sagte zu Jesus: Und wer ist mein Nächster? Jesus gab ihm zur Antwort: Ein Mensch ging von Jerusalem nach Jericho hinab und fiel unter die Räuber. Die zogen ihn aus, schlugen ihn nieder, machten sich davon und liessen ihn halb tot liegen.

Zufällig kam ein Priester denselben Weg herab, sah ihn und ging vorüber.

Auch ein Levit, der an den Ort kam, sah ihn und ging vorüber. Ein Samariter aber, der unterwegs war, kam vorbei, sah ihn und fühlte Mitleid. Und er ging zu ihm hin, goss Öl und Wein auf seine Wunden und verband sie ihm. Dann hob er ihn auf sein Reittier und brachte ihn in ein Wirtshaus und sorgte für ihn.

Am andern Morgen zog er zwei Denare hervor und gab sie dem Wirt und sagte: Sorge für ihn! Und was du darüber hinaus aufwendest, werde ich dir erstatten, wenn ich wieder vorbeikomme.

Wer von diesen dreien, meinst du, ist dem, der unter die Räuber fiel, der Nächste geworden?
Der sagte: Derjenige, der ihm Barmherzigkeit erwiesen hat. Da sagte Jesus zu ihm: Geh auch du und handle ebenso.

Vorbildlich ist die Fähigkeit sich in die Not des unter die Räuber Gefallenen einzufühlen, verbunden mit rational-effizientem und situationsgerechtem Helfen.

Der messianische König

Gerd Theissen schloss aus Mk 10,42-44, dass in der Jesusbewegung eine kritische Auseinandersetzung mit dem antiken Herrscherideal erfolgte:

‚Ihr wisst, dass die, die meinen, über die Völker zu herrschen, sie unterdrücken und ihre Grossen missbrauchen ihre Gewalt über sie. So soll es aber unter euch nicht sein. Sondern, wer unter euch gross sein will, der sei euer Diener, und wer unter euch der erste sein will, der soll ein Sklave aller sein.'

> In der Jesusbewegung verband sich eine scharfe Kritik an politischer Machtausübung mit der Forderung, dass die Nachfolger Jesu tun, was die Herrscher tun sollten - Frieden schaffen und Feinde versöhnen. Das war eine Revolution der Werte.
> (Theissen G.2004:253)

Das humane Königsideal der Jesusbewegung bezieht sich auf den messianischen König, der sich gemäss der Prophezeiung des Propheten Sacharja verhält (9,9). Es entspricht Erich Zengers reflektiertem oder reifen Monotheismus. Jesus reitet demütig auf einem Esel in Jerusalem ein, wahrscheinlich als bewusstes Gegenbild zu Alexander dem Grossen.

Giotto di Bondone
Einzug in Jerusalem,
Fresko in der Capella degli Scrovegni (um 1305)

Bild Nr. 24

Jesu Einzug in Jerusalem auf einem Eselsfüllen am Palmsonntag war eine Symbolhandlung, die an Sacharjas Prophezeiung anknüpfte (Sach 9-11).

Verurteilung und Hinrichtung Jesu

Als Jesus nach Jerusalem zog, hatten seine Jünger den unmittelbar bevorstehenden Anbruch der Gottesherrschaft und den Beginn einer neuen gerechteren Welt ohne römische Besatzung erwartet (Lk 19,11). Ihre Hoffnungen wurden zunichte gemacht. Jesus wurde hingerichtet, die Jünger flohen.

Zunächst wurde Jesus vor der höchsten religiösen und politischen Instanz des Judentums (dem Synhedrium) angeklagt. Und zwar wegen seiner Weissagung gegen den Tempel und der Austreibung der Händler aus dem Tempelbezirk (Mk 11,15-19).

Die Vollmacht zur Hinrichtung hatten aber nur die Römer. Für sie war nicht Jesu Verhalten im Tempel bedeutsam, sondern sein Anspruch König der Juden zu sein. Dieser Anspruch war Aufruhr gegen den Machtanspruch des römischen Staates. Die Kreuzigung sollte abschreckende Wirkung haben. Sie galt als bewusste Entehrung und Erniedrigung.

Die Hinrichtung Jesu stellte die Hoffnung seiner Jünger/-Innen und AnhängerInnen auf den bevorstehenden Anbruch der Gottesherrschaft, und alle damit verbundenen Hoffnungen auf Befreiung von kolonialer Unterdrückung und auf Gleichwertigkeit aller Menschen, mit äusserster Brutalität in Frage.

Jesus ist nicht für unsere Sünden am Kreuz gestorben

Die Erklärung des Todes Jesu als Sühnopfer für unsere Sünden hat in der Kirchengeschichte zu einem unheilvollen Sündenbewusstsein, sowie zu chronischen Schuldgefühlen beigetragen.
Diese Sühnopfertheorie stammt nicht von Jesus, sondern ist eine spätere Deutung durch die christliche Gemeinde. Diese versuchte mittels dieser Theorie seinem unfassbar schockierenden Tod einen Sinn zu geben.

Wie dies in extremen psychischen Stresssituationen oft geschieht, fielen seine Anhängerinnen und Anhänger während diesem Bewältigungsversuches auf eine frühere seelische Entwicklungsstufe zurück (= Regression).

> Die archaische Deutung des Todes Jesu als Sühnopfer für unsere Sünden hat - zusammen mit Augustins, durch Plotin beeinflusste, Lehre von der Erbsünde - das extreme Sündenbewusstsein der mittelalterlichen Menschen und die weitverbreitete Angst vor dem jüngsten Gericht verursacht.

Jesus hat nichts dergleichen gelehrt. Er predigte, dass die Besetzung Israels durch die römische Kolonialmacht nicht bedeute, dass Gott sein Volk verworfen habe, wie viele Juden damals glaubten. Und, dass Gott bereit sei seinen Zuhörern zu vergeben.

Am deutlichsten erkennbar wird dies im Gleichnis vom verlorenen Sohn, in dem der Vater für den Sohn, der als

Sünder all sein Geld mit Dirnen verprasst hat, ein Fest veranstaltet, als dieser zu ihm zurückkommt (Lk 15,11-32). Jesus hat aber dieses Gottesbild nicht nur gelehrt, sondern auch ins praktische Leben umgesetzt. Er hat mit Sündern gegessen, beispielsweise Zöllnern und Dirnen (Mk 2,13-17).

Damit stellte er sich in Gegensatz zum alttestamentlichen Denken, in dem das Motto dominiert

"Du sollst das Böse aus Deiner Mitte ausrotten" (5.Mose 24,7).

Mit seiner Predigt und mit seinem Verhalten widersprach er auch dem Bild von Gott als einem unbarmherzigen, rachsüchtigen - andern Religionen gegenüber völlig intoleranten - Tyrannen, wie es im 5.Buch Mose und in den Königsbüchern vorliegt.

Die Römer waren an solchen innerjüdischen theologischen Kontroversen nicht interessiert. Sie haben Jesus hingerichtet weil sie ihn als einen Aufrührer gegen den Machtanspruch des römischen Staates betrachteten. Mit seiner Hinrichtung wollten sie ein Exempel mit abschreckender Wirkung für alle Aufrührer statuieren.

> Gerd Theissen deckt mit den Mitteln der rationalen Bewusstseinsstufe die sozialpsychologischen Mechanismen auf, die dem Schuldgefühl zugrunde liegen, das im Christentum als Grundstimmung z.T. bis heute nachwirkt.

Aus dieser Sicht bedrohte die koloniale Besetzung und Unterdrückung durch die Römer nicht nur die materielle Existenz des jüdischen Staates, sondern auch die jüdische, monotheistische Gottesvorstellung und die damit verbundenen ethischen Werte und Normen (= Anomie).
Wie der riesige Zulauf zur Busspredigt und zur Reinigungstaufe des Johannes belegt, deuteten viele Zeitgenossen Jesu die Krisensituation in dem Sinne, dass sie Gott erzürnt hätten, weil sie seine Gebote nicht genügend befolgt hätten.

> Ihre Schuldgefühle waren eine Folge der Interpretation der Besetzung durch die Römer mittels des damals dominierenden mythischen und personifizierenden Bewusstseins. Dieses verstand die Unterdrückung als Strafe Gottes für mangelnden Gehorsam gegen dessen Gebote.

Seine religiösen Erlebnisse führten Jesus schon vor beinahe 2000 Jahren dazu, diesen Schuldgefühlen entgegen zutreten und Hoffnung statt Angst zu verbreiten. Religiöses Erleben und rational-aufgeklärte Analyse ergänzen sich in diesem Falle.

Wie es zum Glauben an die Auferstehung Jesu kam, und warum dieser unverständlich geworden ist [160].

Gemäss den ältesten biblischen Zeugnissen begegnete Jesus nach seinem Tode Jüngern oder Jüngerinnen im Traum oder in einer Vision. Gemäss ihrem archaischen Traumverständnis interpretieren sie dieses Erleben objektiv-realistisch: *Jesus lebt!*

> Diese Interpretation der Erscheinungen Jesu wurde durch das Konstrukt ihrer Kultur ermöglicht, dass Tote auferstehen können:
> „Deine Toten aber werden leben, ihre Leichname stehen wieder auf. Wacht auf, und jubelt, ihr Bewohner des Staubs!"(Jes 26,19).
> „Viele von denen, die im Erdenstaub schlafen, werden erwachen, die einen zum ewigen Leben und die anderen zu Schmach, zu ewigem Abscheu" (Dan 12,2).

Die Geschichten vom leeren Grab sind sehr viel später entstanden und setzen die Ueberzeugung, dass Jesus lebt in erzählerische Darstellungen um.

Im Matthäusevangelium erscheint Jesus den elf Jüngern ein letztes Mal in Galiläa:

Und Jesus trat zu ihnen und sprach: Mir ist alle Macht gegeben im Himmel und auf Erden. ‚Geht nun hin und macht alle Völker zu Jüngern' (Mt 28,18f).

Nach Lukas erscheint Jesus den versammelten Jüngern zuletzt in Jerusalem. Er öffnet ihnen den Sinn für die Schriften, weist darauf hin, dass in seinem Namen allen Völkern die Umkehr zur Vergebung der Sünden verkündigt werden wird, und sagt:

‚Ihr seid Zeugen dafür' (Lk 24,48).

> In den Erscheinungsgeschichten geht es nicht um den Vorgang der Auferstehung Jesu, sondern um den Impuls für das Leben derer, die dem lebendigen Jesus begegnet sind."
> (Marxsen Willi 1968:69)

Historisch fassbar ist nur die Überzeugung von Anhängern Jesu, dass der Getötete einzelnen von ihnen erschienen ist. Die Interpretation der Erscheinungen Jesu als reale leibliche Auferstehung im kirchlichen Dogma vermag deshalb Menschen der rationalen Bewusstseinsstufe nicht zu überzeugen.

Alle Anschauungsformen für die Gewissheit, dass Jesus nach seinem Tode lebt, sind Denkmodellen geistlicher Strömungen des 1. Jahrhunderts entnommen. Sie beziehen ihre Überzeugungskraft aus ihrem kulturellen Kontext. Sie verlieren ihre Plausibilität aber mit dem kulturellen Wandel oder ausserhalb ihrer Ursprungskultur.

Gerd Theissens Interpretation der Vergöttlichung Jesu

Gerd Theissen arbeitet in seiner Analyse mit einer klassischen Theorie der Sozialpsychologie, nämlich mit der Theorie der kognitiven Dissonanz von Leon Festinger[161].
Er geht von der Dissonanz zwischen den von Jesus geweckten Hoffnungen auf einen bevorstehenden Anbruch der Gottesherrschaft und dem Scheitern dieser Erwartungen aus[162]:

„Der titulus crucis, der den Hingerichteten als »König der Juden« auswies, enthielt die Botschaft, dass mit dem Gekreuzigten alle Hoffnungen auf einen Befreier Israels mitgekreuzigt werden sollten".

> „Um eine solche Dissonanzerfahrung zu überwinden, musste der Gekreuzigte einen noch höheren Rang und Wert erhalten, als ihm ursprünglich zugeschrieben worden war. Durch Überwindung des Todes erwies er sich endgültig als mächtiger als seine Richter und Henker."
> (Theissen Gerd 2000:72)

Die Erhöhung Jesu zu göttlichem Rang konnte nur deshalb kognitive Dissonanzreduktion bewirken, weil sie der Dynamik der Entstehung des jüdischen Monotheismus entsprach, die wir schon eingehend dargestellt haben.

> Angesichts der Zerstörung Jerusalems, und der Deportation der Oberschicht und des babyonischen Exils 586 v.Chr., wurden die anderen Götter als Jahwe unterlegen erklärt.
>
> Nicht sie hatten im Kampf gegen Israel gesiegt, sondern der eine und einzige Gott, der sich anderer Völker bedient hatte um Israel zu strafen.

Er herrschte auch über die Sieger. Je totaler die Niederlage JHWHs und seines Volkes auf Erden schien, um so gewaltiger musste der »metaphysische« Sieg JHWHs über alle anderen Götter im Himmel ausfallen. Angesichts des einen und einzigen Gottes werden sie alle zu lächerlichen »Nichtsen«.

Diese monotheistische Dynamik wiederholt sich im Urchristentum. Die zu bewältigende Krise ist in diesem Falle die Kreuzigung Jesu als Widerlegung der mit ihm verknüpften Erwartungen des Anbrechens des Reiches Gottes.

> Die Vergöttlichung Jesu steht nicht im Widerspruch zum jüdischen Gottesbild sondern ist dessen konsequente Weiterentwicklung.

Die Anhänger Jesu, die ihn zur Rechten Gottes inthronisierten und zum Weltenherrscher und Weltenrichter machten, waren Juden. Sie wollten Jesus zum Sieger über all seine Feinde machen.

Christus Pantokrator

in der Apsis der Kathedrale von Cefalu
auf Sizilien (Italien)

Mosaik im byzantinischem Stil

Bild Nr. 25

Theissens Argumentation läuft darauf hinaus, dass nur innerhalb eines religiösen Bezugsrahmens, in dem ein »Programm« vorhanden war, Niederlagen in Siege und extreme Erniedrigung in Erhöhung umzuinterpretieren, die Ostererscheinungen Anlass für die Vergöttlichung Jesu sein konnten.
Theissen grenzt sich damit auch von der subjektiven Visionshypothese von *Gerd Lüdemann* ab, nach der die Visionen ausschliesslich (von den kulturellen Konstrukten ihrer Religion unbeeinflusste) Resultate psychischer Prozesse der Jünger waren.

Als Beispiel erwähnt er die Richtigkeit mancher Informationsübertragungen während oder nach dem Tode von Menschen (von denen Menschen vor allem in Kriegszeiten berichten).

C.G.Jung und sein Schüler Felix Wirz trafen in Bezug auf den Aussagewert von Visionen die Unterscheidung zwischen Aussagen auf der Subjektstufe und Aussagen auf der Objektstufe[163]:

> Zum Aussagewert einer Vision:
> Die Frage stellt sich, ob es sich um eine subjektiv wahrgenommene Erscheinung oder um ein effektiv stattfindendes Geschehen handelt, d.h. ob wir die Aussage auf der Subjektstufe* oder auf der Objektstufe** deuten müssen.

*   Eine nur für die innere Situation des Träumers zutreffende Deutung, also ausschliesslich auf das betreffende Ich bezogen.
** Eine Aussage auf der Objektstufe stellt eine auf ein Objekt, bzw. auf ein reales Ereignis bezogene Aussage dar.

Welche Erklärung die zutreffende ist, kann meistens aus der Lebensgeschichte des Betroffenen und aus der psychologischen Konstellation erschlossen werden. Oft enthält die Aussage beides gleichzeitig, eine subjektiv zutreffende Meldung und einen objektiv gültigen Bericht. Beide werden in der Symbolsprache des Unbewußten ausgedrückt.
Damit nicht zusammenhanglose Kombinationen entstehen, ist diese Besonderheit der Aussage vor allem auf der Objektstufe sorgfältig zu berücksichtigen. Spätere Träume oder Visionen werden die erste Aussage bekräftigen oder korrigieren.

Ablehnung in Israel aber Erfolg im römischen Reich

„Als innerjüdische Erneuerungsbewegung ist die Jesusbewegung gescheitert[164]. Ihre offene Haltung Fremden gegenüber lief den vorherrschenden Tendenzen zur Abgrenzung entgegen. Die Abneigung gegen die Fremden übertrug sich auf diejenigen, die Abgrenzungen gegenüber den Fremden lockerten oder sogar durchbrachen. Dies führte zur Unterdrückung der liberalen Jesusbewegung.

Durchgesetzt hat sich die Vision Jesu dagegen im Römischen Reich und in dessen hellenistischer Kultur. Die Jesusbewegung entwickelte sich zum Urchristentum. Dieses hat dem Anliegen des freiwilligen Statusverzichts auch in dieser ganz anderen Kultur die Treue gehalten.
Die Städte mit ihren neu zugezogenen Bevölkerungsteilen waren der neuen Botschaft gegenüber offener als die traditionalistisch eingestellte Landbevölkerung. Nur in den Städten fand man eine prinzipielle Offenheit für Neues, so dass die neue Vision Jesu Anklang finden konnte.

> Aus einer jüdischen Erneuerungsbewegung wurde nun eine hellenistische *Kultgruppe*. Für solche Gruppen ist charakteristisch, dass sie sensible und gebildete Menschen ansprechen, die unabhängig genug sind, sich von ihrem bisherigen Leben zu trennen."
> (Theissen Gerd 2004:297)

Mit den politischen Strukturen des römischen Reichs war das hellenistische Urchristentum weitgehend einverstanden, allerdings unter dem Vorbehalt, dass diese Welt bald vergehen werde.

Paulus verteidigt den statusunabhängigen, gleichen Wert aller Menschen in der hellenistischen Welt

Die zentrale Figur für den Erfolg des jungen Christentums in der hellenistischen Welt war der Apostel Paulus.

Er war sowohl Bürger der kleinasiatischen Stadt Tarsos (Apg 21,39) als auch Roms (Apg 22,25ff) und somit gesellschaftlich gut integriert.

Er hat am Anliegen des Statusverzichts, das für die Jesusbewegung zentral war, in seiner Theologie und in seiner Missionstätigkeit festgehalten. Er hat sich auch unter der Herrschaft Roms konkret für dieses Anliegen eingesetzt.

„Paulus erklärt stolz, in Christus gebe es nicht Juden und Griechen, Sklaven und Freie, nicht Mann noch Frau (Gal.3,28). Alle sind gleichberechtigte Glieder im Leib Christi."

Der philosophische Humanismus Senecas

„Der Philosoph Seneca wendete dasselbe Bild vom Leib auf die ganze Menschheit an (epist. 95,52). Daher gilt:

homo sacra res homini (epist.95,33)".

Wie Larry Siedentop nachweist (vgl. dazu Kapitel 4) wurde die Gleichheit aller Menschen, unabhängig von ihrem gesellschaftlichen Status, im Rahmen der hellenistischen Philosophie jedoch nur vereinzelt und nicht mit derselben Hartnäckigkeit und Ausdauer verfolgt, wie dies im institutionellen Rahmen der der christlichen Orden und der christlichen Kirche viele Jahrhunderte lang der Fall war.

Seid untertan der Obrigkeit

Im Unterschied zu seinem Verhalten innerhalb der Kirche war Paulus politisch konservativ. An die Stelle der radikal-theokratischen Kritik der Jesusbewegung an den Regierenden, setzte er die Forderung der Obrigkeit zu gehorchen (Rö 13,1-4). In Bezug auf das Verhalten der ChristInnen gegenüber der Staat äusserte er sich folgendermassen:

Jedermann ordne sich den staatlichen Behörden unter, die Macht über ihn haben. Denn es gibt keine staatliche Behörde, die nicht von Gott gegeben wäre; die jetzt bestehen, sind von Gott eingesetzt.
Also gilt: Wer sich gegen die Autorität des Staates auflehnt, der widersetzt sich der Anordnung Gottes; die sich aber widersetzen, werden ihr Urteil empfangen. Denn nicht die gute Tat muss der Machthaber fürchten, sondern die böse.

Willst du die Autorität des Staates nicht fürchten müssen? Dann tue das Gute, und du wirst bei ihr Anerkennung finden! Denn Gottes Dienerin ist sie, zu deinem Besten.

Die gleiche unkritische Unterstützung der Obrigkeit wurde in der Zeit der Reformation auch von Martin Luther vertreten. In der Zeit der mittelalterlichen Bauernkriege und in der Hitlerzeit hatte dies zur Folge, dass die Lutherische Kirche sich äusserst schwer damit tat, sich gegen staatliche Gewalt und Willkür zur Wehr zu setzen.

Die Entstehung des westlichen Individualismus und des Liberalismus

In diesem Kapitel befassen wir uns mit der Entstehung des westlichen Konzepts des Individuums und des Liberalismus. Larry Siedentop hat beides in seinem 500-seitigen Buch „Die Erfindung des Individuums - Der Liberalismus und die westliche Welt" ausführlich untersucht[165].

> Siedentop weist détailliert nach, dass und wie der westliche Individualismus durch das Christentum hervorgebracht wurde.
>
> Darüber hinaus belegt er, dass auch der Liberalismus, der in der politischen Praxis die Freiheit des Individuums durch demokratisch-rechtsstaatliche Strukturen schützt, ein Kind des Christentums ist, allerdings ein uneheliches.
>
> Als politische Theorie wurde der säkulare Liberalismus sogar gegen den erbitterten Widerstand der katholischen Kirche, und anfänglich auch protestantischer Kirchen, entwickelt.

Siedentop geht zunächst der Frage nach den Ursprüngen der westlichen Kultur nach:

Im Mittelalter galt das Christentum als entscheidende Quelle, eine Auffassung, die die Reformation im 16. Jahrhundert beibehielt.
Im 18. Jahrhundert sah die Aufklärung dies jedoch anders. Bei ihrem Angriff auf Aberglauben und Kirchenprivilegien versuchten die Aufklärer, den moralischen und geistigen Abstand zwischen dem modernen Europa und der griechisch-römischen Antike zu minimieren.
Das Jahrtausend zwischen dem Fall des Weströmischen Reichs und der Renaissance wurde nun als ein unglückliches Zwischenspiel, als ein Rückschritt der Menschlichkeit bewertet (S.18/19).
„Die Renaissance wird als das Ende des Mittelalters dargestellt, als entscheidender Schritt im Prozess der individuellen Befreiung....Die Renaissance gilt in gewisser Weise als Ende der religiösen Tyrannei, einer Tyrannei des Denkens - als ein Ereignis, das den Europäern die Augen für den scheinbar viel umfassenderen Horizont von Werten und Interessen eröffnete, der die klassische Antike geprägt hatte (S. 414/415)."

Larry Siedentops Widerlegung der herrschenden Auffassung

Die antike Familie und Stadt waren nicht aufgeklärt sondern religiös

Siedentop untersucht zunächst die Frage, ob das antike Griechenland und Rom wirklich so frei waren, wie die meisten Histo-Historiker seit der Aufklärung behaupteten und bis heute behaupten.

Dabei stellt er fest, dass die Familie in der Antike - anders als heute - keine zivile sondern eine religiöse Institution war, in der der *pater familias* zugleich die Funktion des Richters und die des Hohepriesters ausübte.

Die Ehefrau zählte nur als Anhängsel ihres Mannes, denn allein durch ihn hatte sie Ahnen und Nachkommen. Die Autorität des Vaters als Priester und Richter umfasste ursprünglich sogar das Recht, Frau und Kinder zu verstossen oder zu töten. Ehelosigkeit und Ehebruch galten als schwere Verbrechen, weil sie die Familie bedrohten (S.27).

Das Bürgerrecht der antiken Stadt (= Polis) stand nur dem pater familias offen und später seinen Söhnen. Frauen, Sklaven und Fremdstämmige wurden grundsätzlich ausgeschlossen (S.30).

Familien bildeten grössere Zusammenschlüsse, indem sie einen Kult für einen gemeinsamen Ahnen gründeten. Basis der grösseren Gruppierung (bzw. des Clans) war eine neue religiöse Identität.

Eine antike Stadt entstand, wenn sich mehrere Stämme miteinander verbündeten und einen gemeinsamen Kult gründeten, der jeweils nach dem Grundmodell der Familie organisiert war (S.32/33).

„Je grösser die Zusammenschlüsse wurden, desto mehr Bedeutung gewannen die Götter der Natur oder des Polytheismus

- Götter, die man sich leichter teilen konnte,
- Götter, die nicht so familienfixiert waren wie Ahnen,
- Götter, die stärker mit Naturkräften verknüpft waren, als mit göttlichen Vorfahren.

Diese Götter hatten so vertraute Namen wie Apollo, Neptun, Venus, Diana und Jupiter und repräsentierten Meer, Wind, Fruchtbarkeit, Licht, Liebe, Jagd und vieles mehr (S.33)."

Die vornehmste Pflicht des Königs bestand darin, den Staatsgöttern Opfer darzubringen (S.38).

> All diese Kulte liessen keinen Raum für individuelle Gewissensentscheidungen. Sie bestimmten nicht nur das Handeln, sondern auch das Denken (S.35).

Im sechsten Jahrhundert v. Chr. sah sich dann sowohl in Griechenland wie auch in Italien die radikal hierarchische Gesellschaft zunehmend dem Angriff der unteren Schichten ausgesetzt, die keinen Anteil an der Regierung hatten (S.40). Deshalb wurde allmählich das Erstgeburtsrecht abgeschafft, so dass auch jüngere Söhne erbten und das Bürgerrecht erhielten
und den Landsklaven, die das Land für den pater familias bearbeiteten, die Freiheit gegeben (S.44).

Der antike Kosmos - eine Konstruktion der Herrschenden

Der Intelligenzbegriff der antiken Welt unterscheidet sich gründlich von dem unseren, denn er beruht auf hierarchischen Annahmen über die gesellschaftliche und die physikalische Welt.

Angehörige niederer Schichten galten als nicht wirklich vernunftbegabt. Der Verstand von Frauen, Sklaven und Kaufleuten wurde als für den öffentlichen Bereich und seine Geschäfte unzureichend betrachtet (S.47).

Was wir „Status" (d.h. gesellschaftliche Stellung) nennen würden, hielt man damals für naturgegebene Eigenschaften (S.48).

> In Bezug auf die gesellschaftliche Welt herrschte die Ueberzeugung, dass es eine natürliche Hierarchie gebe, wobei die höhere Schicht von der „Natur" dazu bestimmt sei zu herrschen (S.50).

In Anwendung dieses hierarchischen Naturbegriffs kam der Philosoph Aristoteles zum Schluss, dass ‚die einen von Natur aus freie Menschen, andere Sklaven sind' (S.150).

> Der Begriff der Natur wurde von den Griechen erfunden. Ursprünglich bezeichnete er eine rationale Ordnung oder Hierarchie des Seins (S.58).

Als die griechischen Stadtstaaten nach dem Peloponnesischen Krieg und nach dem Aufstieg der makedonischen Macht ihre politische Selbständigkeit weitgehend verloren, wurde der Kult der Familien- und Stadtgötter allmählich durch die Bewunderung des Logos, d.h. durch die Verehrung der Ratio oder Vernunft, ersetzt.

Auch die Verlagerung der Macht von den Stadtstaaten auf das römische Reich wirkte sich tiefgreifend auf das Denken der Zeit aus (S.62/63). Das dadurch hervorgerufene Gefühl von Anomie, löste bei vielen eine Suche nach Orientierung aus.

Auf der einen Seite gewannen *Mithras*, *Osiris* und andere exotische Gottheiten und die *Mysterienkulte* viele neue Anhänger. Anderseits begannen die Philosophen sich Gedanken über den Ursprung alles Seins zu machen. Sie zerbrachen sich den Kopf über das, was sie das Absolute nannten, eine erste Ursache, die sich dem Verständnis entzog.

> Und das ethische Denken gelangte zu moralischen Regeln, die man weniger für logische Schlussfolgerungen hielt, die sich aus der Natur der Dinge ergaben, als vielmehr für Gebote einer Instanz, die sich „jenseits" des Verstandes befand (S.68/69).
> Diese neuen Fragestellungen bereiteten den Boden für ein wachsendes Interesse am Judentum.

Das Bild eines einzigen, fernen und unerforschlichen Gottes, der seine Gesetze einem ganzen Volk mitteilte, deckte sich mit der Erfahrung der Völker, die vom römischen Imperium unterworfen worden waren. Sich einem äusseren Willen unterwerfen zu müssen, wurde zu einer allgegenwärtigen gesellschaftlichen Erfahrung.

Vor diesem Erfahrungshintergrund war es naheliegend Tugend

als Gehorsam gegen Gottes Willen zu verstehen, einem Willen, der sich nicht durch Vernunft ergründen liess (S.70):

‚Denn meine Gedanken sind nicht eure Gedanken, und eure Wege sind nicht meine Wege,..sondern so viel der Himmel höher ist als die Erde, so sind auch meine Wege höher als eure Wege und meine Gedanken als eure Gedanken' (Jesaja 55,8-9).

Um die Welt und ihre Geschichte zu verstehen, wurde nun ein überirdischer, sie lenkender Wille postuliert (S.73).

„War die jüdische Vorstellung vom ‚Gesetz' besser mit der Alltagserfahrung zu vereinbaren - und eher zu ihrer Bewältigung geeignet - als ‚Gründe', die sich auf die Natur beriefen (S.73)?"

Wie das Christentum die Gesellschaft veränderte

Dass das jüdische Denken nicht vollständig den Sieg über die griechisch römischen Anschauungen errang, verdanken wir der Jesusbewegung und der Vision des *Saulus von Tarsus*, eines jungen Juden.

Als innerjüdische Reformbewegung ist die Jesusbewegung gescheitert. Durchgesetzt hat sie sich dagegen im Römischen Reich und in dessen hellenistischer Kultur. Dabei hat sie dem Anliegen des freiwilligen Statusverzichts auch in dieser ganz anderen Kultur die Treue gehalten.

Bei seinem Uebergang in die hellenistische Welt trat das frühe Christentum in eine multikulturelle und multireligiöse Welt mit einer hoch entwickelten Philosophie ein. Die christliche Verkündigung wurde deshalb abstrakter. Dies zeigt sich deutlich am Beispiel der Briefe des Apostel Paulus an die von ihm gegründeten Gemeinden.

Paulus, der als Saulus von Tarsus Mitglieder der Jesusbewegung verfolgte, hatte auf dem Weg von Jerusalem nach Damaskus sein berühmtes Bekehrungserlebnis. Nach dem Bericht im Neuen Testament wurde er unter dem tiefen Eindruck einer Jesusvision vom Pferd geworfen (Apg 9,1-9).
Dieser Vision ging eine längere Phase intensiver Auseinandersetzung mit der Person Jesus von Nazareth voraus. Als Folge der Vision entwickelte Paulus dann seine Christusidee.

Wie das Christuslied in Phil 2,5-11 belegt, hat Paulus Jesu Vision der statusunabhängigen Gleichheit aller Menschen, die von Jesus vertreten und vorgelebt wurde, in das hellenistische mythische Weltbild übersetzt:

Seid so gesinnt, wie es eurem Stand in Christus Jesus entspricht: Er, der doch von göttlichem Wesen war, hielt nicht wie an einer Beute daran fest, Gott gleich zu sein, sondern gab es preis und nahm auf sich das Dasein eines Sklaven, wurde den Menschen ähnlich, in seiner Erscheinung wie ein Mensch. Er erniedrigte sich und wurde gehorsam bis zum Tod, bis zum Tod am Kreuz. Deshalb hat Gott ihn auch über alles erhöht und ihm den Namen verliehen, der über allen Namen ist, damit im Namen Jesu sich beuge jedes Knie, all derer, die im Himmel und auf Erden und unter der Erde sind, und jede Zunge bekenne, dass Jesus Christus der Herr ist, zur Ehre Gottes, des Vaters (Phil 2,5-11).

Jesus wird hier als ein göttliches Wesen beschrieben, das aus der geistigen Welt in die irdisch-materielle Welt hinunter stieg und dann wieder wieder dahin auffuhr.
Mit Hilfe der Christusvorstellung dieses Hymnus bekämpft Paulus die Idee der natürlichen Ungleichheit (S.77/78).

> Diese Botschaft richtet sich nicht nur an die Juden, sondern an die ganze Menschheit. Sie ist die Aufforderung, nach einem tieferen Selbst zu suchen, das auf einer inneren Vereinigung mit Gott beruht.

In seinem Brief an die Galater, den er etwa 20 Jahre nach der Kreuzigung Jesu schrieb, spricht Paulus - in Anlehnung an die von Jesus verkündete Vaterschaft Gottes - von der Bruderschaft der Menschen und indirekt auch von seiner eigenen Rolle als Apostel der Heiden:

Hier ist nicht Jude noch Grieche, hier ist nicht Sklave noch Freier, hier ist nicht Mann noch Frau; denn ihr seid allesamt einer in Jesus Christus (Gal 3,28).

Der Vergleich der christlichen Gemeinschaft mit dem ‚Leib Christi' beschwört eine mystische Vereinigung mit Christus, die auf den individuellen Willen moralisch einwirkt, indem sie diesen mit dem Ursprung ihres Seins verbindet.

> Paulus verband die Spekulationen der späthellenistischen Philosophie über die menschliche Natur mit dem Bestreben des Judentums, sich einem höheren oder göttlichen Willen zu unterwerfen.

Nach Paulus ist die Motivationskraft der Liebe der göttliche Funke in uns allen:

Wenn ich mit Menschen- und mit Engelszungen redete und hätte die Liebe nicht, so wäre ich ein tönendes Erz oder eine klingende Schelle. Und wenn ich prophetisch reden könnte und wüsste alle Geheimnisse und alle Erkenntnis und hätte allen Glauben, sodass ich Berge versetzen könnte, und hätte die Liebe nicht, so wäre ich nichts. Und wenn ich alle meine Habe den Armen gäbe und liesse meinen Leib verbrennen und hätte die Liebe nicht, so wäre mir's nichts nütze. Die Liebe ist langmütig und freundlich, die Liebe eifert nicht, die Liebe treibt nicht Mutwillen, sie bläht sich nicht auf, sie verhält sich nicht ungehörig, sie erträgt alles, sie glaubt alles, sie hofft alles, sie duldet alles, Die Liebe hört niemals auf (1.Kor 13,1-8).

Durch den Glauben wird eine moralische Wiedergeburt möglich. Diese erlaubt es den Glaubenden über das jüdische Gesetz oder die blosse Regelbefolgung hinausgelangen.

Den Wunsch einiger jüdischer Christen, man müsse zunächst zum Judentum übertreten, um Christ zu werden - was bei Männern zum Beispiel die Beschneidung bedeutete -, wies Paulus schroff zurück, weil er gegen den Geist seiner eigenen Mission verstiess.

> Freies Handeln, ein Geschenk der Gnade durch den Glauben an den Christus, ist etwas gänzlich anderes als rituelles Verhalten und Befolgen von traditionellen Regeln. Anders zu denken ist für Paulus ein Rückschritt im Geist.

Die Theologie des Paulus war im frühen Christentum zwar einflussreich, aber nicht unwidersprochen.

Bereits im 2.Jahrhundert hatte der aristokratische Platonismus ein wirkungsvolles Rückzugsgefecht geliefert, das er im Namen der sogenannten *Gnosis'* (= Erkenntnis) führte.
Die Gnosis war ein Rückgriff auf die platonische Annahme, dass eine Hierarchie des Seins existiere, und dass Erkenntnis die Vorbedingung der Erleuchtung sei.
Selbstbefreiung verlangte der materiellen Welt und ‚Finsternis' zu entsagen um wieder nach oben, in die Welt des „Lichts" zurückkehren zu können. In der christlichen Gnosis lieferte Christus die Erkenntnis über die Welt des Lichts .

Die Gnosis entfernte sich von der Ueberzeugung des Paulus, dass die Befreiung durch den Glauben an die Gnade Gottes die Vorbedingung für die Versöhnung mit Gott sei.

Die wichtigsten Etappen der Entstehung von Individuum und Liberalismus

Der wichtigste Teil von Larry Siedentops Buch ist seine Darstellung der Etappen, welche zur Entstehung des Konzepts des westlichen Individuums und des Liberalismus führten.
Im Folgenden fassen wir diese Entwicklung stark verkürzt zusammen. In Larry Siedentops 500-seitigen Buch, ist sie ausführlich dargestellt.

Das Christentum verbreitete sich zunächst vor allem in den Städten. Dabei spielten Frauen und sogar Sklaven eine wichtige Rolle. Durch sie griff es auch auf die höheren Schichten über.

Das Angebot, durch den Glauben an den Christus zu einer gewissen Würde zu kommen, bereitete im Verborgenen einer moralischen Revolution den Weg (S.103).

Ursprünglich wurden in der Kirche die ‚Oberen' durch die ‚Unteren' gewählt

Als die Zeit der Apostel und Propheten vorbei war, wurden die Aeltesten und die Bischöfe zunächst durch allgemeine Zustimmung der

Gläubigen gewählt, indem man ihnen die Hand auflegte. Die Wahl von Bischöfen war auch häufig das Ergebnis öffentlicher Akklamation.

> Die Wahl der ‚Oberen' durch die ‚Unteren' war die Norm, obwohl sie nicht formell oder systematisch war.
> Erst später, als die Kirche sich eng an das Römische Reich band, liess sie sich auf einen Kompromiss mit der Praxis ein, dass die ‚Oberen' die ‚Unteren' wählten (S. 118).

Kompromisse mit antiken und germanischen Formen von Herrschaft

In der Spätantike und im Frühmittelalter war das Christentum mit dem römischen Staat und mit Germanenstämmen konfrontiert, die über eine hierarchische Gesellschaftsorganisation verfügten.
Seit *Konstantin* und *Theodosius I.* gewannen weltliche Herrscher eine die Kirche beherrschende Stellung. Unter germanischem Einfluss gewannen weltliche Herrscher Macht über die Kirche (bis zur Bischofsernennung). In Zeiten schwacher Kaiser versuchten dagegen Päpste die weltliche Herrschaft an sich zu reissen.

Der Einfluss des Gottesgnadentums[166]

Das Konzept des Gottesgnadentums hat eine lange Vorgeschichte:

Zu den höchsten Ämtern im antiken Rom hatte auch das des Oberpriesters, des *Pontifex Maximus* gehört, das schon Caesar innegehabt hatte. Seit 12 v. Chr. waren alle Kaiser auch Pontifex Maximus. Dies verlieh ihnen neben ihrer säkularen auch eine sakrale Würde. Dieses Konzept des Kaisertums konnte hatte bereits im Alten Orient begonnen und war im Zeitalter des Hellenismus auch in den Mittelmeerraum vorgedrungen.

Nach dem Sieg des Christentums unter *Konstantin dem Grossen* wurde der heidnische Titel des Pontifex Maximus abgelegt, aber die Sakralität der Kaiserwürde blieb unangetastet. Sie wurde nun durch die Idee des Gottesgnadentums ersetzt. Mit dieser theologischen Konstruktion legitimierten weltliche Herrscher nun ihre Macht als von Gott gegeben.

Bild Nr. 26
Krönung Heinrichs II.
und seiner Gattin Kunigunde durch Christus.

Obere Hälfte einer Bildseite im »Perikopenbuch Heinrichs II«, um 1007-12. Es entstand vermutlich um 1007–1012 im Kloster Reichenau im Auftrag Kaiser Heinrich II, für den Bamberger Dom anlässlich von dessen Weihe.

Die Apostelfürsten Petrus zur Linken Paulus rechts des Christus führen das Herrscherpaar vor den Herrn des Alls. Petrus ist zu erkennen am kurzen Kinnbart und dem dem Monogrammschlüssel in seiner Linken. Der aus zwei Teilen bestehende Schlüssel weist zudem auf die Binde- und Lösegewalt hin, die dem Petrus durch Christus anvertraut wurde. De Kaiser hält seine weltlichen Herrschaftszeichen Sphaira und Zepter in Händen.

Der Einfluss der patriarchalischen Gesellschaftsorganisation der Germanen[167]

Bei den Germanen war das Volk in Freie, Halbfreie (Knechte) und Rechtlose (Kriegsgefangene, Sklaven) gegliedert.

Zu bestimmten Zeitpunkten fanden Versammlungen der freien Männer (= Volksthing) statt, bei denen wichtige Entscheidungen besprochen und getroffen wurden. Die Gesellschaft war patriarchalisch organisiert. Heerkönige kamen aus führenden, angesehenen Familien.

Am Ende des dritten Jahrhunderts n.Chr. bekleideten in der römischen Verwaltung auch Christen wichtige Positionen. Ein Teil von ihnen machte sich unter Berufung auf ihren christlichen Glauben zu Sprechern für die unteren Schichten. Im Mittelpunkt ihrer Rhetorik stand die Liebe zu den Armen. So bewarben sie sich um die Führung in den Städten. (S.105/106).

> Die Liebe zu den Armem schloss auch die Sklaven, Bedürftigen und Fremdgeborenen ein – die Gruppen, die in der städtischen Hierarchie ganz unten angesiedelt waren. Ihnen wurde eine Heimat offeriert, ein unwiderstehliches Angebot.

So begannen die christlichen Kirchen den hierarchischen Charakter der aristokratischen Gesellschaft aufzuweichen (S.105-107).

Der Einfluss des Mönchtums

Die Mönche distanzierten sich physisch und moralisch von der antiken Familie und der antiken Stadt (= Polis) zugunsten einer alternativen Welt, die auf ganz andere Grundsätze gegründet war. Zu Beginn des vierten Jahrhunderts setzte sich dann das gemeinschaftliches Leben gegen das mönchischen Einsiedlerleben durch.

> Das gemeinschaftlich lebenden Mönchstums rehabilitierte die Arbeit, die von ihrer Assoziation mit der Dienstbarkeit, vom Makel der antiken Sklaverei, befreit wurde. Die Arbeit gewann eine neue Würde, mehr noch sie wurde eine Voraussetzung für Selbstachtung (S.120-122).

Für *Basilius von Caesarea* (ca.330-378) war die biblische Grundlage des menschlichen Lebens – eines zugleich solitären und sozialen Lebens – das Gebot

‚Du sollst den Herrn, deinen Gott, lieben von ganzem Herzen, von ganzer Seele, von ganzem Gemüt und mit allen deinen Kräften'. Das andre ist dies: ‚Du sollst deinen Nächsten lieben wie dich selbst (Lk 10,27).'

Im 6. Jahrhundert setzte die **Regel des heiligen Benedikt** die Demokratisierung des Autoritätsbegriffs fort, und verlangte von den Aebten eine ‚Kultur des Zuhörens' zu praktizieren und auf die unterschiedlichen Bedürfnisse einzelner Mönche einzugehen (S.123).

So schuf das Mönchswesen eine Lebensform, welche die Gesellschaftsordnung auf das Gewissen gründete, auf mühsam errungene individuelle Absichten statt auf öffentlich erzwungene Statusunterschiede.(S.124).

Karl der Grosse

Karl der Grosse wurde 768 König der Franken. Im Verlaufe seiner Regierungszeit von nahezu 50 Jahren sicherte er sich die Kontrolle über den grössten Teil Westeuropas, von Norditalien bis zur Ostsee.

Seine Herrschaft legitimierte er sowohl mit antiken und germanischen, wie auch mit christlichen Wertvorstellungen.

Um sich der Loyalität seiner Untertanen zu vergewissern, liess sie Karl der Grosse mehrmals einen Treueeid schwören, zunächst nur die Freien, später aber auch die Sklaven und Frauen auf den königlichen und kirchlichen Gütern!

Dieses Vorgehen machte nur Sinn, wenn auch Sklaven und Frauen Seelen hatten, d.h. über eine moralische Fähigkeit verfügten, die ihre Eide und Loyalität für den Herrscher erstrebenswert machten.

> So wurden die Untertanen allmählich als Individuen ernst genommen (S.191-193).

Gleichzeitig galt nicht in vollem Sinne als Mensch, wer ausserhalb der Kirche stand und nicht getauft war, galt. Er oder sie hatte keine ‚Seele' erworben.

Karl behielt auch ein zentrales Element des früheren aristokratischen Gesellschaftsmodells bei, nämlich die Grundherrschaft, welche den Besitz und die Stellung des *pater familias* schützte....So schuf er einen Bereich von häuslicher Kontrolle oder Besitz ausserhalb der legitimen Ansprüche öffentlicher Rechtsprechung (S. 189/190).

Einschub zum schwer verständlichen und kontroversen Begriff Seele[168]:

Der Ausdruck Seele hat vielfältige Bedeutungen, je nach den unterschiedlichen mythischen, religiösen, philosophischen oder psychologischen Traditionen und Lehren, in denen er vorkommt.

Religionswissenschaftlich wird Seele als Ursache wahrnehmbarer oder kulturell für wahrnehmbar gehaltener Lebensäusserungen verstanden. Indische Texte sprechen häufig von fünf Seelen: Atemkraft, Redekraft, Sehkraft, Hörkraft und Denkkraft. Die entsprechenden Zuordnungen und Abgrenzungen erscheinen oft als unscharf, ja sogar widersprüchlich.

Im heutigen Sprachgebrauch ist mit dem Begriff „Seele" oft die Gesamtheit aller Gefühlsregungen und geistigen Vorgänge beim Menschen gemeint. Sie kann auch als Träger des Lebens eines Individuums und seiner durch die Zeit hindurch beständigen Identität aufgefasst werden.

In der frühen griechischen Philosophie ist gemäss der Mehrzahl der Forscher eine - vermutlich auf orientalische Auffassungen zurück gehende - Lehre der Seelenwanderung festzustellen. Diese wurde von Platon übernommen und ausgebaut.

Andere Forscher - beispielsweise *Karl Albert*[169] - vertreten die Ansicht, dass Platon ein Mystiker war, der seine Philosophie von der Unsterblichkeit der Seele entwickelte, um seine eigenen Erlebnisse zu deuten.

In Platons Philosophie ist die Seele unsterblich. Ihr Dasein ist von dem des Körpers gänzlich unabhängig; sie existiert vor seiner Entstehung und besteht nach seiner Zerstörung unversehrt fort. Daraus ergibt sich die Rangordnung der beiden: Der Leib, der mancherlei Beeinträchtigungen und letztlich der Vernichtung unterliegt, ist der unsterblichen, unzerstörbaren Seele untergeordnet. Es steht ihr zu, über ihn zu herrschen. Der Körper ist das „Gefäß", die „Wohnstatt" der Seele, aber auch negativ ausgedrückt ihr „Grab" oder „Gefängnis" — eine berühmt gewordene Formulierung Platons.

Im Tod löst sich die Seele vom Körper, das ewig Lebendige trennt und befreit sich von der nur durch seine Einwirkung belebten Materie. Vom Leib entbunden kann die Seele auf ungetrübte Weise erkennen, weshalb der wahre Philosoph den Tod als sinnvoll anstrebt. Solange sie sich jedoch im Körper befindet, nimmt die Seele eine vermittelnde Stellung zwischen der Ideenwelt und der Sinnenwelt ein.

Die christliche Theologie hat dann Platons Vorstellung übernommen, und das Menschenbild von Karl dem Grossen war vom platonisch-christlichen Weltbild seiner theologischen Berater beeinflusst.

Auf die neuzeitlichen Kontroversen zum Thema Seele geht K.Staub in seinem Buch „Religionswerkstatt" im Kapitel „Sterben - Tod und was darnach kommt?" ein.

In der Auseinandersetzung mit den heidnischen Sachsen und im Kampf gegen die Muslime erwies sich Karl der Grosse als brutal und rücksichtslos. Immer wieder siedelte er ganze Völker um. Und 782 n.Chr. liess er bei Bremen 4500 Sachsen köpfen (S.193/194).

Im Gegensatz zu Karls Denken kreiste das christliche Denken seit Jesus und Paulus um den Status und die Ansprüche der Menschen als solcher, ganz unabhängig von irgendwelchen Rollen, die sie in einer bestimmten Gesellschaft innehatten. Darüber hinaus lieferte der Gottesbegriff des Paulus eine moralische Grundlage für den Umgang mit dem individuellen Gewissen und seinen Forderungen.

Der Uebergang zum Feudalismus

Das späte 9. und das 10. Jahrhundert werden gewöhnlich als Uebergang zum Feudalismus betrachtet. Dieser wird meistens als Antithese zum modernen Europa verstanden, die auf einer drastischen sozialen Ungleichheit basierte.

Dazu gehörte, dass der Landbesitz untrennbar mit dem Recht verbunden war, Leibeigene zu halten, die an die Scholle gebunden waren (S.207).

> Nach Siedentop ist diese Sicht zu einseitig, denn in dieser Uebergangszeit wurden auch die moralischen Grundlagen des modernen Europas gelegt.

Es drohte die Gefahr, dass der damalige Machtzerfall eine Form der Herrschaft ermöglicht hätte, die ebenso rigoros war wie in der Antike, das heisst, dass die Arbeiter wieder zu zu beseelten Werkzeugen im Sinne von Aristoteles geworden wären (S.223).

Das entstehende Machtvakuum ermöglichte, dass eine neue Schicht von bewaffneten Reitern entstand, die sich aus der Schicht der kleinen Grundbesitzer rekrutierten. Willkür und Gewalt wurde fast zur Norm. Gleichzeitig wurde das Papsttum in Rom zu einem Spielball der aristokratischen Familien.

> Als Reaktion darauf, dass die Kirche daran war, die Kontrolle über die eigenen Angelegenheiten zu verlieren, entstanden am Ende des 10.Jahrhunderts verschiedene Reformbewegungen.

Durch den Abt von Cluny ermutigt, förderte der Klerus diese Bewegungen (S.226).

Der Gottesfriede vom Ende des 10.Jahrhunderts

975 verlangte der Bischof von Le Puy von den Rittern und Bauern seiner Diözese, dass sie einen Eid leisteten, in dem sie versprachen, den Besitz sowohl der Kirche als auch der Armen und der Machtlosen zu respektieren.
989 exkommunizierte ein Kirchenkonzil in Burgund all jene, die Bischöfe, Priester, Diakone oder Schreiber der Kirche zu Hause oder auf Reisen angriffen, die eine Kirche ausraubten oder von einem Armen oder einem Ackerbauern ein Tier stahlen.

> Bis zum Ende des Jahrhunderts erweiterten viele öffentliche Versammlungen und Kirchenkonzile diesen *Gottesfrieden*, bis er „Wallfahrer, Frauen und Kinder, Arbeiter und ihre Werkzeuge, Klöster und Friedhöfe" einschloss. Sie sollten *„unbehelligt und in immerwährendem Frieden"* leben können (S.234).

Diese Erfolge machten die Reformbewegung von Cluny stark und selbstbewusst, so dass sie hoffte, die Kirche und die allgemeine Gesellschaft grundlegend verändern zu können.

> „Die Arbeitsbedingungen, die sich unter dem Feudalismus herausbildeten, waren nun zunehmend geprägt von der Ueberzeugung, dass der rechtmässigen Macht eines Menschen über einen anderen Grenzen gesetzt seien. Es gab einen ersten Ansatz für die Entwicklung von Privatheit und Freiheit (S.227)."

Die kollektive Erlösungsvorstellung der frühen Kirche von einem kurz bevorstehenden Weltende mit anschliessendem Weltgericht, wurde unter dem Einfluss der platonischen Seelenlehre, allmählich durch die Erkenntnis abgelöst, dass jede einzelne Seele nach ihrem Tode aufgrund ihrer Verdienste beurteilt werde.
Dies beinhaltete eine moralische Herausforderung, der sich alle in gleicher Weise gegenübersahen. Die unsterbliche Seele wurde zum wichtigsten Element der Wirklichkeit (S.238).

> Am Ende des 10.Jahrhunderts war quer durch alle sozialen Schichten die Tendenz zu beobachten, dass sich die aus der Antike übernommenen Einstellungen von der naturgegebenen Ungleichheit der Menschen allmählich veränderten.

Die christlichen Grundüberzeugungen hinterliessen jedoch zunächst nur geringfügige Spuren in der Gesellschaft. Wie die Bauernaufstände in der Normandie am Ende des 10. Jahrhunderts zeigen, konnten sie sich jedoch auch plötzlich und mit eruptiver Kraft als Auflehnung äussern (S.242).

Die Kreuzzüge

Nach einer katastrophalen Niederlage der Byzantiner gegen muslimische Armeen - forderte Papst Urban II. 1095 Freiwillige auf, der Ausbreitung des Islams Einhalt zu gebieten. Damit löste er eine ungeheure Welle der Begeisterung aus.

> Die Kreuzzüge liessen ‚ein Volk' mit einer gemeinsamen Identität sichtbar werden, die über alle Grenzen der feudalen Schichtung hinausging (S.243).

Der Einfluss der Reformen auf die päpstliche Politik

Die Reform von Cluny beeinflusste auch die päpstliche Politik. Diese beendete den karolingischen Schulterschluss zwischen Kirche und Reich, was zu erbitterten Konflikten zwischen beiden führte (S.245/246).

Wie die katholische Kirche ihre Grundsätze verriet

Zwischen 1050 und 1300 entstand eine erbitterte Auseinandersetzung zwischen dem Papsttum und dem Deutschen Reich, denn die deutschen Kaiser versuchten, das Amt des Papstes in ihren Herrschaftsanspruch einzubeziehen. Und führende Feudalherren belohnten treue Gefolgsleute mit der Bischofswürde oder gaben sie den Meistbietenden (S.247/248).

> Um sich zu wehren, entwickelte die Kirche eine eigene Rechtsordnung. Diese ermöglichte ihr, die Kontrolle über ihre eigenen Angelegenheiten, die zu jener Zeit in den Händen säkularer Mächte lag, wieder an sich zu reissen (S.248/249).

Im päpstlichen Dekret von 1059 wurde den Kaisern das Recht abgesprochen, Päpste zu ernennen, und der Papst erhielt das Recht, Kaiser unter bestimmten Umständen abzusetzen.
Gregor VII. exkommunizierte dann in der Folge *Heinrich IV.* und zwang diesen, barfüssig auf dem schneebedeckten Hof der Burg Canossa den Papst um Vergebung zu bitten (S.254).

Der Dictatus Papae

Vom 11. bis zum 13. Jahrhundert versuchte dann die Kirche - in selbstherrlicher, sogar anmassender Weise - gestützt auf den Dictatus Papae, die Macht der weltlichen Herrscher einzuschränken.

Der daraus resultierende Kampf zwischen Reich und Papsttum um die Ernennung und Einsetzung der Bischöfe (d.h. um die Investitur) dauerte Jahrzehnte.
Er endete 1122 mit dem folgenden Kompromiss:

- Die Wahl der Bischöfe blieb Sache der Kirche.
- Die Rolle des Königs, bestand darin, den Bischof nach seiner Wahl mit weltlicher Macht auszustatten.
- Die Uebertragung des geistlichen Amtes geschah durch einen Erzbischof, der in Vertretung Roms den Hirtenstab und den Ring als Symbole der Seelsorge verlieh.

Naturrecht und natürliche Rechte

> Im 12.Jahrhundert beanspruchten die Päpste Innozenz III. und Innozenz IV. sogar eine übergeordnete moralische Autorität in weltlichen Dingen (S.262).

Sie entwarfen ein Modell für die Regierung einer christlichen Gesellschaft. Dieses Modell war beeinflusst durch

- die egalitären Moralvorstellungen des Christentums und
- den Wissensbestand des römischen Rechts, mit dem diese verknüpft wurden.

Das kanonische Recht

Am Ende des 12. Jahrhunderts begann eine neue Generation von Juristen, die *Kanonisten* oder Kirchenrechtler, ein besseres kirchliches Rechtssystem zu entwickeln[170] (S.264/265).

Diese Kirchenrechtler versuchten zu beweisen, dass es ein moralisches Recht (‚Naturrecht') gibt, das allen menschlichen Gesetzen überlegen ist. Die Ansprüche der öffentlichen Macht können deshalb die Ansprüche des Gewissens, wenn es recht verstanden wird, nicht auslöschen (S.266). Allerdings vertraten die Päpste und die Kanonisten die Auffassung, dass allein die Kirche diese Ansprüche des Gewissens vertrete. Trotzdem stellten sie Grundsätze auf, die sich eines Tages nicht nur gegen weltliche Herrscher, sondern auch gegen die Kirche ins Feld führen liessen (S.267).

„Das Naturrecht (ius naturale), wie es in Gesetz und Evangelium erscheint, weist jeden an, andere so zu behandeln, wie er selber behandelt sein will (S.270)."

Hier wurde die biblische ‚Goldene Regel' der antiken Theorie des Naturrechts aufgepfropft, so dass Gleichheit und Gegenseitigkeit zu den wichtigsten Elementen der Gerechtigkeit wurden.
Dadurch erhielt das Naturrecht ein subversives Potenzial, das dem antiken Verständnis des Naturrechts völlig fremd war.

So schufen die Kanonisten die Voraussetzungen für den Wechsel von einer aristokratischen zu einer demokratischen Gesellschaft. Darüber hinaus befreiten sie auch das Denken (S.272/273).

„Indem sie die menschliche Macht zu handeln von bestimmten sozialen Rollen trennten, ermöglichten sie eine deutlichere Unterscheidung zwischen ‚Sein' und ‚Sollen' - Aussagen über beobachtbare Tatsachen und moralische Vorschriften (S.273/274)."

Auf dem Weg zum nationalen Staat

In Anlehnung an das kirchliche Vorbild, forderten bald auch die Könige eine souveräne Macht, wie sie die Päpste beanspruchten.

Dies bewirkte eine Verweltlichung des Königtums und aller weltlichen Regierungen. Auf lange Sicht führte dies zur Entstehung der Nationalstaaten (S.316/317).

Haben nur die Christen Seelen?

Papst Innozenz IV. vertrat dann die Auffassung, dass alle Menschen von Natur aus bestimmte natürliche Rechte oder Freiheiten besitzen (S.320):

"Ich behaupte...dass Grundherrschaft, Besitz und Rechtsprechung auch für Ungläubige gelten kann, denn diese Dinge waren nicht nur für die Gläubigen, sondern für jedes vernunftbegabte Geschöpf bestimmt, heisst es doch:
‚Denn er lässt seine Sonne aufgehen über Böse und Gute und er nährt die Vögel unter dem Himmel, (Mt 5,45; Mt 6,26).'
Daher sagen wir, dass weder der Papst noch die Gläubigen das Recht haben, Ungläubigen ihren Besitz oder ihre Jurisdiktion fortzunehmen (S. 320/321)."

Der Gefahr, dass mit diesem Argument die von ihm beanspruchte Vormachtstellung in Frage gestellt werden könnte, begegnete Innozenz IV., indem er das Wesen dieser Forderung neu definierte:

„Trotzdem sind wir der festen Ueberzeugung, dass der Papst als Stellvertreter Jesu Christi nicht nur Macht über die Christen, sondern auch über alle Ungläubigen besitzt, da doch Christus Macht über sie alle hatte...(S.321)."

Mit diesem wenig überzeugenden Argument begründete Innozenz IV. seinen Anspruch, die oberste Autorität über alle Fragen der Moral und des Gewissens zu sein (S. 321).

Kirchenrecht und Zivilrecht beeinflussten sich gegenseitig. Die Kanonisten wandelten eine Maxime des Privatrechts in ein Prinzip des öffentlichen Rechts um:

‚Was alle betrifft, muss von allen gebilligt werden'.

Dieses Prinzip sollte später weitreichende politische Konsequenzen haben (S.322/323).

Aufruhr der Städte

Neben der Papstrevolution und den neuen Bestrebungen des Königtums, ist das Wiedererwachen des Stadtlebens eines der bemerkenswertesten Ereignisse des 11. und des 12. Jahrhunderts in Europa.

Das Stadtrecht entwickelte sich als eine Mischung aus örtlichem Gewohnheitsrecht, Improvisation, und vor allem aus den Handelsvorschriften der Kaufmannszünfte, die Fernhandel betrieben und erkannten, wie wichtig gegenseitige Rechte waren, um den Handel zu schützen.

Gleichheit und Gegenseitigkeit prägten die Bestimmungen in den Dokumenten. Dies war ein Erbe des Kirchenrechts, obwohl diese Grundsätze jetzt angewendet wurden, um den weltlichen Frieden zu wahren und der Gerechtigkeit zu dienen.

Im 11. und 12. Jahrhundert breiteten sich städtische Aufstände gegen feudale Grundherren wie ein Flächenbrand in ganz Europa aus (S.335). Häufig scheiterten sie.

Aber nach manchmal langwierigen Kämpfen erhielten die Städte in zunehmendem Masse Freiheiten und Immunitäten, die ihnen ein hohes Mass an Selbstregierung erlaubten.

Die Entstehung einer bürgerlichen Mittelschicht

> Durch ihre gesetzlichen Neuerungen brachten die mittelalterlichen Städte eine neue soziale Schicht zwischen den Adligen und den Leibeigenen hervor, die „Mittelschicht" oder das Bürgertum.

Diese formale Anerkennung der Statusgleichheit des Bürgerstatus erwies sich als höchst subversiv. Sie führte in den kommenden Jahrhunderten dazu, dass die einstigen feudalen Kasten mit der Entstehung der Nationalstaaten von diesen ‚mittleren', sozialen Verhältnissen aufgesogen wurden (S.344).

Messianische Bewegungen und Ordensbrüder

Auch in früheren Jahrhunderten hatte es es schon gelegentlich einen Propheten oder Messias gegeben. Häufigkeit und Ausmass dieser messianischen Bewegungen nahmen aber am Ende des 11. Jahrhunderts ausserordentlich zu. Ihre Anhänger stammten überwiegend aus den ländlichen oder städtischen Armenschichten. Sie waren tief in moralischen Ueberzeugungen verwurzelt und schwer auszurotten.

Zuerst reagierten die kirchlichen Autoritäten auf diese Bedrohungen unsystematisch. Aber innerhalb eines halben Jahrhunderts entwickelte sich ein Gegenmittel: die Bettelorden der Franziskaner und Dominikaner(S.352). Diese verzichteten auf den Pomp der etablierten Kirche und wandten sich mit Predigten und mildtätigen Gaben an die Armen, während sie selbst in den Stadtgemeinden von Almosen lebten.

Der Kreuzzug gegen die Katharer

Geführt von den ‚Perfecti', die sich selbst aus der materiellen Welt befreit hatten, begegneten die Katharer der etablierten Kirche mit Verachtung. Der Name, den sie sich selbst gaben, lautete ‚die guten Christen'.
Im 13. Jahrhundert unterstützte das Papsttum einen Kreuzzug unter der Führung von Simon de Montfort gegen die Katharer im Languedoc, den Kreuzzug, der zu dem berüchtigten Massaker an fast 20'000 Bewohnern von Béziers führte. (S. 354).

Die Inquisition - ein Instrument zur Ketzerbekämpfung

Als zusätzliche Reaktion auf die Häresie der Katharer und anderer ketzerischer Laienbewegungen wurde von Gregor IX. ein päpstliches Untersuchungsgericht, *die Inquisition*, ins Leben gerufen. Sie sollte Bedrohungen der ‚Reinheit des Glaubens' bekämpfen (S.355).

Die Kirche konnte im Inquisitionsverfahren zwar Urteile über Ketzer aussprechen. Die Todesstrafe konnte jedoch nur weltliche Instanzen aussprechen.

> Mit seinen absolutistischen Machtansprüchen und seiner Unterstützung des Massakers an den ketzerischen Katharern verleugnete nun das Papsttum die Freiheit des individuellen Gewissens, die das Christentum seit Paulus immer wieder verkündet und eingefordert hatte.
>
> Damit machte es sich zutiefst unglaubwürdig.

Eine unbeabsichtigte Konsequenz der Gründung der Bettelorden

Als das Papsttum die Bettelorden anerkannte, um die Armen zu erreichen und die Orthodoxie zu bewahren, erzielte es nur einen Teilerfolg.

Denn die Entwicklung der Orden, besonders der Franziskaner, schuf die Voraussetzung für eine radikale Kritik an der Rolle der Kirche in der Gesellschaft, eine Kritik, die - sich der Sprache der natürlichen Rechte bedienend - im 14. und 15. Jahrhundert allmählich in Erscheinung trat (S.360).

Nun begannen sich die egalitären Moralvorstellungen, welche die Kirche entwickelt hatte, gegen sie selbst zu wenden.

> Diese egalitären Moralvortellungen lieferten die Basis für rechtliche Ansprüchen auf individuelle Gewissensentscheidungen, auf einen Bereich individueller - vom Gesetz beschützter - Freiheit.
>
> Aus den christlichen Moralvorstellungen entwickelte sich die Forderung nach ‚gleicher Freiheit' (S.361).

Das kanonische Korporationsrecht

Im 13. Jahrhundert wurde die Diskussion um die päpstliche Souveränität von den Päpsten *Innozenz III.* und *Innozenz IV.* geprägt, die kompromisslose Vertreter päpstlicher Machtansprüche waren.

Gleichzeitig versuchten jedoch die Erschaffer des kanonischen Rechts mittels einer neue Theorie über das Wesen von

Körperschaften (= Korporationen) die moralische Handlungsfreiheit der Individuen zu bewahren, indem sie die Ansprüche der führenden Repräsentanten von ‚Korporationen' begrenzten. Man sprach jetzt von einer *delegierten Autorität*, die durch den Zweck begrenzt wurde, für den sie delegiert wurde und immer dem Wohle derer verpflichtet blieb, die sie repräsentierte.

> Diese *Theorie des Korporationsrechts* lief im Endeffekt auf eine Theorie der repräsentativen Regierung hinaus (S.402/403).

Die Idee des ‚Oberhauptes' verlor die Bedeutung einer naturgegebenen und fraglosen Autorität. Im 14. Jahrhundert dehnten dann kühnere Denker diesen Gedanken auf die Kirche als Ganzes aus, was für die Einstellungen zum Papsttum weitreichende Folgen hatte (S.405).

Der Liberalismus als Reaktion auf religiöse Gewalt und Intoleranz

Nach einer tiefen Krise, während der zeitweise drei Päpste um die Macht rivalisierten, gelang es in der Mitte des 15. Jahrhunderts dem Papsttum wieder die Kontrolle über die Kirche zu gewinnen (S.409). So schien sich der päpstliche Absolutismus wieder zu etablieren. Aber nur scheinbar. Denn im 14. und 15. Jahrhundert kam es zu verbreiteten Unruhen in der Kirche (S.409). Renaissance und die Reformation führten zur Zersplitterung der Christenheit und zu religiösen Auseinandersetzungen, die sich in Bürgerkriegen und in bewaffneten zwischenstaatlichen Konflikten äusserten.

Diese Entwicklungen veranlassten moralisch sensible Menschen das *Credo des Säkularismus* zusammen zu stellen, wobei sie sich an den Einsichten sogenannter ‚mittelalterlicher' Denker orientierten.

Larry Siedentops Bilanz

Siedentop zieht im Kapitel „Abschied von der Renaissance" aus einer Arbeit die folgenden Schlüsse:

> Der Liberalismus kein Projekt der Kirche. Als politische Theorie wurde er sogar gegen den erbitterten Widerstand der katholischen und lange Zeit auch der meisten protestantischen Kirchen entwickelt.**
>
> Liberale moralische Vorstellungen, die ursprünglich auf dem Boden christlichen Denkens gewachsen waren, wurden nun immer häufiger gegen Versuche ins Feld geführt, den Glauben gewaltsam durchzusetzen.

**Auffallend ist allerdings, dass die für die Ausformung eines ‚liberal' bestimmten Naturrechtsgedankens einflussreichen Philosophen und Vordendenker der Aufklärung: Hugo Grotius, Samuel Pufendorf und John Locke alle Protestanten waren.

> Auf katholischer Seite wurde (und wird auch heute noch) der Säkularismus mit Unglaube, Gleichgültigkeit und Materialismus gleichgesetzt.
>
> Von den Liberalen wurde dagegen die Renaissance als entscheidender Schritt in der historischen Befreiung dargestellt, als Ende des finsteren Mittelalters.

Siedentop nimmt dazu folgendermassen Stellung:

„Die Auffassung, dass die Renaissance und ihre Folgen den Beginn der Neuzeit – das Ende des Mittelalters – bedeuten, ist irrig" (S.420).

„Denn bereits im 15.Jahrhundert hatten Kirchenjuristen und Philosophen die Auffassung gewonnen,
- dass ‚Erfahrung' im Wesentlichen die Erfahrung von Individuen ist,
- dass es ein ganzes Spektrum fundamentaler Rechte gibt, die zum Schutz der individuellen Handlungsmacht gedacht sind,
- dass die höchste und letztgültige Autorität jedes Zusammenschlusses bei seinen Mitgliedern liegt, und
- dass sich der Vernunftgebrauch bei der Erklärung von Prozessen in der materiellen Welt radikal vom normativem oder apriorischem Denken unterscheidet.

Das ist der Stoff, aus dem die Neuzeit ist" (S.420).

> „Die Grundlage des modernen Europas entstand in einem langen, schwierigen Prozess der Umwandlung einer moralischen Forderung in einen Sozialstatus. Dieser Wandel wurde durch den mythischen Glauben an die Gleichheit der Seelen ermöglicht. Daraus erwuchs das Streben nach individueller Freiheit (S.420)".

Nach Siedentop stellten die historischen Arbeiten der letzten Jahrhunderte die antike Welt fälschlicherweise als säkular dar – mit Bürgern, die ‚frei' von der Unterdrückung durch Priester und eine privilegierte, dogmatische Kirche waren.

Das Zerrbild einer mittelalterlichen Kirche, die nach theokratischer Herrschaft strebte, das Denken durch ‚Aberglauben' unterdrückte und den Eigennutz des Klerus förderte, wurde zu einer Waffe der Liberalen im politischen Streit.

Keine der beiden Vorstellungen entbehrte jeder Grundlage, aber beide übersahen Wesentliches in ihrer Darstellung der Vergangenheit. Trotzdem verteidigt Siedentop den säkularisierten Liberalismus:

Der entscheidende Aspekt des säkularisierten Liberalismus

„Was ist der entscheidende Aspekt des Säkularismus? Der Glaube an eine fundamentale moralische Gleichheit, der voraussetzt, dass es für jeden Menschen eine Sphäre gibt, in der er frei sein sollte, eigene Entscheidungen zu treffen, eine Sphäre des Gewissens und des freien Handelns. Dieser Glaube ist zusammengefasst in dem zentralen Wert des klassischen Liberalismus: dem Bekenntnis zur »gleichen Freiheit«...

... Säkularismus der feste Glaube, dass Mensch sein heisst, frei zu entscheiden und die Verantwortung für das eigene Handeln zu übernehmen. Er misst dem Gewissen grössere Bedeutung zu als der ‚blinden' Regelbefolgung. (S.447/448)."

Siedentop weist aber auch auf die Probleme hin, die entstehen, wenn sich dieser Liberalismus von seiner sozialen Komponente verabschiedet, die er von der Jesusbewegung und dem frühen Christentum mitbekommen und während der liberalen Aufklärung verteidigt hatte. In diesem Falle wird der Liberalismus auf ein Bekenntnis zu einem verabsolutierten Privateigentum und einer globalisierten freien Marktwirtschaft reduziert, und der Aspekt der Gerechtigkeit und der Solidarität mit den Schwachen bleibt auf der Strecke.

Zu den wesentlichen Inhalten von Jesu Verkündigung gehörten die Befreiung von der Fremdherrschaft und die Aufhebung der sozialen Statusunterschiede[171], d.h. der Einordnung der Menschen in eine gesellschaftliche Rangordnung, die ihnen im Vergleich zu andern einen unterschiedlichen Wert beilegt. Jesus erwartete, dass diese Hoffnungen im Reiche Gottes, auf dessen baldiges Kommen er und seine AnhängerInnen hofften, erfüllt würden.

Für die Uebergangszeit forderte Jesus für den Umgang der Menschen miteinander Demut und Statusverzicht, Werte aus der Nachbarschaftsethik kleiner Leute, die in den antiken Gesellschaften gering geachtet wurden, sowie Nächstenliebe. Während Nächstenliebe im Alten Testament (3.Mose 19.18) nur auf die Angehörigen des eigene Volkes bezogen blieb, wurde sie in der Jesusbewegung auf alle Menschen ausgeweitet (Lk 10,25-37).

Als Erneuerungsbewegung des Judentums ist die Jesusbewegung gescheitert[172]. Durchgesetzt hat sich die Vision Jesu dagegen im Römischen Reich und in dessen hellenistischer Kultur. Das Urchristentum hat dem Anliegen des freiwilligen Statusverzichts auch in der hellenistischen Kultur des römischen Reiches die Treue gehalten.

Nach dem Apostel Paulus gibt es weder Christen noch Juden, Sklaven oder Freie, nicht Mann noch Frau. Alle sind gleichberechtigte Glieder im Leibe Christi (Gal.3,28).

> Wie Larry Siedentop nachgewiesen hat, entstand aus dieser religiös-moralischen Forderung in einem langwierigen und komplizierten Prozess das Konzept des modernen westlichen Individuums und dessen Freiheit, eigene Gewissensentscheidungen zu treffen und frei zu handeln. Der aufklärerische klassische Liberalismus hat dann nach den Reformationskriegen dafür die rechtlichen Grundlagen geschaffen.

Ist Religion nur Privatsache ? Zwinglis Gerechtigkeitskonzeption

Luther - Das Reich Gottes ist inwendig in uns

Luther als Augustinermönch
Bild Nr. 27

Vor seiner reformatorischen Entdeckung war Luthers Mönch im Kloster der Augustiner Eremiten. Sein Glaube war durch die neuplatonische (leibfeindliche) Erbsündenlehre beeinflusst, der Augustinus in der katholischen Kirche zum Durchbruch verholfen hatte. Im Mittelpunkt stand die Angst vor dem Jüngsten Gericht und den die ewigen Qualen in der Hölle.
Doch in der Auseinandersetzung mit der Bibel fand Luther keinen direkten Hinweis auf etwas wie ein Fegefeuer; auch ließ sich das Seelenheil nicht durch Veräusserung von persönlichem Eigentum erwirken.

Im Zentrum von Luthers Reformation stand seine Entdeckung im Römerief des Paulus (Rö 3,28), dass es Mensch durch Glauben (bzw. durch Vertrauen in die Güte Gottes) gerecht werde und nicht durch das Befolgen von religiösen Gesetzen und Vorschriften. Diese Entdeckung ermöglichte ihm sich von der mittelalterlichen Höllenangst zu befreien. Für Luther war das Zentrum der Botschaft Jesu die seelische Befreiung von diesen Aengsten.

Wie Paulus (Rö 13,1-4) war Luther politisch konservativ und verstand die politischen Behörden als von Gott eingesetzt. Deshalb nahm er in den Bauernkriegen eindeutig gegen die aufständischen Bauern Stellung. Während für die aufständischen Bauern Reich Gottes und Weltreich zur Deckung gebracht werden sollten, gehören sie für Luther zwei ganz verschiedenen Wirklichkeitsbereichen an.

Für Luther ist die Gegenwart des Reiches Gottes Geschehnis des den sündigen Menschen gerecht sprechenden Evangeliums, mithin «ein unsichtbares Reich im Geist und inwendig in uns». Es ist also niemals äusserlich.

Zwingli - Das Reich Gottes ist keine rein innerliche Sache sondern auch äusserlich-weltlich[173]

Diese Auffassung Luthers führte zu einem massiven Konflikt mit Zwingli, der eine ganz andere theologische Position vertrat.

Zwingli war Sohn eines Landammanns einer basisdemokratischen Bergregion mit Wald- und Alpkorporationen. So wurde er früh mit politischen Problemen und Vorgehensweisen zu deren Lösung vertraut. Und er setzte seine Reformation nicht dank adliger Unterstützung durch wie Luther, sondern im Dialog mit dem Grossen Rat der Stadt Zürich, der jeweils die entscheidenden Beschlüsse fällte.

Ulrich Zwingli 1854 Autor unbekannt
Bild Nr. 28

Im Sommer 1524 begann zwischen Basel und dem Bodensee der Bauernkrieg als paramilitärische Zusammenrottung von Bauern wegen schikanöser Forderungen der Obrigkeit. Er breitete sich nach Oberschwaben aus und gewann eine rasche Ausweitung, die von Zerstörung adeliger Burgen und der Besetzung der Klöster begleitet wurde. Das militärische Eingreifen der Fürsten und die nachfolgenden Hinrichtungen der Aufständischen kosteten rund 100'000 Menschen das Leben. Bei Strafaktionen wurde von den Siegern darüber hinaus schätzungsweise ein Drittel des mobilen Vermögens eingezogen[174].

Luther hat gegen die aufständischen Bauern eindeutig Position bezogen. Während für die Bauern Reich Gottes und Weltreich zur Deckung gebracht werden sollten, gehören sie für Luther zwei ganz verschiedenen Wirklichkeitsbereichen an.

Zwingli widersprach Luthers Zwei-Reiche-Lehre mit Entschiedenheit. Für ihn war das Reich Gottes nicht nur innerlich, sondern auch äußerlich, «etiam externum»". Für Zwingli hat das kommende Reich Gottes auch mit den äusseren Verhältnissen in der Welt zu tun, mit Staat, Gesellschaft, Politik.

Für Zwingli gehört zur Predigt des Evangeliums die Verkündigung der göttlichen Gerechtigkeit als Forderung an den Einzelnen, wie auch an die Gesellschaft.

Zwingli und seine radikalen Anhänger (d.h. die Täufer) waren sich darin einig, daß das Reich Gottes und und seine Gerechtigkeit, auch äußerlich-weltlich sei. Religion war für sie nicht wie für Luther Privatsache.

Zwinglis Distanzierung vom Fundamentalismus

Zwinglis radikale Anhänger (d.h. die Täufer) zogen aus seiner Erkenntnis, das das Reich Gottes und seine Gerechtigkeit auch äusserlich-weltlich sei jedoch fundamentalistische Konsequenzen.
Aus der Einleitung zu den „zwölf Artikel der oberschwäbischen Bauern" entnahm Arthur Rich,

„daß die Bauern nichts anderes wollen, als das Evangelium hören und ihm gemäß leben. Unter «Leben» verstanden sie aber nicht nur die persönlich-private Existenz, sondern auch den politischen und sozialen Status in den gesellschaftlichen Verhältnissen. Auch er soll bestimmt sein durch die «göttliche Gerechtigkeit», die sich im Evangelium dem Glaubenden als Gottes Wort zuspricht. Deshalb begründen die Bauern ihre sozialpolitischen Forderungen mit Berufung auf die Bibel als Dokument der göttlichen Gerechtigkeit. Und deshalb sind sie auch bereit, wie ausdrücklich der zwölfte Artikel sagt, von «einer oder mehrerer» ihrer Forderungen abzustehen, wenn sie als unschriftgemäß erwiesen werden können. Damit ist für die Bauern die Frage nach dem Verhältnis von Glauben und Politik, von Bibel und Gesellschaftsrecht entschieden."
„Die ‚Radikalen' (d.h. die Täufer) forderten nämlich, dass alles was in Kirche und Gesellschaft keinen ausdrücklichen Grund im Evangelium als dem Offenbarungswort der göttlichen Gerechtigkeit besitze, fallen müsse: Zehnten, Zinse, Privateigentum....Und sie verstanden sich dabei als die wahren Testamentsvollstrecker der zürcherischen Reformation."

Von dieser fundamentalistische Art der Umsetzung der Bibel in die Gegenwart hat sich Zwingli entschieden distanziert.

> Die im Konflikt von Zwingli mit den Täufern entwickelten Lösungen sind auch heute noch für den Umgang mit religiösen Fundamentalisten jeglicher Religion aktuell.

Zwinglis Predigt von der göttlichen Gerechtigkeit setzte eine Dynamik der gesellschaftliche Veränderung in Gang. Dabei hat er grundlegende Institutionen der Gesellschaft in Frage gestellt.

So bestritt er schon im Jahre 1520 die Zulässigkeit des Zehnten nach dem göttlichen Recht. Auch das Privateigentum blieb von seiner Kritik nicht verschont. Dessen Grund liege keineswegs im Willen Gottes, sondern letztlich darin, daß wir von der Nächstenliebe abgekommen seien.
Er hat auch konkrete und pragmatische Massnahmen vorgeschlagen um zu verhindern, dass Darlehensnehmer weiterhin wegen einer Missernte oder eines sonstigen Unglücks vom Hof vertrieben werden konnten. Denn

Gesetze, die dies ermöglichten bedeuteten für ihn nichts anderes als die legalisierte Enteignung der Armen durch die Reichen.
All seine Vorschläge waren aber so bemessen, dass auch die Existenz der herrschenden Klassen, von denen das Ueberleben der Stadt Zürich abhing, nicht gefährdet wurde.

Vom Fundamentalismus der Täufer hat sich Zwingli entschieden distanziert.

„Aus der Sicht des Reformators wissen die ‚Radikalen' nicht im rechten Sinn zu unterscheiden zwischen evangelischer Forderung und bürgerlichem Gesetz, zwischen ‚göttlicher und menschlicher' Gerechtigkeit."

„Die göttliche Gerechtigkeit, so sahen wir bereits, ist in ihrem Wesen Nächstenliebe. Allein, Liebe läßt sich nicht erzwingen. Nur die göttliche Gerechtigkeit, und das heißt jetzt Gott allein, kann diese zur Herrschaft bringen."

Für Zwingli ist die menschliche Gerechtigkeit notwendig, weil sie zeitliche Not wendet. Sie weist, sofern sie nicht entartet ist, den Gewalttäter in die Schranke.
Und sie wehrt dem tief eingewurzelten Eigennutz der andauernd das Recht des Nächsten verletzt".
Deshalb ist *in einem indirekten Sinne* auch die menschliche Gerechtigkeit, d.h. das in Gesellschaft und Staat gültige Recht, von Gott geboten.

Für Zwingli sind jeoch in seinen sozialpolitischen Hauptschriften nicht die «Radikalen» allein die Zielscheibe.

Die wahren Aufrührer

„Wenn Zwingli von «Aufrührern» redet dann meint er nicht wie Martin Luther, in erster Linie die rebellischen Bauern oder nonkonformistischen Täufergruppen. Er meint zwar diese auch, doch die «wahren Aufrührer sind für ihn die zwar nicht so genannt sein wollen, dafür aber andere mit dieser Titulatur bewerfen»".

„Und das sind erstens «die hohen bischoff», zweitens «die übrigen zal der widerbefftzenden pfaffen, münchen, nonnen, voruß der äbten» und drittens «die fürsten gewaltigen und rychen diser welt».

Heute würde er wohl auch Banker, Manager von Autokonzernen und Politiker, die deren betrügerische Machenschaften verteidigen, aufzählen.

Nach Zwingli führt das Unrecht von oben zum Aufruhr von unten als dessen unvermeidliche Reaktion. Der Aufruhr gegen die eigentlichen Aufrührer ist so für den Reformator verständlich, aber trotzdem nicht gutzuheißen.

Denn beides, tyrannische Gewalt wie antityrannische Gegengewalt, ist letztlich Ausdruck von Gewaltverfallenheit. Solche Gewaltverfallenheit kann allein das Recht in Schranken halten, genauer das erzwingbare Recht, also die menschliche Gerechtigkeit.
Für Zwingli ist die menschliche Gerechtigkeit Funktionsersatz für das Liebesgebot, sofern sie den Menschen in seiner gesellschaftlichen Existenz vor willkürlichen Übergriffen der Mächtigen schützt.

Für die ‚Radikalen' entspricht die menschliche Gerechtigkeit nicht der göttlichen und kann deshalb Christen nicht wirklich verpflichten. Ihre Gesellschaftskritik wird deshalb absolut.

Angesichts der unverkennbaren Tatsache, daß die vorhandene Gesellschaft nun einmal immer noch besteht, sind für sie nur zwei Konsequenzen möglich: entweder die revolutionäre Errichtung der Theokratie, oder dann der unrevolutionäre Auszug aus der Gesellschaft. Den ersten Weg ging Thomas Müntzer, den zweiten Weg der Zürcherische Täuferkreis.

Absolutes und Relatives, göttliches und weltliches Reich sind zwar auch für Zwingli zu unterscheiden, wie dies Luther tat, aber nicht in einer Weise, welche die Welt des Staates und der Gesellschaft herauslösen würde aus dem Forderungsbereich des Evangeliums von der göttlichen Gerechtigkeit.

„Sozialpolitisch hat dies zur Folge, daß bei Zwingli an die Stelle einer absoluten Kritik der gesellschaftlichen Verhältnisse, wie er sie vorfand, eine relative Kritik der Gesellschaft und ihrer Einrichtungen im Horizont der absoluten göttlichen Gerechtigkeit tritt."

Dies besagt nach Arthur Rich zweierlei:
- fürs erste, daß die Institutionen des menschlichen Rechts keinen Absolutheitsanspruch geltend machen können.
- und fürs zweite, daß sie variabel mithin veränderbar sein müssen.

Beides tritt bei Zwingli klar zutage.

Die staatliche Obrigkeit hat keine Liebesordnung zu sein das wäre Unsinn. Sie darf sich aber auch nicht mit der

Ausübung der «scharfen Barmherzigkeit» des Schwertes zufrieden geben.

> „Die staatliche Obrigkeit hat im Relativen dem nachzueifern, was die Liebe will, nämlich aus dem Staat einen Ort zu machen, da das Leben wahrhaft menschlich wird. Und damit kommt bereits der humane Rechtsstaat in den Blick, wenigstens von weitem.
> Tut aber die Obrigkeit das nicht, bleibt der Staat pure Gewaltordnung, die sich nach ihren eigenen Machtgesetzen richtet, wird er somit absolut - wie es damals schon im Zug der Zeit gelegen hatte -, nun wohlan, dann tritt er aus dem Relativen heraus, und dann kann die Kritik an ihm auch nicht mehr bloß relativ sein. Sie wird in diesem Falle absolut werden müssen."
>
> (Arthur Rich 1969:84)

Und so kommt es im zweiundvierzigsten Artikel von «Auslegen und Gründe der Schlußreden» zu jener Leitthese, die Luther sich nie zu eigen hätte machen können:

«So sy aber [eben die Obrigkeit] untrülich und ußer der schnür Christi favurdind (d.h.fahren würden/K.S) mögend sy mit got entsetzt [d.h. abgesetzt] werden»[175]".

Auf diesem Hintergrund hat dann Zwingli pragmatische Lösungen für konkrete Probleme vorgeschlagen, so für das Problem des Eigentums und für die Zinsfrage seiner Zeit.

> Zwingli hat eine Theologie entwickelt, die es ermöglichte politische Handlungsspielräume pragmatisch zu nutzen statt sich zwischen dem „Entweder - Oder" von fundamentalistisch-absolutistischer Ethik oder totaler Anpassung an die Machtstrukturen seiner Zeit entscheiden zu müssen.

Wie Luther wollte Zwingli die Kirche reformieren nicht spalten. Als dies misslang und die zürcherische Reformation bedroht zu sein schien, versuchte er mit kriegerischen Mitteln im Kappelerkrieg den katholischen Eidgenossen den neuen Glauben aufzuzwingen, was zu seinem Tode auf dem Schlachtfeld führte. Für Toleranz wurde die damalige Welt erst nach dem 30-jährigen Kriege (bzw. dem Augsburger Religionsfrieden von 1555 und dem westfälischen Frieden 1648) allmählich reif.

Zwingli als Verantwortungsethiker

Der Soziologe Max Weber hatte in seinem 1919 gehaltenen Vortrag „Politik als Beruf" *Gesinnungsethik* und *Verantwortungsethik* unterschieden:

„Wir müssen uns klarmachen, daß alles ethisch orientierte Handeln unter *zwei* voneinander grundverschiedenen, unaustragbar gegensätzlichen Maximen stehen kann: es kann *‚gesinnungsethisch'* oder *‚verantwortungsethisch'* orientiert sein.
Nicht daß Gesinnungsethik mit Verantwortungslosigkeit und Verantwortungsethik mit Gesinnungslosigkeit identisch wäre. Davon ist natürlich keine Rede. Aber es ist ein abgrundtiefer Gegensatz, ob man unter der gesinnungsethischen Maxime handelt - religiös geredet: ‚Der Christ tut recht und stellt den Erfolg Gott anheim' - *oder* unter der verantwortungsethischen: daß man für die (voraussehbaren) Folgen seines Handelns aufzukommen hat[176]."

Mit seiner Auffassung von Gerechtigkeit hat Zwingli den Schritt von einer Gesinnungsethik in eine Verantwortungsethik vollzogen.

Noch nicht im Blick hatte Zwingli die heutigen Probleme der Zerstörung unserer natürlichen Lebensgrundlagen, und die weltweiten Gerechtigkeitsprobleme, die durch die neoliberale kapitalistische Globalisierung aufgeworfen werden.

Von den Gerechtigkeitsproblemen des reformierten Zürich zu denen der heutigen globalisierten Welt

In *seinem Buch „Ueber Grenzen denken - Eine Ethik der Migration[177]"* betont der Philosoph Julian Nida-Rümelin wie schon Zwingli die Notwendigkeit einer gerechten staatlichen - und für die heutige Zeit - darüber hinaus auch einer globalen - Ordnung für ein humanes Zusammenleben.
Sein Buch dient uns als Brücke, um Zwinglis Theorie der Gerechtigkeit bis in die gegenwärtigen Probleme einer gerechten Globalisierung hinein zu übersetzen.

Als Philosoph kennt Julian Nida-Rümelin selbstverständlich die grundlegenden ethischen Konzeptionen und Prinzipien der Philosophiegeschichte, legt aber das Gewicht stärker auf die Lösung konkreter Probleme des menschlichen Handelns als auf das konsequente Befolgen abstrakter Prinzipien.

„Ich verstehe unter individueller menschlicher Verantwortung nichts anderes als die Fähigkeit, Gründe abzuwägen, sich von Gründen affizieren zu lassen und Gründe zur Rechtfertigung des eigenen Handelns geltend zu machen. Spricht irgendetwas dafür, dass diese Fähigkeit erst vor rund dreihundert Jahren, in der Zeit der europäischen Aufklärung, ausgebildet worden ist? Die Antwort muss zweifellos »Nein« lauten. Nichts deutet darauf hin, dass zu früheren Zeiten diese Fähigkeit, sein eigenes Handeln gegenüber Kritikern zu begründen, nicht existierte. Dass es sich im Laufe der historischen Veränderungen in immer wieder neuen Formen präsentierte, kann man zugestehen, ohne den Kern in Frage zu stellen, nämlich die menschliche Verantwortungsfähigkeit[178]."

„Zur conditio humana, zur menschlichen Lebensform, die wir über alle Kulturen und Zeiten teilen, gehört die Fähigkeit, Gründe abzuwägen und entsprechend zu handeln. Wir sind für unsere Praxis verantwortlich. Dies gilt individuell, aber auch kollektiv und politisch. Wie unübersichtlich die Handlungsbedingungen auch immer sind, die einzelnen Akteure formen sich über eine kooperative Praxis zu Verantwortungsgemeinschaften, ob sie es wollen oder nicht. Die globale Dimension macht die Reichweiten, die Wirksamkeiten einzelner Aktionen größer und unübersichtlicher, hebt aber menschliche Handlungsverantwortung nicht auf.

Die politische, zumal die demokratische Praxis ist darauf gerichtet, die Gestaltungskraft durch Regelsetzung und Institutionen zu wahren. Die demokratische Ordnung beruht auf der Idee, dass zwar nicht je individuell, aber kollektiv, durch Verständigung auf bestimmte Entscheidungsverfahren, eine Kontrolle, zumindest der Regeln, möglich ist, die unser Zusammenleben gestalten. Dies gilt in der Kommune, in der Region, auf nationalstaatlicher Ebene, in der EU und auf der ganzen Welt. Insofern gibt es hier eine Korrespondenz zwischen globaler politischer Verantwortlichkeit und der kosmopolitischen Perspektive, also der Institutionalisierung von Politik im globalen Maßstab[179]".

> Nach Julian Nida Rümelins Ueberzeugung kann uns die Anwendung von Prinzpien, beispielsweise
> - des Darwin'schen Prinzips des Kampfes ums Dasein
> - der Spielregeln des freien Marktes
> - des christlichen Prinzips der Nächstenliebe
> - des Prinzips der Gleichberechtigung aller Menschen
>
> die Anwendung unserer eigenen ethischen Urteilskraft und die Abwägung normativer Gründe nicht ersparen.
>
> Dabei kann sich herausstellen, dass sich die zunächst vorgenommene und möglicherweise weitverbreitete Wertung nicht aufrechterhalten lässt, dass sie modifiziert werden muss.
> (Nida-Rümelin Julian 2017:43/44)

Julian Nida-Rümelin legt Gewicht auf den Unterschied zwischen individueller und institutioneller Verantwortung.

> In Anlehnung an Immanuel Kants kategorischen Imperativ
> „Handle so, dass die Maxime deines Willens jederzeit zu einem allgemeinen Gesetz werden könnte"
> entwickelte Julian Nida-Rümelin sein *Konzept einer strukturellen Rationalität*:
> „Eine Handlung ist dann strukturell rational, wenn sie im Hinblick auf eine wünschenswerte Struktur gerechtfertigt werden kann."
> (Nida-Rümelin Julian 2017:78/79)

Institutionelle Verantwortung beschreibt Nida am Beispiel der politischen Handelns:

„Auch dort gibt es spezifische Typen von Gründen, die zum Beispiel darauf beruhen, dass die kollektive Meinungsbildung eine große Rolle spielt und es daher ohne die Bereitschaft, Kompromisse zu finden, in der Regel keinen politischen Erfolg gibt. Entsprechend müssen Abstriche gegenüber eigenen Zielen gemacht werden, um kompromiss- und kooperationsfähig zu sein. Moralisierung im Sinne einer rigiden Verabsolutierung einzelner Bewertungsaspekte ist in der Tat in der politischen Praxis hinderlich.

Dies heißt aber nicht, dass ethische Gründe keine Rolle spielen. Im Gegenteil, eine politische Praxis, die nicht in der Lage ist, sich nachvollziehbar und ethisch adäquat zu rechtfertigen, scheitert zumindest in einer Demokratie an einer kritischen Öffentlichkeit.

Politische Verantwortung wird jedoch nicht nur individuell als Mandatsträgerin, als Minister oder Kanzlerin wahrgenommen, sondern auch kollektiv. Die Verantwortung einer Bundesregierung zum Beispiel.

Wie können wir eine solche politische Verantwortlichkeit verstehen? Handeln hier Kollektive, haben Kollektive oder Institutionen, zum Beispiel Staaten, Gründe, die ihre Verantwortlichkeit ausmachen? Die einfache Antwort lautet »Ja«. Staaten bringen zum Beispiel in Gestalt eines Pressesprechers der betreffenden Regierung Gründe für eine Entscheidung vor. Hier kommt es nicht auf die individuellen Meinungen des Pressesprechers an, sondern auf die Begründung der Regierung für eine bestimmte Entscheidung...

Die Person Angela Merkel agiert nur in einem spezifischen institutionellen Rahmen als Kanzlerin, und ihre Entscheidungen haben nur dann eine entsprechende Bindungswirkung. Die an der jeweiligen Institution beteiligten Individuen haben eine individuelle, aber kooperative Verantwortung für die politischen Entscheidungen.

Sie handeln jeweils individuell, stimmen zum Beispiel in einer bestimmten Weise ab oder äußern in einer bestimmten Weise ihre Meinung, müssen aber dabei berücksichtigen, dass sie nicht nur für sich, sondern als Teil einer Institution agieren, dass ihre je individuelle Praxis Teil einer kollektiven Praxis ist, die politisch relevant ist."

Individualistische Deutungsmuster reichen heute nicht mehr aus

Individuen, die im Rahmen oder im Namen einer gesellschaftlichen Institution handeln, sind Rollenträgerinnen oder Rollenträger in einem komplexen sozialen System, das mit andern komplexen sozialen Systemen im Austausch steht.

> Die in archaischen Zeiten in Jäger- und Sammlergruppen und im Rahmen unserer familiärer Beziehungen erworbenen Interpretationsmuster zur Beurteilung sozialen Verhaltens - wie auch das Gleichnis vom barmherzigen Samariter als Massstab der christlichen Nächstenliebe - sind zwar auch heute noch unverzichtbar.

> Sie reichen aber in unserer komplexen globalen Gesellschaft nicht aus, um deren Entwicklungen und Probleme zu verstehen und darin ethisch sinnvoll und wirkungsvoll zu handeln.

Dies gilt auch für die ebenfalls individualistisch verengten kognitiven Codes (oder Denkmuster) der meisten AnhängerInnen östlicher Religionen, EsoterikerInnen und VerschwörungstheoretikerInnen. Für sie sind für gesellschaftliche Probleme meistens Individuen die Sündenböcke (z.B. Frau Merkel oder Bill Gates für die Coronapandemie).

> Wer nur über individualistische Interpretationsmuster (oder kognitive Codes) verfügt, wird die soziale Wirklichkeit nur als eine Menge isolierter Einzelbeziehungen deuten und Handlungen in und zwischen Institutionen oft nicht einordnen können oder falsch deuten.

Er oder sie läuft auch Gefahr, in Krisensituationen das Heil von Individuen mit einer charismatischen Ausstrahlung (bzw. von entsprechenden Vater- oder Mutterfiguren) zu erwarten, beispielsweise von einem Donald Trump, von einer Marine Le Pen oder von einem religiösen Guru.

Dass die Uebergänge zwischen esoterischen und rechtsextremen Einstellungen sehr fliessend sein können, zeigten die 2020 in Berlin und Leipzig erfolgten gemeinsamen Demonstrationen von EsoterikerInnen und VerschwörungstheoretikerInnen mit rechtsextremen Gruppierungen gegen die staatliche Coronapolitik.

> Die soziale Wirklichkeit besteht nicht nur aus Beziehungen zwischen Individuen. Deshalb können wir gesellschaftlich nur erfolgreich handeln, wenn wir neben dem (privatem) individuellem Verhalten auch die Möglichkeiten und Grenzen des Rollenverhaltens in Institutionen und die Handlungsmöglichkeiten von komplexen sozialen Systemen, realistisch in Rechnung stellen.

VertreterInnen von Institutionen handeln nicht spontan wie Individuen in ihrem Privatleben sondern als RollenträgerInnen. Sie können die mit ihrer Rolle verbundene Macht nur ausüben, solange sie sich an die entsprechenden institutionellen Normen und Gesetze halten.

Das Ungenügen von familiären oder Kleingruppencodes - bzw. der entsprechenden individualethischen religiösen Denkkategorien - hat sich seit 2015 in den Auswirkungen der Merkel'schen Willkommenskultur gegenüber Flüchtlingen deutlich gezeigt.
Das Verhalten vieler Deutscher im Sinne des Gleichnisses vom barmherzigen Samariters (Lk 10,25ff.) war zwar ethisch bewundernswert, aber die sexuellen Uebergriffe von jungen Muslimen und die Terrorakte von Islamisten machten bald sichtbar, dass dieses Verhalten nur begrenzt hilfreich war.

Anzuerkennen, dass diese Willkommenskultur ein grosses Verdienst von Staat und Zivilgesellschaft war, steht für Julian Nida-Rümelin nicht im Widerspruch damit, dass Migration in dieser Form und in diesem Umfang nicht das geeignete Mittel ist, um auf Armut und Not zu reagieren.

Julian Nida-Rümelin's Konzeption der Gerechtigkeit und die Globalisierung

Zunächst stimmt Julian Nida-Rümelin der These von Thomas Nagel aus dem Jahre 2005 zu, dass die Welt, wie sie heute ist, nicht gerecht sei:

„Die Welt ist nicht gerecht, weil viele Millionen Menschen chronisch unterernährt sind, obwohl die Agrarwirtschaft weltweit deutlich mehr produziert, als für die Deckung der Ernährungsbedürfnisse der gesamten Weltbevölkerung notwendig wäre. Es hat sich schlicht als falsch herausgestellt, dass das Bevölkerungswachstum, wie zum Beispiel vom Club of Rome Anfang der 1970er Jahre prophezeit, zu einer immer stärker zunehmenden Nahrungsmittelknappheit führen müsse, angesichts der Begrenztheit der Anbauflächen und ihrer Zurückdrängung durch die Ausbreitung menschlicher Siedlungen. Es ist auch nicht primär die Industrialisierung der Landwirtschaft, die es ermöglicht, auf begrenzter Fläche die Ernährungsbedürfnisse der Weltbevölkerung zu befriedigen, vielmehr tritt Hunger meist als Begleitphänomen von Kriegen und Bürgerkriegen auf, als Folge der zynischen Politik lokaler Eliten, die sich über die Bedürfnisse der Bevölkerung und speziell der Landbevölkerung hinwegsetzen, aber auch als Folge drastischer Preissteigerungen von Grundnahrungsmitteln auf den regionalen und globalen Märkten. Auch wenn der Zusammenhang umstritten ist, scheint es mir doch auf der Hand zu liegen, dass die zunehmende Praxis der Spekulation im globalen Lebensmittelhandel zur Instabilität der Preisentwicklung beigetragen hat.
Starke Preissteigerungen schließen einen Teil der ärmsten Bevölkerung in den Elendsregionen der Welt vom Zugang zu Grundnahrungsmitteln aus und führen zu chronischer Unterernährung und zum täglichen Tod..." (a.a.O. S.83-85).

> „Dass es trotz des starken weltweiten Wirtschaftswachstums noch immer nicht gelungen ist, den Hunger in der Welt auszurotten, ist ein Armutszeugnis, und ich füge hinzu: Es zeigt die Ungerechtigkeit der Welt deutlich auf."
> Nida Rümelin Julian 2017:85ff.

„Es ist ein Skandal, dass nach wie vor über zwei Milliarden Menschen der Erdbevölkerung in extremer Armut verharren, unter Hunger und Unterernährung, fehlender medizinischer Versorgung, fehlenden Bildungs- und Ausbildungsmöglichkeiten leiden, obwohl die Weltwirtschaft boomt und es mit einem winzigen Bruchteil der weltweiten Wirtschaftsleistung (0,5%) möglich wäre, dieses Unglück zu beheben. Den betroffenen Menschen aus den Armutsregionen der Welt fehlen jedoch die Mittel, um nach Europa oder in die USA zu migrieren. Der größte Teil der Flüchtlingsströme der Welt hält sich im lokalen Rahmen."

„Zu den unangenehmen Tatsachen gehört, dass die Flüchtlingsbewegungen Richtung Europa, speziell nach Deutschland, auch Folge eines vom Westen mit zu verantwortenden politischen Chaos in Nordafrika und im Nahen Osten sind."

„Vor allem der Irakkrieg, die Unterstützung der syrischen Opposition, die Destabilisierung der nordafrikanischen Diktaturen, der neue Religionskrieg zwischen Sunniten und Schiiten samt all der zahlreichen örtlichen Konflikte haben eine Weltregion in eine tiefe Krise geführt, deren wirtschaftliche Entwicklung auch wegen autoritärer Herrschaftsstrukturen zwar über Jahrzehnte stagnierte, die aber doch von einem im Vergleich zu weiten Regionen Afrikas und Südasiens gehobenen Lebensstandard und Bildungsniveau geprägt war."

Die Hoffnung, dass eine Demokratisierung der Länder Nordafrikas und des Nahen Ostens die sozialen und kulturellen Konflikte mäßigen könnte, hat sich bislang als trügerisch erwiesen.

Der letzte Auslöser der Flüchtlingskrise war jedoch die mangelnde internationale Solidarität gegenüber den Anrainerstaaten, die die Bürgerkriegsflüchtlinge teilweise in sehr großen Zahlen aufgenommen hatten (Libanon, Jordanien, Türkei, nicht dagegen die Golfstaaten). Auch Deutschland hatte es an der gebotenen Solidarität fehlen lassen, sogar gegenüber den südeuropäischen Zielländern der Flüchtlinge aus dem arabischen Raum und Afrika, wie Italien, Spanien und Griechenland, also EU-Mitgliedsländern.

Zu den unangenehmen Tatsachen gehört, dass das Elend von über zwei Milliarden Menschen auch unter den Bedingungen großzügigster Willkommenskultur und offener Grenzen in den reichen Ländern dieses Globus nicht nennenswert zu mildern wäre.

Schlimmer noch: Diejenigen, die ihre Familie zurücklassen, die sich auf einen beschwerlichen und oft gefährlichen, immer aber kostspieligen Weg in die nördlichen Gefilde machen, gehören in aller Regel zu den Jüngeren, den Qualifizierteren, die in den Heimatländern dringend benötigt werden. Die Hoffnungslosigkeit der Lage in den Herkunftsregionen verstärkt sich durch ihre Auswanderung in den meisten Fällen"[180].

Julian Nida-Rümelin ist ein Gegner der unbegrenzten Dominanz der Märkte und fordert das Primat des Politischen sowohl aus ethischen wie aus kosmopolitischen Gründen.

„Das, was sich in den letzten Jahrhunderten in Teilen der Welt als sogenannter Nationalstaat etabliert hat, ist nicht

die einzige Form, um politische Gestaltungskraft zu sichern. In jedem Fall aber muss sicher gestellt sein, dass die politische Praxis durch staatliche Institutionen, seien sie lokal, regional, nationalstaatlich, transnational oder global, gesichert ist.
Die kosmopolitische Perspektive, für die ich werbe, darf sich nicht gegen politische Selbstbestimmung richten, sondern muss diese in die Perspektive einer föderalen und humanen, das heißt an den Menschenrechten orientierten, gerechteren Ordnung der Welt integrieren"[181].

Seit 2020 das Flüchtlingslager Moria auf der griechischen Insel Lesbos niedergebrannt ist, pochen viele junge Flüchtlinge darauf, dass sie nicht auf Lesbos bleiben wollen sondern nach Deutschland einreisen und dort leben wollen. Und die Europäische Union erweist sich wie in den meisten wichtigen Fragen als handlungsunfähig.

Falls diesen Jungen die Einwanderung erlaubt wird, dürfte für die junge Generation in Afghanistan, den arabischen Ländern und Afrikas wieder eine Sogwirkung entstehen nach Europa zu emigrieren. Und als Folge dürfte die AFD an den Bundestagswahlen wieder mehr Zulauf bekommen.

> Wir halten die Menschenrechte für die für eine der grössten Errungenschaften der europäischen Geschichte. Deren naive gesinnungsethische weltweite Anwendung auf die ganze Welt, würde gegenwärtig jedoch die Existenz der europäischen Demokratien und der Europäischen Union aufs Spiel zu setzen.

Max Weber hatte in seinem 1919 gehaltenen Vortrag „Politik als Beruf" die folgende Unterscheidung zwischen *Gesinnungsethik* und *Verantwortungsethik* getroffen:

„Wir müssen uns klarmachen, daß alles ethisch orientierte Handeln unter *zwei* voneinander grundverschiedenen, unaustragbar gegensätzlichen Maximen stehen kann: es kann ,*gesinnungsethisch*' oder ,*verantwortungsethisch*' orientiert sein.
Nicht daß Gesinnungsethik mit Verantwortungslosigkeit und Verantwortungsethik mit Gesinnungslosigkeit identisch wäre. Davon ist natürlich keine Rede. Aber es ist ein abgrundtiefer Gegensatz, ob man unter der gesinnungsethischen Maxime handelt – religiös geredet: ,Der Christ tut recht und stellt den Erfolg Gott anheim' – *oder* unter der verantwortungsethischen: daß man für die (voraussehbaren) Folgen seines Handelns aufzukommen hat[182]."

Deutschland und die Europäische Union sind immer noch – wie schon 2015 – gefangen im Gegensatz zwischen *Gesinnungsethik* und der *Verantwortungsethik*.

Amerikas Christen und die Demokratie

> 2016 wählten über 80% der Evangelikalen der USA Donald Trump.
> Dieses Ergebnis wirft die Frage auf,
> - ob das evangelikale Christentum prinzipiell demokratiefeindlich ist. In diesem Falle wäre Larry Siedentops Sicht der Entstehung des modernen Individualismus und des Liberalismus in Frage gestellt,
> - oder ob sich das evangelikale Christentum der USA erst neuerdings von der Demokratie abwendet. In diesem Falle wäre es wichtig zu verstehen warum.

Der amerikanische Religionssoziologe *Philip Gorski* ist dieser Frage in seinem Buch "Am Scheideweg – Amerikas Christen und die Demokratie vor und nach Trump[183]" nachgegangen.
Gorski weist nach, dass das Christentum im Laufe seiner Geschichte sich sowohl demokratiefreundlichen wie autoritären Ausprägungen zuneigte. Zum Evangelikalismus in den USA äussert er sich folgendermassen:

„In Trumps Amerika hat der Evangelikalismus zu einer Art Autoritarismus geführt. Ein Grund dafür ist die empfundene Bedrohung einiger Evangelikaler: Sie sind der Ueberzeugung, dass sie „den Kulturkampf verloren haben", dass die amerikanische Linke ihr Todfeind ist und dass sie als Christen heute „die am meisten verfolgte Gruppe in Amerika" sind. In dieser Wahrnehmung scheint es existentiell, einem schlagbereiten und kompromisslosen „Beschützer" zu folgen, jemandem, der der Linken laut und kräftig entgegentritt. Manche Evangelikale vermuten, dass Trump tatsächlich von Gott gesandt wurde.
Einige wollen in Trump gar eine moderne Reinkarnation von Kyrus dem Grossen sehen, dem persischen König, der 538 v. Chr. die Babylonier besiegte und die jüdischen Exilanten aus ihrer Babylonischen Gefangenschaft befreite. Diese (Wahn-)Vorstellung beruht auf dem Gefühl, dass auch sie aus „ihrem" Heimatland, den Vereinigten Staaten, und „ihrer" Hauptstadt, Washington D.C., verbannt wurden, und dass Gott Trump benützt, um ihnen „ihr" Land zurückzugeben (S.14)".

> Wir erklären derartige Vorgänge als *Reaktion auf Anomie*, d.h. als Reaktion auf die Auflösung vertrauter gesellschaftlicher Strukturen und Elemente der Kultur, die bisher Halt und Sicherheit vermittelten.

Was die Vereinigten Staaten betrifft, so hat im 19. Jahrhundert der Franzose *Alexis den Tocqueville* eine geradezu symbiotische Beziehung zwischen Christentum und Demokratie festgestellt. Anders als in Frankreich existierten religiöser Glaube und republikanische Regierung in den USA nicht nur friedlich nebeneinander; sie schienen sich sogar gegenseitig zu stärken (S.90).

Tocqueville führte dafür die folgenden Gründe an:
- die grundlegende moralische Einheit, die sich aus dem gemeinsamen christlichen Glauben ergab.
- der weit verbreitete Glauben an die Möglichkeit moralischen und sozialen Fortschritts, der Reformbewegungen erleichterte,
- den starken Glauben an die in den Evangelien verwurzelte Gleichheit der Menschen.
- die Trennung von Kirche und Staat, welche die Geistlichkeit zwang, Distanz zur Parteipolitik zu wahren (S.90).

Es fällt nicht schwer zu Tocquevilles Beschreibung Gegenargumente zu finden, z.B. dass amerikanische Christen z.T. noch Sklavenhalter waren.
Aber im Grossen Ganzen hat Tocqueville das Amerika des 19. Jahrhunderts erstaunlich gut beschrieben.

> Im 19.Jahrhundert betrachteten die meisten Amerikaner, das Christentum nicht nur als kompatibel mit der republikanischen Politik, sondern auch mit der Vernunft der Aufklärung (S.91).

Fraglich ist allerdings, wie weit dieses Amerika heute noch existiert und wie lange es noch existieren wird (S.89).

Noch 1975 bekannten sich fast zwei Drittel der amerikanischen Bevölkerung zum Protestantismus.
Schon in den 1960er Jahren nahmen nahmen jedoch zwei grundlegende Veränderungen ihren Anfang (S.94-98).

1. Der Niedergang des Mainline - Protestantismus

    Benannt nach der Pendlerlinie, die die wohlhabenden westlichen Vororte von Philadelphia mit dem Handelszentrum der Stadt verbindet, umfasste „die Mainline" die älteren Konfessionen aus der Kolonialzeit, z.B. die

    - kongregationalistischen,
    - episkopalistischen,
    - presbyterianischen sowie auch
    - einige der theologisch liberaleren von den späteren Ankömmlingen (z.B. Lutheraner, Quäker und Unitarier).

    Angehörige dieser (Mainline-) Konfessionen kontrollierten alle Zweige des Staates und den grössten Teil der Geschäftswelt sowie die wichtigsten Kultur- und Bildungseinrichtungen der Nation und unzählige ländliche und städtische Institutionen.

> Gegenüber Meinungsforschern erklärte 1973 noch mehr als ein Viertel der US-Bevölkerung, dass sie der „Mainline" angehörten.
> Dann begannen die Zahlen der „Mainline"-Protestanten rapide zurück zugehen. Vierzig Jahre später hat sich ihr Anteil fast halbiert.

2. Der Aufstieg des evangelikalen Protestantismus

> So kam es zur zweiten grossen Veränderung, die diese Zeit mit sich brachte: zum Aufstieg des evangelikalen Protestantismus.

Das Wachstum der Evangelikalen im späten 20. Jahrhundert ist vor allem auf zwei Ursachen zurückzuführen.

- Erstens auf demographische Entwicklungen: Evangelikale hatten mehr Kinder als jede andere religiöse Gruppe, mehr als ihre Erzrivalen, die liberalen Mainliner, aber auch mehr als die kinderreicheren Katholiken und die schwarzen Protestanten (S.22).
- Zweitens auf die erfolgreiche Bindung erwachsener Kinder an die Kirche ihrer Eltern.

In den USA unterlag die Religionszugehörigkeit lange einem „Rolltreppeneffekt":
Mit dem Aufstieg der Eltern und ihrer Kinder in der sozialen Klassenhierarchie, fand auch ein Aufstieg in der konfessionellen Hierarchie statt. Auf diese Weise wurde der erfolgreiche Sohn, beispielsweise eines Baptisten aus der Arbeiterklasse, zu einem bürgerlichen Methodisten oder sogar zu einem episkopalistischen Mitglied des Bildungsbürgertums.

> Ab den 1960er Jahren sprangen die Kinder der „Mainliner" von der Rolltreppe ab. Anstatt aufzusteigen, stiesie aus.
> Auch der Nachwuchs aus evangelikalen Haushalten fuhr nicht mehr auf der Rolltreppe mit.
> Sein durchschnittliches Bildungs- und Einkommensniveau verbesserte sich zwar. Er war erfolgreich, doch er wechselte nicht mehr zu prestigeträchtigeren Konfessionen.

Die am schnellsten wachsende Gruppe sind heute die sogenannten **„Nones"**, d.h. jene, die in Umfragen angeben, dass sie „keine Religionszugehörigkeit" haben. Besonders zahlreich sind „Nones" unter den jüngeren Generationen vertreten. Die meisten glauben zwar an eine »höhere Macht" und/oder behaupten, „spirituell" zu sein.

Sie lehnen jedoch jegliche kirchliche Religion ab, weil sie diese mit politischem Konservativismus gleichsetzen.

Das Ausmass der durch diesen Machtverlust bewirkten Aengste der Evangelikalen zeigte sich in in einer im im Februar 2017 durchgeführten Umfrage des Public Religion Research Instituts (S.98). Diese ergab, dass der Grossteil der weissen Evangelikalen der Meinung war, dass amerikanische Christen grösserer Verfolgung ausgesetzt seien als amerikanische Muslime.

> Dieser evangelikale Verfolgungskomplex ist nicht nur eine Antwort auf die sich rasch verändernde religiöse Demografie des heutigen Amerika, sondern auch auf die wachsende Zahl säkularer Progressiver, die den konservativen Evangelikalen feindlich gesinnt sind (S.92).

Hinzu kommen die rechtlichen und politischen Siege, welche die Progressiven in den Kulturkämpfen der letzten Zeit erzielt haben, allen voran das Recht gleichgeschlechtlicher Paare auf Eheschliessung.

Der Verfolgungskomplex hat auch tiefe Wurzeln im kollektiven Gedächtnis der evangelikalen Gemeinschaft. Die zur »low church" zählenden protestantischen Sekten, denen die heutigen Evangelikalen entstammen, waren in der Tat Verfolgungen ausgesetzt,
- zuerst im Europa der Reformationszeit,
- später auch im kolonialen Amerika, wo sie soziale und intellektuelle Herablassung von Seiten der Bessergestellten erfuhren.

Die durch diese Erlebnisse bewirkte Anomie war jedoch für den amerikanischen Evangelikalismus auch nützlich. Denn dieser gedeiht zum Teil gerade deshalb, weil er von aussen bedroht wird.

> Evangelikale fühlen sich verfolgt,
> - zum Teil aufgrund ihrer abnehmenden Zahlen und ihres abnehmenden Einflusses,
> - zum Teil, weil sie manche Kulturkämpfe verloren haben,
> - zum Teil wegen vergangener - als traumatisch empfundener Ereignisse - und
> - zum Teil, weil ihre Hirten Angst schüren, um die Herde zusammenzuhalten,
> - aber auch, weil ihr fundamentalistisches Bibelverständnis bewirkt, dass sie meinen, sich inmitten eines grossen Krieges gegen säkulare Progressive zu befinden.

Weltuntergangserwartungen und ihre Auswirkungen auf die Politik

Nach Philip Gorski förderte diese anomische Weltsicht Weltunergangserwartungen:

„Der Weltuntergang steht bevor. Das Ende ist nahe. Die „Zeichen der Zeit" sind nicht zu übersehen. Kriege, Katastrophen, Korruption und Unmoral sind allgegenwärtig. Die letzte Stunde der Menschheitsgeschichte ist angebrochen. Aber als Evangelikaler hat man nichts zu befürchten, denn man wird den gewaltsamen Höhepunkt nicht selber erleben.
Wenn dieser kommt, ist man schon in Sicherheit, in den Wolken aufgenommen. Leider werden die Anderen zurückgelassen. Man hat alles getan, um sie zu warnen, aber sie wollten nicht hören (S.100)."

Der wachsende Einflusses solcher Endzeiterwartungen begann schon in der Mitte des 19. Jahrhunderts.

> Zur vorherrschenden Ansicht unter den amerikanischen Protestanten wurden die Endzeiterwartungen
> - erstens, weil sie zur vorherrschenden Ansicht unter den amerikanischen Fundamentalisten, Evangelikalen und Pfingstlern wurden.
> - zweitens, weil die Fundamentalisten, Evangelikalen und Pfingstler langsam zur vorherrschenden Familie innerhalb des amerikanischen Protestantismus wurden.

Als sich die protestantische „Mainline" säkularisierte, wandte sich ein Teil davon einem säkularen Fortschrittsglauben zu, und ein Teil schloss sich den oben skizzierten fundamentalistischen Weltuntergangsprognosen an.

> Eine wesentliche Rolle für die wachsende Anerkennung dieses Endzeitszenarios spielte die Gründung des Staates Israel 1948 und die Rückkehr vieler Juden nach Palästina.

Davon angeregt, schrieb *Hal Lindsey 1970* ein Buch das sich 29 Millionen Mal verkaufte[184]. Darin benutzte er diese Ereignisse als Bestätigung dafür, dass die letzte Sekunde auf der endzeitlichen Zeituhr ticke.
Dieses apokalyptischen Erwartungen beeinflussten sogar die säkulare Popkultur und radikale Umweltschutzgruppen wie Earth First!

> Die Erwartung des baldigen Weltendes kann zu *politischer Passivität* führen (S.105),

d.h. zu einem prinzipiellen Rückzug aus dem öffentlichen Leben in eine sektiererische Subkultur der persönlichen

Heiligkeit. Dies war die unter Evangelikalen dominierende Einstellung zur Politik in der Mitte des 20. Jahrhunderts!

Aus Sicht der soziologischen Anomietheorie und der Ethnologie[185] ist ein derartiger Rückzug für fundamentalistische christliche Gruppen dann naheliegend, wenn die Chancen politisch etwas zu verändern sehr gering sind.

Gemäss dem Artikel von Daniela Gschweng im *Infosperber vom 22.November* machen neuerdings die *„Clima-Doomer"* von sich reden, die nicht mehr damit rechnen, dass sich die Klimakrise abwenden lässt. Viele beziehen sich auf eine apokalyptische Arbeit des Wissenschaftlers *Jem Bendell* von der University von Cumbria. *Bendell* geht davon aus, dass die Zivilisation, wie wir sie kennen, höchstens noch ein Jahrzehnt Bestand hat. Seine im Internet publizierte Arbeit ist laut der «BBC» inzwischen eine halbe Million Mal heruntergeladen worden. Auch der US-Akademiker *Guy McPherson*, der in der gleichen Thematik eine Website betreibt, denkt, dass die Menschheit 2030 ausgestorben sein wird.
Der bekannte US-Klimatologe *Michael Mann* hält Bendells Arbeit für «pseudowissenschaftlichen Unsinn». Für einen unmittelbar bevorstehenden Zusammenbruch der Zivilisation gebe es keine Beweise, sagt er. Einige Wissenschaftler, die von der «BBC», dem «Guardian» und von anderen Medien um eine Stellungnahme gebeten wurden, teilen Manns Meinung, andere sind weniger sicher.
Grundsätzlich, sagt beispielsweise *Will Steffen* vom australischen Klimarat, habe Bendell mit den Fakten recht: Es gebe keine Anzeichen dafür, dass das Pariser Klimaabkommen, mit dem die Erderwärmung auf 1,5 Grad begrenzt werden soll, eingehalten werden könne. Bei zwei Grad und mehr gebe es ein «glaubwürdiges Risiko» für eine Kippkaskade, die die Erde in einen Ofen verwandeln könne. «Ich kann nicht sagen, Bendell hat recht», sagt er, «aber wir können [Bendells Szenario] sicher auch nicht ausschliessen».
Die *„Clima-Doomer"* haben aufgegeben. Aus ihrer Sicht ist Protest sinnlos. Sie reagieren passiv, werden z.T. depressiv und ziehen sich aus der Gesellschaft zurück.

Aus soziologischer Perspektive ist damit zu rechnen, dass diese Bewegung auch apokalyptischen christlichen Gruppierungen Auftrieb geben wird, z.B. den Zeugen Jehovas.

> Die Erwartung des baldigen Weltendes *kann* aber statt zu politischer Passivität *auch zu einer antidemokratischen Politik führen*, welche die demokratische Debatte zwischen den gegnerischen Parteien *in einen totalen Krieg zwischen den Kräften von Gut und Böse* verwandelt.

Dies geschieht am ehesten dann, wenn eine charismatische, erfolgsversprechende Führungsfigur (religiös = eine Messiasgestalt) vorhanden ist. Für einen Teil der Evangelikalen ist Donald Trump eine solche Messiasgestalt.

> Endzeiterwartungen sind nicht harmlose weltfremde Phantasien. Sie können unerwartet in politische Aktion umschlagen wie dies zur Zeit der Reformation bei Thomas Müntzer und in diversen kolonialisierten Ländern im 19. Jahrhundert geschah.

Luther scheint dies zur Zeit der Bauernkriege realisiert zu haben, als er zögerte die Offenbarung des Johannes in seine Bibelübersetzung aufzunehmen.
Im 19.Jahrhundert wussten auch Vertreter der europäischen Kolonialmächte um diese Zusammenhänge, und sperrten z.T. charismatische nativistische Prediger ein, bevor es zu Revolutionen kam.

Da in den USA apokalyptisches Gedankengut sogar die säkulare Popkultur und radikale Umweltschutzgruppen wie EarthFirst und die „Clima Doomer" beeinflusst, halten wir es für möglich, dass in Zukunft wachsende Aengste um unsere natürlichen Lebensgrundlagen - kombiniert mit Resignation bezüglich Veränderungschancen - auch in Europa zu einer Wiederbelebung mythisch-apokalyptischer Endzeiterwartungen führen könnten.

In den letzten vier Jahrzehnten der amerikanischen Kulturkämpfe hat in den USA ein grosser Teil der Evangelikalen den Weg der Politisierung der Endzeiterwartung eingeschlagen. Dies trug dazu bei, die Politik in einen totalen Krieg zwischen den Kräften von Gut und Böse zu verwandeln und führte 2016 zur Wahl eines antidemokratischen Geschäftsmanns namens Donald Trump zum Präsidenten.

> Ein Faktor, der diese Wendung unterstützte, ist nach Gorski der Wandel vieler kleiner, demokratisch verfasster Kirchen der Gründerzeit zu grossen Megakirchen, in denen Jesus teilweise zu einem erfolgreichen CEO (= Chief Executive Officer) ummodelliert wurde.

Ein Kirchgänger, der an eine Gottesdienstform gewohnt ist, die von einem reichen, kämpferischen und charismatischen Pastor auf einer fernen Bühne geleitet wird, kann sich auch leichter mit einer Art Politik anfreunden, die von einem reichen, kämpferischen und charismatischen Politiker auf dem Fernsehschirm geführt wird. Vom Teleevangelismus zum Populismus, ist es nach Gorsky nur ein Katzensprung.

Wie der amerikanische Protestantismus kapitalistisch wurde

Der Soziologe *Max Weber* wies in seinem Buch „Die protestantische Ethik und der Geist der Kapitalismus" nach, dass der „asketische Protestantismus" (d.h. der Calvinismus und seine sektiererischen Nachkommen) eine Art Wahlverwandtschaft mit dem modernen Kapitalismus aufwies.

Im Falle des modernen Kapitalismus verbinde sich die protestantische Askese mit dem kapitalistischen Streben nach einem Ethos des Gewinns um des Gewinns willen. Dabei sei das protestantische Erbe säkularisiert worden und habe sich in eine rastlose und unaufhörliche Suche nach Reichtum als Selbstzweck verwandelt.

Gemäss Gorski hatte Weber damit jedoch nur zur Hälfte Recht: *Der liberale Protestantismus* habe sich in der Tat säkularisiert. Aber das Ergebnis war nach Gorski nicht eine rastlose und unaufhörliche Suche nach Reichtum als Selbstzweck sondern eine Ethik des sozialen Fortschritts und der Selbstverwirklichung.

Angesichts der dominierenden Rolle der USA in der neoliberalen Globalisierung der letzten Jahrzehnte, vermag Gorski mit diesem Argument allerdings nicht zu überzeugen. Akkumulation von materiellem Reichtum blieb für den säkularisierten Protestantismus nach wie vor das höchste Lebensziel.

> Zusätzlich wurde nun aber auch Macht über Seelen mit kapitalistischen Methoden angestrebt. Der Pastor wurde so zum Unternehmer, die Kirche zum Geschäft, die Religion zur Ware und die Kirchgänger zum Kunden.
>
> Die kleinen Kirchen in der Prärie wurden zu den Megakirchen der Vorstädte und ihre Versammlungen wurden zu Schauplätzen der Evangelisation. Das Amerika von Tocqueville wurde durch das Amerika von Donald Trump abgelöst.

Dabei spielte der Bestseller *The Man Nobody Knows von Bruce Barton*, einem liberalen Protestanten, eine wichtige Rolle. Als junger Mann war Barton politisch progressiv. In den 1920er Jahren wurde er zu einem Verfechter des *Laisser-faire-Kapitalismus* und nach der Weltwirtschaftskrise zu einem erbitterten Gegner von Franklin Roosevelts Sozialreformen (d.h. des „New Deals").

Der *Man Nobody Knows* in Bartons Buch war *Jesus Christus*. Er war bekannt, wurde aber — so die Prämisse des Buches — fälschlicherweise als Schwächling und Aussenseiter verstanden.

„Der wahre Jesus war körperlich imposant, ein Führer der Männer, geliebt von Frauen. Er hatte mehr mit einem schnittigen Geschäftsmann als mit einem muffigen Geistlichen gemeinsam. Er rekrutierte eine fähige Gruppe von Anhängern. Er entwarf eine klare Botschaft und kreierte seine eigene Marke. Seine einst winzig kleine Firma wurde schliesslich zu einer der erfolgreichsten Organisationen der Welt. Kurzum, Jesus war ein CEO oder, wie der Autor es ausdrückte, „eine ausserordentlich erfolgreiche Führungskraft, die eine Organisation geformt hat, die durch den Einsatz moderner Geschäftsmethoden die Welt eroberte" (S.133).

> Die Antwort auf die Frage, warum Fundamentalisten, Evangelikale und Pfingstler zu Aposteln des freien Marktes werden konnten, findet Gorski im sozialen Aufstieg dieser einst unterprivilegierter Gruppen.

Denn die verschiedenen Sekten, die in den heutigen Evangelikalismus mündeten, waren einst Gemeinden der Unterschichten. Seit dem Anfang des 20. Jahrhunderts wurden diese Sekten immer wohlhabender und zu Beginn des 21. Jahrhunderts liegen das Einkommens- und Bildungsniveau der konservativen Evangelikalen fast beim nationalen Durchschnitt. Zudem schafften es immer mehr führende Evangelikale bis in die innersten Kreise der amerikanischen Eliten. Sie waren nun an den Spitzen der Macht gut vertreten, in den Welten von Hollywood, Washington und Wall Street.

> Je mehr die Evangelikalen von der bestehenden Wirtschaftsordnung profitierten, desto eher waren sie auch geneigt, diese zu verteidigen (S.135).

Politik spielte natürlich auch eine Rolle. Seit der Weltwirtschaftskrise von 1929 und den darauf folgenden Wirtschaftsreformen waren führende konservative Geschäftsleute stets bestrebt, ein Bündnis mit führenden Evangelikalen zu schmieden, die bei der öffentlichen Verteidigung des *laissez-faire-Kapitalismus* mithelfen konnten.

Bedeutsam war die Gründung von Organisationen die es sich ausdrücklich zum Ziel setzten, den *laissez-faire-Kapitalismus* zu verteidigen, Organisationen wie das *Christian Businessmen's Committee International*. Diese wurden direkt von wohlhabenden Geschäftsleuten statt von ordinierten Geistlichen geleitet.
Ebenso wichtig für die Verbreitung der neuen wirtschaftsfreundlichen Theologie waren *Rotary und Kiwanis Clubs* sowie die Handelskammern!
Parallel dazu entstand das sogenannte **Wohlstandsevangeliums (prosperity gospel)**, das besagt, dass Gott seine Anhänger mit materiellem Segen überhäufen möchte, und dass Christen nur darum beten müssen, was sie bekommen wollen.
Dieses *prosperity gospel* basiert auf der Vorstellung der protestantischen Ethik, dass die Erwählung durch Gott durch Wohlstand bestätigt und Unmoral mit Armut bestraft wird (S.137).

Warum haben die weissen Evangelikalen für Trump gestimmt ?

Der Frage, warum über 80% der (weissen) Evangelikalen für Trump gestimmt haben, widmet Gorski ein ganzes Kapitel.

> Gorski weist nach, dass die kirchlich aktivsten und gläubigsten Evangelikalen am wenigsten mit rassistischen Vorurteilen belastetet sind.
> Intensive religiöse Ueberzeugungen und rassistische Vorurteile scheinen sich gegenseitig auszuschliessen.

In anderen Fällen scheinen sich jedoch religiöse Ueberzeugungen und rassistische Vorurteile gegenseitig zu verstärken.

Der rassistische christliche Nationalismus (WCN)

Eine entscheidende Rolle spielt dabei *der weisse christliche Nationalismus (WCN), d.h. die Ansicht, dass Amerika von weissen Christen und für sie aufgebaut wurde, und dass man, wenn man kein weisser Christ ist, auch kein „waschechter Amerikaner" sei.* (S.160).

Der weisse Evangelikalismus ist nur dann mit Rassenvorurteilen verbunden, wenn er zusammen mit weissem christlichem Nationalismus auftritt.
Dieser weisse Nationalismus, ist sowohl bei konservativen Christen wie bei Katholiken, eine Hauptstütze für Rassenvorurteile.
Sozialwissenschafter sprechen in diesem Fall von einer Scheinkorrelation zwischen Evangelikalismus und Rassismus.

Der weisse christliche Nationalismus ist auch mit Unterstützung des Militärs und Opposition gegen Waffenkontrolle verbunden.

Für Gorski vertritt der weisse christliche Nationalismus (WCN) eine Erzählungsvariante (d.h. ein Narrativ) der amerikanischen Nationalgeschichte. Für die einen ist WCN eine explizite, bewusst artikulierte Weltanschauung. Für die meisten ist er eher *eine halbbewusste Erzählung*, welche die Wahrnehmung von Vergangenheit, Gegenwart und Zukunft unterschwellig strukturiert (ähnlich wie dies der Darwinismus beim US-Kapitalismus tut).

Dieses Narrativ lautet ungefähr folgendermassen:
„Amerika wurde als christliche Nation gegründet. Die Pilger und die Gründerväter waren traditionelle Christen. Deshalb hat Gott Amerika so lange so grosszügig gesegnet und Amerika reich und mächtig werden lassen. Doch nun löst sich Amerika von seinem christlichen Erbe und gehorcht nicht mehr den Gesetzen Gottes. Der Verlust wirtschaftlicher und politischer Macht beweist, dass Gott die Nation nicht mehr schützt.
Die einzige Möglichkeit, das Blatt zu wenden — die einzige Möglichkeit »to make America great again" -, ist die Rückeroberung des Landes durch die Christen — oder zumindest der entschlossene Widerstand gegen ihre Feinde: die Liberalen, Säkularisten und Humanisten, die jetzt die Oberhand haben (S.161/162)".

Gorki belegt mit einer Reihe von Beispielen, dass Amerika immer als weisse Nation gedacht wurde (S.162).

Dieses halbbewusste Narrativ wurde wirksam, als Obama Präsident wurde. Trump hat es aktiviert, als er behauptete, dass Obama ein „heimlicher

Muslim" sei, der in Kenia geboren wurde. Bei seinen Anhängern liess sich diese falsche Behauptung nicht einmal entkräften, als Obama seine Geburtsurkunde vorlegte, die belegte, dass er in den USA geboren wurde.

Wie die Demokratie abgeschafft wird

Die Harvard Politikwissenshafter *Steven Levitsky* und *Daniel Zihlblatt* stellten 2017 fest, dass Demokratien in der Regel keinen plötzlichen und gewaltsamen Tod sterben, sondern langsam und friedlich durch die Hand ihrer eigenen Führer getötet werden.

> Demokratien werden in der Regel durch ihre eigenen Führer getötet.

Der erste Schritt zur Untergrabung der liberalen Demokratie ist die Wahl eines autoritären Führers, der

1. die Regeln des (Wahl-)Spiels ablehnt;
2. die Legitimität seiner politischen Gegner verleugnet;
3. Gewalt gegen seine Feinde toleriert oder dazu ermutigt; und
4. die bürgerlichen Freiheiten seiner Kritiker beschneidet.

Nach diesen Kriterien ist Donald Trump ohne Zweifel ein autoritärer Politiker.

Der nächste Schritt in Richtung des Kollapses der Demokratie ist die Konsolidierung der Macht des autoritären Führers. Typischerweise werden drei Taktiken angewandt:

1. „das Einfangen der Schiedsrichter": Beamte, die das Gesetz durchsetzen, werden ersetzt durch Anhänger, die nur dem Anführer gehorchen;
2. Ausschaltung der Kritiker: Mächtige Gegner in Politik, Medien und Wirtschaft werden durch Günstlingswirtschaft, Einschüchterungen und Ermittlungen kaltgestellt;
3. Veränderung der Spielregeln: Das Spielfeld wird zu eigenen Gunsten geneigt durch die Unterdrückung oppositioneller Wählergruppen, die Neueinteilung von Wahlkreisen und ähnliche Taktiken.

Erfolg oder Misserfolg solcher Taktiken hängen entscheidend vom Verhalten konservativer Partei-Eliten ab. Führende Konservative können die Demokratie verteidigen, indem sie

1. autoritäre Führungspersönlichkeiten aus der Partei ausgrenzen; und
2. bürgerlich-demokratische Normen und rechtsstaatliche Institutionen aufrechterhalten.

Bislang haben in den USA die republikanischen Eliten mit wenigen Ausnahmen in diesen beiden Punkten versagt (S.172/173).

> Als eine Schlüsselfraktion der Republikaner tragen auch leitende Evangelikale eine Mitschuld an dieser Entwicklung. Nur einige wenige haben öffentlich gegen Trump Stellung bezogen...

Aber sie sind nach Philip Gorski nicht allein dafür verantwortlich. Einige säkulare Progressive sind so sehr verärgert über die Allianz zwischen konservativen Evangelikalen und der Republikanischen Partei, dass sie sich weigern, mit progressiven, nichtweissen Evangelikalen und religiös motivierten Gegnern des weissen Rassismus zusammen zu arbeiten (S.174). Dadurch stärken sie die Gegner der Demokratie.

Geht die Allianz zwischen religiösen und politisch Konservativen bald zu Ende?

Die Allianz zwischen religiösem und politischem Konservativismus entfremdet jüngere Wähler von kirchlicher Religion jeglicher Art.

„Was die republikanische „Basis" betrifft, so befindet sie sich seit fast zwei Jahrzehnten im demographischen Niedergang. Die »Grand Old Party" ist deutlich älter, weisser und religiöser als die Bevölkerung insgesamt, die von Tag zu Tag weniger weiss und zunehmend säkularer wird. Die einst stolze „moralische Mehrheit ist heute eine alternde und zunehmend diskreditierte Minderheit (170)."

„Ein Riss bildet sich zwischen weissen und nicht-weissen Evangelikalen. Ein anderer öffnet sich zwischen älteren und jüngeren Evangelikalen. Es wird nicht überraschen, dass nicht-weisse Evangelikale die Einwanderung viel stärker unterstützen als ihre weissen Glaubensgeschwister.
Und obwohl die meisten jüngeren Evangelikalen nach wie vor gegen Abtreibung sind, sind sie viel weniger besorgt über die gleichgeschlechtliche Ehe als ihre Elterngeneration, dafür aber viel besorgter über den Klimawandel und die Rassenungleichheit! Ihre politischen Anliegen gehen also weit über den traditionellen Umfang der „Familienwerte" hinaus."
„Diese Interessenkonflikte entfremden die jüngeren Evangelikalen zunehmend von ihren weissen Aeltesten (S.180/181)."

Einige praktische Schlussfolgerungen aus Gorskis Analyse

Philip Gorsksis Analyse passt zu unserer soziologischen Problemsicht, welche der Religion einen bedeutenden Stellenwert bei der Entstehung des westlichen Konzepts des Individuums und des liberalen demokratischen Staates zuschreibt und die aktuellen Gefährdungen der Demokratie in erster Linie auf die durch neoliberale Globalisierung verursachte Anomie zurückführt.

> Sie bestätigt die Hauptthese dieses Buches, dass der Gefährdung der westlichen liberalen Demokratien nur Einhalt geboten werden kann, wenn der fortdauernden Umverteilung von Einkommen und Vermögen von unten nach oben Einhalt geboten und der wirtschaftliche und soziale Abstieg der Mittelschichten gestoppt wird.

In den USA scheint der von Larry Siedentop beschriebene „kulturelle Bürgerkrieg" zwischen zwischen laizistischem Staat und Religion erst jetzt in Gang zu kommen und zur Spaltung des Landes und zur Gefährdung der Demokratie beizutragen.

> Wenn parallel dazu im Rahmen der neoliberalen Globalisierung die kapitalistische Konsumreligion zum einzigem gemeinsamem Nenner der westlichen Staaten wird, dürfte es schwierig werden,
> - unsere natürlichen Lebensgrundlagen zu schützen, sowie
> - das westliche Konzept des Individuums und die liberalen Demokratien
>
> erfolgreich zu verteidigen und weiter zu entwickeln.

Indem wir unserer Aktualisierung religiöser Traditionen
- Jean Gebsers Konzeption eines integralen Bewusstseins
- Erkenntnisse der Tiefenpsychologie
- Befunde der kognitiven Psychologie
- Ergebnisse der Geschichtswissenschaft sowie
- Resultate der Soziologie

zugrunde legen, verweigern wir uns - wie Carel Van Schaik und Kai Michel[186]- der sterilen Kontroverse zwischen fundamentalistischer und atheistischer Bibelinterpretation.

Wir verstehen die Bibel und andere heilige Schriften als kulturgeschichtliche Dokumente, welche wertvolle Zeugnisse religiösen Erlebens und religiöser Sinnsuche enthalten, aber auch - aus heutiger Sicht - überholte Erkenntnisse und Irrtümer.

> Angesichts der Gefahren, welche die (oft nur halb bewusste) Nationalgeschichte (bzw. das Narrativ) des christlichen weissen Amerikas und der religiöse Fundamentalismus mit sich bringen, erachten wir es als erforderlich, unsere westlichen (ehemals christlichen) Traditionen und unsere Identität in einem interdisziplinären Dialog selbstkritisch zu aktualisieren.
>
> Es wäre hilfreich, wenn auch Liberale ihre Geschichte selbstkritisch aktualisieren würden, denn die westlichen Grundwerte wurden sowohl von den Kirchen, wie von den liberalen Parteien im Verlaufe ihrer Geschichte geschaffen aber von beiden auch des öfteren verraten.

Gleichzeitig zu dieser Aktualisierung sollten wir jedoch unsere westlichen Demokratien und ihre verfassungsmässigen Freiheitsrechte, wie auch die Freiheit der Religionsausübung, sowohl gegen rechts- und linksextreme, aber auch gegen islamistische Angriffe, konsequent verteidigen.
Gegenüber terroristischen Gefährdern sollte allenfalls auch mit präventiven Notstandsmassnahmen reagiert werden. Diese müssten aber demokratisch beschlossen und befristet sein.

Ob die Verteidigung der Religionsfreiheit so weit gehen muss - wie dies in Holland und Frankreich geschah -, Karikaturen, die Mohammed beleidigen, zum wichtigsten Symbol des westlichen Freiheitsverständnisses zu machen, scheint uns dagegen fragwürdig. Die entsprechenden Karikaturen lassen in uns die Frage aufkommen, ob sie nicht das Resultat eines Freiheitsverständnisses sind, das es noch nicht geschafft hat, sich von seiner negativen Fixierung auf die eigene Religion (und auf Religionen ganz allgemein) zu lösen.

In der Sozialpsychologe und in der Gruppendynamik werden entsprechende Reaktionen als **Konterdependenz** (oder Gegenabhängigkeit) bezeichnet. Darunter verstehen SozialpsychologInnen eine gegen einen anderen gerichtete Haltung, die gleichzeitig auf einer Abhängigkeit beruht. Das bekannteste Beispiel dafür ist die Rebellion Pubertierender gegen ihre Eltern. Diese Phase ist für ihre Entwicklung notwendig, aber die volle Mündigkeit ist erst dann erreicht, wenn auch Argumente der Eltern oder anderer Erwachsener unvoreingenommen geprüft und gewürdigt werden können[187].

Was den Umgang mit Religionen betrifft, so zeigen uns die 80% der Stimmen der Evangelikalen für Donald Trump im Jahre 2016, und die extrem aggressiven islamistischen Reaktionen auf die Beleidigungen Mohammeds in Frankreich, dass Demütigung von Religionen (bzw. ihrer Stifter) politisch kein sehr erfolgversprechender Weg ist, um die westlichen Demokratien zu verteidigen.

Wirkungsvoller als Mohammed zu beleidigen, dürfte es sein, bei *den Mehrheiten aller Religionen* das Verständnis für Demokratie zu fördern, z.B. durch eine europäische, universitäre Ausbildung von muslimischen Predigern.

5. Was können wir tun ?

Die Coronakrise machte uns schockartig viele unserer automatisierten Konsum- und Lebensgewohnheiten und die damit verbundenen Gefahren bewusst.

> Krisen eröffnen aber oft auch Chancen. Die Coronakrise lässt viele erkennen, dass sich unsere Gesellschaft in gefährliche Sackgassen manövriert hat.

Unser Wirtschaftsystem bewirkt in zunehmendem Masse
- die Zerstörung unserer natürlichen Lebensgrundlagen und
- massive Ungerechtigkeiten bezüglich der Einkommens- und Vermögensverteilung.

Die Coronakrise macht diese Gefahren konkret sichtbar und spürbar, so dass sie nicht mehr so einfach wie bisher verdrängt werden können.

Beide erwähnten Gefahren gefährden eine ganze Reihe unserer angestrebten oder erreichten individuellen Lebensziele und stellen uns als Individuen vor die Fragen

Wie geht es für mich weiter ?
Welche Chancen verliere ich?
Welche Chancen entstehen neu?
Was ist mir in Zukunft wichtig?

Uns von der neoliberal-kapitalistischen Pseudoreligion verabschieden

Der neoliberale Kapitalismus ist zunächst eine als Wissenschaft deklarierte *Ideologie*.

Darüber hinaus hat er es sogar geschafft, eine *(Pseudo-)Religion* zu werden. Heute praktiziert ein grosser Teil der Menschheit täglich diese (Pseudo-)Religion, viele ohne sich dessen bewusst zu sein.

Viele neoliberale Wirtschaftsakteure sind Marktfundamentalisten**. Sie glauben, dass „die unsichtbare Hand" des freien Marktes alle wirtschaftlichen Probleme von selbst lösen werde und dass deshalb staatliche Eingriffe und Regulierungen schädlich seien.

**Fundamentalismus (abgeleitet von lateinisch *fundamentum* ‚Unterbau', ‚Basis', ‚Fundament') ist nach Wikipedia (2020) eine Überzeugung, Anschauung oder Geisteshaltung, die durch ein kompromissloses Festhalten an ideologischen oder religiösen Grundsätzen gekennzeichnet ist und das politische Handeln bestimmt.

Der Markt versorgt uns nicht nur mit Produkten, sondern auch mit Lebensstilen und Identitäten. Die uns von der Werbung immer raffinierter suggerierten Konsumbedürfnisse, sollen uns motivieren, immer neue Konsumgüter in immer kürzeren Abständen zu kaufen.

> Zusätzlich wird uns unterschwellig dauernd eingetrichtert, dass der Sinn des Lebens im Konsumieren bestehe. Damit übernimmt der neoliberale Kapitalismus zentrale frühere Zuständigkeitsbereiche der Religionen und verdrängt deren Wertsysteme durch sein eigenes.

Die Kulthandlungen dieser Pseudoreligion finden täglich in den Werbespots des Fernsehens und des Internets, in den Modeschauen, beim Shopping in den Einkaufsmeilen und Einkaufszentren statt.

Der Schriftsteller *Arthur Koestler* wandte sich - nach einer idealistischen kommunistischen Lebensphase - vom diktatorischen realen Kommunismus enttäuscht ab. Seinen Abschied vom Kommunismus hat er vor gut 50 Jahren in einem Buch mit dem Titel „Ein Gott, der keiner war" verarbeitet.

Eine ähnliche, bewusste Verabschiedung scheint uns heute auch vom globalisierten neoliberalen Kapitalismus fällig zu werden. Leider lässt sich dieser nicht kurzfristig abschaffen.

> Wir können uns jedoch unter dem Motto
> **„Ein Gott, der keiner war"**
> innerlich vom ihm distanzieren,
> so wie dies Arthur Koestler schrittweise in Bezug auf den Kommunismus getan hat.

- Wir können uns darin üben, als Wissenschaft getarnte Pseudoreligionen oder Ideologien zu erkennen und zu entlarven.
- Wir können uns zusammen mit andern an der Suche nach Wegen beteiligen, um der wirtschaftlichen Globalisierung ein menschlicheres Gesicht zu geben.
- Wir können im eigenen Land - wie seinerzeit Zwingli - nach Massnahmen suchen, um der Umverteilung der Einkommen und Vermögen von unten nach oben Grenzen zu setzen.
- Wir können dazu beitragen, einige der Regeln, die vor dem Aufkommen des Neoliberalismus den Kapitalismus gezähmt hatten, wieder in Kraft zu setzen.

- Wir können uns zusammen mit andern - z.B. durch unser Abstimmungsverhalten - für eine faire Lohn- und Steuer-Steuerpolitik einsetzen.
- Wir können uns für eine zahlbare Krankenversicherung und für eine Alterssicherung einsetzen, die diesen Namen verdient.
- Wir können mithelfen, den demokratiegefährdenden Rechtsextremismus wirksam zu bekämpfen.
- Wir können uns für eine nachhaltigere Formen und Strukturen des Konsumierens und des Wirtschaftens einsetzen, die auf die Natur Rücksicht nimmt. Damit meinen wir nicht nur den individuellen Konsum, sondern auch nachhaltigere Produktionsbedingungen.

> Wir kommen nicht darum herum, im beruflichen Alltag *kurzfristig pragmatisch zu handeln*, können uns aber auch *an der Entwicklung langfristig sinnvoller Zukunftsperspektiven beteiligen* und uns gemeinsam mit andern für deren Realisierung einsetzen.

Ein entsprechendes Bedürfnis ist bei vielen WählerInnen zu beobachten, was zu Umbrüchen im Parteiengefüge und entsprechenden Konflikten führt.

> *Was Immanuel Kant seinen Zeitgenossen vor 250 Jahren empfohlen hat,*
> *ist heute wieder von Neuem dringend nötig:*
> **„Habe den Mut, dich deines eigenen Verstandes zu bedienen!"**
>
> *Sich als eigenständig denkende Bürgerin oder Bürger einzumischen,*
> *birgt zwar das Risiko in sich, Fehler zu machen.*
> *Aber die Folgen der dominierenden ökonomischen Theorien sind derart gefährlich,*
> *dass es zu riskant wird, sich blind den ökonomischen Autoritäten anzuvertrauen.*

Thomas Piketty formuliert das Problem in seinem Buch „Kapital und Ideologie" folgendermassen:

> „In immer besser gebildeten und informierteren Gesellschaften wird es immer inakzeptabler, Wirtschafts- und Finanzfragen der fragwürdigen Kompetenz einer kleinen Gruppe von Experten zu überlassen.
> Es ist nur zu verständlich, dass eine wachsende Zahl von Bürgern den Wunsch hat, sich nicht nur ihre eigene Meinung zu bilden, sondern sich einzumischen. Die Wirtschaft steht im Zentrum der Politik; und sie lässt sich nicht delegieren, ebensowenig wie die Demokratie".
> Piketty Thomas (dt.2020): Kapital und Ideologie S.31

 *In diesem Schlusskapitel werden werden wir das Gespräch mit Oekonomen und Journalisten suchen, die sich sich ebenfalls kritische Gedanken zum neoliberalen mainstream machen und uns wertvolle Impulse vermitteln können.*

Systemisch und strukturell Denken und handeln

Der Journalist Michael Bauchmüller hat in seinem Artikel *„Das Klima und ich"* im Tages Anzeiger[188] vom 2.Sept 2019 vor dem Kurzschluss gewarnt, jeder Einzelne müsse radikal sein Leben ändern um das Klima zu schützen:

„Der Klimawandel geht letztlich auf Strukturprobleme der entwickelten Welt zurück, die andere dummerweise imitiert haben.
Genau darum liegt die Antwort nicht in der Umkehr einiger, sondern in strukturellen Lösungen....Im Grunde steht die Menschheit vor einer gigantischen Organisationsaufgabe: Der im Wortsinn nachhaltigen Verteilung von Ressourcen in einer Welt, in der die einen am Raubbau verdienen, während andere die Folgen des Raubbaus zu spüren bekommen...

Dem eigenen Gewissen ist deutlich mehr geholfen als der Welt an sich, wenn sich die Einzelnen fürs Fliegen schämen und darauf verzichten; wenn sie statt Steaks Tofu auf den Grill legen oder zur Käsetheke die eigene Frischebox mitbringen. Keine Frage, all das ist gut und richtig.

Aber es ersetzt nicht die Suche nach systemischen Antworten, die im grossen Massstab auch Konsum- und Verhaltensmuster verändern; und letzten Endes auch Finanzsysteme, die über Rendite und schnelles Geld die Zukunft vergessen.

Darin liegt die wahre Chance dieser Zeit. Freitagsdemos, Sommerhitze und ein Höhenflug der Grünen haben den Klimaschutz dahin gerückt, wo er schon lange hingehörte...

„Jeder, der bewusster mit dem Klima umgehen will, muss vor allem bewusster mit der Politik umgehen: Und darauf achten, dass sie nicht nur an ein paar Schräubchen dreht. Sondern am ganz grossen Rad."

Diese Ueberlegungen von Michael Bauchmüller gelten nicht nur für den Umgang mit der Klimakrise sondern, auch für den Umgang mit den Problemen der ungerechten Vermögens- und Einkommensverteilung in der globalisierten Wirtschaft.

Der Münchner Philosoph Julian Nida hat Immanuel Kants kategorischem Imperativ

„Handle so, dass die Maxime deines Willens jederzeit zu einem allgemeinen (staatlichen/K.S.) Gesetz werden könnte!"

so erweitert, dass er auf eine grössere Zahl sozialer Systeme (und auf das globalisierte Wirtschaftssystem) angewandt werden kann:

> **Julian Nidas Konzept einer strukturellen Rationalität**
>
> „Eine Handlung ist dann strukturell rational, wenn sie im Hinblick auf eine wünschenswerte Struktur gerechtfertigt werden kann."
>
> (Nida-Rümelin Julian 2017:78/79)

Mit Hilfe dieses Konzepts der strukturellen Rationalität soll die individuelle und konkrete (Einzel-)handlung so gewählt werden, dass sie mit wünschenswerten (und realisierbaren) Strukturen vereinbar ist.

Damit erweitert Nida den auf den Staat bezogenen strukturellen Denkansatz von Zwingli und Kant so, dass dieser für eine grössere Zahl von sozialen Systemen anwendbar wird, z.B. auch auf diejenigen von Organisationen, Institutionen, Staaten und supranationalen Institutionen.

Grundlegende Fortschritte sind möglich - allerdings nur langsam

Angesichts der oben skizzierten negativen Entwicklungen und Gefahren, ist es wichtig daran zu erinnern, dass die Menschheit in den letzten Jahrhunderten weltweit auch Fortschritte gemacht hat.

So stieg die Lebenserwartung von 26 Jahren im Jahre 1820 auf 72 Jahre im Jahre 2020.
Während zu Beginn des 19.Jahrhunderts kaum 10% der weltweiten Bevölkerung über 15 Jahren alphabetisiert waren, sind es heute 85%.
Und während man vor zwei Jahrhunderten kaum ein Jahr zur Schule ging, sind es heute weltweit acht und in den am meisten entwickelten Staaten mehr als 12 Jahre.
Im 18.Jahrhundert lebten drei Viertel der Erdbewohner unterhalb des Existenzminimums, gegenüber weniger als einem Fünftel heute. Dies bedeutet eine ganz reale Verbesserung der Lebensverhältnisse[189].

> In der menschlichen Geschichte sind grundlegende Fortschritte möglich, allerdings in der Regel nur langsam. Und diese Fortschritte wurden auch immer wieder von finsteren Zeiten der Ungleichheit und zivilisatorischen Rückschritten begleitet.
>
> Piketty Thomas 2020: 30

Sowohl kurzfristig-pragmatisch wie langfristig Denken und handeln

Ein grosser Teil unserer alltäglichen Handlungen besteht aus automatisierten Gewohnheiten. Falls unerwartete Probleme auftauchen, müssen wir diese Gewohnheiten überprüfen und uns allenfalls für eine andere tauglichere der Problemlösung entscheiden.

Wie die aktuelle Coronapandemie zeigt, kann dies zu einer schwierigen Herausforderung werden, wenn *gleichzeitig viele* unserer automatisierten Verhaltensweisen nicht mehr erfolgreich sind.

Um die aktuelle Krisen mit Chancen auf Erfolg zu bewältigen, müssen wir uns von automatisierten Gewohnheiten und Vorurteilen befreien, welche uns mögliche Wege in die Zukunft verbauen.

*Wir müssen üben, **abwechselnd** kurzfristig pragmatisch zu handeln sowie langfristig taugliche Handlungsperspektiven zu entwickeln und **das kurzfristige Handeln den langfristig Erfolg versprechenden Handlungsperspektiven bestmöglich unterzuordnen..***

Viele Menschen haben eine sehr kurzfristige Aufmerksamkeitsspanne, die wenig über die im Moment in den Medien aktuellen Probleme hinaus reicht. Sie fügen sich widerstandslos die ihnen im neoliberalen Kapitalismus zugedachte Rolle.

Auch für Menschen, die gewohnt sind sowohl kurzfristig als auch langfristig zu denken und zu planen, ist es schwierig, an langfristigen Hoffnungen und Strategien des Handelns festzuhalten, wenn diese scheinbar erfolglos bleiben.

Einschub: Die mythologische „Konservierung" bedrohter Zukunftshoffnungen durch die Jesusbewegung

Zu den Zielen und Hoffnungen des Jesusbewegung gehörten die Aufhebung sozialer Statusunterschiede[190]. Nächstenliebe und Demut sollten schon kurzfristig den Ausgleich von Statusunterschieden ermöglichen.
Darüber hinaus erwartete die Jesusbewegung eine auch strukturell erneuerte Welt: Das Reich Gottes, das von der Kolonialherrschaft der Römer befreit sein würde, und in der alle Menschen gleich viel wert sein würden. Die Hinrichtung Jesu stellte diese Hoffnungen mit abschreckender Brutalität in Frage.
Gemäss den neutestamentlichen Texten begegnete Jesus nach seinem Tode einem Teil seiner Jünger und Jüngerinnen im Traum oder in einer Vision. Entsprechend ihrem archaisch-mythologischen Traumverständnis interpretieren diese ihre Erlebnisse objektiv-realistisch: ***Jesus lebt!***

Und sie schlossen daraus mittels der Denkmodelle ihrer Kultur, dass Jesus vor seinem Erscheinen auferstanden sein müsse[191].

Eine zentrale Rolle spielte dabei die Dynamik der Entstehung des jüdischen Monotheismus, die wir am Beispiel des des babylonischen Exils dargestellt haben. Diese monotheistische Dynamik wiederholte sich im Urchristentum. Die zu bewältigende schwere Krise war diesmal die Kreuzigung Jesu. Sie schien alle mit seiner Person verbundenen Hoffnungen auf ein von der Römerherrschaft befreites, gerechtes Reiches Gottes, in dem alle Menschen gleich viel wert sein würden, zu widerlegen.

In beiden Fällen wurde die Niederlage in der irdisch-realen Welt durch die in mythischen Symbolen vorgestellte Hoffnung auf einen Sieg in der himmlischen Welt ausgeglichen. Je totaler die Niederlage JHWHs und seines Volkes auf Erden schien, um so gewaltiger musste der »metaphysische« Sieg JHWHs über alle anderen Götter im Himmel ausfallen. Diese Dynamik führte zur Entstgehung des jüdischen Monotheismus und zur Vergöttlichung des gekreuzigten Jesus.

Christus der Allherrscher (= Pantokrator)

in der Apsis der Kathedrale von Cefalu
auf Sizilien (Italien)
Mosaik im byzantinischen Stil

Bild Nr. 25

Für Menschen des rationalen Zeitalters ist die prärationale mythologische Auferstehungsvorstellung nicht mehr zugänglich. Ohne unsere Terminologie zu verwenden, überbrückt Gerd Theissen den tiefen Graben zwischen der uns fremd geworden prärationalen zu unserer rationalen Vorstellungswelt folgendermassen:

Beschreibung der Entstehung des mythologischen „Programms" der Juden Niederlagen in Siege zu verwandeln, das zum Glauben an die Auferstehung Jesu führte.	Integrales Bewusstsein als Brücke 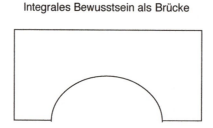	Erklärung der Auslösung und des Funktionierens dieses Programms mit Hilfe der Theorie der kognitiven Dissonanz von Leon Festinger
prärationales Bewusstsein		rationales Bewusstsein

Theissens Erklärung läuft darauf hinaus, dass nur innerhalb eines religiösen Bezugsrahmens, in dem ein »Programm« vorhanden war, Niederlagen in Siege und extreme Erniedrigung in Erhöhung umzuinterpretieren, die Ostererscheinungen Anlass für die Vergöttlichung Jesu sein konnten.

Diese mythische – durchaus auch auf alltäglichen, psychologischen Gesetzmässigkeiten beruhende – Verarbeitungsweise der brutalen Hinrichtung Jesu, hielt die Hoffnung auf Befreiung und Gerechtigkeit für mehr als ein Jahrtausend lebendig.

Die entsprechenden mythologischen „Programme" haben zur sozialen Verwirklichung der Würde aller Menschen wesentlich beigetragen.

Thomas Pikettys Geschichte der Gerechtigkeitskonzeptionen und seine Vision

Gerd Theissen und Larry Siedentop haben nachgewiesen, wie aus der Verkündigung und dem Verhalten Jesu und der frühen Kirche der Glaube an die gleiche Würde aller Menschen entstanden ist. Basierend auf ursprünglich christlichen Traditionen, hat dann der Liberalismus der Aufklärung ein Rechtssystem geschaffen, das die individuelle Freiheit aller schützt. Ein entscheidender Schritt auf diesem Weg war die Französische Revolution mit ihrer Devise „Freiheit, Gleichheit, Brüderlichkeit".

Die Entstehung der Vorstellungen von Freiheit und materieller Gerechtigkeit, sowie ihr Wandel im Verlauf der Geschichte, sind zentrale Themen in Thomas Pikettys 1300-seitigem Buch „Kapital und Ideologie, dessen wichtigste Resultate wir im Folgenden stark verkürzt und vergröbert zusammenfassen.

Zunächst klären wir die für die Konzeption von Thomas Piketty zentralen. Begriffe:

Der bisher von uns verwendete *soziologische Ideologiebegriff* lautet[192]:

Eine Ideologie ist ein System von Ueberzeugungen und Begriffen, das der Durchsetzung von Machtinteressen in der Gesellschaft dient und, um dieser Funktion zu genügen, die soziale Realität teilweise verzerrt wiedergibt.

Piketty dagegen verwendet einen *umfassenderen Ideologiebegriff*:

Pikettys *konstruktiver* Ideologiebegriff

Piketty versteht unter Ideologie ein Gefüge von Ideen und Diskursen, die auf grundsätzlich plausible Weise beschreiben wollen, wie die Gesellschaft zu organisieren sei.
Ideologien sind für ihn mehr oder weniger schlüssige Versuche, Antworten auf eine Reihe extrem weit gefasster Fragen zu geben, die um die erstrebenswerte oder ideale Organisation der Gesellschaft kreisen.
(Vgl. Piketty Thomas 2020:17)

Damit lässt Piketty Raum für normatives Denken, wie auch wir dies mit Hilfe des Konzepts des integrativen Bewusstsein von Jean Gebser tun. Normative Entscheidungen müssen allerdings offen deklariert werden. Und sie sollten das verfügbare empirische Wissen berücksichtigen.

Pikettys Begriff *Proprietarismus*

Proprietarismus ist für Piketty die Ideologie des Eigentums, dessen Sakralisierung (oder Heiligsprechung) zum obersten Wert in Wirtschaft und Gesellschaft (S.13).

(Vgl. Piketty Thomas 2020:13)

Pikettys Begriff des *Kapitalismus*

Kapitalismus definiert Piketty als Erweiterung des *Proprietarismus* im heutigen Zeitalter der Grossindustrie, der internationalen Finanzmärkte und der Digitalwirtschaft.

Grundlage des Kapitalismus ist die Konzentration wirtschaftlicher Macht in den Händen der Kapitaleigentümer. Eigentümer von Immobilienkapital können sich prinzipiell aussuchen, an wen sie zu welchem Preis vermieten wollen, und Eigentümer von Finanz- und Gewerbekapital haben nach dem Prinzip ‚eine Aktie, eine Stimme' die alleinige Kontrolle über die Führung von Unternehmen, was ihnen vor allem die souveräne Entscheidung darüber erlaubt, wen sie für welchen Lohn einstellen.

In der Praxis hat dieses Modell des reinrassigen Kapitalismus zahlreiche Abwandlungen und Ergänzungen erlebt, insbesondere durch das Rechts-, Sozial- und Steuersystem, die dazu beigetragen haben, dass der Begriff des Privateigentums sich seit dem 19. Jahrhundert weiterentwickelt hat (S.1192)."

(Vgl. Piketty Thomas 2020: 1192)

Pikettys Buch stützt sich auf Arbeiten zahlreicher Forscher aus mehreren sozialwissenschaftlichen Disziplinen.

Sein erweiterter, *konstruktiver Ideologiebegriff* gibt sowohl erfahrungswissenschaftlichen, wie auch historischen Argumenten über die Entwicklung der Gerechtigkeitsvorstellungen und ihren Begründungen Raum.

Auch wir halten für den Umgang mit Gerechtigkeitsproblemen eine Synthese von empirischem und kulturellem (bzw. religiösem, philosophischem und historischem) Wissen für erforderlich.

> Piketty erweitert Gerd Theissens und Larry Siedentops Konzeption der Entstehung des westlichen Individuums und des westlichen Liberalismus um das *Thema der materiellen Gerechtigkeit.*
> Diese Erweiterung ist erforderlich, weil Freiheit immer auch eine materielle Basis erfordert.

Im Schlusswort seines neuen Buches[193] hält Piketty fest, dass die demokratische Ratlosigkeit unserer Tage gegenüber wirtschaftlichen Problemen nicht nur von der Komplexität der ökonomischen Fragestellungen herrühre, sondern auch von der Tendenz vieler Oekonomen, sich Kompetenzen anzumassen, die sie gar nicht besitzen. Mit seinem Buch möchte er dazu beitragen, dass sich die BürgerInnen das ihnen abgesprochene ökonomische Wissen selbst aneignen können.

> Inbezug auf das Eigentum geht es darum, über mögliche Eigentumsformen zu entscheiden, sowie über Rechtsmittel und *Praktiken, welche die Eigentumsverhältnisse zwischen den jeweiligen Gesellschaftsgruppen regeln und über die Einhaltung dieser Regeln wachen.*

Die Rolle des privaten und öffentlichen Eigentums, des Eigentums an Immobilien und Finanzwerten, Sklaven, Agrarland und Bodenschätzen, an geistigen und immateriellen Gegenständen wird für Piketty ebenso zum Thema wie die Beziehung zwischen Eigentümern und Mietern, Adligen und Bauern, Herren und Sklaven, Aktionären und Lohnempfängern.

> Nach Piketty braucht jede Gesellschaft mehr oder weniger schlüssige Antworten auf die Frage der Politik und des Eigentums.
> Denn sie braucht Regeln für den Umgang mit Macht und Eigentum sowie plausible Begründungen dafür.

In den meisten frühen Gesellschaften sind die Frage der *Macht über Personen* und die Frage der *Macht über Sachen* (das heisst über Eigentum) unmittelbar miteinander verknüpft.

Im Unterschied zu den deterministisch denkenden Biologen, oder Hirnforschern erklärt Piketty die Ungleichheit der Einkommen und der Vermögen nicht materialistisch als Folge „ewiger Kräfte", vergleichbar mit der Schwerkraft der Physik.

> Während bei *Marx* die jeweilige Ideologie aus den materiellen (bzw. ökonomischen) Verhältnissen resultiert, formen nach *Piketty* Ideen die ökonomischen Verhältnisse.
>
> Die Ungleichheit der Einkommen und der Vermögen beruht darauf, dass eine Ideologie vorherrscht, welche diese rechtfertigt. Gegenwärtig ist dies der *Proprietarismus*, «*die Ideologie der Heiligsprechung des Privateigentums*» (S.17-22).

Thomas Piketty vertritt eine konstruktivistische Sicht der Realität: Aussagen über Tatsachen sind Konstruktionen, die von den verwendeten Begriffen und Fragestellungen abhängen. Jeder Versuch, etwas aus diesen „Tatsachen" zu lernen, muss den verschlungenen und von Interessen geleiteten Interaktionen zwischen den Forschenden und der erforschten Gesellschaft Rechnung tragen (S.259).

Piketty ist überzeugt davon, dass sozialwissenschaftliche Forschung zu einem besseren Verständnis der laufenden Veränderungen beitragen kann.
Mittel dafür sind
- die sorgfältige Gegenüberstellung historischer Erfahrungen aus kulturell und zivilisatorisch ganz unterschiedlichen Ländern und Regionen,
- die möglichst systematische Auswertung der verfügbaren Quellen und Daten
- die Erforschung des Strukturwandels von Ungleichheiten und politisch-ideologischen Ordnungen.

> Durch einen vergleichenden, historischen und transnationalen Ansatz, kann eine Vorstellung davon gewonnen werden, wie eine bessere politische, ökonomische und soziale Organisation für die verschiedenen Gesellschaften der Welt und für die Weltgesellschaft des 21. Jahrhunderts geschaffen werden könnte.

Die weltweiten Ungleichheiten

In Pikettys Buch „Das Kapital im 21.Jahrhundert" stand die Entwicklung der Ungleichheit - vor allem im letzten Jahrhundert - im Zentrum. Ebenso die Prognose, dass die Reichsten ohne veränderte Politik sich vom Rest der Gesellschaft immer weiter entfernen, weil die Erträge aus deren Vermögen grösser seien als das Wachstum aller Einkommen, gemessen am Bruttosozialprodukt.

Pikettys Ansatz unterscheidet sich von konservativen Diskursen, die uns erzählen, Ungleichheit sei «naturgegeben»:

Solche Argumente sollen uns überzeugen, die sozialen Ungleichgewichte seien nur zum Besten der Aermsten und der Gesellschaft überhaupt. Und im Uebrigen sei die derzeitige Eigentumsstruktur ohnehin die einzig denkbare und lasse sich nicht substanziell verändern, ohne den grössten Schaden anzurichten.

> Nach Piketty beweist die historische Erfahrung das Gegenteil. Ungleichheiten verändern sich mitunter viel schneller, als sich die Zeitgenossen einige Jahrzehnte zuvor hätten träumen lassen.

Ein Beispiel für sehr schelle und unvorhersehbare Veränderungen mit tiefgreifenden gesellschaftlichen Folgen ist die gegenwärtige Coronapandemie.

Den revolutionären Umschwüngen und politischen Prozessen, die es ermöglicht haben, überkommene Ungleichheiten abzubauen, verdanken wir unsere wertvollsten Institutionen, die dafür gesorgt haben, dass die Idee des menschlichen Fortschritts Realität wird:

- das allgemeine Wahlrecht
- die kostenlose Schulbildung und die Schulpflicht
- die allgemeine Krankenversicherung und
- die progressive Steuer (S.22).

> Piketty verfolgt nicht nur die Ungleichheitszustände in verschiedenen Weltgegenden bis weit zurück in die Geschichte, sondern vor allem auch die diese rechtfertigenden Ideologien.
>
> **Er will uns anhand der in der Vergangenheit erfolgten Veränderungen zeigen, dass grundlegende Alternativen des Handelns auch heute möglich sind.**

Das Eigentums im frühen Christentum

Um die Anknüpfung an Larry Siedentops Analyse der Entstehung des westlichen Individualismus und des Liberalismus zu erleichtern, beginnen wir unsere Zusammenfassung mit einem kurzen Rücklick Pikettys auf das frühe Christentum:

„Jesus lehrte seine Jünger zwar, dass es leichter sei, «dass ein Kamel durch ein Nadelöhr gehe, denn dass ein Reicher ins Reich Gottes komme». Aber sobald die reichen römischen Familien den neuen Glauben annahmen und beherrschende Positionen als Bischöfe und christliche Autoren innerhalb der Kirche einnahmen, also seit dem ausgehenden 4. und dem beginnenden 5. Jahrhundert, mussten die christlichen Lehren die Frage von Eigentum und Reichtum pragmatisch angehen.

Dank der Spenden ihrer Gläubigen besass die Kirche über mehr als ein Jahrtausend hinweg, vom 5.-6. bis zum 18.-19. Jahrhundert, im christlichen Westen einen beträchtlichen Anteil der Güter, vor allem Grundeigentum, üblicherweise zwischen einem Viertel und einem Drittel. Diese Vermögensgrundlage ermöglichte es ihr, in diesem langen Zeitraum eine bedeutsame Klasse von Geistlichen zu unterhalten und (im Prinzip, wenngleich nicht in der Praxis) eine gewisse Zahl von sozialen Diensten zu finanzieren, vor allem im Bildungs- und Gesundheitsbereich.(S.133)

Um diese Güter zu schützen und zu verwalten, beteiligten sich christliche Autoren an der Entwicklung juristischer, ökonomischer und finanzieller Kategorien, die am Anfang der modernen kapitalistischen Begriffe stehen.

Dies wurde umso notwendiger, als geistliche Funktionen nicht individuell vererbbar waren, sondern eine abstrakte, dauerhafte Organisation darstellten, vergleichbar mit grossen modernen Stiftungen, kapitalistischen Unternehmungen und Gesellschaften sowie Staatsverwaltungen (S.134-136)."

Das Eigentum in den dreigliedrigen (oder „trifunktionalen") Gesellschaften

Die ältesten und historisch am weitesten verbreitetsten waren die sogenannten „dreigliedrigen (oder „trifunktionalen") Gesellschaften".

> Diese trifunktionalen Gesellschaften bestanden aus drei Gruppen, von denen jede eine wesentliche Funktion für den Fortbestand der gesamten Gemeinschaft erfüllte:
> - Klerus,
> - Adel
> - Dritter Stand (d.h. die arbeitende und bürgerliche Klasse)

Der Klerus ist die religiöse, intellektuelle Klasse: Sein Auftrag liegt in der geistlichen Führung der Gemeinschaft, er wacht über ihre Werte, kümmert sich um ihre Bildung und verleiht ihrer Geschichte, sowie ihrer zukünftigen Entwicklung einen Sinn, indem er dafür die notwendigen Normen, die intellektuellen und moralischen Orientierungspunkte bereitstellt.

Der Adel ist die Klasse der Krieger oder Soldaten: Er führt die Waffen und sorgt für Sicherheit, Schutz und Stabilität; er verhindert, dass die Gesellschaft in dauerhaftem Chaos und allgegenwärtiger Wegelagerei versinkt.

Der Dritte Stand ist die arbeitende und bürgerliche Klasse. Sie umfasst den Rest der Gesellschaft, angefangen bei den Bauern, Handwerkern und Händlern; durch ihre Arbeit kann sich die ganze Gesellschaft ernähren, kleiden und fortpflanzen.

Auf diesen allgemeinen Typus einer Gesellschaftsordnung trifft man nicht nur im christlichen Europa vor der Französischen Revolution, sondern auch in sehr vielen aussereuropäischen Gesellschaften und in den meisten Religionen" (S.14).

Der Beitrag der französischen Revolution zur Erfindung des modernen Privateigentums

> Die Devise der französischen Revolution lautete:
> „Freiheit, Gleichheit, Brüderlichkeit".
> Die Revolutionäre wollten eine politische und gesellschaftliche Ordnung einführen, die auf Rechtsgleichheit aller Menschen beruhte, unabhängig von der sozialen Herkunft.

In der Nacht vom 4. August 1789 stimmte die französische Nationalversammlung für die Abschaffung der «Privilegien» von Klerus und Adel (S. 140).

> Es ging darum, eine strenge Trennung zwischen hoheitlichen Funktionen (Monopol des Zentralstaates) und Eigentumsrecht (Privileg des privaten Individuums) vorzunehmen.
> Das Eigentumsrecht sollte beim privaten Individuum verbleiben und vom Staat geschützt werden. Dieser sollte sich hauptsächlich, wenn nicht gar ausschliesslich, diesem Schutz widmen.

Der mit diesen Fragen beauftragte Ausschuss der Nationalversammlung verfolgte in den Jahren 1789-1790 einen sogenannten «*historischen*» Ansatz. Man wollte zu den Anfängen der jeweiligen Rechte zurückgehen, um ihre Rechtmässigkeit zu klären, ihre «vertragliche» oder «nicht-vertragliche» Natur. Die vertraglichen Rechte wurden beibehalten, die nicht-vertraglichen sollten abgeschafft werden.

Handelte es sich etwa um ein Recht zur Ausübung einer unbegründeten herrschaftlichen Gewalt «feudalen» Typs oder um die unrechtmässige Aneignung eines Flurstücks der öffentlichen Macht, war dieses Recht als «nicht-vertraglich» zu betrachten und musste entschädigungslos aufgehoben werden.

Am eindeutigsten zu erkennen waren die steuerlichen Privilegien (das Recht von Adel und Klerus, bestimmte Steuern nicht zu zahlen) sowie die rechtsprechende Gewalt. Das Recht, auf einem bestimmten Gebiet Recht zu sprechen (*seigneurie publique*), wurde den Lehnsherren entschädigungslos entzogen und auf den Zentralstaat übertragen.

Auch der Kirchenzehnt (der Schulen, Krankenversorgung und Kornspeicher für die Armen finanzierte) wurde abgeschafft und die Kirchengüter wurden verstaatlicht, ebenfalls ohne Entschädigung. So kam es zu lebhaften Debatten angesichts der befürchteten Zerschlagung von Dienstleistungen in den Bereichen Religion, Bildung und Gesundheit (S.141).

> ### Die Schwäche des „historischen" Ansatzes
>
> Der «historische» Ansatz führte zu einer fast unlösbaren Schwierigkeit. Wie sollte man den «vertraglichen» Ursprung der betreffenden Rechte feststellen?
> Wenn man weit genug, etwa mehrere Jahrhunderte, zurückging, spielte ganz eindeutig Gewalt, vor allem Eroberung und Knechtschaft durch die Herren eine Schlüsselrolle.
> Wenn man diese Ueberlegung bis zu Ende dachte, war die Idee eines gänzlich «vertraglichen» Ursprungs von Eigentum reine Fiktion (S.144).

Die meist bourgeoisen Gesetzgeber waren reicher als die Masse der Bevölkerung. Sie suchten Kompromisse, um die Gesellschaft auf einer stabilen Grundlage neu zu gründen. Sie wollten nicht alle Eigentumsverhältnisse in Frage stellen, sonst wären auch ihre eigenen Eigentumsrechte gefährdet worden.

Der historische Ansatz liess deshalb die meisten herrschaftlichen Rechte unberührt, sofern ihnen das Gewicht der Jahrhunderte den Anschein von friedlich erworbenen Eigentumsrechten verliehen hatte (S.144/45).

> Positiv betrachtet, handelte es bei der Französischen Revolution um den ersten Versuch, in einer Gesellschaft, die über Jahrhunderte hinweg nach starken statusbezogenen und geographischen Ungleichheiten geordnet war, eine politische und gesellschaftliche Ordnung einzuführen, die auf Rechtsgleichheit aller Menschen beruhte, unabhängig von deren sozialer Herkunft, (S.155).

Dieses ambitionierte Projekt stiess auf zahlreiche Schwierigkeiten. Trotz aller ihrer Beschränkungen und Ungerechtigkeiten hatte nämlich die alte trifunktionale Gesellschaft auch ihre Stärken; und die Lösungen des neuen Regimes waren ebenfalls durch vielfältige Widersprüche gekennzeichnet.

Man schaffte die soziale Rolle der Kirche ab, ohne einen Sozialstaat einzurichten, und man schärfte die Konturen des Privateigentums, ohne allen Zugang dazu zu ermöglichen etc.

Die französischen Aufklärer und Adam Smiths „unsichtbare Hand des Marktes"

Im Europa der Aufklärung gab es heftige Debatten zur Frage der Ungleichverteilung von Eigentum.

Die radikalen Aufklärer (*Diderot, Concordet, Holbach, Paine*) unterstützten das Ende der «Privilegien» für Adel und Klerus, eine gewisse Umverteilung von Eigentum und ganz allgemein eine grössere Gleichheit von Klassen, Geschlechtern und Rassen.

Die «Gemässigten», die man auch die Konservativen nennen könnte, misstrauten der radikalen Abschaffung von Eigentumsrechten, auch in Bezug auf Lehnsherrschaft oder Sklavenhandel, und vertrauten eher auf einen natürlichen, allmählichen Fortschritt.

> *Adam Smith*, der schottische Begründer der Wirtschaftswissenschaft, war einer der Vertreter der «gemässigten» (oder konservativen) Strömung.
> Er glaubte an die „unsichtbare Hand" des Marktes, deren Hauptverdienst darin bestehe, menschlichen Fortschritt ohne gewaltsame Umbrüche, ohne den Sturz der alten politischen Institutionen herbeizuführen.

Zu Fragen der Ungleichheit und des Eigentums waren die Unterschiede zwischen den Radikalen und den Gemässigten allerdings nicht immer eindeutig. Dies belegt eine äusserst optimistische Aussage des «radikalen» Condorcet von 1794:
«Es lässt sich leicht beweisen, dass die Glücksgüter von Natur zur Gleichheit hinneigen, und dass ein übermässiges Missverhältnis in ihrer Verteilung entweder gar nicht bestehen kann oder schnell aufhören muss, wenn nicht die bürgerlichen Gesetze durch künstliche Mittel nachhelfen, ihnen Dauer zu verleihen...»
Der in diesen Aeusserungen erkennbare aufklärerische Geschichtsoptimismus, wurde dann von Adam Smith zur Grundlage der Oekonomie als Wissenschaft gemacht.

> Adam Smiths *Theorie von der unsichtbaren Hand des Marktes*** wird bis heute als Argument verwendet, um staatliche Eingriffe in die Wirtschaft oder staatliche Regulierungen der Wirtschaft zu bekämpfen.
> Die kapitalistische Tendenz zur Naturalisierung von wirtschaftlichen Prozessen hat hier eine ihrer Wurzeln.

** Adam Smith personifiziert mit dieser mythologischen Sprache die Marktkräfte, wie dies die Menschen mit einem archaischen oder mythologischen Bewusstsein taten, wenn sie Gewitter als Handeln erzürnter Götter erklärten.

> Das zentrale Dogma des Kapitalismus wird also paradoxerweise mit archaisch-mythischen Argumenten begründet!
> (Vgl. dazu Kapitel 4)

Diese Begründung erinnert an die Argumentation der darwinistischen Eugeniker, die ihre Ueberzeugung von der Degeneration der Menschheit einfach glaubten, als sie sie nicht empirisch nachweisen konnten (vgl. dazu Kapitel 3).

Wie 2008 die Bankenkrise, scheint heute auch die Coronapandemie am Dogma von der unsichtbaren Hand des Marktes zu rütteln. Der Staat (bzw. der Steuerzahler) muss bezahlen, damit gefährdete Konzerne wie die Lufthansa und andere überleben können. Das Dogma von der unsichtbaren Hand des Marktes wirkte insofern nach, dass die pleitegefährdeten Konzernen wie Lufthansa, TUI u.a. strikt darauf beharrten, dass der Staat ihnen keine Vorschriften zur ihrer Geschäftspolitik (z.B. zugunsten des Klimas oder bezüglich der Höhe der Boni) machen dürfe.

Zurück zu den Auswirkungen der französischen Revolution auf die Eigentumsverteilung:

> Die Vermögenskonzentration war in Frankreich kurz vor dem Ersten Weltkrieg, also über ein Jahrhundert nach der Abschaffung der «Privilegien» des Adels und der Kirche, immer noch höher als zur Zeit der Revolution.
>
> Diese Tatsache widerlegt den optimistisch-aufklärerische Mythos von der „unsichtbaren Hand" des Marktes von Adam Smith (S.156), die alles zum Guten steuert und automatisch den Fortschritt aller herbeiführt.

Die Ideologie des privaten Eigentums verspricht individuelle Emanzipation durch das Eigentumsrecht, das angeblich allen offen stehe, oder wenigstens allen Erwachsenen männlichen Geschlechts (S.164):

> Jeder hat theoretisch das Recht auf geschütztes Eigentum, beschützt vor der Willkür des Königs, des Lehnsherrn oder des Bischofs.
> Jeder kann von einem Rechts- und Steuersystem profitieren, welches im Rahmen des Rechtsstaates nach stabilen und absehbaren Regeln alle gleich behandelt (S. 164).

Die französische Revolution und die Entwicklung einer Eigentümergesellschaft

Zur Zeit der Französischen Revolution waren viele Wege in die Zukunft möglich. Beschritten wurde aber der Weg in eine Gesellschaft von Privateigentümern mit extremen Ungleichheiten. Diese Entwicklung wurde durch das Steuersystem aus der Revolutionszeit, das sich bis zum Ersten Weltkrieg nur wenig veränderte, stark begünstigt.

Nach einem geringfügigen Rückgang während der Französischen Revolution nahm die Vermögenskonzentration in Frankreich (insbesondere in Paris) im Laufe des 19. Jahrhunderts bis zum Ersten Weltkrieg wieder zu. In den Jahrzehnten vor dem Ersten Weltkrieg scheint die Vermögenskonzentration fast unbegrenzt anzusteigen. Erst nach dem ersten Weltkrieg beginnt sie abzunehmen. (Vgl. dazu die Tabelle piketty.pse.ens.fr/ideologie).

> In der Frage der gerechten Eigentumsverteilung ist die Französische Revolution offenkundig gescheitert.
>
> Die Vermögenskonzentration blieb zwischen 1789 und 1914 auf einem extrem hohen Niveau. Und sie stieg im 19. Jahrhundert sogar noch an. Erst nach dem ersten Weltkrieg begann sie abzunehmen (S.173).

Auch in den feierlichen Erklärungen, welche die Revolutionen des ausgehenden 18. Jahrhunderts kennzeichnen, steht das Versprechen von Gleichheit und Harmonie im Zentrum. Die Unabhängigkeitserklärung, die am 4.Juli 1776 in Philadelphia unterzeichnet wurde, beginnt mit einer ganz deutlichen Aussage:

Die Unabhängigkeitserklärung vom 4.Juli 1776 in Philadelphia USA

«Folgende Wahrheiten erachten wir als selbstverständlich:
- dass alle Menschen gleich geschaffen sind;
- dass sie von ihrem Schöpfer mit gewissen unveräusserlichen Rechten aus- gestattet sind;
- dass dazu Leben, Freiheit und das Streben nach Glück gehören».

Die Wirklichkeit stellt sich jedoch komplexer dar. Der Verfasser der Unabhängigkeitserklärung, *Thomas Jefferson* besass in Virginia nämlich selbst rund zweihundert Sklaven und vergass nicht nur deren Existenz zu erwähnen, sondern auch, dass sie offensichtlich weniger gleich als ihr Eigentümer waren.

Dieselbe Radikalität und vergleichbare Zwiespältigkeiten wie in den Vereinigten Staaten, tauchen in der Erklärung der Menschen- und Bürgerrechte der französischen Nationalversammlung im August 1789 auf, kurz nach dem Votum zur Abschaffung der Privilegien:

> **Beispiele aus der Erklärung der Menschenrechte von 1789**
>
> *Artikel 1* beginnt mit einem Versprechen von absoluter Gleichheit und bricht mit der alten Ständegesellschaft:
>
> «Die Menschen sind und bleiben von Geburt frei und gleich an Rechten.»
>
> Anschliessend führt der Artikel die Möglichkeit einer gerechten Ungleichheit ein, aber nur unter bestimmten Bedingungen:
>
> «Soziale Unterschiede dürfen nur im gemeinen Nutzen begründet sein.»
>
> *Artikel 2* wird genauer, indem er das Eigentumsrecht in den Stand eines natürlichen, unveräusserlichen Rechts erhebt:
>
> «Das Ziel jeder politischen Vereinigung ist die Erhaltung der natürlichen und unveräusserlichen Menschenrechte. Diese Rechte sind Freiheit, Eigentum, Sicherheit und Widerstand gegen Unterdrückung.»

Diese Artikel können widersprüchlich gedeutet und angewendet werden, und das wurden und werden sie auch.

Artikel 1 kann man als relative Begründung für Umverteilung verstehen. Die «*sozialen Unterschiede*», das heisst die Ungleichheiten im weiteren Sinne, sind nur dann akzeptabel, wenn sie im Dienst des gemeinen Nutzens und des allgemeinen Interesses stehen.

Dieser Artikel konnte also verwendet werden, um eine gewisse Umverteilung von Eigentum zu legitimieren und den Aermsten Zugang zu Reichtum zu verschaffen.

Artikel 2 kann aber auch viel einschränkender verstanden werden, weil er betont, dass die Eigentumsrechte aus der Vergangenheit «natürliche und unveräusserliche» Rechte darstellen, die nicht infrage gestellt werden können.

Dieser Artikel 2 wird bis heute oft zitiert, um Möglichkeiten einer Neudefinition der Eigentumsordnung zu verhindern.

> Historisch betrachtet ist der starke Abbau von Ungleichheiten bezüglich Einkommen und Vermögen auf die beiden Weltkriege (Zeitraum von 1914 bis 1945) und nicht auf die Revolution von 1789 zurück zu führen.

Das Entstehen einer vermögenden Mittelschicht in Frankreich

> Die reiche französische Oberschicht, die nach 1780 bis ins 19. Jahrhundert noch ca. 80% des Gesamtvermögens besass, verlor dann im 20. Jahrhundert sehr viel Vermögen zugunsten der neu entstehenden Mittelschicht.

Anteil dieser neuen Mittelschicht am Gesamtvermögen lag im 19. Jahrhundert unter 15%. Heute liegt er bei ungefähr 40% des Gesamtvermögens.

(Vgl. dazu Grafik 4.2: Quellen und Reihen: piketty.pse.ens.fr./ideologie.)

Gemäss Piketty illustrierten die Erfahrungen der Französischen Revolution übrigens eine allgemein gültige Lehre:

> Historischer Wandel ergibt sich aus dem Zusammenspiel von kurzfristigen politischen Ereignissen und langfristig ausgerichteten politischen Ideologien.

Falls die Politik in Krisensituationen über keine langfristig ausgerichtete politische Vision verfügt, welche die Fakten in genügendem Masse berücksichtigt, bleibt den politischen Akteuren oft nur die Wahl, auf die bisherigen politisch-ökonomischen Ideologien zurückzugreifen (S.156).

Die Sakralisierung des Privateigentums ist eine Reaktion auf die Angst vor der Leere

Gemäss Piketty ist die Heiligsprechung des Privateigentums eine Reaktion auf die Leere, die nach dem Verlust der religiös legitimierten trifunktionalen Gesellschaftsordnung auftrat. Diese machte es erforderlich, andere Antworten zur Legitimierung der gesellschaftlichen Stabilität zu suchen (S. 168).

> Piketty ist überzeugt, dass man mit Hilfe der Lehren aus der Geschichte eine Norm für Gerechtigkeit und Gleichheit definieren kann, die höheren Ansprüchen genügen als die Heiligsprechung der Eigentumsrechte der Vergangenheit, oder als die durch den «Markt» hervorgebrachten Ungleichheiten als naturgegeben zu erklären.

Auf der Grundlage der geschichtlichen Erfahrungen, könnten nach Pikettys Ueberzeugung auch Ideologien und politische Bewegungen neuer Art für das beginnende 21. Jahrhundert entstehen (S.168/169).

> Die Schwäche der herkömmlichen Ideologie des Eigentums besteht darin, dass Eigentumsrechte aus der Vergangenheit oft nicht glaubwürdig legitimiert werden können.
>
> Sowohl in den alten wie auch in den modernen hyperkapitalistischen Gesellschaften, versuchten Eigentümer immer wieder, ihren Besitz mit an den Haaren herbeigezogenen Argumenten zu rechtfertigen (S.169).

So wurden während der Französischen Revolution Frondienste in Pachten umdefiniert. Und bei der Frage der Sklaverei und ihrer Abschaffung in den französischen und britischen Kolonien, mussten die Eigentümer der Sklaven unbedingt entschädigt werden, nicht aber die Sklaven! Aehnliches geschah auch wieder bei den Privatisierungen nach dem Ende des Kommunismus und beim anschliessenden privaten Raub natürlicher Ressourcen.

Die grosse „Transformation" der ersten Hälfte des 20.Jahrhunderts

> Bis 1914 war in Europa die Einkommensungleichheit deutlich stärker ausgeprägt als in den Vereinigten Staaten.
>
> Zwischen 1914 und 1945 änderte sich die Struktur der weltweiten Ungleichheiten dann schnell und tiefgreifend.
>
> Die dreissig glorreichen Jahre von 1950 bis 1980, waren - vor allem in Europa und Japan - durch ausserordentlich hohe Wachstumsraten gekennzeichnet, aber auch durch eine geringe finanzielle Ungleichheit.
>
> In dieser Zeit fiel die Ungleichheit in Europa auf ein geringeres Niveau als in den Vereinigten Staaten.
>
> (Vgl. dazu Grafik 10.4. Quellen und Reihen: Piketty,pse.ens.fr/ideologie.)

Piketty skizziert die Veränderungen nach dem ersten Weltkrieg folgendermassen:

1914, am Vorabend des Ersten Weltkriegs, schien das private Eigentumssystem noch genauso absolut und unveränderlich zu sein wie das Kolonialsystem. Die europäischen Mächte, untrennbar dem Privateigentum verpflichtet und kolonialistisch, standen auf dem Höhepunkt ihrer Macht. Die britischen und französischen Eigentümer hielten im Rest der Welt so gewaltige Finanzportfolios, wie sie bis heute nicht mehr erreicht wurden.

1945, kaum dreissig Jahre später, war das Privateigentum aus dem kommunistischen System verschwunden, welches zuerst in der Sowjetunion und bald danach in China und Osteuropa errichtet wurde.

In jenen Ländern, die weiterhin nominell kapitalistisch blieben, sich aber in Wahrheit im Uebergang zu sozialdemokratischen Gesellschaften befanden, hatte das Privateigentum viel von seiner Macht eingebüsst; es gab unterschiedliche Mischungen von Staatsbesitz, staatlichen Bildungs- und Gesundheitssystemen, von Steuersystemen mit starker Progression bei den höchsten Einkommen und Vermögen.

Seit dem ersten Weltkrieg brachen die Kolonialreiche zusammen. Die alten europäischen Nationalstaaten hatten sich selbst zerstört. An die Stelle ihrer Herrschaft trat eine weltweite ideologische Konkurrenz zwischen Kommunismus und Kapitalismus, verkörpert durch die beiden Staaten Sowjetunion und Vereinigte Staaten von Amerika (S.528).

Nach diesen Transformationen war es nicht mehr möglich, die bis 1914 vorherrschende Ideologie der Heiligsprechung des

Privateigentums und des absoluten Glaubens an die Wohltaten des Wettbewerbs, in allen Bereichen weiterhin durchzusetzen.

Der Einbruch beim Privateigentum (1914-1950)

> Der wichtigste Grund für die Abnahme des Privateigentums war der riesige, steuerlich bedingte Wertverlust des privaten Eigentums, der äusserst schnell in den Jahren von 1914 bis ca. 1950 erfolgte (S.536).
> (Vgl. dazu Grafik 10.4. Quellen und Reihen piketty.pse.ens.fr/ideologie)

Ende des 19. und zu Beginn des 20. Jahrhunderts florierte noch das private Kapital. Der Marktwert aller Immobilienanlagen, der Ausrüstungs- und Kapitalausstattung (nach Abzug von Schulden) in Privatbesitz schwankte in Frankreich und in Grossbritannien zwischen dem Sieben- und dem Achtfachen des jährlichen Nationaleinkommens und um das Sechsfache in Deutschland.

Wesentlicher Bestandteil dieses Besitzes waren Vermögensanlagen im Ausland, sowohl in den Kolonialreichen wie auch weltweit. Die *Belle Epoque* war die Hochzeit der internationalen Anlagen, die unmittelbar vor dem Ersten Weltkrieg in Frankreich höher waren als das Nationaleinkommen eines Jahres und in Grossbritannien höher als fast zwei Jahre Nationaleinkommen gegenüber weniger als einem halben Jahr in Deutschland.

Piketty nennt für den grossen Wertverlust des Privateigentums drei Gründe:

1. **Materielle Zerstörungen in den beiden Kriegen (ca.1/3)**

   Diese erklären aber nur einen kleinen Teil der Verluste an Eigentum. In Frankreich und Deutschland betrug dieser zwischen einem Viertel und einem Drittel.

2. **Enteignungen und Verstaatlichungen (ca. 1/3)**

   Zusätzlich erfolgte eine Reihe von Enteignungen und Verstaatlichungen und generell politische Entscheidungen, die explizit darauf abzielten, den Wert des Privateigentums für die Eigentümer und die Machtposition der Eigentümer in der Gesellschaft zu reduzieren (beispielsweise Regelungen zu Mieten oder zur Mitbestimmung der Beschäftigten in Betrieben).

   Die Weltwirtschaftskrise, die 1929 mit dem Börsencrash an der Wall Street begann, traf die reichen Länder mit einer bis dahin ungekannten Wucht. 1932 war in den Vereinigten Staaten, wie auch in Deutschland, Grossbritannien und Frankreich, ein Viertel der Erwerbsbevölkerung arbeitslos. Der Glaube an den Kapitalismus wurde durch die Wirtschaftskrise der 1930er Jahre und die nachfolgenden Katastrophen tief erschüttert.

   Praktisch überall lief die Entwicklung auf mehr staatlichen Interventionismus hinaus. Regierungen und Oeffentlichkeit forderten Rechenschaft von den Finanz- und Wirtschaftseliten, die sich bereichert hatten, während sie die Welt an den Rand des Abgrunds führten.

> Man begann über Formen einer «gemischten» Wirtschaft nachzudenken und brachte unterschiedliche Abstufungen von Staatseigentum an Unternehmen neben traditionellen Formen von Privateigentum ins Spiel oder zumindest eine sehr starke Regulierung und Kontrolle des Finanzsystems und des Kapitalismus durch die öffentliche Hand.

In *Frankreich* hatte der Geldmangel und der Rückgriff auf die Notenpresse die Inflation in unbekannte Höhen getrieben. Dies führte dazu, dass die Arbeiter drohten, das Land lahm zu legen. Um dies zu vermeiden, wurden auf die höchsten Einkommen progressive Steuern erhoben. Wegen der neuen progressiven Steuern auf die höchsten Einkommen (in der Praxis überwiegend Einkommen aus Vermögen) und die höchsten Erbschaften, erlebte diese Gruppe einen gesellschaftlichen Abstieg. (S.567-569).

> Das allgemeine Misstrauen gegen den Kapitalismus wurde 1945 noch dadurch verstärkt, dass ein Grossteil der Wirtschaftseliten im Verdacht stand, in den Jahren von 1940 bis 1944 mit den deutschen Besatzern kollaboriert und sich auf schändliche Weise bereichert zu haben.

Nach der Befreiung von der Naziherrschaft, fanden grosse Verstaatlichungen statt. Diese betrafen hauptsächlich den Bankensektor, die Kohlenbergwerke und die Automobilindustrie. Besonders spektakulär war das Beispiel von Renault. Der Eigentümer Louis Renault wurde im September 1944 als Kollaborateur verhaftet, die provisorische Regierung beschlagnahmte seine Fabriken und verstaatlichte sie im Januar 1945 als Strafmassnahme (S.549/550).

3. Zerfall der privaten Ersparnisse und Investitionen (ca.1/3)

In der Zeit von 1914 bis 1950 war ein grosser Teil der privaten Ersparnisse den Staaten zur Finanzierung der Kriege geliehen worden. Diese Ersparnisse verloren ihren Wert fast vollständig (S.547).

> Zu den wichtigsten Faktoren, die erklären, warum die höchsten Vermögen schneller abnahmen als die übrigen
>
> (d.h. von ca. 90% des Nationaleinkommens um 1900 auf ca.50-60% um 1980%),
>
> zählt Piketty die Enteignungen von Auslandanlagen und die Sonderabgaben und die progressiven Steuern auf das Privatkapital, die zur Reduktion der Staatsschulden oder im Rahmen von Sanktionen erhoben wurden. Diese konzentrierten sich auf die höchsten Vermögen.
>
> (vgl. dazu Grafik 10.8 Quellen und Reihen: piketty.pse.ens.fr/ideologie)

In den meisten europäischen Ländern, ebenso in den Vereinigten Staaten und in Japan, entwickelte sich die progressive Besteuerung in zwei Formen:
- als progressive Steuer auf das Gesamteinkommen und
- als progressive Steuer auf Erbschaften.

Dies führte dazu, dass sich zum ersten Mal in der Geschichte und praktisch gleichzeitig in allen Ländern die Steuersätze für die höchsten Einkommen und Erbschaften dauerhaft sehr hohe Niveaus erreichten, nämlich in der Grössenordnung von höheren zweistelligen Prozentsätzen (S.564).

Die angelsächsischen Ursprünge der modernen progressiven Besteuerung

Die Vereinigten Staaten und Grossbritannien spielten die zentrale Rolle bei der grossflächigen Einführung der progressiven Besteuerung von Einkommen und Erbschaften (S.570).

Nach dem Ersten Weltkrieg wurden die Steuersätze für die höchsten Einkommen und Erbschaften so stark angehoben, dass es für die britischen Eigentümer materiell unmöglich wurde, den Lebensstil der Vorkriegszeit weiterzuführen. Es blieb ihnen nichts anderes übrig, als einen Teil des Besitzes zu verkaufen.
Auch die riesigen Finanzportfolios mit einheimischen und ausländischen Anlagen, die britische Eigentümer im Laufe des 19. und zu Beginn des 20. Jahrhunderts zusammengetragen hatten, lösten sich rasch auf. Die Steuersätze, die die reichsten Gruppen bezahlten, kletterten auf Rekordhöhen (S. 570).

1932, nach der Wahl *Franklin D. Roosevelts zum Präsidenten der USA* und der Einführung der Sozialreformen des *New Deals*, betraf die Arbeitslosigkeit einen Viertel der erwerbstätigen Bevölkerung.
Es lag nahe zur Finanzierung grosser Projekte und neuer sozialpolitischer Massnahmen, jene Gruppen heranzuziehen, die besonders gut dastanden. Denn diese Gruppen hatten in den zurückliegenden Jahrzehnten (vor allem in den *Roaring Twenties*) wirtschaftlich sehr profitiert, während sie das Land in die Krise führten.

Von 1932 bis 1980 lag deshalb der Spitzensteuersatz für die Einkommen in den Vereinigten Staaten im Durchschnitt bei 81% und für die Erbschaften bei 75% (S.565).

Der Aufstieg des Steuer- und Sozialstaats

Die europäischen Staaten des 18. und 19. Jahrhunderts waren fiskalisch arm im Vergleich zum 20. Jahrhundert, in dem der Staat die Steuern um ca. 20-40% erhöhte.

> Nach Piketty hat der Anstieg der durch den Staat erhobenen Steuern das Wirtschaftswachstum nicht behindert, sondern im Gegenteil einen wesentlichen Beitrag zur Modernisierung und zur Entwicklungsstrategie geleistet, die Europa und die Vereinigten Staaten im 20. Jahrhundert verfolgten.

Denn die neuen Steuereinnahmen machten es möglich, die unerlässlichen Ausgaben für die Entwicklung des Staates zu finanzieren,

- hohe Investitionen und relativ gleichmässig verteilte Ausgaben für Bildung und Gesundheit (oder zumindest sehr viel höhere und gerechtere als alles, was es zuvor gegeben hatte),
- Sozialausgaben (wie Renten und Pensionen) und
- Ausgaben zur Stabilisierung von Wirtschaft und Gesellschaft im Fall einer Rezession (wie die Arbeitslosenversicherung) (S.577).

Die Steuersätze von 70-80 %, die in den 1920er und 1960er Jahren für die höchsten Einkommen und Erbschaften galten, betrafen nur 1 oder 2 % der Bevölkerung, in manchen Fällen nicht einmal 0,5 %.
Sie spielten jedoch eine wesentliche Rolle dabei, die extreme Konzentration von Eigentum und Wirtschaftskraft, die für das Europa der Belle Epoque (d.h ca. von 1880-1914, dem Beginn des Ersten Weltkriegs) typisch war, zu verringern.

> Die Doppelstrategie des Steuer- und Sozialstaates, bestehend aus
> - Einnahmen durch Steuerprogression und
> - Ausgaben für den Sozialstaat
>
> bewirkte, dass der Prozess von Investitionen und Kapitalakkumulation erfolgreich vorankam.
> Die Steigerung des Produktiv- und Bildungskapitals schritt deshalb nach dem Zweiten Weltkrieg schneller voran als vor 1914 (S.581/582).

Im 19. Jahrhundert und bis zum Ersten Weltkrieg hatte die dominierende Ideologie das Privateigentum heilig gesprochen.

Von 1917 bis 1991 waren die Debatten über die Eigentumsformen auf den Gegensatz zwischen Sowjetkommunismus und amerikanischem Kapitalismus fixiert. Entweder galt die private Aktiengesellschaft oder die unbegrenzte Ausweitung des Staatseigentums als Lösung sämtlicher Probleme.

Der Zerfall der Sowjetunion eröffnete dann eine neue Phase des unbegrenzten Glaubens an das Privateigentum, der heute jedoch deutliche Zeichen der Erschöpfung zeigt (S.545/546).

> Nach Piketty lässt ist die Entwicklung zu Beginn des 21. Jahrhunderts auf das katastrophale Scheitern des Sowjetkommunismus zurückführen.
>
> Sie hat aber auch mit Geschichtsvergessenheit und mit dem Mangel an ökonomischem und historischem Wissen zu tun, sowie mit Unzulänglichkeiten der sozialdemokratischen Lösungen, die Mitte den 20. Jahrhundert umgesetzt wurden.

Die Bedeutung von Bildung und Ausbildung für das Wirtschaftswachstum

> Während des grössten Teils des 19. und des 20. Jahrhunderts hatten die Vereinigten Staaten bildungsmässig einen erheblichen Vorsprung vor Westeuropa und der übrigen Welt.
> Zu Beginn der 1950er Jahre war deshalb die Arbeitsproduktivität in Deutschland und Frankreich nur knapp halb so hoch wie in den Vereinigten Staaten.
> Am Ende des 20. Jahrhunderts war dann dieser bildungsmässige Vorsprung der USA aufgeholt.

Nachdem sie in den achtziger Jahren ihren (Aus)bildungsrückstand gegenüber den USA aufgeholt hatten, erreichten ab den 1990er Jahren Deutschland und Frankreich ungefähr das gleiche Produktivitätsniveau wie die Vereinigten Staaten.
Die Produktivität Grossbritanniens blieb dagegen etwa 20% hinter diesen drei Staaten zurück.

(Vgl. dazu die Grafik 11.4.:piketty.pse.ens.fr./ideologie).

> Die Vereinigten Staaten waren bis zum Beginn des 20. Jahrhunderts, bezüglich des allgemeinen Zugang zu primärer und sekundärer Bildung die Pioniere.
>
> Auch hinsichtlich der Verteilung von Einkommen und Vermögen waren sie sehr viel egalitärer als Europa. Seit den 1980er Jahren sind sie jedoch das ungleichste Land der entwickelten Welt geworden (S.657).

Der Absturz der unteren Schichten in den Vereinigten Staaten seit 1980

Zur Gleichheit hatten die Vereinigten Staaten stets ein ambivalentes Verhältnis: In gewisser Hinsicht spielte die Gleichberechtigung eine grössere Rolle als in Europa, und in anderer Hinsicht eine viel geringere, wie ihre Vergangenheit als Sklavenhaltergesellschaft zeigt.

> Eine entscheidende Rolle hat dabei der Weg gespielt, den
> das Land im Bildungswesen genommen hat, insbesondere die
> Tatsache, dass das Eintreten ins Zeitalter der Hoch-
> schulbildung mit einer extremen Schichtung in der Bil-
> dung einherging (S.657).

In den 1950er Jahren war der Lebensstandard der ärmsten 50% in den Vereinigten Staaten höher als jener der entsprechenden Bevölkerungsgruppe in Europa, aber in den 2010er Jahren hat sich die Situation umgekehrt. Seit den 2010er Jahren ist in den Vereinigten Staaten die Ungleichheit grösser als in Europa, und ihr Vorsprung bei der Produktivität hat sich aufgelöst.

Dass die europäischen Länder, insbesondere Deutschland und Frankreich, ihren Produktivitätsrückstand aufgeholt haben, ist nicht überraschend. Seit sie die Steuern erhöhten und entsprechende Ressourcen in die Bildung und in Sozialausgaben und in die öffentliche Infrastruktur investierten, holten sie ihren Rückstand sowohl in der Bildung wie in der Wirtschaft auf.

Für den Lebensstandard der USA waren auch die Mechanismen der Lohnpolitik bedeutsam

> Am Zurückfallen der unteren Schichten der USA ist
> jedoch nicht allein das Bildungswesen schuld.
>
> Das gesamte Sozialsystem und die Mechanismen für das
> Zustandekommen der Gehälter und für den Zugang zu Ar-
> beitsplätzen hatten daran ebenfalls Anteil.

In den USA entfielen entfielen in den 1960er Jahren (und sogar noch bis 1980) auf die ärmsten 50% rund 20% des Nationaleinkommens.
2010-2015 waren es noch ca. 12%.
Der Anteil des reichsten Prozents stieg seit 1960 von knapp 11% auf über 20% in den Jahren 2010-2015.
 (Vgl.Grafik 11.5 Quellen und Reihen: piketty.pse.ens.ens.ens.fr/ideologie).

Auch in *Europa* hat die Ungleichheit seit 1980 zugenommen. Der Anteil des Nationaleinkommens, der an die ärmsten 50% fliesst, ist auf 23% gesunken und derjenige des reichsten Prozents auf ca. 10% gestiegen. Damit ist in Europa der Anteil der ärmsten 50% immer noch deutlich über dem geblieben, was an das reichste Prozent geht (S.660).

> Bis 1980 lag *in den Vereinigten Staaten* das Durchschnittseinkommen des reichsten Prozents der Bevölkerung etwa beim Fünfundzwanzigfachen des Einkommens der ärmsten 50%.
>
> 2015 betrug in den USA das Durchschnittseinkommen des reichsten Prozents der Bevölkerung **mehr als das Achtzigfache** des Einkommens der ärmsten 50%.
> (vgl. dazu Piketty 2020: 260).
>
> Noch eindrücklicher ist zweifellos der (relative) Absturz der unteren 50%: Die Kaufkraft der ärmsten 50% hat in den USA seit Ende der 1960er Jahre fast vollständig stagniert.
> (vgl. dazu Piketty 2020: 261)

Steuersystem und Managerlöhne

Zwischen 1930 und 1980 betrugen in den Vereinigten Staaten und in Grossbritannien die Spitzensteuersätze zwischen 70% und 90%. Dies bewirkte, dass die Managervergütungen nicht ins Masslose stiegen.

In den 1950er und 1960er Jahren hatten die Führungskräfte der grossen angelsächsischen Unternehmen wenig Interesse, Gehaltserhöhungen zu erkämpfen, denn 80-90% davon flossen direkt an den Fiskus.

Seit den Steuersenkungen durch Ronald Reagan in den 1980er Jahren konnten die Führungskräfte durchsetzen, dass ihnen fast grenzenlose Gehaltserhöhungen gewährt wurden.

Die Explosion der Managerlöhne widerspiegelt vor allem, dass in den betroffenen Unternehmen ein adäquates Gegengewicht zur Führung fehlt, und dass die progressive Besteuerung, die dämpfend wirken könnte, immer mehr an Bedeutung verliert.

Die seit den 1980er Jahren zunehmende Konzentration des amerikanischen Produktionssystems in den Händen der grössten Unternehmen in allen Sektoren, hat in den führenden Unternehmen, die Verhandlungsmacht der Führungskräfte vergrössert, ebenso ihre Spielräume, niedrige und mittlere Gehälter zu drücken (S.670).

Piketty erklärt dies mit der Schwäche der Kartellpolitik. Diese beruht auf einer ideologischen Haltung,
- die generell das Laissez-faire begünstigt,
- einer verschärften internationalen Konkurrenz und
- einem System der Politikfinanzierung, das eine immer stärkere Verzerrung zugunsten von Grossunternehmen aufweist.

> Die Vereinigten Staaten könnten bald das gleiche Niveau an Hyperkonzentration von Besitz erreichen, das in Europa im 19. und zu Beginn des 20. Jahrhunderts bestand.
>
> Heute würde zur Konzentration des Besitzes noch eine einmalig hohe Ungleichheit bei den Arbeitseinkommen hinzukommen (S.537).

Die zunehmende Bedeutung der Hochschulbildung

In den Jahren 1980 bis 1990 schlossen die meisten westeuropäischen Länder und Japan in der sekundären Bildung zu den Vereinigten Staaten auf.
In allen Ländern absolvierte seither ein immer grösserer Teil der neuen Generationen eine Hochschule.

Mitte der 2010er Jahre lag der Anteil der tertiären Bildung (d.h. der Anteil der jungen Erwachsenen im Alter von 18 bis 21 Jahren, die eine Hochschule besuchten) in den Vereinigten Staaten und allen westeuropäischen Ländern bei 50% oder darüber, in Japan und Südkorea näherte er sich 60-70% (S.672).

> Zahlreiche Untersuchungen haben gezeigt, dass die Reduzierung der staatlichen Bildungsausgaben in den USA dazu geführt hat, dass der Einkommensvorsprung der Hochschulabsolventen grösser geworden ist.

Der Zugang zur Hochschulbildung weitgehend durch das Einkommen der Eltern bestimmt (Vgl. dazu S.58).

Letzten Endes gehen fast alle auf die Highschool, aber das Niveau und die finanzielle Ausstattung der Einrichtungen sind sehr unterschiedlich.

> Das Hauptproblem besteht darin, dass die Kluft zwischen dem Reichtum der besten Universitäten und der schlechten Ausstattung der staatlichen Hochschulen und community colleges in den letzten Jahrzehnten abgrundtief geworden ist (S.674).

Die Wahrscheinlichkeit, dass ein Jugendlicher die Universität besucht, liegt Mitte der 2010er Jahre bei Angehörigen der ärmsten Schichten bei 20-30%. Bei Kindern aus den reichsten Elternhäusern und steigt diese Wahrscheinlichkeit auf über 90%. Kinder aus einfachen Verhältnissen haben geringere Chancen, die Noten zu erreichen, die für den Zugang zu den Universitäten nötig sind, die am stärksten selektieren.

> Nach Piketty ist die wachsende Ungleichheit bezüglich der Bildungschancen ausschlaggebende Faktor für den besonders starken Anstieg der Einkommensungleichheit in den Vereinigten Staaten seit den 1980er Jahren.
> Die Behauptung der in den USA dominierenden Ideologie, dass die Engagiertesten und Tüchtigsten aufsteigen, stimmt deshalb nach Piketty nicht.

In den internationalen Rankings dominieren zwar amerikanische Universitäten die ersten 20 Plätze immer noch ganz klar. Aber wenn man die Betrachtung auf die Top 100 oder Top 500 ausweitet, fallen sie deutlich hinter europäische und asiatische Universitäten zurück (S.675).

Schliesslich wird die Ungleichheit beim Zugang zur Hochschulbildung noch dadurch verstärkt, dass besonders reiche Eltern dank ihrer finanziellen Mittel in manchen Fällen ihrem Nachwuchs einen Studienplatz an den besten Universitäten erkaufen können, wenn die Noten der Kinder nicht ausreichen. Es handelt sich dabei um wenig transparente Mechanismen, die in den Zulassungsbestimmungen und den Regelungen zu legacy students (das heisst Bewerbern aus Familien, aus denen bereits andere Mitglieder an der betreffenden Hochschule studiert haben) versteckt sind.
Tatsächlich ist festzustellen, dass die Spenden reicher Akademiker an ihre ehemaligen Universitäten sich auffällig in den Jahren häufen, in denen ihre Kinder das Alter erreichen, um sich bei einer Universität zu bewerben (S.677/678).

Die Bedeutung der Steuerpolitik der Sozialdemokratie

Die sozialdemokratischen Bewegungen haben seit 1950 den Aufbau des Steuer- und Sozialstaats im Rahmen des Nationalstaats betrieben, mit unbestreitbaren Erfolgen, aber ohne ernsthaft zu versuchen, neue Formen föderaler oder transnationaler Politik zu entwickeln.

> Das Fehlen einer gemeinsamen Steuer- und Sozialpolitik in Europa zeigt eindrücklich, dass es es der Sozialdemokratie nicht gelungen ist, Solidarität und Steuern auf übernationaler Ebene zu verankern.
> Dies hat dazu beigetragen, dass sie ihre eigene gesellschaftliche und politische Basis verlor.

Die Einstimmigkeitsregel der Europäischen Union in Steuerfragen und die Steuerkonkurrenz zwischen den europäischen Staaten haben den Kontinent in eine steuerliche Dumpingspirale geführt.

Die Steuer auf Unternehmensgewinnen, die in den 1980er Jahren in den meisten Ländern bei 45-50% lag, sank in der Europäischen Union bis 2018 nach und nach auf gerade einmal 22% im Durchschnitt, ohne Garantie, dass die Abwärtsspirale bei den Steuersätzen auf Unternehmensgewinne damit zum Ende gekommen wäre.

> Europa hat sich bisher vor allem dadurch hervorgetan, dass es die Prinzipien des «freien und unverfälschten» Wettbewerbs im Sinne von Adam Smith verteidigte.
> Europa wird deshalb allgemein als eine Kraft wahrgenommen, die der Entwicklung des Sozialstaats feindselig oder zumindest gleichgültig gegenübersteht.

Dies erklärt auch, warum die britischen Labour-Anhänger beim Europareferendum 1972 gespalten waren, genau wie beim Referendum über den Brexit 2016.

> Untersuchungen haben gezeigt, dass die europäischen Sozialdemokraten – und *ganz besonders die französischen Sozialisten* – bei der Bewegung für eine Liberalisierung der Kapitalströme, die Ende der 1980er Jahre erst in Europa und dann in der ganzen Welt einsetzte, eine führende Rolle spielten.

Diese Liberalisierung der Kapitalströme verursacht Probleme, wenn sie nicht mit internationalen Abkommen einhergeht, die den automatischen Austausch von Informationen über die Identität der Kapitalbesitzer ermöglichen. Dann werden politische Massnahmen unmöglich, um eine koordinierte, ausgeglichene Regulierung und adäquate Besteuerung der jeweiligen Gewinne, Einkünfte und Anlagen zu erreichen.

> Beim Konzipieren des freien Waren- und Kapitalverkehrs, der sich unter dem Einfluss der Vereinigten Staaten und Europas ab den 1980er Jahren weltweit durchsetzte, wurde versäumt, Regeln bezüglich Steuereinnahmen, Bildungsinvestitionen, sowie für Gesellschaft und Umwelt zu schaffen (S.694).

Deshalb hat sich in den letzten Jahrzehnten ein diffuses Gefühl verbreitet, dass «Europa» (der Begriff steht inzwischen für die Brüsseler Institutionen) zum Schaden der unteren und mittleren Schichten wirkt und hauptsächlich den Privilegierten und den Grossunternehmen nützt.
Dies verstärkt die Tendenzen zu zunehmender Ungleichheit der Einkommen und Vermögen und zu gesellschaftlichen Konflikten.

Die Formen der Ungleichheit in der Welt des 21.Jahrhunderts

Die meisten EuropäerInnen wissen, dass die Ungleichheiten in Europa geringer sind als in vielen andern Teilen der Welt. Ihnen zu erklären, dass die Gesetze des globalisierten Kapitalismus nun auch von ihnen eine Angleichung an die Länder mit grösserer Ungleichheit bezüglich Einkommen und Vermögen verlangen würden, ist nach Piketty vergebliche Liebesmüh und fördert den Widerstand gegen die Globalisierung.

> Denn die meisten EuropäerInnen erkennen, dass die Einkommensungleichheiten, die auf ihrem Kontinent im Laufe des 20. Jahrhunderts stark zurückgegangen waren, seit den 1980er Jahren wieder signifikant anstiegen.

Die Vermögenskonzentration lag in den europäischen Ländern immer auf sehr hohen Niveaus. Seit den 1980er Jahren steigt sie noch weiter an.
Heute besitzen die ärmsten 50% nicht einmal 5% des gesamten Privatvermögens, die reichsten 10% hingegen 50-60% (S.818).

Zudem häufen sich in den letzten Jahren in Europa die Finanz- und Steuerskandale.
Zu nennen ist in diesem Zusammenhang in erster Linie der Skandal um die sogenannten **LuxLeaks** (Luxembourg Leaks), der durch einen *internationalen Rechercheverbund* von Journalisten im November 2014 aufgedeckt wurde, zu dem Zeitpunkt, als **Jean-Claude Juncker** sein Amt als Präsident der Europäischen Kommission antrat.
Die Dokumente, die hauptsächlich den Zeitraum 2000 bis 2012 betrafen, enthüllten, wie die luxemburgische Regierung in grossem Stil mit internationalen Konzernen vertrauliche Vereinbarungen geschlossen hatte (sogenannte «**Steuervorbescheide**»), die diesen erlaubten, ihre Steuern weit unter die offiziellen Sätze zu senken (die in Luxemburg sowieso sehr niedrig sind). Zufällig war der Premierminister von Luxemburg von 1995 bis 2013 kein anderer als ebenjener **Jean-Claude Juncker**; bis 2009 war er ausserdem luxemburgischer Finanzminister und von 2005 bis 2013 Vorsitzender der Euro-Gruppe (des Rats der Finanzminister der Eurozone)(S.854).

> In die Enge getrieben, räumte *Juncker* die Tatsachen ein. Er sagte im Wesentlichen, diese Praxis sei moralisch sicher wenig befriedigend, aber nach den steuerrechtlichen Vorschriften seines Landes absolut legal. Er versprach, all das werde sich nicht wiederholen.
> *Daraufhin entschieden die wichtigsten politischen Kräfte im Europäischen Parlament*
> (nicht nur seine eigene Mitte-Rechts-Partei, sondern auch die Liberalen und die Progressive Allianz der Sozialdemokraten, die Fraktion der sozialdemokratischen und Mitte-Links-Parteien!)
> *ihm wieder ihr Vertrauen auszusprechen.*

In den folgenden Jahren enthüllte der oben erwähnte Rechercheverbund weitere Skandale, so 2015 die **SwissLeaks** und 2016-2017 den Skandal um die **Panama Papers**; sie zeigten, in welchen Ländern Steuerparadiese lagen und zweifelhafte Praktiken genutzt wurden.
Forscher haben sich die Daten aus den SwissLeaks und den Panama Papers angeschaut, mit norwegischen Steuererklärungen verglichen (die für den Zweck dieser Untersuchung

ausnahmsweise zur Verfügung gestellt wurden) und ausserdem die Ergebnisse von Steuerstichproben herangezogen.

> **Wer sind die Steuerbetrüger ?**
>
> Die Forscher wiesen nach, dass Steuerbetrug bei kleinen und mittleren Vermögen praktisch keine Rolle spielte, aber bei den 0,01% höchsten Einkommen fast 30% der in einem Jahr geschuldeten Steuern ausmachte. (S.855)

Piketty fasst seine Resultate bezüglich der Eigentumskonzentration mittels folgende Tabelle zusammen:

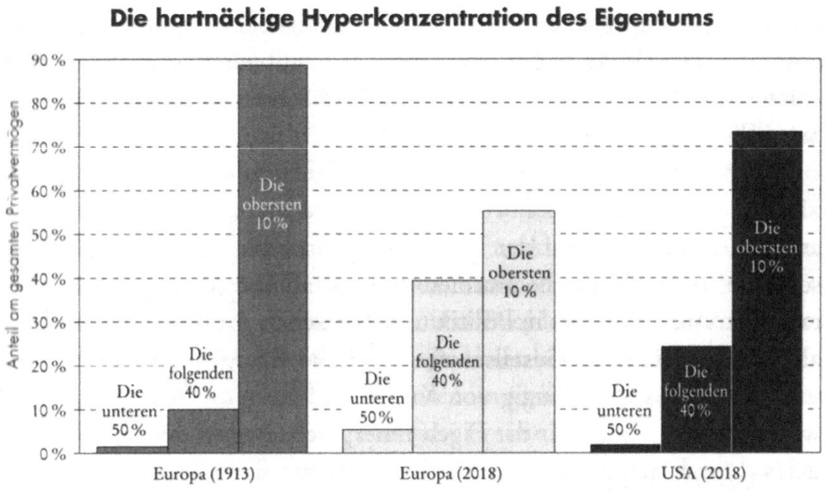

Die hartnäckige Hyperkonzentration des Eigentums

Grafik 13.10 Quellen und Reihen piketty.pse.ens.fr/ideologie

Im Jahr 1913 erreichte der Anteil der reichsten 10% am gesamten Privatvermögen in Europa 89% (= Durchschnitt aus Grossbritannien, Frankreich, Schweden). Auf die ärmsten 50% entfielen dagegen nur 1%.
Im Jahr 2018 erreichte der Anteil der reichsten 10% der Europäer 55% des gesamten Privatvermögens, während auf die ärmsten 50% nur 5% davon entfielen.
Im gleichen Jahr erreichte in den USA der Anteil der reichsten 10% sogar 74% des gesamten Privatvermögens, während auf die ärmsten 50% nur 2% entfielen.

> Zu Beginn des 21. Jahrhunderts ist die Weltordnung durch die Rückkehr zu einer sehr starken Eigentumskonzentration geprägt.
>
> Dazu kommt dann noch eine hohe Intransparenz in Finanzangelegenheiten, die politisch gewollt ist und im Widerspruch zu den wachsenden technischen Möglichkeiten der Informationstechnologie steht.

Der Anteil, der in den Händen der reichsten 10% liegt, ist immer grösser geworden, besonders in den Vereinigten Staaten, und das bedeutet, dass der Anteil der übrigen Bevölkerung in beunruhigender Weise abbröckelt (siehe Grafik 13.10).

> Dass es keine breite Streuung von Eigentum gibt, ist ein zentrales Problem des 21. Jahrhunderts.
> Dies könnte dazu beitragen, das Vertrauen der unteren und mittleren Schichten in das Wirtschaftssystem auszuhöhlen — in den reichen Ländern genauso wie in den armen und den Schwellenländern (S.866/861).

Die neue Rolle der Zentralbanken

Nach Piketty besteht unter Oekonomen ein ziemlich breiter Konsens, dass die massive Intervention der Zentralbanken verhindert hat, dass aus der «grossen Rezession» 2008/2009 — mit einem durchschnittlichen Rückgang der Wirtschaftsleistung in den Vereinigten Staaten und in Europa von ungefähr 5% - eine «grosse Depression» entstand wie in den 1930er Jahren (S.874).

> Um
> - die Exzesse bei der Deregulierung des Finanzsektors,
> - die Zunahme der Ungleichheiten und
> - den Klimawandel
> zu bekämpfen,
> brauchen wir jedoch andere staatliche Initiativen und Einrichtungen.
> Dazu sind erforderlich
> - Gesetze,
> - Steuern,
> - internationale Verträge,
> *auf den Weg gebracht von Parlamenten*, die auf kollektive Beratung setzen und demokratische Verfahren anwenden.

Die Europäische Union ist finanziell ohnmächtig, weil der Ministerrat alle Beschlüsse in Steuer- und Haushaltsbelangen einstimmig fassen muss.
Die Europäische Zentralbank dagegen trifft ihre Entscheidungen mit einfacher Mehrheit. Sie hat die jährliche Geldschöpfung auf das Dreifache des gesamten EU-Haushalts gesteigert.

> Weil die Staaten es nicht schafften, sich
> - auf gemeinsame Steuern,
> - auf gemeinsame Haushalte,
> - auf gemeinschaftliche Schulden und
> - auf einen gemeinsamen Zinssatz
>
> zu einigen,
> hat man die Flucht nach vorn angetreten und sich für den Einsatz der Geldschöpfung als Waffe entschieden.
>
> So verlangt man von der Europäischen Zentralbank und ihrem Gouverneursrat, Probleme zu lösen, für die sie nicht ausgerüstet und nicht demokratisch legitimiert sind.

Ronald Reagans Versprechen, die USA zu ihrer alten Grösse zurückzuführen

Im Präsidentschaftswahlkampf von 1980 verkaufte Ronald Reagan seinen Landsleuten ein neue Version ihrer Geschichte.

Einem nach dem Vietnamkrieg, nach Watergate, nach der Revolution im Iran von Zweifeln geplagten Land, versprach er, es zu alter Grösse zurückzuführen.

Dafür legte er ein schlichtes Programm vor:
- Verschlankung des Bundesstaats und
- Abbau der Progressivsteuer.

Der New Deal (d.h. die von Präsident Franklin D. Roosevelt als Antwort auf die Weltwirtschaftskrise durchgesetzten Wirtschafts- und Sozialreformen) habe mit seinen Sozialmassnahmen und einem Grossaufgebot räuberischer Steuern die angelsächsischen Unternehmer verweichlicht und dafür gesorgt, dass die Besiegten des Zweiten Weltkriegs gegenüber den Vereinigten Staaten aufholen konnten.

1980 und 1984, waren die Amerikaner wie benommen von Abstiegsängsten, vom Kalten Krieg, vom starken Wachstum Japans, Deutschlands und des übrigen Europa. Vor diesem Hintergrund gelang es Reagan, mit diesem Diskurs auf Bundesebene den Sieg zu erringen.

> Der Spitzensatz der Bundeseinkommensteuer, der von 1932-1980 bei durchschnittlich 81% lag, fiel im Gefolge der Steuerreform von 1986, der Gründungsreform des Reaganismus, auf 28%.

2019 liessen sich die Folgen dieser Politik feststellen:

Das Wachstum des Nationaleinkommens pro Kopf hat sich seither (verglichen mit den drei bis vier vorangegangenen Jahrzehnten) halbiert. Für eine Politik, die Produktivität und Wachstum ankurbeln wollte, ist dies ein gewaltiger Misserfolg.

Zudem ist die Ungleichheit explosionsartig gewachsen. Die niedrigsten 50% der Einkommen konnten seit Beginn der 1980er Jahre keinerlei Wachstum verzeichnen. Dies hat es in der gesamten Geschichte der Vereinigten Staaten nie zuvor gegeben.

Die demokratischen Regierungen, die auf das Reagan'sche Jahrzehnt folgten, also die Regierungen Clinton (1992-2000) und Obama (2008-2016), haben nie versucht, die Geschichtsversion Reagans und die Politik der 1980er Jahre umzukehren. Die grundlegenden Weichenstellungen Reagans sind von den Regierungen Clinton und Obama abgesegnet und auf Dauer gestellt worden.

Diese Uebernahme des steuer- und sozialpolitischen Kurses von Ronald Reagan durch die Demokraten dürfte teilweise darauf zurückgehen, dass sich diese mehr und mehr auf die WählerInnen mit Hochschulabschluss abstützten.
Diese gebildete Linke, zu der die demokratische Partei in den 1990er und 2000er Jahren geworden war, hatte in zunehmendem Masse ähnliche Interessen wie die gut verdienende und vermögende Rechte, die unter Reagan und Bush am Ruder war.

Ein anderer politisch-ideologischer Faktor, der in den Vereinigten Staaten wie Europa eine wesentliche Rolle spielte, war der Zusammenbruch der Sowjetunion 1989-1991. Er diente gewissermassen als Beglaubigung der Reagan'schen Strategie, das kapitalistische Modell wieder herzustellen und die Vereinigten Staaten zu alter Stärke zurückzuführen.

Der Ausfall des sowjetischen Gegenmodells hat fraglos erheblich dazu beigetragen, dass seit dem Beginn der 1990er Jahre eine neue Phase des Vertrauens in die Selbstregulierung des Marktes und eines auf Privateigentum beruhenden Wirtschaftsystems anbrach.

Dieses Vertrauen bewirkte, dass sowohl die amerikanischen Demokraten wie die europäischen Sozialisten, Sozialdemokraten und Arbeiterparteien aufhörten, über die Eingrenzung und Ueberwindung des Kapitalismus nachzudenken.

Der Wandel der Klassenstruktur

In Grossbritannien, den Vereinigten Staaten und Frankreich hat sich die «Klassenstruktur» der Zeit von 1950-1980 seit 1990 allmählich in ein System verwandelt, in dem die Interessen der Wähler mit den höchsten Einkommen und Vermögen sowie der Wähler mit der höchsten Bildung einander immer ähnlicher wurden und sich die sie vertretenden Parteien in der Machtausübung abwechselten.

> Diese Phase war gleichzeitig von wachsenden Konflikten geprägt, die sich an den Fragen nach der Gestaltung der Globalisierung und dem Aufbau Europas entzünden.

Dabei standen die begünstigten Klassen, die überwiegend eine Fortschreibung der bestehenden Wirtschaftsform befürworten, den benachteiligten Klassen gegenüber, die eine solche Fortschreibung zusehends ablehnen.
Nationalistische und fremdenfeindliche Bewegungen und Parteien nutzten deren berechtigtes Gefühl des Abgehängtseins für ihre nationalistischen und globlisierungsfeindlichen Interessen (S.1029).
Dieses verbreitete Gefühl half Donald Trump an die Macht zu kommen.

Einiges deutet nun aber darauf hin, dass die 1980 mit der Wahl Reagans angebrochene Phase im Begriff ist zu Ende zu gehen:
- Zum einen hat die Finanzkrise von 2008 gezeigt, wohin übermässige Deregulierung führt.
- Zum anderen hat das seit Ende der 2000er Jahre wachsende Bewusstsein davon, welches Ausmass zunehmende Ungleichheit und Stagnation niedriger Einkommen angenommen haben, eine allmähliche Neubewertung der Reaganschen Wende eingeleitet.

Diese Erkenntnisse haben dazu beigetragen, den politischen und ökonomischen Debatten in den Vereinigten Staaten eine neue Richtung zu geben, wie es 2016 während der demokratischen Vorwahlen zum Beispiel das äusserst knappe Rennen zwischen Hillary Clinton und Bernie Sanders gezeigt hat.

Zu diesen neuen Ideen gehörten die Vorschläge zur Wiederherstellung der Einkommens- und Erbschaftsteuerprogression sowie zur Einführung einer Bundesvermögensteuer, die während der Debatten zur Präsidentschaftswahl 2020 Elizabeth Warren gemacht hat.

Die aus diesen Vorschlägen resultierenden Einnahmen könnten für Investitionen ins Bildungssystem aufgewendet werden, insbesondere in staatliche Universitäten, die einen erheblichen finanziellen Rückstand gegenüber den besten privaten Universitäten zu beklagen haben (S. 1029/1030).

Pikettys Verständnis von Gerechtigkeit

Wir schliessen unsere Skizze von Pikettys Analyse und Vision mit einigen Gedanken und Zitaten aus seinem Schlusswort:

Was ist eine gerechte Gesellschaft?

„Im Rahmen dieses Buchs schlage ich folgende vorläufige Definition vor: Gerecht ist eine Gesellschaft, die allen, die ihr angehören, möglichst umfänglichen Zugang zu grundlegenden Gütern gewährt.

Zu solchen Grundgütern zählen namentlich Bildung, Gesundheit, aber auch das Wahlrecht und, allgemeiner gesprochen, Partizipation, also Mitbestimmung und möglichst umfassende Teilhabe aller an den verschiedenen Formen gesellschaftlichen, kulturellen, wirtschaftlichen, staatsbürgerlichen, politischen Lebens.

Die gerechte Gesellschaft organisiert soziale und wirtschaftliche Beziehungen, Eigentumsverhältnisse, Einkommens- und Vermögensverteilung derart, dass sie ihren am wenigsten begünstigten Mitgliedern die bestmöglichen Existenzbedingungen bietet." (S.1187/1188)

Diese sehr allgemein gehaltene Definition der gerechten Gesellschaft bedarf der Konkretisierung in der öffentlichen, demokratischen Diskussion auf der Basis der verfügbaren historischen und individuellen Erfahrungen (S.1187/1188).

„Dabei muss die Gleichheit des Zugangs zu Grundgütern eine absolute sein. Man kann nicht manchen Gruppen mehr politische Partizipation, bessere Bildung oder höhere Einkommen zubilligen, während man anderen Gruppen Schulbildung, Gesundheitsversorgung oder das Wahlrecht vorenthält" (S.1187/1188).

Piketty betont, dass seine Vorschläge im 19. und 20. Jahrhundert schon einmal erfolgreich erprobt wurden, als die Macht in den Unternehmen aufgeteilt wurde und die Progressivsteuer praktiziert wurde. Diese Zähmung des Kapitalismus sei leider in den letzten Jahrzehnten aufgegeben worden.

Die Vorstellung eines Eigentums auf Zeit, die in der Idee der progressiven Eigentumsteuer zum Ausdruck kommt, ist für Piketty letztlich nur eine Fortführung dessen, was die im 20. Jahrhundert bereits erprobten progressiven Erbschaft- und Einkommensteuern schon erreicht hatten.

> „Die Idee, es gebe strikt privates Eigentum und weiterhin Formen eines naturwüchsigen und unverbrüchlichen Anrechts bestimmter Personen auf bestimmte Güter, hält keiner Analyse stand.
>
> Akkumulation von Gütern ist stets Frucht eines sozialen Prozesses. Sie zehrt insbesondere von öffentlichen Infrastrukturen (vor allem dem Rechts-, Steuer- und Bildungssystem), von sozialer Arbeitsteilung und von Erkenntnissen, die von der Menschheit in Jahrhunderten gesammelt wurden."

Das Argument seiner Kritiker, dass er mit seiner Vision das wirtschaftliche Wachstum gefährde, widerlegt Piketty mit den folgenden historischen Fakten:

„Die extreme Eigentumskonzentration, die in nahezu allen Gesellschaften (insbesondere den europäischen) bis ins beginnende 20. Jahrhundert dazu führte, dass gemeinhin 80-90% der Vermögenswerte von den reichsten 10% (und bis zu 60-70% vom reichsten 1%) gehalten wurden, brachte nicht den mindesten Gemeinnutzen.
Der schlagendste Beweis dafür ist, dass der sehr starke Abbau von Ungleichheiten im Gefolge der Erschütterungen und des politisch ideologischen Wandels von 1914-1945 die Wirtschaftsentwicklung keineswegs gebremst hat.
Die Eigentumskonzentration fiel nach dem zweiten Weltkrieg deutlich geringer aus als vor 1914; das oberste Dezil hielt nun etwa 50-60% der Vermögenswerte, das oberste Perzentil 20-30%. Das Wachstum aber beschleunigte sich (S.1198/99)."

> Nach Piketty hat die extreme Ungleichheit in der Belle Epoque (1880-1914) zur Verschärfung sozialer und nationalistischer Spannungen beigetragen, die sich im ersten und im zweiten Weltkrieg entluden.
> Und sie hat jene Sozial- und Bildungsinvestitionen verzögert, die dann in der Nachkriegszeit eine ausgewogene Entwicklung ermöglichten (S.1198/99).

Die gegen Ende des 18. und im 19. Jahrhundert formulierten Verfassungen und Erklärungen der (Menschen)rechte waren zutiefst von der Ideologie der Heiligsprechung des privaten Eigentums (d.h. vom Proprietarismus) durchdrungen.

In diesem Kontext beschlossen Grossbritannien und Frankreich finanzielle Entschädigungen für Sklavenhalter, nachdem 1833 bzw. 1848 die Parlamente für ein Verbot der Sklaverei gestimmt hatten. Dass man Eigentümern ihre Rechte nehmen könnte, ohne sie angemessen zu entschädigen, war für die damals herrschende Klasse undenkbar. Niemand hielt es dagegen für nötig, die Sklaven für das erlittene Unrecht zu entschädigen. Auch zu Beginn dieses 21. Jahrhunderts sind von diesem den Eigentümern geschuldeten Respekt zahlreiche Verfassungen noch tief durchdrungen (S.1222/1223).

Piketty ist überzeugt von der Möglichkeit, über den Kapitalismus und das Privateigentum hinauszugehen.

Pikettys Vision und seine strategischen Handlungsvorschläge

Für Piketty führt der Weg in eine gerechtere Gesellschaft über ein System sozialen und temporären Eigentums, das auf dem Teilen von Stimmrechten in Unternehmen mit den Beschäftigten beruht, und darauf, dass Eigentum stark progressiv besteuert wird, um eine allgemeine Kapitalausstattung und eine permanente Güterzirkulation zu ermöglichen.

Angestrebt werden sollte ein System progressiver Einkommenbesteuerung und kollektiver Regulierung von CO_2-Emissionen, mit dessen Erträgen sich die Sozialversicherungen und das Grundeinkommen, die Oekologiewende und die Durchsetzung eines wirklich gleichen Rechts auf Bildung finanzieren lassen.

Dies erfordert eine Neuorganisation der Globalisierung durch Abkommen über gemeinsame Entwicklung, in deren Zentrum quantitative Zielvorgaben für Sozial-, Fiskal- und Klimagerechtigkeit gehören, von deren Einhaltung das Fortbestehen der Handelsbeziehungen und Finanzströme abhängig gemacht werden muss.

Marc Chesneys Diagnose einer permanenten Krise und die Initiative einer Mikrosteuer auf Banktransaktionen

Thomas Pikettys Grundlagenwerk im Umfang von 1300 Seiten ist für berufstätige Menschen arbeitsmässig eine Ueberforderung.
Marc Chesneys Buch „die permanente Krise" dagegen umfasst nur 150 Seiten und ist vom Aufwand her auch Berufstätigen zumutbar.

Marc Chesney ist Professor an der Universität Zürich. Zuvor war erwährend vielen Jahren Professor an der HEC Paris, wo er ebenfalls Co-Dekan war.

Wir empfehlen deshalb - vor allem für SchweizerInnen - sich dieses Buch anzuschaffen, durchzuarbeiten und als komprimiertes Nachschlagewerk zu verwenden. Denn es enthält auch viele Daten über den Schweizer Finanzplatz.

Auf dem Umschlag seines Buches fasst Chesney dessen Inhalt folgendermassen zusammen:

„Der Titel dieses Buches überrascht vielleicht. Von einer ständigen Krise zu sprechen, während in den Medien sehr häufig vom Wiederaufleben des Wirtschaftswachstums die Rede ist, scheint paradox. Dass dieses Wirtschaftswachstum vor allem auf einer Explosion der weltweiten Schulden basiert und deswegen künstlich ist, wird nicht erwähnt.
Kursanstiege an den Börsen werden durch die Zentralbanken erzeugt, die astronomische Summen in den Finanzsektor einschiessen, sowie durch die riesigen Aktienrückkäufe von grossen Unternehmen.
Der Finanzsektor koppelt sich zunehmend nicht nur von der Realwirtschaft ab, sondern dominiert auch die Volkswirtschaft und die Gesellschaft. Eine zentrale Rolle spielen in diesem Prozess die Grossbanken und spekulativen Fonds."

Knapp zusammengefasst, lautet Chesneys Kritik folgendermassen:

„Insgesamt hat die Finanzkrise weltweit mehr als 30 Millionen zusätzliche Arbeitslose hervorgebracht, diejenigen nicht eingerechnet, die in den offiziellen Statistiken nicht auftauchen. Diese Tendenz ist umso akzentuierter, als die Erhöhung der Arbeitsproduktivität im aktuellen Kontext des begrenzten Wachstums zu häufig dazu führt, die Unterbeschäftigung zu steigern, anstatt mehr Freizeit zu schaffen, wie dies in einer gut organisierten Gesellschaft der Fall sein sollte. Die Krise scheint zur Dauereinrichtung geworden zu sein, da alle Massnahmen, die sie angeblich bewältigen sollen, sie lediglich verlängern. Diese permanent gewordene Krise ist sehr tiefgreifend und resultiert aus einem weltweiten Finanzkrieg, der eine grosse Mehrheit der Weltbevölkerung im grossen Massstab beraubt und arm macht. Der Finanzmoloch fordert Opfer. Dieser Konflikt ist asymmetrisch, denn er geht hauptsächlich von der Finanzplutokratie aus, einer sehr kleinen Minderheit, die nicht einmal 0,01 % der Weltbevölkerung ausmacht."

„Die Schauplätze dieses Krieges sind vielfältig und liegen auf verschiedenen Kontinenten. Europa gehört dazu, natürlich mit dem Fokus auf Griechenland... Afrika ist ein weiterer Schauplatz dieses Krieges ohne Grenzen. Die Verliererländer in diesem wirtschaftlichen und finanziellen Konflikt sind häufig auf diesem Kontinent zu finden... Gemäss einem Bericht der FAO litten zum Beispiel im Jahre 2008 mehr als 900 Millionen Menschen an Unterernährung. Die weltweite Getreideerzeugung in diesem Jahr hätte jedoch leicht ausgereicht, um den

Bedarf aller Menschen abzudecken. Heute verhungern jeden Tag ungefähr 25 000 Menschen, davon 8600 Kinder (a.a.O.21/22)."

Die Macht und die Lobbys der Finanzoligarchie

Nach Marc Chesney werden die Prinzipien der Demokratie zurzeit insbesondere im Bereich der Wirtschaft mit Füssen getreten. Unabhängig von den Wahlergebnissen ist nur eine Politik massgeblich: die der Finanzoligarchie.
Diese ist dermassen von der Ueberlegenheit und Vorrangstellung ihrer Interessen vor denen der Wirtschaft und Gesellschaft überzeugt, dass sie sie nicht einmal mehr diskutiert. Ihre Lobyisten präsentieren dabei die Interessen des Finanzsektors als Interessen der Gesellschaft und Wirtschaft. Aber das ist noch nicht das Schlimmste: Die Mehrheit unserer Politiker ist davon ebenfalls überzeugt oder tut jedenfalls so!

„Manche Finanzinstitute, die als «too big to fail» bezeichnet werden, haben es nämlich geschafft, eine kritische Grösse und einen gewissen Vernetzungsgrad im Wirtschafts- und Finanzgefüge zu erreichen; bei diesen Finanzinstituten ist es der Staat und letztendlich der Steuerzahler, die Rentnerin, die Kundin und der Arbeitslose, der oder die für die Risiken aufkommen und im Verlustfall die Zeche zahlen. Diese finanzdurchdrungene Wirtschaft schwächt und erpresst in grossem Umfang unser wirtschaftliches und gesellschaftliches Gefüge (a.a.O. S.28/29)."

Im 5. Kapitel seines Buches befasst sich Marc Chesney mit der Unterwürfigkeit der Eliten:

„Dieselben Institutionen, die mit öffentlichen Geldern vor dem Konkurs gerettet werden mussten, verkünden die frohe Botschaft und subventionieren Professoren und gegebenenfalls auch Studenten durch die Prämierung von Abschlussarbeiten. Ausserdem gibt es finanzielle Zuwendungen für die Ausrichtung von Wirtschafts- oder Finanzkonferenzen. In Wirklichkeit geht dies auf Kosten des guten Rufes der akademischen Welt. Einerseits macht sie sich dadurch zum Komplizen dieser Imagewäscherei-Versuche durch Institutionen mit zweifelhaftem Ruf, die in zahlreiche Skandale verwickelt waren.
Andererseits wird dadurch die Chicagoer Schule bestärkt, welche die ungezügelte Deregulierung der Märkte propagiert, was ihrer Meinung nach zu einem effizienten Wirtschaftssystem und zu einer natürlichen Hierarchie von Gewinnern und Verlierern führt. Wie im vorherigen Kapitel gezeigt wurde, führt dieses zweifelhafte Rezept in Wirklichkeit zur Kasino-Finanzwirtschaft mit desaströsen sozialen Konsequenzen. Diese Denkschule übt auf Grund ihrer Monopolstellung im Hinblick auf Wirtschaftskonzepte und Ideen einen echten Einfluss auf die meisten Oekonomenkreise und Regierungen aus. Die wenigen Wirtschaftswissenschaftler, die es wagen, diese Schule in Frage zu stellen, werden ausgegrenzt (a.a.O.S.99/100)."

Die aktuelle Krise geht weit über eine rein finanzielle Krise hinaus. Sie ist gleichzeitig eine Krise der Werte unserer Gesellschaft.

Max Weber unterstrich zu seiner Zeit die wichtige Rolle des Protestantismus bei der Herausbildung des Kapitalismus.

„Heute haben die Tempelhändler und die Anbeter des Goldenen Kalbes die Macht übernommen. Sie sind die Hohepriester der Kasino-Finanzwirtschaft, einer irregeleiteten Religion, deren charakterliche Grundvoraussetzung blanker Zynismus ist....
Die Finanzmärkte sind die Götter dieser neuen Religion. Der Homo financiarius betet sie an und fürchtet sie gleichzeitig.
Das Geld ist sein Idol und Fetisch. Seine Kultstätten sind die Kasinos, zu denen die Handelsräume vielfach verkommen sind, sein Paradies ist der Moment der Ewigkeit, den die masslosen Boni den verdienstvollen Direktoren und Tradern bescheren. Sein wichtigster Mythos ist der von der unsichtbaren Hand, die ein ideales Funktionieren der Märkte gewährleisten soll (a.a.O.S.103)."

Die Schlüsselfaktoren des Wachstums der finanzdurchdrungenen Wirtschaft, weit entfernt vom Sparen und Investieren - die gemäss Max Weber durch den Protestantismus an Wichtigkeit gewannen -, haben sich in Verschuldung und zweifelhafte Wetten verwandelt, die meist auf Kosten der Gesellschaft gehen (a.a.O.S.103/104).

„Wenn die finanzdominierte Wirtschaft zur irregeleiteten Religion geworden ist, wenn der finanzielle Bankrott nur eine Folge des moralischen Bankrotts ist, dann ist eine neue «Reformation» vonnöten, eine Reformation der besonderen Art, da es sich nicht darum handelt, eine neue Religion zu schaffen, sondern darum, den Menschen erneut in das Zentrum der Wirtschaft zu stellen. Diese Reform müsste sich vor allem mit der Frage nach den Werten unserer Gesellschaft und ihrer Individuen befassen und aufzeigen, dass diese nicht rein finanzieller Natur sein dürfen, dass die wahren Werte anderer Natur sind und dass das Sein nicht zu verwechseln ist mit dem Haben. Diese Frage reicht über den rein wirtschaftlichen Bereich hinaus, sie ist zugleich philosophisch, religiös und politisch. Hierdurch könnte man die Finanzsphäre auf den ihr zustehenden Platz verweisen, als Dienerin der Wirtschaft, und sie in den Dienst der Gesellschaft stellen (a.a.O.S.103/104)."

Im 6. Kapitel seines Buches stellt Marc Chesney in komprimierter Form einige Lösungsansätze für die von ihm beschriebenen Probleme vor.
Wir empfehlen das entsprechende Kapitel als Ganzes durchzuarbeiten und beschränken uns auf Chesneys Ideen zum Thema Steuerflucht und Steuer für Börsentransaktionen, denn Chesney ist in der Schweiz mitverantwortlich für eine politische *Mikrosteuer-Initiative*.

> Nach Marc Chesney könnte die Steuerflucht verhindert werden, wenn die Mitgliedsländer der OECD (dt.= Organisation für wirtschaftliche Zusammenarbeit und Entwicklung) dies wirklich wollten (a.a.O.S.124)

„Die «LuxLeaks»-Enthüllungen von November und Dezember 2014 brachten die geheimen Steuerabsprachen ans Tageslicht, die seit 2002 zwischen mehr als 300 multinationalen Unternehmen und den Steuerbehörden Luxemburgs geschlossen wurden. Dank dieser Absprachen konnten Gesellschaften - darunter Pepsi, IKEA, FedEx, Walt Disney, Skype, Bombardier oder Koch Industries sowie andere Unternehmen, darunter ein Dutzend griechische Gesellschaften die Steuern, die sie in ihrem Heimatland hätten zahlen müssen, weitgehend vermeiden. Diese illegalen Machenschaften erfolgten über die Gründung von sogenannten «Briefkastenfirmen», das heisst ohne wirkliche Geschäftätigkeit in Luxemburg, und durch die Verwendung von besonders komplexen und undurchsichtigen Buchhaltungs- und Steuerkonstrukten, die von den vier grössten Beratungsunternehmen in diesem Bereich, PricewaterhouseCoopers, Ernst & Young, Deloitte und KPMG, ausgearbeitet wurden. Die gleichen Unternehmen beraten im Uebrigen weltweit zahlreiche Regierungen hinsichtlich ihrer Steuerregeln und des Inhalts ihrer Wirtschaftspolitik! Wer wird hier zum Narren gehalten?"

Solche Steuerkonstrukte kamen mit dem Einverständnis der höchsten Behörden Luxemburgs zustande. Wie war es möglich, dass *Jean-Claude Juncker, Finanzminister und Premierminister von Luxemburg und grosser Verfechter des «luxemburgischen Modells»*, im Jahr 2014 zum Präsidenten der Europäischen Kommission gewählt wurde?

Dieselbe Kommission liest Griechenland die Leviten und erteilt dem Land den Befehl, sein Defizit zu verringern, währenddessen ihr Präsident ein Land regiert hat, das in Griechenland ansässigen Unternehmen dabei geholfen hat, Steuern zu Lasten der hellenischen Republik zu hinterziehen. Das Ganze gleicht einem Possenspiel! Und dies umso mehr, als Juncker sich geweigert hat, ein öffentliches Register für Schein- oder Briefkastenfirmen einzuführen, welche Steuerflucht und Geldwäsche ermöglichen (a.a.O. S. 124/125)."

Zur Steuerbelastung

Die Steuerbelastung ist für die meisten Haushalte und KMUs zu hoch. Sie ist schlecht verteilt und ist Ausdruck einer Funktionsstörung des Staates. Im Zeitalter der Digitalisierung die Arbeit so stark zu besteuern, ist kontraproduktiv. Das Steuersystem ist archaisch, ungerecht und von überwältigender Komplexität.

In der Schweiz und in zahlreichen anderen entwickelten Ländern ist der Umfang der elektronischen Transaktionen unverhältnismässig gross, nämlich mindestens 100 Mal grösser als das Bruttoinlandprodukt des jeweiligen Landes.

Eine Mikrosteuer auf Börsentransaktionen

Man sollte eine Steuer auf sämtliche Börsentransaktionen einführen. Ein Steuersatz von 0,2 % bzw. 0,5 % oder sogar 1% wäre im Vergleich zur Mehrwertsteuer sehr niedrig, aber dennoch sicherlich zu hoch für die Finanzlobbys! Angesichts der umgesetzten Finanzbeträge wäre diese Transaktionssteuer für die meisten derzeit überschuldeten Staaten eine höchst willkommene Einnahmequelle.

„Zusammenfassend lässt sich sagen, dass die Schweiz, wie auch die meisten anderen Länder, durch eine automatische Steuer in geringer Höhe auf sämtlichen Börsentransaktionen theoretisch den Grossteil ihrer Steuern reduzieren oder sogar abschaffen könnte!
Nur theoretisch, weil die Einführung einer solchen Steuer einen Rückgang der Transaktionen auf den Aktien-, Obligationen- und Devisenmärkten zur Folge hätte.
Sie müsste daher zum Beispiel auf 0,5 oder 1% angehoben werden, um ihren einträglichen Charakter zu behalten. Allerdings wäre ein Rückgang der Finanztransaktionen sehr sinnvoll, weil dadurch auch die Spekulation auf den Finanzmärkten abnehmen würde. Ausserdem hätte diese Steuer den Vorteil, den Steuerbetrug ernsthaft einzuschränken, da jede elektronische Zahlung sofort automatisch registriert würde. (a.a.O.S.126/127)."

Gegenwärtig läuft in der Schweiz die Unterschriftensammlung für eine *Mikrosteuer auf dem bargeldlosen Zahlungsverkehr, zu* deren Initiativkomitee Marc Chesney gehört. Sie wurde am 25. Februar 2020 im Bundesblatt veröffentlicht. Ihr Text lautet folgendermassen:

Die Bundesverfassung' wird wie folgt geändert:

Art. 128 Mikrosteuer auf dem bargeldlosen Zahlungsverkehr

1 Der Bund erhebt auf jeder Belastung und jeder Gutschrift des bargeldlosen Zahlungsverkehrs eine Mikrosteuer mit einem einheitlichen Steuersatz. Er bezweckt damit eine einfache Besteuerung und transparente Finanzströme. Der maximale Steuersatz der Mikrosteuer beträgt 5 Promille.
2 Die Mikrosteuer ersetzt die Mehrwertsteuer, die direkte Bundessteuer und die Stempelsteuer.
3 Der Ertrag der Mikrosteuer wird für die Finanzierung der Aufgaben des Bundes und für die Kompensation der Kantone verwendet.
4 Das Gesetz regelt die Mikrosteuer nach folgenden Grundsätzen:
a. in der Schweiz werden die Abwickler von bargeldlosen Zahlungen verpflichtet, die Mikrosteuer automatisch einzuziehen; die Abwickler werden dafür entschädigt.
b. Systematische Verrechnungen unterliegen ebenfalls der Mikrosteuer; die Steuerpflicht ist durch Selbstdeklaration zu erfüllen.
c. Bargeldlose Zahlungen im Ausland von Personen mit steuerlicher Ansässigkeit in der Schweiz unterliegen ebenfalls der Mikrosteuer; deren Steuerpflicht ist durch Selbstdeklaration zu erfüllen.
d. Erheben Staaten eine der schweizerischen Mikrosteuer gleichwertige Steuer, so schliesst der Bund entsprechende Doppelbesteuerungsabkommen ab. Sinn und Zweck der Mikrosteuer sind zu respektieren.

Art.130 Aufgehoben
Art.132 Sachüberschrift und Abs. 1 Verrechnungssteuer Aufgehoben
Art.197 Ziff. 12

Uebergangsbestimmungen zu Art. 128 (Mikrosteuer auf dem bargeldlosen Zahlungsverkehr}

1. Die Bundesversammlung erlässt innerhalb von vier Jahren nach Annahme von Artikel 128 durch Volk und Stände die zu dessen Ausführung sowie zur Aufhebung der Mehrwertsteuer, der direkten Bundessteuer und der Stempelsteuer erforderlichen Bestimmungen.
2. Im ersten Jahr nach Inkrafttreten der Ausführungsbestimmungen beträgt der Steuersatz 0,05 Promille. In der Folge wird der Steuersatz so angepasst, dass die Mehrwertsteuer, die direkte Bundessteuer und die Stempelsteuer reduziert und so bald wie möglich aufgehoben werden können.
3. Die Schweizerische Nationalbank veröffentlicht nach Annahme von Artikel 128 durch Volk und Stände monatlich die Gesamtheit des bargeldlosen Zahlungsverkehrs, einschliesslich Giroüberträge, Interbank-Zahlungen, Intrabank-Zahlungen und Zahlungen über neue Technologien.

Die endgültige Ziffer dieser Uebergangsbestimmung wird nach der Volksabstimmung von der Bundeskanzlei festgelegt.

> Ablauf der Sammelfrist 31.7.2021
> Vorderstes Mitglied des Initiativkomitees:
> Bolliger Felix, Schlatt 18, 8714 Feldbach

Impulse anderer WissenschafterInnen und Journalisten

zum Vorgehen

Im Folgenden beschränken wir uns auf eine sehr kleine Anzahl von Stellungnahmen, die auf längerfristige, gefährliche Veränderungen hinweisen.

---

1. *Beispiel: Wachsende Ungleichheit gefährdet das weltweit Wirtschaftswachstum, sagt die Organisation für wirtschaftliche Zusammenarbeit und Wachstum OECD.*
   Artikel von Philipp Löpfe, früher stellvertretender Chefredaktor der Wirtschaftszeitung «Cash» und Chefredaktor des «Tages-Anzeiger». Heute ist er Wirtschaftsredaktor von Watson.ch.

„Das Pariser Sekretariat der OECD droht zunehmend Töne anzuschlagen, die geradezu klassenkämpferisch anmuten», jammert die «NZZ» — und das mit gutem Grund. Die Organisation für wirtschaftliche Zusammenarbeit und Entwicklung stellt in ihrem neuesten Bericht fest, dass die wachsende Ungleichheit nicht nur moralisch ein Problem ist, sondern zunehmend auch eine Gefahr für die Weltwirtschaft wird.
Für die neoliberale Ökonomie ist das Tabubruch und Verrat in einem. Die OECD ist eine Art oberste Instanz. Sie bestimmt die reine Volkswirtschaftslehre, und wenn sie jetzt Ungleichheit als Wachstumsbremse deklariert, dann stellt sie einen zentralen Pfeiler der herrschenden Ideologie in Frage. Es ist etwa so, wie wenn der Vatikan die unbefleckte Empfängnis Marias anzweifeln würde.

Die Fakten sprechen jedoch eine deutliche Sprache. Im Bericht mit dem Titel «In it together: Why Less Inequality Benefits All» hält die OECD fest, dass die wachsende Ungleichheit das Wachstum in den OECD-Staaten zwischen 1990 und 2010 um 4,7 Prozentpunkte vermindert habe. Das deutsche Bruttoinlandprodukt (BIP) etwa würde heute 6 Prozent höher liegen, gäbe es mehr Gleichheit.

Solche Töne hörte man bisher primär aus der linken Ecke. Vor Jahresfrist sorgte *Thomas Piketty* mit seinem Buch «Das Kapital im 21. Jahrhundert» weltweit für Schlagzeilen. Darin weist er die wachsende Ungleichheit in den modernen Industriegesellschaften empirisch nach. Piketty wurde jedoch von einer Gegenpropaganda-Lawine förmlich niedergewalzt.

Dasselbe geschieht regelmässig mit *Joseph Stiglitz*, Nobelpreisträger und ehemaliger Chefökonom der Weltbank. Auch er hat die «Mehr-Ungleichheit-gleich-weniger-Wachstum»-These in mehreren Büchern durchexerziert — und wird dafür ebenso regelmässig in die linke Exoten-Ecke gestellt...."

---

2. Beispiel:
Konferenz über finanzielle Verflechtungen und Nachhaltigkeit an der Universität Zürich.
Podium mit Joseph Stiglitz, Sony Kapor, Moderation Katharina Serafimova. Bericht Urs.P.Gasche Infosperber 15.Jan.2017.

Jahre nach der Finanzkrise betreiben Grossbanken weiter in erster Linie Wettgeschäfte. Im Pleite-Fall zählen sie auf Staatshilfe.

„Die letzte grosse Finanzkrise datiert von 2008. Warum haben Regierungen und Parlamente die Finanzbranche seither nicht so wie früher oder noch besser reguliert, so dass das System wieder stabil und sicherer wird? «Die Demokratie ist überfordert», antworte Nobelpreisträger Joseph Stiglitz an der «Ersten Konferenz über finanzielle Verflechtungen und Nachhaltigkeit» am 12. Januar an der Universität Zürich. Im US-Kongress zähle man fünf Finanzlobbyisten pro einzelnen Abgeordneten. Überdies spende die Finanzbranche den Abgeordneten grosszügig an ihre Wahl- und Wiederwahlkampagnen.

In Brüssel wiederum würden eintausend Lobbyisten des Finanzsektors arbeiten. Unter den EU-Parlamentariern gebe es nur etwa einhundert, die vom Finanzsektor überhaupt etwas verstehen. Das erklärte Thierry Philipponat, Derivat-Spezialist, Mitglied der französischen Aufsichtsbehörde AMF und früherer Direktor von «Financial Watch». Entsprechende Einflussmöglichkeiten habe die «milliardenschwere Finanzindustrie», um ihre Interessen durchzusetzen.

Finanzindustrie agiert noch immer weitgehend zügellos

Während der Finanzkrise von 2008 hatten die Staaten mit Steuergeldern etliche Grossbanken vor dem Zusammenbruch gerettet. Die Nationalbanken überschwemmten die Wirtschaft mit Geld, um eine globale Wirtschaftskrise wie 1929 zu verhindern. Doch seither erwiesen sich Regierungen und Parlamente unfähig, dem deregulierten, bunten Casino-Treiben der Grossbanken und der Hedge-Funds klare Schranken zu setzen. Weil Donald Trump mehrere «Goldman Sachs»-Exponenten in höchste Posten hievt und sein Team statt von besserer Regulierung von neuer *Deregulierung* des Banksektors redet, kletterten die Aktienkurse der US-Banken seit Dezember auf Rekordhöhe. Der Kurs der Aktien von «Goldman Sachs» schnellte seit der Wahl Trumps um 35 Prozent in die Höhe.

Die an der Zürcher Konferenz mehrfach geäusserte Kritik war deutlich: Noch heute bieten die Notenbanken Billionen billigen Geldes an, das die Akteure der Finanzindustrie mit Handkuss entgegen nehmen. Mit dem grössten Teil dieser Kredite in Billionenhöhe wird casinomässig spekuliert. Nur Brosamen gelangen in die produzierende, reale Wirtschaft. Am Ende landet der grösste Teil der geschaffenen Geldschwemme in bestehenden Immobilien sowie in Aktien und Obligationen bereits bestehender Unternehmen. Neues wird kaum geschaffen.

Von dieser Politik der Notenbanken und Regierungen profitieren einseitig Personen und Unternehmen, die bereits am meisten Immobilien und Wertpapiere besitzen. «Reiche bedienen sich nicht an einem gewachsenen Kuchen, sondern nehmen vom gleich grossen Kuchen ein grösseres Stück», meinte Joseph Stiglitz. In den USA habe sich der Finanzsektor in den 25 Jahren vor der Krise von 2008 von 2,5 auf 8 Prozent des Bruttoinlandprodukts aufgebläht, ohne dass die Realwirtschaft davon profitiert habe.

OTC-Handelsvolumen übersteigt das Achtfache des Welt-Inlandprodukts

Wie stark sich der Finanzsektor von der Realwirtschaft tatsächlich abgekoppelt hat, zeigte Marc Chesney auf, Finanzprofessor der Universität Zürich. Der weltweite Nennwert ausserbörslicher Finanzderivate wie Optionen oder CDS («Kreditausfallversicherungen», in den meisten Fällen ohne vorhandenen Kredit) habe seit 2004 innerhalb eines Jahrzehnts von 259 auf 629 Billionen Dollar zugenommen. Der Nennwert aller Derivate, ausserbörsliche oder nicht, übersteigt heute das Welt-Bruttoinlandprodukt um rund das Zehnfache.

Von diesem gigantischen Finanzcasino ist in den täglichen Sendungen «SRF-Börse» und in den Wirtschaftsseiten der Zeitungen nur selten etwas zu hören oder zu lesen.

Im gleichen Zeitraum von nur zehn Jahren hat die weltweite Verschuldung um fast 70 Prozent auf 199 Billionen Dollar zugenommen, erklärte Chesney. Die Casino-Spekulation des Finanzsektors führe zu «systemischen Risiken.

Der frühere Investment-Banker und heutige Direktor des Think-Tanks «Re-Define», Sony Kapoor, kritisierte, dass die Grossbanken stets komplexere Finanzprodukte erfinden würden mit dem Ziel, ihre Gewinne zu steigern — und nicht um Bedürfnisse ihrer Kunden zu befriedigen. Die Regulatoren liessen den Finanzkonzernen freien Lauf, ergänzte Derivat-Spezialist Thierry Philipponat: «Sie haben Einflussmöglichkeiten, um ihre Interessen durchzusetzen»".

---

3. Beispiel:
Die Globalisierung bedroht Demokratien.
Markus Diem Meier im Tages-Anzeiger vom 27.Sept 2016

„Eine zu weit gehende wirtschaftliche Oeffnung gefährde die Selbstbestimmung demokratischer Staaten und sei ein gefährlicher Nährboden für Abschottung und Protektionismus, sagt Harvard-Professor Dani Rodrik. Damit stösst er auf immer mehr Beachtung.....
Der Konflikt zwischen demokratischer Selbstbestimmung und Hyperglobalisierung ergibt sich daraus, dass sehr weit gehende internationale Abkommen bis hin zu einer wirtschaftlichen Integration den einzelnen Ländern nur noch wenig Freiraum lassen, wie sie ihre Wirtschaft regulieren können. Alles muss immer im Einklang mit dem übergeordneten Abkommen geschehen. Als Beispiel dafür nennt Rodrik die EU und im Speziellen die Eurozone. Wenn der Volkswille dort nicht mit den Erfordernissen des Gesamtgebildes zusammengeht, wird er letztlich missachtet. Das hat sich im Vorjahr am Beispiel Griechenlands gezeigt."

> „Das neue Modell der Globalisierung hat die Prioritäten auf den Kopf gestellt», schreibt Rodrik, «jetzt muss die Demokratie den Interessen der globalen Wirtschaft genügen, dabei müsste es umgekehrt sein".

---

4. Beispiel:
Jahrhundertprobleme überfordern unsere Demokratie.
Ob Wahlen alle paar Jahre oder Volksabstimmungen über Sachfragen: Die Institutionen aus dem letzten Jahrhundert genügen nicht mehr.
Urs P.Gasche im Infosperber vom 24.11.2017, Schweizer Journalist, Publizist und ehemaligen Fernsehmoderator. Gasche erhielt 1981 den Zürcher Journalistenpreis des Zürcher Pressevereins, mit dem Beiträge zur Förderung der journalistischen Qualität auszeichnet werden. Gegenwärtig ist er massgeblich am Newsletter Infosperber beteiligt.

(KontaktadresseInnfosperber: kontakt@infosperber.ch)

„Die demokratischen Spielregeln in westlichen Industriestaaten erfordern dringend einen Stresstest. Denn die heutigen Institutionen sind offensichtlich nicht mehr in der Lage, die Bevölkerungen vor drohenden Gefahren rechtzeitig zu schützen und zukunftsverträglich Entscheide zu fällen.
Hier greifen wir einige ungelöste Probleme heraus, vor denen die nationalen Parlamente und Regierungen kapitulieren, und die sie deshalb aus ihrem öffentlichen Diskurs verdrängen.

Die Migration

Die westlichen Demokratien beschäftigten sich mit den Symptomen, welche die Flucht aus der Armut nach sich zieht, beseitigen jedoch nicht deren Ursachen. *Ein Beispiel*: Westliche Staaten überschwemmen Afrika mit Agrar- und Fleischprodukten, die sie mit Milliarden subventionieren. Gleichzeitig verbieten Weltbank und Weltwährungsfonds den armen Ländern, ihre lokale Produktion gegen die hoch subventionierten Importe zu schützen. «Das europäische Subventionsvieh frisst den Hungernden im Süden das Essen weg», konstatierte ein Afrika-Korrespondent der Neuen Zürcher Zeitung.

Die Steuerflucht in Steueroasen

Die Steuerflucht in Steueroasen stiehlt den Entwicklungsländern über 170 Milliarden Dollar an Steuereinnahmen — jedes Jahr! (Quelle: Oxfam Breefing Paper vom 14. März 2016). Die demokratischen Institutionen schaffen es nicht, diese Steueroasen auszutrocknen.

Ein drohender Finanzkollaps

Offensichtlich überfordert sind die Demokratien auch damit, das internationale Finanzsystem so zu regulieren, dass das Risiko eines folgenschweren Crashs auf ein Minimum reduziert wird. Unter dem Einfluss der mächtigen Finanzlobby legten die Parlamente ihre Hände weitgehend in den Schoss. Mehr noch: Aus Bequemlichkeit begrüssen sie es sogar, dass die Notenbanken ihre Geldschleusen auch noch Jahre nach dem Beinahe-Crash von 2007/2008 politisch unkontrolliert öffnen.

Die Folge: Staaten und Wirtschaft sind heute noch stärker verschuldet als vor und nach dem Fast-Kollaps von 2007/2008. Die weltweiten, globalen, privaten und öffentlichen Schulden zusammen, erreichen etwa 220 Billionen Dollar. Diese Summe ist das Zweieinhalbfache des weltweiten Bruttoinlandprodukts in Höhe von 88 Billionen Dollar.

Zehn Jahre nach der letzten Krise sind Grossbanken und Versicherungskonzerne noch immer «Too big to fail». Sie haben ihr Konkursrisiko sozialisiert und dürfen trotzdem ein Finanzcasino betreiben, ohne Nutzen für die Volkswirtschaften. Allein die Devisengeschäfte haben ein Volumen, das fast 70mal grösser ist als das Volumen des gesamten Welthandels mit Gütern und Dienstleistungen. Sie sind zu einem Wettgeschäft verkommen.

Der weltweite Nennwert ausserbörslicher Finanzderivate wie Optionen oder CDS («Kreditausfallversicherungen», in den meisten Fällen ohne einen zu versichernden Kredit!) hat gigantisch zugenommen. Der Nennwert aller Derivate, inklusive der an den Börsen gehandelten, übersteigt heute das Welt-Bruttoinlandprodukt um rund das Zehnfache. Wiederum vorwiegend Wettgeschäfte, ohne Nutzen für die reale Wirtschaft.

Diese Zahlen müssten längst Alarm auslösen. Doch Regierungen und Parlamente der Industriestaaten sind weder fähig, dieses Finanzcasino zu schliessen, noch geordnete Abschreiber auf den Staatsschulden zu organisieren.

Die Steuerkrise

Unternehmen wie Amazon, CocaCola, Facebook, Fiat, Google, Ikea oder McDonald's prellen ihre Standortländer Jahr für Jahr um Milliarden an Steuern, indem sie ihre Gewinne in praktisch steuerfreie Länder verschieben. Spätestens seit den Enthüllungen der «Panama Papers» und neustens der «Paradise Papers» sollte dies allen Politikerinnen und Politikern klar sein. Die in Steueroasen unversteuerten Vermögen von Konzernen und Milliardären werden auf mindestens sieben Billionen Dollar geschätzt. Das entspricht annähernd einem Zehntel der globalen Wirtschaftsleistung. Den Herkunftsländern entgehen jedes Jahr Milliarden.

Doch die demokratischen Institutionen zeigen sich unfähig, diese gigantische Steuerumgehung zu stoppen. Sie besteuern und verteuern weiterhin die menschliche Arbeit, verschonen Kapitalgewinne und sind unfähig, Steueroasen auszutrocknen.

Ein völlig verzerrter «Markt»

Markt und Wettbewerb funktionieren über die Höhe der Preise. Doch die meisten Preise im Welthandel und auch im Inland spiegeln schon längst nicht mehr die Kosten. Milliardenschäden in der Umwelt werden nicht den Verursachern belastet, sondern ohne Hemmungen grosszügig sozialisiert. Weniger der Staatssozialismus ist heute das Problem, sondern vielmehr der Sozialismus der Konzerne.

Ebenso enorm verfälscht wird das Preisgefüge durch Milliarden von Subventionen. Unsere demokratischen Institutionen sind nicht mehr in der Lage, diesen subventionierten Sozialismus gegen die Interessen der Profitierenden abzuschaffen."

---

6. *Beispiel:*
   Wir waschen Milliarden, das Parlament schaut zu.
   Die Schweiz bereichert sich an Geld, das den Ärmsten der Welt abgepresst wird. Bürgerliche wollen schärfere Gesetze verhindern.
   (Oliver Zihlmann, Tages Anzeiger vom 21.9.2020)

„....Jetzt äussert sich der oberste Bundesbeamte, der bis vor kurzem zuständig war für die Geldwäschereiabwehr in der Schweiz. Keiner in unserem Land hat einen derart tiefen Einblick in die tatsächlichen Verhältnisse wie Daniel Thelesklaf. Er sagt kurz und bündig: «Unser ganzer Instrumentenkasten zur Geldwäschereiabwehr versagt. Noch immer kommen Milliarden aus hochkorrupten Ländern...
Die Lobeshymnen der Parlamentarier sind also schlicht falsch. Mit ihrer Schönfärberei wollen sie eine Verschärfung des Geldwäschereigesetzes verhindern, die derzeit im Parlament beraten wird. Den zentralen Punkt der Vorlage haben sie bereits gebodigt.
Thelesklaf sagt klar, was das bedeutet: Wenn die Schweiz nichts ändere, bereicherten wir uns weiterhin ungeniert an Milliardensummen, die den Ärmsten der Welt von Verbrechern abgepresst würden..."

---

7. Beispiel: So dramatisch ist die Erderwärumg bereits heute. Einige Fakten des dem neuen Berichts des Weltklimarates IPPC aus einer Zusammenfassung von Martin Läubli im Tages im Anzeiger vom 10.8.2021

„..Die Konzentrationen von CO_2, Methan und Lachgas waren in den letzten mindestens 800'000 Jahren noch nie so hoch wie heute. Zudem stiegen CO_2 und Methan seither noch nie so schnell an, wie unter anderem Analysen von Eiskernbohrungen und Meeressedimenten zeigen. Die Konzentration der Treibhausgase ist seit dem letzten IPCC-Bericht 2013 weiter angestiegen. Die CO2-Konzentration liegt heute (2019) etwa um 50 Prozent höher als in der vorindustriellen Zeit...
Der Mensch ist gemäss IPCC für die gesamte beobachtete Erderwärmung seit der vorindustriellen Zeit verantwortlich...
Es ist höchstwahrscheinlich, dass wir die kritische 2-Grad-Grenze, die im Pariser Abkommen festgeschrieben ist, überschreiten, wenn wir die Treibhausgase nicht vor der Mitte des Jahrhunderts senken.
Der menschliche Einfluss auf die Entwicklung extremer Wetterentwicklungen kann seit dem letzten IPCC-Bericht deutlich besser nachgewiesen werden, besonders für extreme Niederschläge, Dürren, Überschwemmungen und Feuerkatastrophen...
Jedes halbe Grad mehr verursacht merklich extremere Temperaturen, erhöht die Intensität der Starkniederschläge und verstärkt die Dürren in einigen Regionen. Die Häufung von heute seltenen Ereignissen nehmen auch bereits bei 1,5 Grad Erwärmung zu. Starkregen werden sich etwa um 7 Prozent verstärken mit jedem Grad der globalen Erwärmung. Der Anteil sehr starker tropischer Wirbelstürme wird mit der globalen Erwärmung zunehmen."

---

*8. Beispiel: Noch haben wir die Wahl, Luisa Neubauer, Bernd Ulrich. Einige Ausschnitte aus einem Gespräch über Freiheit, Oekologie und den Konflikt der Generationen.
Aktivistin und Vize-Chefredakteur, Studentin und Familienvater: Spannend, offen und klug diskutieren Luisa Neubauer und Bernd Ulrich die Schicksalsfragen unserer Tage. Denn noch haben wir die Wahl. Cotta'sche Buchhandlung 2021 Stuttgart.*

> *„...in einer historischen Entscheidung stärkt das Bundesverfassungsgericht die Freiheitsrechte der jüngeren Generation. Die Oekologie steht nun endlich im Zentrum aller Zukunftsfragen: Wirtschaft, Verkehr, Ernährung, aber auch Wissenschaft, Journalismus und Politik – elementare Bereiche der Gesellschaft müssen neu gedacht werden. Grosse Umbrüche stehen bevor. Und es hängt viel davon ab, ob wir gemeinsame Lösungen finden."*
> (Rückseite des Buchumschlags).

BERND: „Wir haben die Wahl, was heisst das für dich?"
LUISA: „Ich würde beim »noch« anfangen – so wie es der Titel unseres Buchs sagt. Noch die Wahl zu haben, heisst für mich, dass wir mit jedem weiteren Tag und jeder weiteren Woche der ökologischen Zerstörung mehr Möglichkeitsräume verschliessen. Dadurch wird »die Wahl immer weiter reduziert, wir katapultieren uns in immer krisenhaftere Zustände hinein... Heute klug zu wählen setzt voraus. dass wir einige Missverständnisse überwinden.
Nummer eins: Wir sind nicht Herr über die Natur.
Nummer zwei: Je länger wir so tun, als wären wir das, desto heftiger wird uns das auf die Füsse fallen. Das bedeutet konkret, dass wir jetzt mehr Wahl für Gesellschafts- und Zukunftsgestaltung haben als die zukünftigen Generationen (S.47)."
BERND: "Karlsruhe hat die Klage von Fridays for Future und einigen Umweltverbänden gegen das Klimaschutzgesetz der Bundesregierung in Teilen bestätigt. Und die Begründung war schon beinahe revolutionär. Weil die Klagenden teils sehr jung sind, müssen ihre Interessen stärker berücksichtigt werden, CO_2-Reduktionsziele dürfen nicht in die Zukunft und damit nicht auf euch junge Menschen abgewälzt werden (S.48)....
"Hast du mit der Entscheidung (des Bundesverfassungsgerichts zur Klimaklage) gerechnet? (S.48)."
LUISA: "Ganz und gar nicht... Als wir die Klimaklage Anfang 2020 eingereicht haben, hatte ich mir niemals ausmalen können, dass ich über ein Jahr später morgens mit einem weinenden Juristen am Telefon aufwache, der nur noch rausbringt: »Luisa, wir haben es geschafft.«
BERND: "Ich finde es bemerkenswert, dass Karlsruhe damit einem über viele Jahre penetrant betriebenen demagogischen Diskurs den Boden entzogen hat. Da wurde ja immer den KlimaschützerInnen unterstellt, sie würden die Freiheit beschneiden wollen, weil sie die Freiheit nicht lieben."

Und dann sagt das Gericht, nee, nee, es ist umgekehrt: Wer den Klimaschutz bremst oder in die Zukunft verlagern will, ist ein Feind der Freiheit, Klimaschutz ist Freiheitsschutz. Das kam nun wiederum mir wie eine Befreiung vor.
Viele Menschen, die seit Jahren oder Jahrzehnten gegen die Klimakrise kämpfen, eben weil sie die Freiheit lieben, nicht obwohl, haben an dem Tag gejubelt und gefeiert."

5. Zusammenfassung und Schlussbemerkungen

Ausgehend vom Schock, den der Coronavirus ausgelöst hat, haben wir versucht, uns rückwärts und vorwärts blickend unserer Herkunft und Identität zu vergewissern und nach Wegen in die Zukunft zu suchen.

Wie Marc Chesney in seinem Buch „Die permanente Krise" betont, geht es bei der aktuellen Krise nicht nur um eine finanzielle Krise hinaus sondern gleichzeitig eine um eine Krise der grundlegenden Werte unserer Gesellschaft.

Da die westlichen Grundwerte zu einem wesentlichen Teil vor dem Entstehen der rationalen Stufe der Bewusstseinsentwicklung geschaffen wurden, reicht unser rationales Bewusstsein allein nicht aus, um ihre Entstehung zu verstehen und sie für die heutige Zeit zu aktualisieren. Deshalb haben wir uns einen Zugang zu einem erweiterten - d.h. einem integralen und transpersonalen Bewusstsein - erarbeitet.

> Dieses integrale oder transpersonale Bewusstsein umfasst sowohl die archaische, die magische, die mythische wie auch die rationale Bewusstseinsstufe.

Diese früheren Stufen unserer Bewusstseinsentwicklung sind im individuellen und im kollektiven Unbewussten der Menschheit als Potential immer noch vorhanden und können in ausserordentlichen Bewusstseinszuständen (z.B. Träumen, Visionen, meditativen Zuständen oder Nahtoderlebnissen) wieder aktiv werden.

Aus diesen Gründen haben wir uns einen Ueberblick über das, über die präpersonalen und personalen Bewusstseinszustände hinausgehende, transpersonale Bewusstsein verschafft, zu dessen Entdeckung C.G.Jung, Jean Gebser und Ken Wilber massgebend beigetragen haben.

Gegenwärtig sind die meisten Menschen - meist unbewusst - im Denken und Handeln der neoliberalen Konsumreligion gefangen, ohne zu realisieren in welchem Ausmass ihre Bedürfnisse von deren Propagandisten und Lobbyisten manipuliert werden.

> Um unsere natürliche Umwelt besser zu schützen und die Globalisierung gerechter mitgestalten zu können, *müssen wir den Spagat üben*, abwechselnd pragmatisch zu handeln und uns mit langfristigen Visionen und Zielen zu befassen und uns davon motivieren lassen.

Mindestens so wichtig wie Aenderungen des individuellen Konsumverhaltens ist dabei politisches *Engagement für strukturelle Veränderungen* im Umgang mit der Natur und für eine gerechtere Verteilung der Früchte der wirtschaftlichen Globalisierung.

Mut macht, dass die Sensibilisierung inbezug auf das Klimaproblem in der Bevölkerung so weit fortgeschritten ist, dass die entsprechenden Anliegen von den Machteliten in Politik und Wirtschaft berücksichtigt werden müssen, falls sie an der Macht bleiben wollen. Sehr ermutigende Schritte in dieser Richtung waren die Abwahl Donald Trumps und die Rückkehr der neuen US-Regierung ins Pariser Klimaabkommen.

Erschreckend war, dass das *Sturmtief Bernd* am 13. und 14. Juli im Westen Deutschlands ganze Landstriche verwüstete, viele Häuser wegspülte und mindestens 58 Menschen das Leben kostete. Auch in Rheinland-Pfalz werden Dutzende Menschen vermisst. In Belgien gab es ebenfalls viele Tote und riesige materielle Schäden.

> Diese Katastrophen haben der europäischen Oeffentlichkeit bewusst gemacht, das das Klimaproblem nicht nur ein Problem von weit entfernten Entwicklungsländern ist, sondern auch ihre eigenen Lebensgrundlagen gefährdet.

Seither überbieten sich die PolitikerInnen wieder einmal mit Versprechen, sich vermehrt für das Erreichen der CO2 Ziele zu engagieren.
Nachdem während der 16 Jahre der Aera Merkel den WählerInnen bezüglich des Klimawandels immer wieder hehre Zukunftsversprechen gemacht wurden, denen dann kaum Taten folgten, fällt es nun vielen WählerInnen schwer, den sich im Wahlkampf überbietenden Versprechen, Glauben zu schenken. Wie sich die erwähnten Katastrophen auf die Wahlen auswirken werden, ist deshalb heute noch nicht abschätzbar.

Nach Aussagen von KlimawissenschafterInnen und KatastrophenexpertInnen ist damit zu rechnen, dass sich extreme Wetterlagen in Zukunft häufen werden.

Erforderlich sind deshalb nach den erwähnten Katastrophen vier Dinge:

1. Soforthilfe lokal und regional
2. Wiederaufbauhilfe lokal und regional
3. Verbesserung der Prävention lokal und regional
4. vermehrte und beschleunigte Massnahmen zur CO_2-Reduktion kombiniert mit einem weltweiten soziooekologischem Umbau der Gesellschaft in in einer sozialverträglichen Form, u.a. der Nahrungsproduktion, sowie der Mobilität.

Schon seit 1972 warnte der *„Club of Rome"* - ein Zusammenschluss von Experten verschiedener Wissenschaftsdisziplinen aus mehr als 30 Ländern - vor der Gefährdung unserer natürlichen Lebensgrundlagen und setzte sich für eine nachhaltige Zukunft der Menschheit ein.
Sein 1972 veröffentlichter Bericht *"Die Grenzen des Wachstums"* erlangte zwar weltweit Beachtung, vermochte aber die Wirtschaft und die Wirtschaftspolitik kaum zu beeinflussen.

Da diese Forderungen nach einer nachhaltigen Wirtschaft von der Politik jahrzehntelang nicht ernst genommen wurden, müssen nun alle verschleppten Probleme fast gleichzeitig gelöst werden. Sie zu lösen ist heute viel teurer als es 1972 gewesen wäre, als der Club of Rome seinen Bericht „Ueber die Grenzen des Wachstums" vorlegte. Falls die europäische Politik und Wirtschaft den erforderlichen tiefgreifenden sozioökologischem Umbau des neoliberalen Kapitalismus nach den deutschen Wahlen weiterhin in die Zukunft verschieben, wird dies sowohl unsere natürlichen Lebensgrundlagen wie auch den Bestand unserer liberalen westlichen Demokratien grundlegend gefährden.

Bezüglich einer sozial gerechteren wirtschaftlichen Globalisierung ist das Problembewusstsein kleiner als bezüglich der Klimakrise. Aber die kompakte Front der Befürworter der neoliberalen Globalisierung bekommt allmählich Risse.
Dies ermutigt uns, uns zusammen mit der wachsenden Zahl der nach Alternativen Suchenden auf den Weg zu machen, eine zukunftstaugliche Identität, sowie sinnvolle Ziele und erfolgversprechende Strategien des Handelns zu entwickeln und darauf zu hoffen, einen Teil davon erfolgreich realisieren zu können.

Einige Beispiele für Strategien zur Veränderung des neoliberalen globalen Kapitalismus haben wir im sechsten Kapitel dargestellt.

Wer die kritischen Analysen von Thomas Piketty, Marc Chesney und andern eingehend studiert, kommt zum Schluss, dass das traditionelle links-rechts Schema die heutigen wirtschaftlichen und gesellschaftlichen Konflikte nicht mehr realitätsgerecht zu beschreiben vermag.

Die heutigen Fronten der Klassenkonflikte verlaufen nicht mehr primär zwischen der Arbeiterschaft und den die Produktionsmittel besitzenden Fabrikanten. Die Arbeitswelt hat sich seit dem 19. Jahrhundert in eine Vielfalt verschiedener Sektoren und Berufe mit verschiedenen Anforderungsprofilen ausdifferenziert. Parallel dazu sind auch die Interessenlagen der arbeitenden Bevölkerung vielfältiger geworden. Entsprechend schwieriger zu erkennen wurden auch die gemeinsamen Interessen der arbeitenden Bevölkerung und die Klassenkonflikte.

Eine zeitlang entstand sogar der Eindruck (der durch die 1989 über den Kommunismus siegreichen Staaten aktiv propagiert wurde), dass die sozialen Klassen daran seien sich aufzulösen.

> Seit den achtziger Jahren wurde jedoch wieder erkennbar, dass ein weltweiter Wirtschaftskonflikt oder Klassenkampf nach wie vor im Gange ist, allerdings mit ganz anderen (schwieriger zu erkennenden) Fronten als im im 19. Jahrhundert und als in der ersten Hälfte des zwanzigsten Jahrhunderts.

Die aktuellen Fronten im globalisierten Klassenkampf sind im folgenden Schema dargestellt:

Die Konfliktparteien im globalisierten Klassenkampf (oder Wirtschaftskrieg) des 21. Jahrhunderts

Die Finanzoligarchie,

d.h. etwa die reichsten 10% der Vermögens- und Kapitalbesitzer

sowie deren Interessenvertreter

u.a. die CEOs und die Kaderangestellten von grossen Konzernen, sowie die Grossbanken und deren Lobbyisten

contra

die Arbeitenden und Angestellten der unteren und mittleren Schichten, sowie die Inhaber von kleinen und mittleren Firmen

d.h. die Inhaber von kleinen und mittleren Firmen (KMUs), von Handwerks- und Gewerbebetrieben, von Betrieben des Gastgewerbes, die kleinen und mittleren Bauern und die kulturell Tätigen

sowie die Staaten und ihre Regierungen

und die Natur

Bild Nr. 1

d.h. unsere lebensnotwendigen natürlichen Lebensgrundlagen

Gewinner dieser neuen Form des Klassenkampfes sind in erster Linie die reichsten 1-10% der Vermögensbesitzer und ihre Interessenvertreter, bzw. Angestellte mit sehr hohen Einkommen und Boni.
Die Verlierer dieses globalisierten Klassenkampfes sind - neben den Unterschichten - seit den 80er Jahren auch die von sozialem Abstieg bedrohten oder betroffenen Mittelschichten, die Staaten, bzw. die allen BürgerInnen gehörenden staatlichen Infrastrukturen (z.B. die Spitäler), aber auch die Natur, d.h. unsere natürlichen Lebensgrundlagen. Dies haben allerdings viele noch nicht erkannt.

Viele kurzfristig denkende Individuen und Wirtschaftsvertreterinnen hoffen, dass nach dem Sieg über das Coronavirus bald wieder alles so sein wird wie vor dessen Auftreten. Angesichts der gegenwärtig gefährlich wachsenden zweiten, dritten und evt. vierten Welle der Pandemie, realisiert aber eine wachsende Zahl von Menschen, dass dies kaum der Fall sein wird.

> Wir können diese Krisensituation dazu nutzen, weniger nur kurzfristig pragmatisch-individualistisch zu denken sondern parallel dazu auch langfristig und strukturell.
>
> Falls wir dies tun, wird Corona zur Chance, längst fällige Veränderungen in der globalen Wirtschaft und Gesellschaft anzupacken.
>
> Vorausdenken und nach Alternativen suchen lohnt sich, denn nach Thomas Piketty lehrt uns die Geschichte, dass sich unerwartet eröffnende Chancen nur nutzen kann, wer über alternative Visionen und wirksame Strategien zu deren Verwirklichung verfügt.

Wertvolle Impulse um über den Tag hinaus zu denken und uns zukunftstauglichere Alternativen vorzustellen, verdanken wir messianischen Friedens- und Gerechtigkeitsvisionen des Alten Testaments und des frühen Christentums,
dem Liberalismus der europäischen Aufklärung,
sowie Oekonomen mit einem starken Gerechtigkeitsempfinden, z.B.
- Thomas Piketty,
- Marc Chesney,
- Josep Stiglitz und anderen.

Wer sich mit diesen Visionen und Analysen befasst, lernt mögliche Zielvorstellungen und mögliche Strukturen für eine gerechtere Globalisierung, sowie für einen einen verantwortlicheren Umgang mit unseren natürlichen Lebensgrundlagen, kennen.
Viele dieser Ideen sind zwar momentan (noch?) nicht erfolgreich durchsetzbar, da die Profiteure des wirtschaftlichen status quo (noch?) zu mächtig sind.

> Pikettys minutiöse interdisziplinäre Beschreibung der tiefgreifenden Veränderungen des Kapitalismus seit den beiden Weltkriegen, zeigt uns, dass scheinbar unmögliche Veränderungen in wenigen Jahrzehnten Realität werden können!

Ermutigend ist in dieser Hinsicht, dass die Regierung

Biden daran ist, eine Vorstoss für eine weltweite Mindestbesteuerung von Grosskonzernen vorzubereiten, um die Bewältigung der Coronapandemie und der Reparation der maroden Infrastruktur der USA finanzieren zu können und die gefährdeten Demokratien zu stabilisieren.

Aus der Sicht von Thomas Piketty spielte für die Umwälzungen im letzten Jahrhundert und für den in jener Zeit wachsenden Wohlstand die Bildungsrevolution eine wesentliche Rolle.

> Leider trugen dann seit den 80er Jahren des letzten Jahrhunderts politische Allianzen der gut ausgebildeten AufsteigerInnen mit den gut Verdienenden und Vermögenden massgebend dazu bei, den gesellschaftlichen Zusammenhalt der Nachkriegszeit zu zerstören.
>
> Diese kurzsichtigen Allianzen förderten und fördern den demokratiegefährdenden Rechtsextremismus, der gegenwärtig viel gefährlicher ist als der Linksextremismus.

Hoffnungsvoll stimmt uns, dass Angehörige der Unter- und der Mittelschicht heute über eine viel bessere Ausbildung verfügen als dies noch vor 100 Jahren der Fall war. Viele von ihnen verfügen über die erforderliche (Aus-)Bildung und Berufserfahrung, um die Notwendigkeit von Veränderungen zu erkennen und aktiv daran mitzuwirken.

> Die von der Finanzoligarchie, sowie ihren Kadern und Lobbyisten betriebene neoliberale Globalisierung hat heute weltweit derart bedrohliche Auswirkungen, dass ein wachsender Prozentsatz der heute gut ausgebildeten Unter- und Mittelschicht erkennt, dass grundlegende Veränderungen erforderlich sind.

Naive Aufstiegswillige und skrupellose Karrieristen, verteidigen jedoch das heutige Wirtschaftssystem, weil sie hoffen davon profitieren zu können oder real davon profitieren.

Wir sollten auch nicht vergessen, dass Anomie (d.h. der Zerfall sozialer Strukturen) und die dadurch ausgelöste Unsicherheit und Zukunftsangst Vorurteile fördern und die Bereitschaft erhöhen, sich autoritären Führungsfiguren und Bewegungen anzuschliessen, die irrationales und hasserfülltes Handeln propagieren und die westlichen Demokratien und die Europäische Union zerstören wollen.

Zu welchem Mass an Realitätsverlust und Irrationalität dies führen kann, demonstrierten uns in den letzten Jahren Donald Trump und seine

AnhängerInnen mit mit ihrer Realitätsverweigerung und ihrer Diffamierung anders Denkender. Die Welt kann dank Trumps Abwahl wieder etwas optimistischer in die Zukunft schauen, aber die Probleme, die zu seinem Erfolg geführt haben, sind noch nicht gelöst.

Wer in den USA zur (weissen) Unterschicht gehört, die seit 60 Jahren ohne Einkommenserhöhung leben muss, wird sich durch Appelle oder moralische Verurteilungen kaum überzeugen lassen den Staat und das Wirtschaftssystem zu bejahen. In dieser schwierigen Situation, die durch das Coronavirus noch verschärft wird, bleiben deshalb viele von Demagogen wie Donald Trump fasziniert.

> Es ist unerlässlich, derartigen demokratiefeindlichen Bewegungen mit den Mitteln des demokratischen Rechtsstaates hart und konsequent entgegenzutreten.
> Langfristig können solche Bewegungen jedoch nur durch Beseitigung ihrer Ursachen wirkungsvoll bekämpft werden, indem die zunehmenden Ungerechtigkeit bezüglich Einkommens- und Vermögensverteilung korrigiert wird.
>
> Dazu gehört auch, die Bildungschancen der Unter- und der Mittelschicht zu erhöhen und den schlecht Ausgebildeten Arbeitsmöglichkeiten oder/und ein Grundeinkommen zu verschaffen, die ein Leben in Würde ermöglichen.

Obschon Donald Trump die Präsidentschaftswahlen der USA verloren hat, glauben immer noch viele seiner AnhängerInnen an die von ihm propagierte Dolchstosslegende[194], dass ihm der Wahlsieg gestohlen worden sei. Dies dürfte es Joe Biden massiv erschweren die US-Demokratie zu stabilisieren.
Auch die Europäische Union ist immer noch weitgehend handlungsunfähig und erlaubt es einzelnen Mitgliedsländern weiterhin ihre gemeinsamen demokratischen Grundwerte aufzugeben.
Obschon sie mit ihrer bisherigen neoliberalen Globalisierungspolitik für die aktuellen Gefährdungen der Demokratien eine grosse Mitverantwortung trägt, ist sie für das Ueberleben des westlichen Individualismus und des demokratischen Liberalismus unverzichtbar.
Deshalb sollte sie nicht geschwächt oder zerstört, sondern vielmehr wirtschaftlich, politisch und militärisch reformiert und gestärkt werden.

Für die LeserInnen (und auch für uns) stellt sich die die dringende Frage „Wie geht kann es für mich weitergehen?"

Wie geht es für mich weiter ?
Welche Chancen verliere ich ?
Welche Chancen entstehen neu ?
Was ist mir in Zukunft wichtig ?

Leider können wir auf diese Fragen keine ganz einfachen Antworten oder Rezepte geben.
Wir hoffen aber, Ihnen Anregungen für Ihren eigenen Suchprozess nach dem Ihnen entsprechenden Weg vermitteln zu können.

Die Folgen des neoliberalen Kapitalismus sind zu gefährlich, um weiterhin naiv dem ökonomischen mainstream und seinen Dogmen zu vertrauen und ihm die Steuerung der Wirtschaftspolitik widerspruchslos zu überlassen.
Die heutige Situation kann sowohl individuell wie kollektiv besser bewältigt werden, wenn eine wachsende Zahl von Menschen es wagt, selbst zu denken und mit andern zusammen praktikable Visionen und Handlungsstrategien für die Zukunft zu erarbeiten.

Immanuel Kants kategorischer Imperativ ist immer noch höchst aktuell, muss aber heute über den Staat hinaus auf andere global agierende Systeme und die Wirtschaft erweitert werden:

Julian Nidas Konzept einer strukturellen Rationalität

„Eine Handlung ist dann strukturell rational, wenn sie im Hinblick auf eine wünschenswerte Struktur gerechtfertigt werden kann."

(Nida-Rümelin Julian 2017:78/79)

Was aber geschieht, wenn die Mehrheit der Menschen weiterhin den gesellschaftlichen Zusammenhalt sowie unsere natürlichen Lebensgrundlagen zerstört?

Zunächst dürfte dann in vielen Teilen der Welt die Zahl der Klimaflüchtlinge, sowie Kämpfe und Kriege ums Ueberleben noch an Häufigkeit zunehmen.
Im günstigeren Falle würde nur ein relativ kleiner Teil der Menschheit umkommen und unser Planet sich allmählich wieder regenerieren. Im schlimmsten Falle würden die na-

türlichen Lebensgrundlagen auf unserem Planeten so stark zerstört, dass die gesamte Menschheit zugrunde ginge.

> Vermutlich dürfte dann irgendwann und irgendwo in unserem scheinbar extrem lernfähigen Universum sogar in diesem schlimmsten Falle wieder eine neue Evolution in Gang kommen, die wiederum Leben ermöglicht.
> Vielleicht sogar Lebensformen, die fähig sind mit ihren natürlichen Lebensgrundlagen rücksichtsvoller umzugehen als es die Menschheit gegenwärtig tut.

Die Menschen der archaischen, der magischen und mythischen Bewusstseinsstufe haben anstelle unserer modernen Begriffe *Natur*, *Evolution* und *System* mythische Symbole verwendet, z.B.
- Mutter Erde,
- Herrin der Tiere,
- grosse Göttin,
- Baal (der Wettergott),
- Jahwe (der kriegerische Verteidiger der Freiheit des jüdischen Volkes, aber auch des Friedens zwischen den Nationen) oder
- Jesus (Herrscher über das All, der in der Zukunft über Gerechte und Ungerechte richten wird) etc.

> Die kultische Verehrung dieser archetypischen Gottheiten trug dazu bei, respektvoll mit der Natur, mit Tieren und mit Menschen der gleichen Sippe, des gleichen Stammes oder des gleichen Volkes umzugehen.

Die Schwächen dieser Kulte und Mythen lagen darin, dass sie sich nur auf die sozialen Normen und das Wohl des eigenen Stammes oder Volkes bezogen und weder individuelle Gewissensentscheide, noch eine vom sozialen Status unabhängige Menschenwürde förderten.

> In einzelnen alttestamentlichen Prophetenbüchern (bei Jesaja und Sacharja) und in der Jesusbewegung wurde dann der anspruchsvolle Versuch unternommen, die vom sozialen Status unabhängige Würde auf alle Menschen auszuweiten.

Wir wissen heute, dass die Menschheit nicht durch einen strafenden Gott vernichtet werden wird, wie dies die

Menschen der archaischen und mythischen Bewusstseinsstufe befürchteten. Wir wissen aber auch, dass die Menschheit eventuell ihre Vernichtung selbst besorgen wird.

Ervin Laszlo[195] und andere skizzierten auf der Basis der Quantentheorie eine neue Weltsicht, die den Materialismus des zwanzigsten Jahrhunderts sprengt:

Die physikalischen Experimente des frühen zwanzigsten Jahrhunderts widerlegten das materialistische Verständnis, dass die gesamte Wirklichkeit aus Bausteinen zusammengesetzt sei, die nicht weiter spaltbar sind. Die subatomaren Teilchen, die aus der Spaltung von Atomen und Kernen hervorgingen, benahmen sich nicht wie herkömmliche Festkörper. Sie bestanden aus Energie in bestimmten Paketen, die man als Quanten bezeichnet, und waren zugleich teilchen- wie wellenartig. Teilchen, die einmal ein und dasselbe Koordinatensystem teilten, bleiben sofort und auf Dauer in Beziehung zueinander. Teilchen und Atome erwiesen sich nicht als unteilbar sondern als gesellige Gebilde, die unter bestimmten Bedingungen vollkommen miteinander „verschränkt" sind. Ihre nichtlokale Beziehung existiert, ob ihre Entfernung Millimeter oder Lichtjahre misst.

Gestützt auf Nicola Tesla, David Bohm und Harold Puthoff, interpretierte Ervin Laszlo[196] diese Verschränkung als Folge eines fundamentalen Feldes, das als Quantenvakuum bezeichnet wird. Dieses registriert den Zustand von Teilchen und Atomen und vermittelt diesen an andere Teilchen und Atome in entsprechenden Zuständen weiter.

> Nach Ervin Laszlo hat alle Realität sowohl einen materiellen, wie auch einen geistigen Aspekt. Sowohl Materie wie Geist durchlaufen eine Evolution. Wir können nirgends eine Schwelle setzen, wo wir sagen können, darunter gibt es kein Bewusstsein und darüber gibt es eines.

Gemäss dieser Sicht informieren und formen einander alle Dinge dieser Welt. 'Alle Dinge und Ereignisse, die sich in Raum und Zeit zutragen, hinterlassen Spuren im Quantenvakuum – das heisst, sie »in-formieren« es ~, und das informierte Vakuum wirkt seinerseits auf Dinge und Ereignisse ein – es »in-formiert sie[197]«.
Diese Interpretation der Quantentheorie ermöglicht es, mit den Mängeln der Urknalltheorie umzugehen, denn diese kann nicht erklären, warum das Universums entstanden ist.

Vermutlich existierte das Gesamtuniversum (oder Metaversum) schon vor der Geburt unseres Universums und es dürfte weiter existieren, wenn unser Universum einmal nicht mehr ist. Das Quantenvakuum, der unterschwellige Energie- und Informationsozean, der aller Materie im Universum zugrunde liegt, entstand vermutlich nicht erst mit dem Urknall, der unser Universum hervorbrachte. Und er wird auch nicht verschwinden, wenn die in dieser Explosion erzeugte Materie weggestorben ist[198].

Für diese Weltsicht gab es Vorläufer, vor allem die *Akasha-Vorstellung*, die in Indien und im Osten über zahllose Generationen das Denken geprägt und die Fantasie inspiriert hat. Der indische *Yogi Swami Vivekananda* hat sie folgendermassen beschrieben:

»Den Philosophen Indiens zufolge ist das ganze Universum aus zwei Stoffen zusammengesetzt, von denen sie den einen *»Akasha«* nennen, Es ist das allgegenwärtige, alles durchringende Dasein. Alles, was Gestalt hat, alles, was eine Zusammensetzung aufweist, ist aus diesem Akasha geworden. Es ist das Akasha, aus dem die Luft wird, die Flüssigkeiten und die festen Körper; es ist das Akasha, das die Sonne wird, die Erde, der Mond, die Sterne und die Kometen; es ist das Akasa, das der menschliche Körper wird, die Körper der Tiere, die Pflanzen und alle Formen, die wir sehen, dies, was spürbar ist, alles was existiert. Es ist nicht wahrnehmbar, es ist so fein, dass es jenseits jeder Wahrnehmung ist; es ist nur zu sehen, nachdem es grob geworden ist, Gestalt angenommen hat. Zu Beginn der Schöpfung gibt es nur dieses Akasha und am Ende des Zyklus schmelzen die Feststoffe, Flüssigkeiten und Gase alle wieder ins Akasha zurück, und die nächste Schöpfung wird wieder aus diesem Akasha hervorgehen...
Wenn die Summe aller Kräfte im Universum, geistig und physisch, sich wieder in ihren ursprünglichen Zustand aufgelöst hat, nennen wir sie *Prana*. Als es weder ein Alles noch ein Nichts gab, als Dunkelheit in Dunkelheit gehüllt war, was gab es da? Da gab es das regungslose Akasha.
Am Ende eines Zyklus beruhigten sich die Energien, die sich jetzt im Universum zeigen, und wurden zu Potential. Zu Beginn des nächsten Zyklus erwachen sie wieder zum Leben, wirken auf das Akasha und aus dem Akasha entfalten sich diese verschiedenen Formen.«[199]

Ob sich diese spekulative Sicht eines evolutionären Panpsychismus durchsetzen kann, bleibt zur Zeit natürlich offen. Der physikalische Mainstream ist sehr viel mehr an den technischen Anwendungen der Quantenphysik interessiert als an den durch sie aufgeworfenen philosophischen Grundfragen[200].

Davon auszugehen, dass Leben schon auf sehr viel früheren Stufen seiner Evolution auch eine Art Bewusstsein oder Intelligenz umfasste als die materialistisch und mechanistisch denkenden darwinistischen Biologen annahmen, und dass wir immer weniger eine klare Schwelle zwischen Materie und Geist feststellen können, scheint uns jedoch durchaus eine vernünftige Grundannahme zu sein.

Die nach wie vor höchst einflussreiche Auffassung der Naturwissenschaften als Mittel zur Naturbeherrschung (im Sinne von Francis Bacon) und die darwinistische Interpretation des Wirtschaftslebens als globalen „Kampf ums Dasein" zerstört unsere natürlichen Lebensgrundlagen und gefährdet unser westliches Konzept des Individuums und der liberalen Demokratie.

Vieles spricht dafür, dass wir Teil einer immer noch geheimnisvollen und bewundernswerten Evolution des Universums und des Lebens sind und uns bescheidener und nachhaltiger als bisher in diese einfügen sollten.

Unsern Kindern und Grosskindern zuliebe, sollten wir gemäss dem Stand unseres Wissens und unserer technischen und politischen Möglichkeiten zum Wohle der Erde, die wir bewohnen, und zum Wohle unserer Mitmenschen und Demokratien Mitverantwortung übernehmen.

Literaturverzeichnis

Abkürzungen

NBL   Neues Bibel Lexikon Hg. von M..Görg und B.Lang
RGG IV Die Religion in Geschichte und Gegenwart
WAOB   Keel Othmar, Die Welt der altorientalischen Bildsymbolik und das Alte Testament. Am Beispiel der Psalmen
ZB   Zürcher Bibel 2007 Zürcher Bibel Installer Accordance 8.2

Albert Karl (1996): Einführung in die philosophische Mystik Wissenschaftliche Buchgesellschaft Darmstadt

Alexander Eben (10.Aufl.)2013: Blick in die Ewigkeit - die faszinierende Nahtoderfahrung eines Neurochirurgen, Ansata Verlag

Alexander Eben 2017: Vermessung der Ewigbkeit, Wilhelm Heyne Verlag München

Amar Dahl Tamar „Das zionistische Israel, Jüdischer Nationalismus und die Geschichte des Nahostkonflikts" 2012 Ferdinand Schöningh Verlag, Paderborn.

Armstrong Karen (2007): Eine kurze Geschichte des Mythos, DTV

Assman Jan (2005): Monotheismus und die Sprache der Gewalt, in Walter Peter (Hg), (2005): Das Gewaltpotential des Monotheismus und der eine Gott, Herder Verlag, Freiburg im Breisgau

Assmann Jan (2115 2.Aufl.): Die Revolution der Alten Welt, C.H.Beck München

Bacon Francis (1982): Neu-Atlantis, Reclam Universal Bibliothek

Bauer Joachim (13.Aufl.2004): Das Gedächtnis des Körpers, Wie Beziehungen und Lebensstile unsere Gene Steuern

Bauer Joachim (2005/2006): Warum ich fühle, was du fühlst - Intuitive Kommunikation und das Geheimnis der Spiegelneurone, Hoffmann und Campe, Hamburg

Bauer Joachim (2006): Prinzip Menschlichkeit, Warum wir von Natur aus kooperieren, Hoffmann und Campe, Hamburg

Bauer Joachim (2008): Das kooperative Gen, Abschied vom Darwinismus, Hoffmann und Campe, Hamburg

Bauer Joachim (2015): Selbststeuerung, Die Wiederentdeckung des freien Willens

Blom Philipp (2009): Der taumelnde Kontinent, Europa 1900-1914 Carl Hanser Verlag, München

Bolkestein Hendrik (1967 = Nachdruck der Ausgabe Utrecht 1939): Wohltätigkeit und Armenpflege im vorchristlichen Altertum. Ein Beitrag zum Problem ‚Moral und Gesellschaft', Groningen Bouma' Boekhuis

Bonvin Jean Michel, Ein Virus trifft auf die wirtschaftliche Dynamik 73-84 in Gamba Fiorenza, Nardonne Marco, Ricciardi Toni, Cattacin Sandro Hg.
Covid-19 eine sozialwissenschaftliche Perspektive
Seismo Verlag 2020, Zürich und Genf

Bühler B., Peng-Keller (2014) Bildhaftes Erleben in Todesnähe, Hermeneutische Erkundigungen einer heutigen *ars moriendi*, Theologischer Verlag Zürich

Campbell Joseph (1991): Mythologie der Urvölker - Die Masken Gottes, Sphinx Verlag Basel

Chesney Marc (2019 2.Aufl.): Die permanente Krise, Der Aufstieg der Finanzoligarchie und das Versagen der Demokratie, Versus Verlag AG Zürich

Dahl Tamar Amar (2012): Das zionistische Israel - jüdischer Nationalismus und die Geschichte des Nahostkonflikts, Ferdinand Schöningh Paderborn

Dawkins Richard (1978): Das egoistische Gen, Springer, Berlin Heidelberg New York

Dawkins Richard (2007): Der Gotteswahn, Ullstein Berlin

Donald Merlin (2008): Der Triumph des Bewusstseins, die Evolution des menschlichen Geistes, Klett-Cotta, Stuttgart engl. 2001 W.W.Norton & Company

Flammer August (2005 3.Aufl.): Entwicklungstheorien, Hans Huber Bern

Gebser Jean (1970): Der unsichtbare Ursprung, Walter Verlag Olten

Gebser Jean 2003 (3.Aufl.): Ursprung und Gegenwart 1.Teil, Novalis Verlag Schaffhausen

Gebser Jean (1999 2.Aufl.): Ursprung und Gegenwart Kommentarband, Novalis Verlag Schaffhausen

Gebser Jean (1987): Ausgewählte Texte, Goldmann

Geyer Christian /Hg. (2004): Hirnforschung und Willensfreiheit, Suhrkamp TB 2387

Grof Stanislav (1987): Das Abenteuer der Selbstentdeckung - Heilung durch veränderte Bewusstseinszustände, Kösel Verlag München

Fischer Helmut (2012): Der Auferstehungsglaube, Herkunft, Ausdruckformen, Lebenswirklichkeit, Theologischer Verlag Zürich

McGrath Alister mit McGrath Joanna Collicut (2007): Der Atheismuswahn. Eine Antwort auf Richard Dawkins und den atheistischen Fundamentalismus. Gerth Medien GMBH Asslar

Haas Martin (1968): Huldrich Zwingli und seine Zeit, Zwingli-Verlag Zürich

Habermas Jürgen (2005): Zwischen Naturalismus und Religion, Frankfurt/Main

Habermas Jürgen (2013): Im Sog der Technokratie, Edition Suhrkamp

Haisch Bernard (2015): Die verborgene Intelligenz im Universum, Crotona Verlag

Haeckel Ernst (1868/1870): „Natürliche Schöpfungsgeschichte"

Hasler August Bernhard (1979): Wie der Papst unfehlbar wurde, Piper Verlag München und Zürich

Hoffmann-Nowottny Hans Joachim (1968): Migration. Ein Beitrag zu einer soziologischen Erklärung, Dissertation an der Universität Zürich

Huntington Samuel 1996: Kampf der Kulturen, Wien 1996. Originalausgabe 1996 : The Clash of Civilisations an the remaking of the World Order, New York

Hüther Gerald (2001/2007): Bedienungsanleitung für ein menschliches Gehirn, Vandenhoeck und Ruprecht

Jäger Willigis (4.Aufl. 1997): Suche nach dem Sinn des Lebens - Bewusstseinswandel durch den Weg nach innen, Via Nova Verlag

Jäger Willigis (2000, 6.Aufl.): Die Welle ist das Meer - Mystische Spiritualität, Herder spektrum

Jäger Willigis (2002): Kontemplation - Gott begegnen heute Herder spektrum

Jacobi Jolande (1968): Vom Bilderrreich der Seele, Walter Verlag Olten

Jung Carl Gustav (1936): Der Begriff des kollektiven Unbewussten, in Archetypen 2001:53-56 dtv-Verlag, München

Jung Carl Gustav (1961 hg. von Aniela Jaffé): Träume, Erinnerungen, Gedanken, Rascher Verlag Zürich/Stuttgart

Keel Othmar und Christoph Uehlinger (1992): Göttinnen, Götter und Gottessymbole. BIBEL+ORIENt Museum an der Universität Freiburg, Schweiz

Keel Othmar und Schroer Silvia (2004) Eva Mutter alles Lebendigen, Sammlungen der Universität Freiburg Schweiz:

Koppetsch Cornelia (2019): Die Gesellschaft des Zorns, Rechtspopulismus im globalen Zeitalter. transcript Verlag, Bielefeld

Kutschera U.(2008): Lobenswerte Bemühungen. Laborjournal 6/2008

Küng Hans (2012): Handbuch Weltethos Piper Verlag

Lang Bernhard (1981): Der einzige Gott, Kösel Verlag

Lang Bernhard, Smith Morton und Vorländer Herrmann: (1981): Die Geburt des Monotheismus, Kösel Verlag

Lang Bernhard (2002): Jahwe, der biblische Gott: C.H.Beck, München

Lanternari Vittorio (1960): Religiöse Freiheits-und Heilsbewegungen unterdrückter Völker, Luchterhand soziologische Texte

Laszlo Ervin (1969): System, Structure and Experience, Toward a Scientific Theorie of Mind In: Current Topics of Contemporary Thougt, Band 1, Gordon and Breach London

Laszlo Ervin (1998): Systemtheorie als Weltanschauung - Eine ganzheitliche Vision für unsere Zeit. Diederichs Verlag, München

Laszlo Ervin (2005): Zu Hause im Universum - Die neue Vision der Wirklichkeit, Allegria/Ullstein Verlag, Berlin

Laszlo Ervin (2008): Der Quantensprung im globalen Gedächtnis - Wie ein neues wissenschaftliches Weltbild uns und unsere Welt verändert, Via Nova Verlag Petersberg.

Lehnhart Andreas RGG IV Artikel Hiob

Lipton Bruce H. (2006): Intelligente Zellen, Wie Erfahrungen unsere Gene steuern. Koha Verlag Burgrain

Lipton Bruce H. und Bhaermann Steve (2009): Spontane Evolution, Wege zum neuen Menschen, Koha Verlag Burgrain

Van Lommel Pim (2014, 6.Aufl.): Endloses Bewusstsein - Neue medizinische Fakten zur Nahtoderfahrung, Patmos Verlag

McTaggart Lynne (2003 2.Aufl.): Das Nullpunkt-Feld, Auf der Suche nach der kosmischen Ur-Energie, Goldmann

Markowitsch Hans J., Siefer Werner, Tatort Gehirn (2009): Piper TB 5354

Maissen Thomas (2015): Schweizer Heldengeschichten, Hier und Jetzt Verlag für Kultur und Geschichte Baden

Maslow Abraham H.(1977): Die Psychologie als Wissenschaft, München Goldmann

Marxsen Willi (1964): Die Auferstehung Jesu als historisches und als theologisches Problem, Gütersloh

Marxsen Willi (1968): Die Auferstehung des Jesus von Nazareth, Gütersloh

Meier-Seethaler Carola (2004): Das Gute und das Böse, Kreuz Verlag

Merton Robert.K. (1957): Social Structure and Anomie in Social Theory and Social Structure, Glencoe III

Michel Kai und Van Schaik Carel (2.Aufl. 2016): Das Tagebuch der Menschheit. Was die Bibel über unsere Evolution verrät. Rowohlt Hamburg

Milanovic Branko (2016): Die ungleiche Welt. Migration, das Eine Prozent und die Zukunft der Mittelschicht, Suhrkamp

Mühlmann Wilhelm Emil. 1961: Chiliasmus und Nativismus, Berlin Reiner

Narby Jeremy (2006): Intelligenz in der Natur, AT Verlag

Narby Jeremy (2007 3.Aufl.): Die kosmische Schlange, Klett-Cotta Verlag

Nida-Rümelin Julian (2017): Ueber Grenzen denken - eine Ethik der Migration, Edition Körber-Stiftung, Hamburg

Obrist Willy (1988): Neues Bewusstsein und Religiosität, Evolution zum ganzheitlichen Menschen, Walter Verlag Olten

Obrist Willy (1993): Tiefenpsychologie und Theologie, Aufbruch in ein neues Bewusstsein. Benziger Verlag

Obrist Willy (1999): Die Natur - Quelle von Ethik und Sinn, Walter Verlag Olten

Ohlig Karl-Heinz (2002): Religion in der Geschichte der Menschheit, Die Entwicklung des religiösen Bewusstseins

Pauen Sabina, Siegel Robert, DeLoache Judy, Eisenberg Nancy (2005 1.Aufl.): Entwicklungspsychologie im Kindes- und Jugendalter, Spektrum Akademischer Verlag Elsevier GmbH München

Peat Francis David (1989): Synchronizität die verborgene Ordnung, Scherz Verlag

Piaget Jean (2.Aufl 1990): Das moralische Urteil beim Kinde, Dtv/Klett-Cotta München

Piaget Jean (9.Aufl.2010): Das Weltbild des Kindes, Dtv/Klett-Cotta München

Piketty Thomas (dt.2020): Kapital und Ideologie, Verlag C.H.Beck München

Powell Diane Hennacy (2009): Das Möbius Bewusstsein, Goldmann TB München

Rich Arthur (1969): Zwingli als sozialpolitischer Denker, Sonderdruck aus Zwingliana Band XIII Heft 1, S.67ff.

Rueb Franz (2016): Zwingli - Widerständiger Geist mit politischem Instinkt, Hier und Jetzt, Verlag für Kultur und Geschichte Baden

Ruh Hans (2016):Bedingungsloses Grundeinkommen: Anstiftung zu einer Lebensform, Versus Verlag Zürich

Schleske Martin, Der Klang : Vom unerhörten Sinn des Lebens 2012 (6.Auflage):203/204 Kösel Verlag

Sheldrake Rupert 2004: (1. Aufl. 1993) Die Wiedergeburt der Natur, Scherz

Schoer Silvia (2004): Eva - Mutter alles Lebendigen", Bibel und Orient Museum Freiburg Schweiz

Siedentop Larry (2014): Die Erfindung des Individuums - Der Liberalismus und die westliche Welt, Klett-Cotta, Stuttgart

Siegler Robert, Deloache Judy, Eisenberg Nancy Entwicklungspsychologie im Kindes-und Jugendalter Spektrum Verlag Heidelberg 2005

Singer Wolf (2002): Der Beobachter im Gehirn, Essays zur Hirnforschung, Suhrkamp TB 1571

Staub Kurt (1985): Theorie und Praxis in der beruflichen Sozialisation am Beispiel protestantischer Theologen. Dissertation

Staub-Bernasconi Silvia (2007): Soziale Arbeit als Handlungswissenschaft, UTB Paul Haupt

Staubli Thomas (1997): Begleiter durch das erste Testament, Patmos Verlag Düsseldorf

Stevenson Ian (1977 2. Aufl.), Reinkarnation, der Mensch im Wandel von Tod und Wiedergeburt, Aurum Verlag (1. englische Aufl.1974)

Stolz Fritz (1996): Einführung in den biblischen Monotheismus Wissenschaftliche Buchgesellschaft Darmstadt

Streeck Wolfgang (2013): Gekaufte Zeit, die vertagte Krise des demokratischen Kapitalismus, Suhrkamp Verlag Berlin

Theissen Gerd (1988/ 6.Aufl 2012): Wert und Status des Menschen im Urchristentum, Humanistische Bildung - vom Wert des Menschen Heft 12

Theissen Gerd (1987 2.Aufl): Der Schatten des Galiläers - Historische Jesusforschung in erzählender Form Chr.Kaiser/Gütersloher Verlagshaus

Theissen Gerd (1994): Lichtspuren, Predigten und Bibelarbeiten, Chr.Kaiser/Gütersloher Verlagshaus

Theissen Gerd (2000): die Religion der ersten Christen. Eine Theorie des Urchristentums, Chr.Kaiser/Gütersloher Verlagshaus

Theissen Gerd (2004): Die Jesusbewegung. Sozialgeschichte einer Revolution der Werte, Chr.Kaiser/Gütersloher Verlags

Theissen Gerd (2007): Erleben und Verhalten der ersten Christen. Eine Psychologie des Urchristentums,Chr.Kaiser/Gütersloher Verlagshaus

Theissen Gerd, Petra von Gmünden (Hg.) (2007): Erkennen und Erleben, Gütersloher Verlagshaus

Theissen Gerd 2012 (6.Auflage):203/204 Wert und Status des Menschen im Urchristentum, in Humanistische Bildung ‚Vom Wert des Menschen',1988 Heft 12 Kösel Verlag München

Tomasello Michael (2009): Die Ursprünge der menschlichen Kommunikation, Suhrkamp

Van Lommel Pim (2014,6.Aufl.): Endloses Bewusstsein, Neue medizinische Fakten zur Nahtoderfahrung

Van Schaik Carel und Michel Kai (2.Aufl. 2016): Das Tagebuch der Menschheit. Was die Bibel über unsere Evolution verrät. Rowohlt Hamburg

Varoufakis Yanis (2017): Die ganze Geschichte - Meine Auseinandersetzung mit Europas Establishment, Antje Kunstmann Verlag

Visser Frank (2002): Ken Wilber - Denker aus Passion, eine Zusammenschau, Via Nova Verlag

Von Brück Michael (2005 5.Aufl.): Wie können wir leben? Religion und Spiritualität in einer Welt ohne Mass, C.H.Beck

Von Franz Marie Louise (3.Auflage 1983): Die Visionen des Niklaus von Flüe, Daimon Verlag Zürich

Walter Peter (Hg.) Das Gewaltpotential des Monotheismus), Herder 2005

Wehr Gerhard (2010) Meister Eckhart, Matrix Verlag Wiesbaden

Wirz Felix. und Wolff K. (1993): Die Visionen des Niklaus von Flüe, Daimon Zürich

Weikart Richard (2004): From Darwin to Hitler - Evolutionary Ethics, Eugenics and Racism in Germany, Palgrave Macmillan New York

Weinberg Stephen (1977): Die ersten drei Minuten, Der Ursprung des Universums, Piper Zürich und München

Weingart Peter, Kroll Jürgen und Bayertz Kurt (1992): Rasse, Blut und Gene, Geschichte der Eugenik und Rassenhygiene in Deutschland, Suhrkamp Taschenbuch Wissenschaft

Wilber Ken 1984: Halbzeit der Evolution,Scherz Verlag

Wilber Ken: Integrale Psychologie 2001, Arbor Verlag

Wilson Bryan R. (1964): Eine Analyse der Sektenentwicklung, in Soziologische Texte, in Friedrich Fürstenberg, Religionssoziologie, Luchterhand

Winterhoff Michael (2013): SOS - Kinderseele, Bertelsmann

Wirz Felix und Wolff Konrad (1993): Träume verstehen und erleben, Baden Verlag Schweizer Radio DRS

Witte Karl Heinz (2016): Meister Eckhart - Leben aus dem Grund des Lebens, Eine Einführung. Herder Verlag

Zaleski Carol (1993): Nah-Todeserlebnisse und Jenseitsvisionen vom Mittelalter bis zur Gegenwart, Frankfurt a.M./Leipzig.

Zenger Erich (2005): Der mosaische Monotheismus im Spannungsfeld von Gewalttätigkeit und Gewaltverzicht, in Peter Walter (Hg.) Das Gewaltpotential des Monotheismus), Herder Verlag

Zimmermann Moshe 2010 (2. Aufl.) Die Angst vor dem Frieden - Das israelische Dilemma. Aufbau Verlag Berlin

Zuckermann Moshe 2014 (3.Auflage); Antisemit, ein Vorwurf als Herrschaftsinstrument, Pro Media Verlag Wien

Bilderverzeichnis

Nr. 1   Anbetung des Mammon, Gemälde von Evelyn De Morgan
ca. 1909, aus dem Medienarchiv Wikipedia, gemeinfrei

Nr. 2   Erde: Landhemisphäre, Landhalbkugel, Wikipedia
gemeinfrei CC0 1.0 Universal Public Domain Dedication

Nr. 3   Gedenktafel - Kaiser-Wilhelm-Institut für
Anthropologie-menschliche Erblehre und Eugenik
Wikipedia, gemeinfrei CC Attribution 3.0

Nr. 4   Vision B.Nauer
Wirz F. und Wolff K. 1993:97-99

Nr. 5   Der überraschte Tannenbaum,
Zeichnung eines 9-jährigen Kindes

Nr. 6   Jenseitige Dimension
Obrist W. 1999:41, Walter Verlag Zürich/Düsseldorf

Nr. 7   Michelangelo: Sündenfall.
Vatikanische Museen, Rom
aus Wikipedia, CC gemeinfrei

Nr. 8   Ankündigung der Geburt Jesu
Gemälde von Sandro Botticelli,
zwischen 1489 und 1490 Uffizien Florenz
Wikipedia gemeinfrei

Nr. 9   Die übernatürliche Zeugung Buddhas,
Wikipedia gemeinfrei CC BY-SA 3.0

Nr. 10   Siddhartas Geburt in Gandara, Indian Museums Kolkata
aus Wikipedia CC BY-SA 3.0

Nr. 11   Märchen, Rotkäppchen, Illustration von Arpad Schmidhammer um 1910 aus Wikipedia gemeinfrei
CC Attribution-Share alike 4.0 International

Nr. 12   Das Wunder über dem Schlüsselthal
Zeichnung eines neunjährigen Mädchens

Nr. 13   Die Eltern im Auge,
Bild einer Patientin von Jolande Jakobi
aus Gion Condrau, Josef Rudin (Hg.), Armin Beeli,
Jolande Jacobi, 1964

Nr. 14   Die Spaltung, Bild eines Patienten von Jolande Jakobi
aus Gion Condrau, Josef Rudin (Hg.), Armin Beeli,
Jolande Jacobi, 1964

Nr. 15   Zweiggöttin, Beschützerin und Herrin der Tiere
aus Staubli Thomas, 1997:18 Abb.65

Nr. 16   Der Wettergott Baal, Ugaritisches Relief,
         ca. 2000/1500 v.Chr., nach Lang Bernhard 2002:181

Nr. 17   Der ugaritische Gott El, Broncestatuette (ca.1400
         v.Chr.) nach Lang Bernhard 2002: S.40

Nr. 18   Ovales gewölbtes Siegelamulett mit omegaförmigem Symbol, aus Silvia Schroer 2004:107
         © Stiftung BIBEL+ORIENT, Freiburg Schweiz

Nr. 19   Die nackte Göttin,
         Altbabylonische Terrakottafigur von Tell Asmar
         (um 1200 v.Chr.) in „Eva-Mutter des Lebendigen" S.15/
         Abb.13 und S.21.
         © Peeters Publishers and Booksellers Belgium

Nr. 20   Die Mutter alles Lebendigen
         © Jerusalem Israel Museum IAA 82-219.
         Abbildung und Kommentar aus Keel Othmaar und Schroer
         Silvia: Eva- Mutter alles Lebendigen 2014:136
         sowie Keel/Uehlinger 2001:85

Nr. 21   Israel zerfällt 932 v.Chr. in eine Nordreich und ein
         Südreich Juda, Kartenausschnitt aus Wikipedia Art.
         Südreich Juda CC BY-SA 3.0

Nr. 22   Darstellung aus der Palästina Israel Zeitung Juli 2012

Nr. 23   Foto aus Newsletter@infosperber Nr. 30 vom 23.Juli 2018

Nr. 24   Einzug in Jerusalem von Giotto di Bondone,
         aus Wikipedia „Jesus von Nazaret", CC gemeinfrei

Nr. 25   Christus Pantokrator in der Apsis der Kathedrale von
         Cefalu, Sizilien, aus Wikipedia CC BY-SA 3.0

Nr. 26   Krönung Heinrichs II. und seiner Gattin Kunigunde durch
         Christus, Kloster Reichenau vermutlich 1007-1012
         Wikipedia Art. Der sakrale Aspekt des Kaisertums,
         Bild CC gemeinfrei

Nr. 27   Martin Luther als Augustinermönch (von Lucas Cranach
         dem Älteren 1520), aus Wikipedia CC gemeinfrei,
         Fotografin Marie-Lan Nguyen (2012)

Nr 28   Ulrich Zwingli, 1854 Autor unbekannt aus Wikipedia
         CC Attributions /Share-Alike Lizenz 3.0

Anmerkungen

[1] Piketty Thomas 2020
[2] Piketty Thomas 2020:1279/80
[3] Bidens Antwort auf Corona und Trump, Tages Anzeiger Freitag, den 30.4.2021
[4] Vgl. dazu Kapitel 5 : Amerikas Christentum und die Demokratie
[5] Piketty Thomas 2020
[6] im NZZ-E-Paper vom 23.1.2021
[7] Vgl. dazu ausführlich im ersten Band den Anhang A4
[8] Aus Nowottny Anhang Fragebogen
[9] Koppetsch Cornelia (2019):178/179
[10] Lexikon der Soziologie 5.Auflage, Artikel Ideologie
[11] Böckenförde Ernst Wolfgang (1976): 60,
[12] Der *Marshallplan*, offiziell *European Recovery Program* (kurz *ERP*) genannt, war ein großes Aufbauprogramm der Vereinigten Staaten von Amerika, das nach dem Zweiten Weltkrieg dem an den Folgen des Krieges leidenden Westeuropa und den USA zugute kam. Es bestand teils aus Krediten, vor allem jedoch aus Rohstoffen, Lebensmitteln und Waren.(Wikipedia 2020)
[13] Ludwig Erhard: Franz Oppenheimer, dem Lehrer und Freund, in: Karl Hohmann, Ludwig Erhard: *Gedanken aus fünf Jahrzehnten*. Reden und Schriften S. 858–864
[14] Ther Philipp: Die neue Ordnung auf dem alten Kontinent - eine Geschichte des neoliberalen Europa S. 22/23, Suhrkamp Verlag 2014
[15] Zum *Keynesianismus* gehören wirtschaftspolitische Ansätze, die darauf ausge-
richtet sind, die Nachfrage nach Gütern und Dienstleistungen zu steuern und bei Bedarf die Wirtschaft durch vermehrte Staatsausgaben und durch expansive Geldpolitik zu beleben. Als Hochphase des Keynesianismus weltweit gilt die Zeit nach dem Zweiten Weltkrieg (in Deutschland ab 1967) bis in die 1970er Jahre.
[16] Chesney Marc:2 019:19/20
[17] Chesney Marc:2019: 22
„Gemäss einem B ericht der FAO litten z.B. im Jahre 2008 mehr als 900 Menschen an Unterernährung. Die weltweite Getreideerzeugung in diesem Jahr hätte jedoch leicht ausgereicht, um den Bedarf aller Menschen abzudecken. Heut verhungern jeden Tag ca. 25 000 Menschen, davon 8600 Kinder."
[18] nach Wikipedia, Artikel Wirecard 9.8.2020
[19] nach Wikipedia, Artikel FinCEN Files 23.9.2020
[20] Lexikon der Soziologie 5.Auflage, Artikel Ideologie
[21] vom 21. Juli 2005 Nr.30
[22] Piketty Thomas (dt.2020): Kapital und Ideologie, Verlag C.H.Beck München
[23] Vgl. dazu den Artikel ‚Bankansturm' in Wikipedia (2020)
[24] Vgl.dazu das Interview vom 3.4.2021 mit Marc Chesney im Tages Anzeiger durch Markus Diem Meier und Jorgos Brouzos mit dem Titel ‚Ja, ein Knall ist wahrscheinlich".
[25] Bacon Francis 1982. Neu-Atlantis Reclam TB
[26] Rupert Sheldrake, Die Wiedergeburt der Natur, Scherz 1. Aufl. 1993, S.53-55. Vgl. auch Carola Meier-Seethaler, Das Gute und das Böse, Kreuz Verlag 2004: 89ff.
[27] Bauer J., 2006:95
[28] 13 Titel des Malthus-Werkes: »Essay on the principles of population«.
[29] Darwin (1859), Vorwort (‚Historische Skizze') S. 12.
[30] Darwin Ch., 1871, Teil I, S. 148
[31] Vgl.Weingart u.a., 1992:50/51
[32] Vgl.Weingart u.a., 1992:73
[33] Vgl.Weingart u.a., 1992:75
[34] Blom Ph., 2008: 133
[35] Blom Ph. 2008:133-135

[36] Weikart R. 2004:173ff.

[37] Dawkins R., Das egoistische Gen, 3.Auflage 2007:64

[38] Dawkins R., Das egoistische Gen, 3.Auflage 2007:84

[39] Dawkins R., Das egoistische Gen, 3.Aufl. 2007:39

[40] Dawkins R., Das egoistische Gen, 3.Aufl. 2007:42

[41] Lipton Bruce und Baermann Steve 2009:174/175

[42] Lipton Bruce und Baermann Steve 2009:174/175

[43] vom 21. Juli 2005 Nr.30

[44] Bauer Joachim 2006, 1.Auflage S.103-106

[45] Bauer Joachim 2008 Bauer

[46] J.Bauer: Prinzip..2006: 153

[47] Bauer Joachim 2008:183

[48] Bauer Joachim 2008:23/24

[49] Bauer Joachim 2006, 1.Auflage S.103-106

[50] Vgl. als Gegenposition dazu Bauer Joachim (2015): Selbststeuerung, Die Wiederentdeckung des freien Willens das 1. Kapitel

[51] Wikipedia, Artikel Laplace

[52] Wikipedia Artikel Determinismus

[53] In :Dennett Daniel: 3, London 1995

[54] Merlin Donald 2008: Kapitel 1

[55] Nach Wikipedia ist ein Mem eine Gedankeneinheit, die sich durch Kommunikation ihrer Träger vervielfältigt. Mit dem kulturellen Mem-Konzept als Pendant zum biologischen Gen veranschaulichte 1976 der Evolutionsbiologe Richard Dawkins das Prinzip der natürlichen Selektion...

[56] Vgl.dazu Bennet M.R. und Hacker P.M.S: (2003: den ausführlichen Anhang zu Daniel Dennett) sowie Merlin Donald (2008: Kapitel 1)

[57] Donald Merlin (2008): Triuph des Bewusstseins, Klett Cotta Stuttgart

[58] Bauer Joachim (2015 2.Aufl.): Selbststeuerung, die Wiederentdeckung des freien Willens, Karl Blessing Verlag München
Bauer Joachim (2008 12. Aufl.): Das Gedächtnis des Körpers, Piper Verlag

[59] Donald M. (2008:61/62)

[60] Habermas Jürgen (2003:12/165?) Suhrkamp TB Wissenschaft 1918

[61] Bauer Joachim 2008:93-96

[62] Bauer Joachim 2008:23/24

[63] Laszlo Ervin 1998:19/20

[64] Dawkins R., Das egoistische Gen, 3.Auflage 2007:64

[65] Staub Kurt (1985):3-31

[66] Bauer J. 12.Aufl.2008:231/232

[67] Vgl. dazu Wikipedia Artikel Europäische Union

[68] Thomas R.Blakeslee 3.Aufl. 1991:56 Das rechte Gehirn

[69] E.Laszlo, Zu Hause im Universum S.197

[70] Wirz F. und Wolff K. 1993:52

[71] Wirz F. und Wolff K. 1993:97-99

[72] Narby, Die kosmische Schlange 3.Aufl.2007, S.20

[73] Narby Jeremy 3.Aufl. 2007:50/51

[74] Die kosmische Schlange 50/51

[75] Wilber Ken 1984:41

[76] Campbell Joseph (1991): 100/101

[77] Gebser J., 1986:128 185

[78] Aus Jean Piaget, Das Weltbild des Kindes Stuttgart 1978, S188

[79] Vgl. Campbell Joseph (1991):139

[80] Artikel Numen in Wikipedia 2017

[81] Vgl. Ohlig K.-H. 2002:104

[82] nach K.H.Ohlig 2002:10

[83] Gebser J.,1986 (3.Aufl. 2003): 89-91

[84] Gebser J.,1986 (3.Aufl. 2003): 91

[85] Obrist W. 1999:41, Walter Verlag Zürich/Düsseldorf
[86] Vgl. Neumann Erich 1949:229ff
[87] Offenbar gibt es im Menschen etwas, das ihn nötigt, seine Begegnungen mit der jenseitigen Wirklichkeit mit immer wieder ähnlichen Bildern zu deuten. C.G. Jung hat solche Bilder entdeckt und sie als *Archetypen* bezeichnet.
Der Begriff *Archetyp* geht auf das altgriechische Wort ἀρχή arché ‚Anfang' und τύπος typos, ‚Abdruck' zurück.
[88] gekürzt aus Wikipedia (2020) Artikel Märchen
[89] Donald M. 2008: 289
[90] Donald M. 2008: 294
[91] Donald M. 2008: 286/287
[92] Wilber K. 1984: 128/129
[93] Bauer Joachim 2008:19
[94] Jacobi Jolande 1968: 221-223
[95] Jacobi Jolande 1968: 140-142
[96] Jung C.G. (1961-166: 163ff.) Ex Libris Zürich
[97] Jung C.G., Der Begriff des kollektiven Unbewussten 1936, in Archetypen 2001:53-56 dtv-Verlag, München
[98] Wehr Gerhard 1996: 163/164
[99] Wilber Ken, 2001:39/40
[100] Witte Karl Heinz 2016:44
Meister Eckhart wurde durch Papst Johannes XXII. im Januar 1327, kurz vor seinem Tod, als Ketzer verurteilt. Vgl.Wehr G.. Meister Eckhart, Marix Verlag Wiesbaden 2010
[101] Jäger Willigis 1997 (4.Aufl.):247/48
[102] Jäger Willigis 1997 (4.Aufl.):249
[103] Jäger Willigis 1997 (4.Aufl.):249
[104] Alexander Eben (10.Aufl.) 2013
[105] Alexander E. a.a.O. S.21
[106] Alexander E. a.a.O. S.195
[107] Alexander E. 2013 S.183/194
[108] Alexander E. a.a.O. S.55
[109] Alexander E. a.a.O. S.216
[110] Alexander E.,Wilhelm Heyne Verlag München 05/ 2017
[111] Schon der Physiker David Bohm vertrat die Ansicht, dass das Verhalten der Teilchen durch ein Feld bestimmt sei, im dem alle Zustände des Quants verschlüsselt sind (Vgl. Laszo Ervin (2.Aufl.) 1987
[112] Zusammenfassung aus dem Nachruf von Jürgen Kriz in Gestalt Theory, Vol. 37, No.1
Diesem holonomen Modell zufolge soll das Gehirn Informationen nicht in einzelnen Gehirnzellen oder Zellverbänden speichern, sondern ähnlich wie bei einer Holografie in bestimmten Welleninterferenzen bestimmten Musters.[1]
Dieses Modell einer ganzheitlichen Funktionsweise des Gehirns sieht Pribram auch als Weiterentwicklung der vom Gestaltpsychologen Wolfgang Köhler aufgestellten Hypothesen zum Feldcharakter der Gehirntätigkeit.
[113] Van Lommel Pim (2014,6.Aufl.)
[114] Habermas J. 2020 in Wikipedia Abschnitt ‚Religion und Christentum'
[115] Van Schaik Carel und Michel Kai 2016
[116] Van Schaik Carel und Kai Michel 2016:27-29
[117] Die Geburt des Monotheismus, Bernhard Lang, Morton Smith und Hermann Vorländer, Kösel 1981
[118] Bernhard Lang a.a.O. S.106/107
[119] Staubli Th., 1997:76
[120] Jahwe, der biblische Gott: 181ff. C.H.Beck, München 2002
[121] Vgl. dazu Piagets Ausführungen zum magisch-animistischen Denken S.75/76
[122] z.B. Sydon oder Tyrus
[123] B.Lang a.a.O S. 184/185
[124] Lang B. 2002:42

[125] Silvia Schroer 2004:30/31

[126] Silvia Schoer, in „Eva - Mutter des lebendigen", S.26ff.

[127] Van Schaik Carel und Kai Michel 2016:8

[128] von den Autoren vereinfachte Uebersetzung des komplizierten Textes

[129] Van Schaik Carel und Kai Michel 2016:82

[130] RGG IV Peter Antes, Artikel Ethik Religionswissenschaftlich

[131] Staubli Thomas 1997: 28

[132] Staubli Thomas 1997: 182/183

[133] Staubli Th., 1997: 232

[134] Staubli Th., 1997: 140

[135] 1997: 178 bzw.§116

[136] Staubli Thomas 1997: 86 und 87 bzw.Paragraph 46.5

[137] Eine ausführliche Zusammenfassung ist im Anhang des ausführlichen Bandes zu finden.

[138] vgl. Lang Bernhard, u.a.1981:7

[139] Als Hellenismus wurde die griechisch-römische Kultur bezeichnet

[140] in Walter Peter (Hg), (2005): Das Gewaltpotential des Monotheismus und der eine Gott S. 42

[141] in Walter Peter (Hg), (2005): Das Gewaltpotential des Monotheismus und der eine Gott S.57ff.

[142] in Lang, Jahwe S. 123 ff.

[143] Gross Walter, Studien zur Priesterschrift und zu alttestamentlichen Gottesbildern. Stuttgart. Katholisches Bibelwerk, 1999 Gross Walter, Studien zur Priesterschrift und zu alttestamentlichen Gottesbildern. Stuttgart. Katholisches Bibelwerk, 1999

[144] Vgl. dazu RGG IV die Artikel Israel, Makkabäer und Hasmonäer, ferner Thomas Staubli, Begleiter 1997, Paragraph 30-35

[145] Tamar Amar Dahl „Das zionistische Israel, Jüdischer Nationalismus und die Geschichte des Nahostkonflikts" S.11, 2012 Ferdinand Schöningh Verlag, Paderborn.

[146] Tamar Amar-Dahl ist in Israel aufgewachsen und hat dort ihren Militärdienst absolviert. Anschliessend studierte sie Geschichte und Philosophie in Tel Aviv, Hamburg und München. Seit 2009 ist sie Dozentin an diversen deutschen Universitäten.

[147] Grossisrael im gesamten Gebiet zwischen Mittelmeer und Jordan (vgl.Wikipedia)

[148] Vgl dazu in Wikipedia 2018 den Artikel Judenmission

[149] Vgl. dazu Mattioli Aram 2017, Verlorene Welten, eine Geschichte der Indianer Nordamerikas

[150] Aus Begleiter durch das erste Testament S.82

[151] Theissen Gerd 2004:239

[152] Theissen Gerd 2004:220/221

[153] Theissen Gerd 2004:239

[154] Mühlmann Wilhelm Emil 1961:252

[155] Aus der Sicht der Evolutionsbiologie war es hilfreicher einmal zuviel einen Feind im Dschungel zu vermuten und zu flüchten als einmal zuwenig...

[156] Zum damaligen Dualismus von Gott und Satan vgl. Theissen Gerd und Merz Annette 1996:22

[157] Theissen Gerd 2004:248ff.

[158] Theissen Gerd 2004:262 Demut und Statusverzicht widersprechen dem antiken Ehrenkodex, demzufolge jeder seinen Status behaupten soll.

[159] Theissen Gerd 2004:258ff.

[160] Vgl.dazu Fischer Helmut 2012

[161] Festinger Leon 1957

[162] Theissen Gerd 2000:76

[163] Wirz Felix und Wolff Konrad 1995:117ff.

[164] Theissen Gerd 2004:290/291

[165] Siedentop Larry 2014

[166] Vgl. dazu Wikipedia 2019 ‚Der sakrale Aspekt des Kaisertums'

[167] Aus Art. Germanen, Wikipedia 2019
[168] Wir stützen uns dabei auf RGG4 Art Seele, Albert Karl 1996 sowie auf Wikipedia Art.'Seele' und Art. ‚Platon'
[169] Albert Karl 1996
[170] Albert Karl 1996
[171] Theissen Gerd 2004:248ff.
[172] Theissen Gerd 2004:290/291
[173] Die Darstellung von Zwinglis Theologie stützt sich auf Rich Arthur 1969: Zwingli als sozialpolitischer Denker, Sonderdruck aus Zwingliana Band XIII Heft 1, S.67ff.
[174] Vgl.Dazu RGG 4 2004: Artikel ‚Bauernkrieg'
[175] Rich Arthur 1969:84
[176] Vgl. Wikipedia 2020 Artikel Verantwortungsethik
[177] Nida Rümelin Julian 2017
[178] Nida Rümelin Julian 217:57/58
[179] Nida Rümelin Julian 2017: 64/65
[180] Nida Rümelin Julian 2017: 9-11
[181] Rümelin Nida Julian 2017:29
[182] Vgl. Wikipedia 2020 Artikel Verantwortungsethik
[183] Gorski Philip, Am Scheideweg - Amerikas Christen und die Demokratie vor und nach Trump, Herder Verlag 2020
[184] „Alter Planet Erde wohin? Im Vorfeld des dritten Weltkrieges" erschien 1970 drei Jahre nach dem Sechstagekrieg, in dem die israelische Armee die vollständige Kontrolle über Jerusalem übernahm und das Westjordanland eroberte.
[185] vgl.dazu Mühlmann Wilhelm Emil. 1961: Chiliasmus und Nativismus, Lanternari Vittorio (1960): Religiöse Freiheits-und Heilsbewegungen unterdrückter Völker
[186] Van Schaik Carel und Kai Michel 2016:488
[187] Vgl. dazu Wikipedia: Sozialpsychologe und Gruppendynamik
[188] Tages Anzeiger am 2.Sept 2019
[189] Piketty Thomas 2020: 30ff.
[190] Theissen Gerd 2004:248ff
[191] Marxsen Willi 1968:69
[192] Lexikon der Soziologie 5.Auflage, Artikel Ideologie und Vorwort
[193] Piketty Thomas 2020:1279/80
[194] Nach dem Ende ersten Weltkrieges behaupteten die hochrangigen deutschen Militärs. dass nicht die Armee den Krieg verloren habe, sondern die Zivilbevölkerung, die ihnen zuhause in den Rücken gefallen sei. Diese Legende vom Dolchstoss in den Rücken der Armee hat es Hitler erleichtert an die Macht zu kommen. Vgl. dazu Wikipedia, Artikel Dolchstosslegende.
[195] Laszlo Ervin 2005: 207/208
[196] Laszlo Ervin 2005: 57
[197] Laszlo Ervin 2005:57
[198] Laszlo Ervin 2005:155/156
[199] Laszlo Ervin 2005:207/208
[200] Vgl. dazu auch McTaggart Lynne (2003 2.Aufl.): Das Nullpunkt-Feld, Auf der Suche nach der kosmischen Ur-Energie, Goldmann und Powell Diane Hennacy (2009): Das Möbius Bewusstsein, Goldmann TB München

Die Deutsche Nationalbibliothek verzeichnet diese Publikation in der Deutschen Nationalbibliografie; detaillierte bibliografische Daten sind im Internet über dnb.dnb.de abrufbar. Die Schweizerische Nationalbibliothek (NB) verzeichnet aufgenommene Bücher unter Helveticat.ch und die Österreichische Nationalbibliothek (ÖNB) unter onb.ac.at.

Unsere Bücher werden in namhaften Bibliotheken aufgenommen, darunter an den Universitätsbibliotheken Harvard, Oxford und Princeton.

Kurt Staub:
Corona-, Klima- und Globalisierungskrise

ISBN: 978-3-03883-062-7

Buchsatz: Danny Lee Lewis, Berlin: dannyleelewis@gmail.com

Schweizer Literaturgesellschaft ist ein Imprint der
Europäische Verlagsgesellschaften GmbH
Erscheinungsort: Zug
© Copyright 2019
Sie finden uns im Internet unter: www.Literaturgesellschaft.ch

Die Literaturgesellschaft unterstützt die Rechte der Autoren. Das Urheberrecht fördert die freie Rede und ermöglicht eine vielfältige, lebendige Kultur. Es fördert das Hören verschiedener Stimmen und die Kreativität. Danke, dass Sie dieses Buch gekauft haben und für die Einhaltung der Urheberrechtsgesetze, indem Sie keine Teile ohne Erlaubnis reproduzieren, scannen oder verteilen. So unterstützen Sie Schriftsteller und ermöglichen es uns, weiterhin Bücher für jeden Leser zu veröffentlichen.